北大社·普通高等教育"十二五"规划教材
21世纪高等院校规划教材·公共课系列

大 学 语 文
（第二版）

主　编　张守兴　易水霞
副主编　廖贵英　付义赣　何华松
参　编　（按姓氏笔画为序）
　　　　于　苗　户才鸿　邓耀东
　　　　熊十华

图书在版编目(CIP)数据

大学语文/张守兴,易水霞主编. —2版. —北京:北京大学出版社,2016.7
(全国高等院校规划教材·公共课系列)
ISBN 978-7-301-26399-0

Ⅰ.①大… Ⅱ.①张… ②易… Ⅲ.①大学语文课–高等职业教育–教材 Ⅳ.①H19

中国版本图书馆CIP数据核字(2015)第244452号

书　　名	大学语文(第二版)
著作责任者	张守兴　易水霞　主编
责 任 编 辑	李　玥
标 准 书 号	ISBN 978-7-301-26399-0
出 版 发 行	北京大学出版社
地　　址	北京市海淀区成府路205号　100871
网　　址	http://www.pup.cn　新浪微博:@北京大学出版社
电 子 信 箱	zyjy@pup.cn
电　　话	邮购部 62752015　发行部 62750672　编辑部 62765126
印 刷 者	三河市博文印刷有限公司
经 销 者	新华书店
	787毫米×1092毫米　16开本　18.25印张　445千字
	2011年8月第1版
	2016年7月第2版　2023年7月第8次印刷　总第15次印刷
定　　价	39.00元

未经许可,不得以任何方式复制或抄袭本书之部分或全部内容。
版权所有,侵权必究
举报电话:010-62752024　电子信箱:fd@pup.pku.edu.cn
图书如有印装质量问题,请与出版部联系,电话:010-62756370

前 言

本书结合当前高等院校教育发展的趋势和人才培养目标的内在要求,在第一版的基础上,组织长期从事大学语文教学的专家、教师编写而成。

本书旨在帮助学生通过阅读和学习中外名家名篇、时尚美文,进一步提升学生人文素养,加强对学生写作能力的培养,为学生学好专业知识、培养专业能力及将来从事某些职业工作作一些必要的语文能力铺垫。因此,本书在考虑大学语文教育工具性与人文性相结合的基础上,注重学生综合语文能力的培养,具有较强的针对性和实用性,符合高等教育人才培养目标对大学语文教育的基本要求。

全书共分为四章:第一章,中国古代文学;第二章,中国现当代文学;第三章,外国文学;第四章,实用写作。前三章为文学鉴赏部分,包括中国古代文学阅读、中国现当代文学阅读、外国文学阅读,选文力求避免与中学语文篇目重复,突出经典名篇。实用写作部分包括公务文书写作、事务文书写作、日常应用文写作等教学环节,注重范文示范、仿真实训,着重培养学生相关的书面表达能力。相关章节后面编排了"附录",以方便学生学习和拓展视野。

由于各校情况不同,在使用本书时,教师可结合专业性质和大学语文课教学的实际需要,对书中内容进行必要的取舍和组合。

本书由张守兴、易水霞任主编,廖贵英、付义赣、何华松任副主编。具体编写分工是:易水霞编写第一章第一节、第四节("古代戏曲"部分);户才鸿、廖贵英编写第一章第二节、第二章第一节;于苗编写第一章第三节、第三章;张守兴编写第一章第四节("古代小说"部分)、第二章第二节;邓耀东、付义赣编写第二章第三节;熊十华、何华松编写第四章。由于编者水平有限,错漏和不妥之处难免,恳请有关专家、同行及读者们批评指正。

编 者
2016 年 5 月

目 录

第一章　中国古代文学 …………………………………………………（1）

第一节　古代诗歌 ………………………………………………（3）

1. 蒹葭 ……………………………………………………《诗经》（3）
2. 湘夫人 …………………………………………………屈　原（5）
3. 归园田居（其一）………………………………………陶渊明（8）
4. 春江花月夜 ……………………………………………张若虚（10）
5. 终南别业 ………………………………………………王　维（12）
6. 燕歌行 …………………………………………………高　适（13）
7. 行路难 …………………………………………………李　白（16）
8. 秋兴 ……………………………………………………杜　甫（18）
9. 离思 ……………………………………………………元　稹（20）
10. 早雁 …………………………………………………杜　牧（21）
11. 和子由渑池怀旧 ……………………………………苏　轼（22）
12. 登快阁 ………………………………………………黄庭坚（24）
13. 《沈园》二首 …………………………………………陆　游（26）

附：古体诗与格律诗 ……………………………………………（28）

第二节　古代词赋 ………………………………………………（29）

1. 浪淘沙 …………………………………………………李　煜（29）
2. 八声甘州 ………………………………………………柳　永（31）
3. 蝶恋花 …………………………………………………苏　轼（33）
4. 踏莎行 …………………………………………………秦　观（34）
5. 武陵春 …………………………………………………李清照（36）
6. 钗头凤 …………………………………………………陆　游（37）
7. 摸鱼儿 …………………………………………………辛弃疾（38）
8. 洛神赋 …………………………………………………曹　植（40）
9. 秋声赋 …………………………………………………欧阳修（46）

附：赋与词 ………………………………………………………（49）

第三节　古代散文 ………………………………………………（50）

1. 先秦诸子语录 …………………………………………孔子等（50）
2. 伯夷列传 ………………………………………………司马迁（53）
3. 张中丞传后叙 …………………………………………韩　愈（57）
4. 愚溪诗序 ………………………………………………柳宗元（60）
5. 方山子传 ………………………………………………苏　轼（63）

6. 先妣事略 …………………………………………… 归有光(65)
　　7. 板桥题画(三则) …………………………………… 郑　燮(67)
　　8. 祭妹文 ……………………………………………… 袁　枚(69)
　　附：古代汉语语法知识 ………………………………………… (72)
第四节　古代小说和戏曲 ……………………………………………… (78)
　　1. 莺莺传 ……………………………………………… 元　稹(78)
　　2. 婴宁 ………………………………………………… 蒲松龄(85)
　　3. 惊梦 ………………………………………………… 汤显祖(92)
　　附：中国古代小说史略 ………………………………………… (98)

第二章　中国现当代文学 ……………………………………………… (100)
　第一节　现当代诗歌 ………………………………………………… (102)
　　1. 瓶·春莺曲 ………………………………………… 郭沫若(102)
　　2.《繁星》四首 ……………………………………… 冰　心(104)
　　3. 忆菊 ………………………………………………… 闻一多(106)
　　4.《沙扬娜拉》一首 ………………………………… 徐志摩(109)
　　5. 雨巷 ………………………………………………… 戴望舒(110)
　　6. 别丢掉 ……………………………………………… 林徽因(112)
　　7. 我是一条小河 ……………………………………… 冯　至(114)
　　8. 回答 ………………………………………………… 北　岛(116)
　　9. 相信未来 …………………………………………… 食　指(118)
　　10. 致橡树 ……………………………………………… 舒　婷(120)
　第二节　现当代散文 ………………………………………………… (122)
　　1. 秋夜 ………………………………………………… 鲁　迅(122)
　　2. 书塾与学堂 ………………………………………… 郁达夫(124)
　　3. 故乡的野菜 ………………………………………… 周作人(127)
　　4. 读书的艺术 ………………………………………… 林语堂(129)
　　5. 给亡妇 ……………………………………………… 朱自清(134)
　　6. 爱尔克的灯光 ……………………………………… 巴　金(137)
　　7. 茶花赋 ……………………………………………… 杨　朔(140)
　　8. 社稷坛抒情 ………………………………………… 秦　牧(142)
　　9. 月迹 ………………………………………………… 贾平凹(146)
　　10. 我与地坛(节选) ………………………………… 史铁生(149)
　　11. 关于爱情 …………………………………………… 傅　雷(155)
　第三节　现当代小说 ………………………………………………… (158)
　　1. 伤逝 ………………………………………………… 鲁　迅(158)
　　2. 潘先生在难中 ……………………………………… 叶圣陶(168)
　　3. 在其香居茶馆里 …………………………………… 沙　汀(178)
　　4. 小巷深处 …………………………………………… 陆文夫(187)

第三章　外国文学 …………………………………………………… (196)

第一节　外国诗歌、散文 …………………………………………… (197)
1. 假如生活欺骗了你 …………………………………… 普希金(197)
2. 秋日 ………………………………………………… 里尔克(198)
3. 热爱生命 ……………………………………………… 蒙　田(199)
4. 我为什么活着 ………………………………………… 罗　素(200)
5. 谈读书 …………………………………… 弗朗西斯·培根(202)

第二节　外国小说、戏剧 …………………………………………… (204)
1. 舞会以后 ………………………………… 列夫·托尔斯泰(204)
2. 玩偶之家(节选) ……………………………………… 易卜生(211)

第四章　实用写作 …………………………………………………… (220)

第一节　常用公务文书写作 ………………………………………… (221)
一、通告 …………………………………………………………… (221)
二、通知 …………………………………………………………… (224)
三、请示 …………………………………………………………… (228)
四、报告 …………………………………………………………… (231)
五、会议纪要 ……………………………………………………… (235)

第二节　事务文书写作 ……………………………………………… (240)
一、计划 …………………………………………………………… (240)
二、总结 …………………………………………………………… (243)
三、调查报告 ……………………………………………………… (246)
四、述职报告 ……………………………………………………… (250)
五、毕业论文 ……………………………………………………… (253)

第三节　专用文书写作 ……………………………………………… (259)
一、劳动合同 ……………………………………………………… (259)
二、借款合同 ……………………………………………………… (262)

第四节　日常应用文写作 …………………………………………… (265)
一、求职信 ………………………………………………………… (265)
二、申论 …………………………………………………………… (267)
三、演讲稿 ………………………………………………………… (270)

第五节　司法文书写作 ……………………………………………… (275)
一、起诉状 ………………………………………………………… (275)
二、上诉状 ………………………………………………………… (277)
三、答辩状 ………………………………………………………… (279)

附录　课外阅读书目推荐 …………………………………………… (282)

第一章 中国古代文学

概 述

中国古代文学源远流长,上起先秦,下迄"五四",时间跨度达数千年之久。在这数千年间,涌现出了无数优秀的作家作品。这些优秀作品是我国文化艺术中的瑰宝。

文学起源于生产劳动。我国最早的文学创作是口头文学创作,包括上古神话和歌谣。先秦时代,我国出现了第一部诗歌总集——《诗经》。它是我国现实主义文学的源头,为后世文学的发展奠定了坚实的基础。在南方则产生了具有楚文化特征的新体诗——楚辞,它开创了我国诗歌的浪漫主义传统。春秋战国时代,在百家争鸣的时代氛围中,产生了《论语》《孟子》《庄子》《荀子》《韩非子》等诸子散文。与之相辉映的是历史散文,如《左传》《国语》《战国策》等。

两汉文学中最有价值的是乐府民歌。乐府民歌"感于哀乐,缘事而发",反映现实,表达劳动人民的思想感情。此时文人五言诗也走向成熟,出现了被誉为"五言之冠冕"的《古诗十九首》。两汉时期,汉赋兴盛,产生了司马相如、扬雄、张衡等一大批赋家。两汉散文成就最高的是司马迁的《史记》,它既开创了纪传体的史书新体例,又是传记文学精品,为后世散文创作提供了范例。

魏晋南北朝是我国文学走向自觉的时代,文学自身的审美价值开始得到重视,诗歌、散文、辞赋、小说、骈文等方面都取得了可喜的成绩。东晋大诗人陶渊明超拔流俗,其诗多写田园生活和隐逸情趣,风格自然恬淡,开创了田园一派。南北朝时乐府民歌再显光彩,南朝民歌婉转缠绵,北朝民歌刚健豪放,二者各极其妙。干宝的《搜神记》和刘义庆的《世说新语》则开了后世笔记小说的先河。

唐代,诗歌创作进入了黄金时期,初、盛、中、晚各期名家辈出,异彩纷呈。盛唐时出现了两大诗歌流派:以王维、孟浩然为代表的山水田园诗派和以高适、岑参为代表的边塞诗派。李白、杜甫先后崛起,成为中国诗歌史上雄视千古的"双子星座"。中唐时的白居易、元稹倡导了新乐府运动,他们的诗歌多关注现实,反映民生疾苦。晚唐最有成就的诗人是杜牧和李商隐。散文方面,出现了韩愈、柳宗元这样的散文大家。

到宋代,词发展到了鼎盛时期。宋初词人多写小令,柳永则大量创制慢词长调,内容多写都市的繁华和羁旅行役之苦,扩大了词的题材内容,丰富了词的表现手法。苏轼以诗为词,打破诗、词界限,使词成为真正独立的抒情诗体,开创了豪放一派。李清照是我国古代最优秀的女词人,其词婉约清新,语浅意浓而跌宕多姿,意境优美,形象鲜明,感情真挚,成为"婉约之宗"。稍后的辛弃疾集豪放与婉约之大成,将宋词推向高峰。北宋诗歌四大家是欧阳修、王安石、苏轼、黄庭坚。其中,黄庭坚诗歌因有门径可循,学习者众多,形成了影响巨大的江西诗派。南宋中期,尤袤、杨万里、范成大、陆游等"中兴四大家"出现,形成宋诗又一繁荣局面。宋代散文成就突出,曾巩、王安石、苏洵、苏轼、苏辙等一大批散文大家脱颖而出,共同开创了宋代散文的辉煌局面。

元代是我国戏曲文学的黄金时代。关汉卿、白朴、马致远、郑光祖以其杂剧创作被并称为"元曲四大家"。杂剧之外,元代还有张可久、乔吉、张养浩等许多散曲作家。明代的小说、戏曲等通俗文学特别兴盛。小说方面,出现了长篇章回小说《三国演义》《水浒传》《西游记》《金瓶梅》等,短篇小说主要是话本和拟话本,有冯梦龙编辑加工的"三言"和凌濛初编著的"二拍"。戏曲方面,万历以后,明传奇进入极盛期,作家作品大量涌现,不同流派争奇斗艳,主要有以汤显祖为代表的"临川派"和以沈璟为代表的"吴江派"。明代最杰出的戏曲作家是汤显祖,有"临川四梦",其中以《牡丹亭》的艺术成就最高。

清代文学成就最高的依然是小说和戏曲。曹雪芹的长篇小说《红楼梦》堪称我国古代小说艺术的高峰。此外还有吴敬梓的《儒林外史》、蒲松龄的《聊斋志异》。清代戏曲杰作当推洪昇的《长生殿》和孔尚任的《桃花扇》,都做到了艺术真实和历史真实的较好统一。清代的诗词、散文的总体成就虽未能超过唐、宋两代,但名家迭出,流派众多,也不乏优秀作品。近代小说的代表作有《官场现形记》《二十年目睹之怪现状》《孽海花》《老残游记》,被称为清末四大谴责小说。"五四"新文化运动和文学革命的爆发,标志着中国现代文学的开端,中国文学史从此掀开了全新的一页。

学习古代文学,关键是要多读多看。对一些优秀作品要反复诵读,通过诵读,逐步掌握古代文学的丰富词汇和文法规律,提高古文阅读能力。其次,要有意培养文学史的意识,对古代文学的发展概况和一般规律有大致的了解;要将具体的作家作品放在特定的时代背景中去理解,避免孤立、片面的学习。

第一节 古代诗歌

1. 蒹　　葭[1]

《诗经》

　　蒹葭苍苍[2],白露为霜。所谓伊人[3],在水一方[4]。溯洄从之[5],道阻且长[6]。溯游从之[7],宛在水中央[8]。

　　蒹葭凄凄[9],白露未晞[10]。所谓伊人,在水之湄[11]。溯洄从之,道阻且跻[12]。溯游从之,宛在水中坻[13]。

　　蒹葭采采[14],白露未已[15]。所谓伊人,在水之涘[16]。溯洄从之,道阻且右[17]。溯游从之,宛在水中沚[18]。

【注　释】

[1] 出自《诗经·秦风》,以篇首两字为诗题。
[2] 蒹(jiān):荻苇。葭(jiā):芦苇。蒹葭:这里指芦苇。苍苍:茂盛的样子。
[3] 伊人:朱熹《诗集传》:"伊人,犹彼人也。"此处指诗中主人公朝思暮想的意中人。
[4] 一方:一边。这里指在大水的另一边。
[5] 溯洄(sù huí):逆流而向上。这里指陆行。从:跟从,追寻。之:指代"伊人"。
[6] 阻:险阻,指道路阻塞难走。
[7] 溯游:顺流而向下。这里也指陆行。
[8] 这句意思是说,意中人仿佛在水的中央。宛:仿佛。
[9] 凄凄:通"萋萋",茂盛的样子。
[10] 晞(xī):干。
[11] 湄(méi):岸边。这里指高岸。
[12] 跻(jī):登高。这里指道路坎坷险峻,难以攀登。
[13] 坻(chí):水中小沙洲。
[14] 采采:众多,茂盛。
[15] 未已:未止。这里指露水没有全干。
[16] 涘(sì):水边。
[17] 右:迂回曲折。
[18] 沚(zhǐ):水中沙滩。

【诗经简介】

　　《诗经》是我国古代最早的诗歌总集。书成于春秋时代,共收录西周初年至春秋中叶约五百年间的诗歌三百零五篇(另有笙诗六篇,有目无辞)。先秦时通称为"诗"或"诗三百",到了汉代被奉为儒家经典之一,称作"诗经"。周代有所谓王官、行人采诗及公卿、列士献诗的制度,此书当为周王朝乐官在此基础上经过长期搜集、整理后编选而成。

《诗经》各篇都可以合乐歌唱。按音乐性质的不同,可以将《诗经》分为风、雅、颂三部分。"风"指"国风",是带有诸侯各国地方色彩的乐歌,计有周南、召南、邶、鄘、卫、王、郑、齐、魏、唐、秦、陈、桧、曹、豳共十五国风,一百六十篇。其中大部分是周代民歌,是《诗经》中的精华。"雅"是朝廷正声,是周王朝京畿地区的乐歌,多是贵族作品,也有部分民歌。"雅"共计一百零五篇,又分为"大雅"和"小雅"。"大雅"多朝会燕享之作,而"小雅"则多个人抒情。"颂"是王室宗庙祭祀用的舞曲歌辞,多为歌功颂德、祷告祈福之作,共四十篇,分周颂、鲁颂、商颂三部分。

《诗经》形式上以四言为主。普遍采用"赋、比、兴"的艺术手法,章法上则多用重章叠句,一唱三叹。语言生动形象,词汇丰富,朴素优美,音节自然和谐,极富艺术感染力。《诗经》是我国文学现实主义的源头,对我国文学的发展有着极为深远的影响,在中国文学史乃至世界文学史上具有很高的地位。

【导　读】

这是一首爱情诗,历来被誉为情深景真、风神摇曳的好诗。诗中的主人公对自己的意中人朝思暮想,苦苦追寻,而这位意中人似乎近在咫尺,却又是那样可望而不可即。中间阻隔千重,诗的主人公为之徘徊往复,凄婉感伤,无限惆怅,不能自抑。诗中描写的是爱情,实际上也包含着一个人生哲理:对包括爱情在内的一切美好事物的追求总得经过这般不畏艰险上下求索的过程。这首诗千百年来都具有极大的感染力,一个很重要的原因就是它能在多个层面上引起不同读者的广泛共鸣。

这首诗采用了《诗经》中常用的重章手法,一唱三叹。全诗三章,词句基本相同,只在某些地方变换个别词语,这样就写出了白露从凝结为霜到融化为水而逐渐干涸的过程,表现了时间的推移。而诗人又在这时间推移之中上下求索,徘徊怅惘。章法的重叠显示了诗人对爱情的执著追求。

【思考与练习】

1. 全诗三章,每一章都是先写景,后述事抒情。请说说"蒹葭苍苍"等诗句描写了一幅怎样的图景,这些景色描写在诗中起到了怎样的作用?
2. 重章手法对诗人感情的表达有什么作用?
3. 背诵这首诗。

2. 湘夫人[1]

屈 原

帝子降兮北渚[2],目眇眇兮愁予[3]。嫋嫋兮秋风[4],洞庭波兮木叶下[5]。登白薠兮骋望[6],与佳期兮夕张[7]。鸟何萃兮蘋中[8]？罾何为兮木上[9]？

沅有茞兮醴有兰[10],思公子兮未敢言[11]。荒忽兮远望[12],观流水兮潺湲[13]。麋何食兮庭中[14]？蛟何为兮水裔[15]？朝驰余马兮江皋[16],夕济兮西澨[17]。

闻佳人兮召予,将腾驾兮偕逝[18]。筑室兮水中,葺之兮荷盖[19]。荪壁兮紫坛[20],播芳椒兮成堂[21]。桂栋兮兰橑[22],辛夷楣兮药房[23]。罔薜荔兮为帷[24],擗蕙櫋兮既张[25]。白玉兮为镇[26],疏石兰兮为芳[27]。芷葺兮荷屋[28],缭之兮杜衡[29]。合百草兮实庭[30],建芳馨兮庑门[31]。九嶷缤兮并迎[32],灵之来兮如云[33]。

捐余袂兮江中[34],遗余褋兮醴浦[35]。搴汀洲兮杜若[36],将以遗兮远者[37]。时不可兮骤得[38],聊逍遥兮容与[39]。

【注 释】

[1] 本篇选自《楚辞·九歌》。《九歌》是屈原十一篇作品的总称。"九"是泛指,并非实数。关于《九歌》的创作,王逸《楚辞章句》认为:"昔楚国南郢之邑,沅、湘之同,其俗信鬼而好祠。其祠,必作歌乐鼓舞以乐诸神。屈原放逐,窜伏其域,怀忧苦毒,愁思沸郁。出见俗人祭祀之礼,歌舞之乐,其辞鄙陋,因为作《九歌》之曲,上陈事神之敬,下见己之冤结,托之以风谏。"此篇与《九歌》中另一篇《湘君》为姊妹篇。一般认为湘君和湘夫人为湘水配偶神。

[2] 帝子:指湘夫人。传说舜妃死后为湘水之神。又因舜妃为帝尧之女,故称帝子。北渚(zhǔ):北面的沙洲。

[3] 眇眇(miǎo)兮愁予:洪兴祖补注,"眇眇,微貌。言神之降,望而不见,使我愁也。"

[4] 嫋嫋(niǎo):微风吹拂的样子。

[5] 波:生波。下:落。皆作动词用。

[6] 薠(fán):水草名,即薠草,秋生,长于南方湖泽间。骋望:极目远望。

[7] 佳:佳人,指湘夫人。期:约期相会。夕:黄昏。张:陈设,张罗。

[8] 萃(cuì):聚集。蘋(pín):水草名,生于浅水中。

[9] 罾(zēng):一种渔网。以上两句以鸟集蘋中、罾置木上这两种颠倒错乱的现象隐喻湘夫人未能如约前来。

[10] 沅(yuán):即沅水,在今湖南省。茞(chǎi):白芷,一种香草。醴:同"澧"(lǐ),即澧水,在今湖南省,流入洞庭湖。

[11] 公子:指湘夫人。古代君王及诸侯的子女不分性别,都可称"公子"。

[12] 荒忽:同"恍惚",不分明的样子。

[13] 潺湲(chán yuán):水流不断的样子。

[14] 麋(mí)：一种鹿类动物。
[15] 蛟：传说为龙一类动物。水裔(yì)：水边。
[16] 皋(gāo)：江边高地。
[17] 济：渡。澨(shì)：水边。楚人习惯称水涯为澨。
[18] 腾驾：驾着马车奔驰。偕逝：一同前往。
[19] 葺：覆盖。荷盖：指用荷叶盖的屋顶。
[20] 荪壁：用荪草为屋壁。荪(sūn)：一种香草。紫坛：以紫色的贝壳镶嵌庭院。紫：紫贝。坛：庭院。
[21] 播：散布。芳椒：芳香的椒泥。成：涂饰。堂：堂内墙壁。以椒泥涂壁，可以使室内温暖，亦寓多子多孙之意。
[22] 桂栋：以桂木作房梁。兰橑(lǎo)：以木兰作橡子。橑：屋橡。
[23] 辛夷：一种香木。楣：门楣，即门上横梁。药房：以白芷饰房屋。药：白芷。
[24] 罔：通"网"，编结。薜荔：一种香草，缘木而生。帷：帷帐。
[25] 擗(pǐ)：分割，析开。蕙：一种香草。櫋(mián)：一本作"幔"，即幔，指帐子的顶。这里指用蕙草作帐顶。既：已经。张：张设，准备。
[26] 镇：一本作"瑱"，即瑱。此句指以白玉为殿堂。
[27] 疏：分散铺开。石兰：一种香草，又叫山兰。
[28] 芷葺：用白芷覆盖。荷屋：荷叶所盖之屋，即前文所说的"荷盖"。
[29] 缭：束缚，缠绕。杜衡：一种香草。
[30] 合：汇聚。百草：指众芳草。实：充实，布满。
[31] 建：设置。芳馨：花气芳香。庑(wǔ)门：堂周围的廊屋及走廊。
[32] 九嶷(yí)：山名，传说中舜的葬地，在湘水南。这里指九嶷山众神。缤：盛多的样子。
[33] 灵：神，这里指九嶷山众神。如云：形容众多。
[34] 捐：抛弃。袂(mèi)：衣袖。
[35] 遗：遗弃，丢下。褋(dié)：单衣，此指没有里子的贴身内衣。醴浦：澧水之滨。
[36] 搴(qiān)：楚方言，意为摘取。汀(tīng)：水中或水边的平地。杜若：一种香草。
[37] 遗：赠送。远者：远方之人，指湘夫人。
[38] 时：相会的机会。骤得：屡得，多次得到。
[39] 聊：姑且。逍遥：悠游徘徊。容与：漫步。

【作者简介】

屈原(约前340—前278)，名平，字原，战国后期楚国人，是与楚王同姓的贵族。屈原"博闻强志，明于治乱，娴于辞令"，曾任左徒等职，辅佐楚怀王处理内政外交。对内，他主张举贤授能，修明法度；对外，他主张联齐抗秦，统一六国。屈原的政治革新触犯了楚国保守派贵族的利益，后终因他们的谗毁，屈原被怀王疏远，顷襄王时更是被长期流放江南。公元前278年，楚国郢都被秦兵攻破，屈原悲愤绝望，自投汨罗江而死，传说时间是在农历五月初五。

屈原具有深厚而广博的文化修养。他在楚国文化传统的基础上，接受北方文化的影响，发展创造了"骚体"这一新诗体，成为我国文学史上第一位浪漫主义的伟大诗人。他的作品以丰富奇特的想象、绚丽多彩的文辞和个性鲜明的形象,抒发其进步的理想和不与世俗同流合污的高尚情怀,成为我国古代诗歌的不朽典范。屈原的主要作品有《离骚》《九歌》《九章》《天问》等,西汉刘向曾将屈原、宋玉等人的作品辑为《楚辞》一书,已佚。现存最早的楚辞注本为东汉王逸的《楚辞章句》。宋代洪兴祖有《楚辞补注》,今人姜亮夫有《重订屈原赋校注》。

【导　读】

　　读《湘夫人》,我们可以想象出这样的情景:湘君迎候湘夫人于洞庭始波、木叶飘零之时,然而他望断秋水,不见伊人。他筑芳香宫室于水中,以待湘夫人之来临,因期待心切,甚至出现了幻想的境界。"所谓伊人,在水一方,溯洄从之,道阻且长;溯游从之,宛在水中央",《蒹葭》写怀人不得之情,凄迷哀慕之感,令人嗟叹惆怅难已。《湘夫人》中写湘君待湘夫人而不至之惆怅怨慕之情,同样凄艳哀恻,令人感慨。两情不通,会合无缘,自是古来恨事。本篇中湘君之期望和失望,正与《湘君》中湘夫人之深情相互映衬。

【思考与练习】

　　1. "帝子降兮北渚,目眇眇兮愁予。嫋嫋兮秋风,洞庭波兮木叶下"向来被誉为"千古言秋之祖"。这几句景物描写有什么样的表达效果?

　　2. "鸟何萃兮蘋中? 罾何为兮木上?""麋何食兮庭中? 蛟何为兮水裔?"等句子表现了一种怎样的感情?

3. 归园田居(其一)[1]

陶渊明

少无适俗韵[2],性本爱丘山。误落尘网中[3],一去三十年[4]。羁鸟恋旧林,池鱼思故渊[5]。开荒南野际[6],守拙归园田[7]。方宅十余亩[8],草屋八九间。榆柳荫后檐[9],桃李罗堂前[10]。暧暧远人村[11],依依墟里烟[12]。狗吠深巷中,鸡鸣桑树颠[13]。户庭无尘杂[14],虚室有余闲[15]。久在樊笼里,复得返自然[16]。

【注　释】

[1]《归园田居》共五首,写于陶渊明辞去彭泽令归田的次年(406)。这里选录第一首。
[2] 适:适应,投合。韵:气质,性情。
[3] 尘网:尘世之网,这里比喻官场。官场污浊而又束缚人,犹如罗网。
[4] 三十年:一说当作"十三年"。陶渊明自太元十八年(393)初仕为江州祭酒,到义熙元年(405)辞彭泽令归田,恰好是十三个年头。
[5] 羁(jī)鸟:束缚在笼中的鸟。池鱼:困在池中的鱼。这里是指自己困在官场,身心不得自由,犹如羁鸟、池鱼。鸟恋旧林、鱼思故渊,比喻自己思念田园。
[6] 南野:一作"南亩"。际:间。
[7] 守拙:固守愚拙的本性。这是诗人自谦的说法,意思是说自己没有官场那种机巧逢迎的本领,宁愿依着自己愚拙的本性归耕田园。
[8] 方:旁,四周。这句是说住宅周围有土地十余亩。
[9] 荫:荫蔽。
[10] 罗:排列,罗列。
[11] 暧暧(ài ài):昏暗不明的样子。
[12] 依依:轻柔的样子。墟里:村落。
[13] 颠:同"巅",顶部。
[14] 户庭:门庭。尘杂:尘俗杂事。
[15] 虚室:虚空闲静的居室。余闲:闲暇。
[16] "久在"两句意思是说:重归田园,就像久困笼中的鸟又能重返大自然一样。樊笼:比喻仕途、官场。

【作者简介】

陶渊明(365—427),一名潜,字元亮,别号五柳先生。浔阳柴桑(今江西九江市西南)人,东晋大文学家。曾祖据说是东晋大司马陶侃。他的祖父和父亲都曾做过太守一类的官。但到陶渊明时,家道已衰落。渊明早年怀有"大济苍生"之志,中年时先后任过江州祭酒、镇军参军等职,但因当时政治极端腐败,他的抱负难以施展,又不肯与黑暗腐朽的士族社会同流合污,晋安帝义熙元年(405),他从彭泽县令任上辞官归隐,此后长期过着躬耕隐居的生活,终因贫病交加而卒,私谥靖节。

陶渊明是我国文学史上伟大诗人之一。归隐以后,他写了不少田园诗,描绘田园风光及其在农村生活、劳动的情景,有着丰富的现实生活内容,充满了对污浊社会的憎恶和对纯洁田园的热爱。在我国文学史上,将田园生活写入诗篇的,陶渊明是第一人。此外,归隐后,他还写有《咏荆轲》等"金刚怒目"式的作品,表明他并未真正忘怀世事。陶诗感情真挚,意境深远,平易自然而又韵味隽永,有很高的审美价值,对唐以来的诗歌创作有很大的影响。有《陶渊明集》。清人陶澍的《靖节先生集》是较好的注本。

【导 读】

《归园田居》五首是陶渊明的著名诗作,对后世的山水田园诗人影响深远。这里选录的第一首,写诗人辞官归隐的志向和归田后的欣喜心情。全诗可分为三部分。前八句为第一部分,追叙误落尘网和最终返归田园。"方宅"以下十句为第二部分,描写田园的宁静风光及淡泊清静的田园生活。最后两句为第三部分,水到渠成,点明主题,如释重负般地尽情抒发了诀别仕途、回归自然的无限欣喜之情。

这首诗的语言平淡、质朴、自然。如诗中描写田园风光的一段,语言质朴自然,近于口语,所写的也都是极为平凡的田园景物,但却充满了奇趣盎然的诗意。苏轼说:"渊明诗初视若散缓,熟视之有奇趣。"(《冷斋夜话》引)陶诗平淡中寓有深厚的情味,诗人似乎漫不经心随意点染的景物,无一不表现着诗人高尚的品格和情操,反映出他独特的审美情趣。

【思考与练习】

1. 这首诗抒发了诗人怎样的思想感情?
2. 诗人是怎样运用对比手法进行抒情的?
3. 这首诗中的景物描写有什么特点?

4. 春江花月夜

张若虚

春江潮水连海平,海上明月共潮生。滟滟随波千万里[1],何处春江无月明。江流宛转绕芳甸[2],月照花林皆似霰[3]。空里流霜不觉飞[4],汀上白沙看不见[5]。江天一色无纤尘,皎皎空中孤月轮。江畔何人初见月?江月何年初照人?人生代代无穷已,江月年年只相似。不知江月待何人,但见长江送流水。白云一片去悠悠,青枫浦上不胜愁[6]。谁家今夜扁舟子[7]?何处相思明月楼[8]?可怜楼上月徘徊[9],应照离人妆镜台[10]。玉户帘中卷不去[11],捣衣砧上拂还来[12]。此时相望不相闻,愿逐月华流照君[13]。鸿雁长飞光不度[14],鱼龙潜跃水成文[15]。昨夜闲潭梦落花,可怜春半不还家。江水流春去欲尽,江潭落月复西斜。斜月沉沉藏海雾,碣石潇湘无限路[16]。不知乘月几人归,落月摇情满江树[17]。

【注　释】

[1] 滟滟(yàn):江面上波光闪动的样子。
[2] 宛转:曲折。芳甸:长满花草的原野。
[3] 霰(xiàn):雪珠。这里形容皎洁月光照映下的花朵。
[4] 流霜:古人以为霜像雪一样是从天上飞落的,通常称作飞霜。
[5] 汀:沙洲。
[6] 青枫浦:又名双枫浦,在今湖南省浏阳县。这里泛指思妇心中游子所在的地方。不胜:难以承受。
[7] 扁舟子:离家在外漂泊江湖的人。扁舟:小船。
[8] 明月楼:指明月之夜的楼上思妇。
[9] 徘徊:指月影的移动。曹植《七哀诗》:"明月照高楼,流光正徘徊。上有愁思妇,悲叹有余哀。"
[10] 离人:指楼上的思妇。
[11] 玉户:闺房的美称。此句和下一句都是描写月光。
[12] 捣衣:捶打衣物。砧(zhēn):捣衣时垫用的石头。
[13] 逐:追随。月华:月光。君:这里指游子。
[14] 长飞:远飞。光不度:飞越不了月光。
[15] 鱼龙潜跃:鱼龙的潜游与跳跃。文,通"纹"。以上两句既是写景,也寓有鱼雁传书之意。
[16] 碣(jié)石:山名,在今河北省昌黎县。潇湘:水名,在今湖南省零陵县。这里分别以碣石和潇湘代指北方和南方,意思是说游子、思妇一南一北相距遥远。
[17] "落月"句:意思是说,满江满树,无处不是落月的余辉和缭乱的离情。

【作者简介】

张若虚(约660—约720),扬州(今江苏扬州市)人,生平事迹不详。以文词俊秀驰名于京都,与张旭、包融、贺知章并称"吴中四士"。作品多散佚,《全唐诗》仅录存其诗二首。

【导　读】

　　这首"孤篇盖全唐"的杰作,一千多年来使无数读者为之倾倒。闻一多先生称赞它是"诗中的诗,顶峰上的顶峰"(《宫体诗的自赎》)。张若虚也因这一首诗,"孤篇横绝,竟为大家"。
　　全诗紧扣春、江、花、月、夜进行描写,尽情赞叹大自然的奇丽景色,讴歌人间纯洁的爱情,并且把对游子、思妇的同情扩展开来,与对人生哲理的追求、对宇宙奥秘的探索结合起来,从而汇成一种情、景、理水乳交融的幽美而邈远的意境。诗人将深邃美丽的艺术世界隐藏在惝恍迷离的艺术氛围之中,整首诗仿佛笼罩在一片空灵而迷茫的月色里,吸引着读者去探寻其中美的真谛。

【思考与练习】

　　1. 诗歌由春江花月夜的美景,引发了对人生、宇宙什么样的思考?
　　2. 你认为这首诗的感情基调是什么样的?
　　3. 背诵这首诗。

5. 终南别业[1]

王 维

中岁颇好道[2],晚家南山陲[3]。
兴来每独往[4],胜事空自知[5]。
行到水穷处[6],坐看云起时。
偶然值林叟[7],谈笑无还期[8]。

【注 释】

[1] 终南:终南山,在陕西省西安市南,一称南山,秦岭主峰之一。别业:别墅。
[2] 中岁:中年。好道:这里指倾心于佛法。
[3] 晚:晚年。家:动词,居住、定居的意思。南山:终南山。陲(chuí):山脚。
[4] 兴:兴致。
[5] 胜事:快意的事。这里指诗人游览终南山,身心得到放松的游赏之乐。
[6] 水穷处:水的尽头。
[7] 值:遇到。林叟(sǒu):山林中的老人。
[8] 无还期:指与老人谈得投机,以至于忘了回家。

【作者简介】

王维(701—761),字摩诘,祖籍山西祁县。唐玄宗开元九年(721)进士及第,授大乐丞,累官至给事中。"安史之乱"后官至尚书右丞,世称王右丞。

王维早年颇有进取精神,后来意志逐渐消沉,晚年居蓝田辋川,过着亦官亦隐的悠游生活。王维是诗人兼画师,又精通音乐,这些对他的诗歌创作有积极影响。他的诗歌以山水田园诗的成就最高,多轻盈淡远之音、缥缈空灵之境,色彩丰富,音调和谐,充溢着诗情画意之美,然而也时时渗透着佛理禅机。他是盛唐山水田园诗派的代表作家,与孟浩然齐名,并称"王孟"。有《王右丞集》。清赵殿成《王右丞集笺注》是迄今为止较好的注本。

【导 读】

这首诗极写隐居终南山之闲适怡乐、随遇而安之情。整首诗如行云流水,毫不做作,笔触细腻自然,亲切随意,使全诗笼罩在一种闲适恬淡的氛围中,同时也展现了诗人天性淡逸、超然物外的风采。

【思考与练习】

1. 颔联"行到水穷处,坐看云起时"深受后代诗家赞赏。请仔细体味,然后对这两句作一点赏析。
2. 尾联中"偶然"二字在全诗中有何作用?

6. 燕 歌 行[1]

高 适

开元二十六年,客有从御史大夫张公出塞而还者,作《燕歌行》以示适。感征戍之事,因而和焉[2]。

汉家烟尘在东北[3],汉将辞家破残贼[4]。男儿本自重横行[5],天子非常赐颜色[6]。摐金伐鼓下榆关[7],旌旆逶迤碣石间[8]。校尉羽书飞瀚海[9],单于猎火照狼山[10]。山川萧条极边土[11],胡骑凭陵杂风雨[12]。战士军前半死生[13],美人帐下犹歌舞[14]。大漠穷秋塞草腓[15],孤城落日斗兵稀[16]。身当恩遇恒轻敌[17],力尽关山未解围[18]。铁衣远戍辛勤久[19],玉箸应啼别离后[20]。少妇城南欲断肠[21],征人蓟北空回首[22]。边庭飘飖那可度[23],绝域苍茫更何有[24]？杀气三时作阵云[25],寒声一夜传刁斗[26]。相看白刃血纷纷[27],死节从来岂顾勋[28]？君不见沙场征战苦[29],至今犹忆李将军[30]!

【注 释】

[1] 燕歌行:乐府《相和歌辞·平调曲》旧题。燕:今河北省一带地区,这里泛指东北边塞。

[2] 御史大夫张公:指张守珪。开元二十三年,张守珪因大胜契丹,拜为辅国大将军、右羽林大将军兼御史大夫。《旧唐书·张守珪传》:"二十六年,守珪裨将赵堪……等假以守珪之命,逼平卢军使乌知义令率骑邀叛奚余众于湟水之北,……初胜后败。守珪隐其败状而妄奏克获之功,事颇泄。"一般认为高适这首诗就是隐刺他的。

[3] 汉家:汉朝,实指唐,唐人每以汉自称。烟尘:烽烟和征尘,喻指战争。开元十八年(730)以后的数年里,唐与东北的契丹、奚的战争连年不断,所以说"烟尘在东北"。

[4] 破:击溃。残贼:凶暴的侵略者。

[5] 本自:本来就是。重:看重,崇尚。横行:指为国效命,驰骋疆场,一往无前。《史记·季布列传》:"上将军樊哙曰:'臣愿得十万众,横行匈奴中。'"

[6] 非常:特别,尤其。赐颜色:赏脸,器重,厚加礼遇。

[7] 摐(chuāng):敲击。金:即"钲",古代军中铜制的乐器,形如盘。伐鼓:击鼓。榆关:即山海关,在今河北省秦皇岛市,是通往东北的要隘。

[8] 旌旆(jīng pèi):泛指军中各种旗帜。逶迤(wēi yí):蜿蜒绵长的样子。碣(jié)石:山名,在今河北乐亭西南。

[9] 校尉:武官名,位次于将军。羽书:插有羽毛的信,指军中紧急文书。瀚海:沙漠。

[10] 单于:本是匈奴部落首长的称号,这里借指入侵的契丹等部族的首领。猎火:打猎时燃起的火,这里借指战火。古代北方游牧部族在发动战争之前,常举行大规模的打猎活动,作为军事演习。狼山:即狼居胥山,在今内蒙古自治区内。这里泛指接战之地。

[11] 这句意思是说:山河荒凉的景象一直延伸到边疆的尽头。萧条:荒凉。极:到达……尽头。边土:边疆。

13

[12] 胡骑：敌军的骑兵队伍。凭陵：凭借暴力进行侵扰。杂风雨：风雨交加，形容敌人骑兵来势迅猛，有如暴风骤雨。

[13] 军前：阵前，战场上。半死生：生死各半，形容士兵苦战，伤亡惨重。

[14] 帐下：将帅的营帐中。

[15] 穷秋：深秋。腓(féi)：枯萎；变黄。一作"衰"。

[16] 斗兵稀：苦战中的士兵越来越少。暗示唐军士兵伤亡惨重。

[17] 当：受到。恩遇：皇帝的恩德和优厚待遇。恒：常常，总是。

[18] 关山：指边境险要的地方。

[19] 铁衣：金属制的铠甲，借指出征的战士。

[20] 玉箸(zhù)：玉筷，古代诗文中常用以喻指妇女双泪直流的情形。这里借指出征士兵的妻子。

[21] 少妇：泛指出征士兵的妻子。城南：长安城南。长安宫廷在城北，住宅区在城南。这里指少妇的住处。

[22] 蓟(jì)北：蓟州之北，泛指北部边塞地区。空回首：徒然回望家乡，欲归不能。

[23] 边庭：边境。飘飖(yáo)：动荡不安。度：度日。

[24] 绝域：指极遥远、荒僻的边地。苍茫：迷茫无际的样子。

[25] "杀气"句意思是说：战场上从早到晚杀气腾腾，战云密布。三时：指晨、午、晚，即一整天。一说指春、夏、秋三季。阵云：战云。

[26] "寒声"句意思是说：夜晚的军营，寒风中不时传来刁斗的声音。刁斗：古代军中值宿巡更时敲击的铜器，白天用来做饭。有柄，可容一斗。

[27] 白刃：雪亮的战刀。

[28] 死节：指为国事而牺牲。顾：顾及。勋(xūn)：个人的功劳。

[29] 沙场：战场。

[30] 李将军：指汉代名将李广。他智勇双全，爱护士卒。《史记·李将军列传》："……广之将兵，乏绝之处，见水，士卒不尽饮，广不近水；士卒不尽食，广不尝食。宽缓不苛，士以此爱乐为用。"因此他的部队战斗力很强。当他任右北平太守时，匈奴多年不敢来犯。

【作者简介】

高适(702—765)，字达夫，一字仲武，渤海蓨(今河北省景县)人。盛唐边塞诗派的代表诗人，与岑参并称"高岑"。早年家境窘艰，曾入长安求仕，未果，于是北游燕赵，过着"混迹渔樵"的生活，后来客居宋(今河南商丘)中，曾与李白、杜甫漫游梁宋。玄宗天宝八载(749)，经张九皋荐举，中"有道科"，授封丘县尉，不久即弃官而去。后客游河西，为河西节度使哥舒翰掌书记。安史之乱后，得到唐肃宗的重用，历任淮南、西川节度使，终散骑常侍，封渤海县侯。世称高常侍。高适早年生活潦倒，广泛接触社会，故诗中有不少感叹不遇、反映民生疾苦及官吏骄奢、世态炎凉之作，但最出色的是边塞诗。他的边塞诗有明显的议论特色，呈现出"主理"的倾向。他在诗中既能提出安边卫国的主张，热情歌颂将士们舍身报国的英雄气概，又能揭露边将的骄奢淫逸，并对战士们的艰苦生活表示关怀和同情。高适尤其长于七言歌行，诗歌的风格粗犷豪放，古朴浑厚。有《高常侍集》。较好的注本有孙钦善的《高适集校注》。

【导　读】

　　这首诗虽因张守珪军中之事而发,但并不局限于一时一地或某次战争,实际上概括了开元年间唐军将士戍边生活的各个方面。重点在于揭露军中官兵苦乐悬殊的事实,抨击将帅的腐败无能、不恤士卒,对长期浴血苦战的广大战士则寄予深切的同情,同时也歌颂了广大战士舍身报国的英雄气概。诗歌的主题仍是雄健激越、慷慨悲壮的。

　　全诗可分为四部分。开头八句为第一部分,写边烽突起,奉命出师。"赐颜色"一句,已为后文的将帅轻敌伏笔。"山川"至"力尽"句为第二部分,写力竭兵稀,战斗失利。"铁衣"至"寒声"八句为第三部分,从战事转写征人和妻子的两地相思,幽怨缠绵,气氛悲凉。最后四句为第四部分,通过对汉代名将李广的怀念,点明题旨。"君不见"两句,表达了诗人的强烈愿望。就思想深度而言,这首《燕歌行》称得上是盛唐边塞诗的压卷之作。

【思考与练习】

　　1. 这首诗表现了诗人怎样的思想感情?
　　2. 找出本诗中对比手法的运用,并体会其作用。

7. 行路难[1]

李 白

金樽清酒斗十千[2],玉盘珍羞直万钱[3]。停杯投箸不能食[4],拔剑四顾心茫然[5]。欲渡黄河冰塞川,将登太行雪满山[6]。闲来垂钓碧溪上[7],忽复乘舟梦日边[8]。行路难!行路难!多歧路[9],今安在?长风破浪会有时[10],直挂云帆济沧海[11]。

【注 释】

[1]《行路难》:乐府《杂曲歌辞》旧题。唐玄宗天宝三载(744)李白离开长安时所作,共三首,这是第一首。
[2]金樽:指精美的酒器。清酒:美酒。酒有清、浊之分,清酒是好酒。斗十千:形容美酒价贵,一斗酒值十千。曹植《名都篇》:"归来宴平乐,美酒斗十千。"
[3]玉盘:指精美的食具。珍羞:珍贵的菜肴。羞:同"馐",美味食品。直:同"值",价值。
[4]投箸:丢下筷子。不能食:即咽不下。
[5]茫然:此指心情沉重而又无所适从的神态。
[6]太行:太行山,在今山西省东南部与河北、河南交界处。
[7]垂钓碧溪:用吕尚的典故。传说吕尚(姜太公)未遇周文王时,曾一度垂钓于磻溪(今陕西宝鸡东南)。
[8]乘舟梦日边:用伊尹的典故。相传伊尹在将要受到商汤的征聘时,曾梦见自己乘船在日月旁经过。
[9]歧路:岔路。
[10]长风破浪:据《宋书·宗悫传》载:宗悫少年时,叔父宗炳问他的志向,他说:"愿乘长风破万里浪。"表示自信有远大的前程。
[11]济:渡过。

【作者简介】

李白(701—762),字太白,号青莲居士,盛唐伟大诗人,与杜甫并称"李杜"。祖籍陇西成纪(今甘肃省天水县),诞生于中亚的碎叶城(唐时属安西都护府),五岁时随父移居绵州彰明县(今四川省江油县)青莲乡。少时读书学剑,"五岁诵六甲,十岁观百家"(《上安州裴长史书》),"十五好剑术,遍干诸侯"(《与韩荆州书》),为人放达不羁。二十五岁时出蜀,漫游十余年,希冀通过交游干谒的途径登上卿相高位,以实现"使寰区大定,海县清一"的政治抱负。天宝元年(742),经道士吴筠推荐,应诏赴长安,供奉翰林,但因性格傲岸,为权贵所不容,不到两年,即被"赐金放还"。此后他又开始了漫游生活。安史乱起,隐于庐山,受邀参加永王李璘的幕府。后永王兵败,李白受牵连,流放夜郎(今贵州省桐梓县),中途遇赦。代宗宝应元年(762),李白病殁于当涂(今安徽省当涂县)县令、族叔李阳冰家中。

李白是屈原之后最杰出的浪漫主义诗人。他以惊世骇俗的笔墨,创造了瑰丽奇伟的意境,展示了自己独特的个性。他的诗歌雄奇壮丽,奔放飘逸,感情热烈,语言清新自然,有强烈的艺术感染力,对当时和后代都有巨大的影响。有清王琦辑注的《李太白全集》三十六卷。今人詹锳主编的《李太白集校注汇释集评》资料最为完备。

【导　读】

　　天宝元年(742),李白奉诏赴长安,"仰天大笑出门去,我辈岂是蓬蒿人"(《南陵别儿童入京》),以为实现抱负的机会到了。长安时期,他表面上受到玄宗礼贤下士的优待,但只命供奉翰林,被看做点缀升平的御用文人。这不能不让李白感到极大的失望,再加上权臣贵戚的嫉恨谗毁,终于上书请还,"五噫出西京"。这首诗即是写诗人功业未遂、被迫离开长安时的悲愤心情,表现了茫然失落的强烈痛苦,以及不因失败而放弃理想的倔强和自信。

【思考与练习】

　　1. "垂钓""乘舟"两个典故表现了诗人怎样的心情?
　　2. 现实与理想的深刻矛盾,是此诗的基调。朗读诗歌,体会诗人跌宕起伏的感情和急遽变化的心理。

8. 秋兴[1]

杜 甫

玉露凋伤枫树林[2],巫山巫峡气萧森[3]。
江间波浪兼天涌[4],塞上风云接地阴[5]。
丛菊两开他日泪[6],孤舟一系故园心[7]。
寒衣处处催刀尺[8],白帝城高急暮砧[9]。

【注 释】

[1] 此诗是唐代宗大历元年(766)杜甫流寓夔州(治所在今四川省奉节县)时作。秋兴:因秋天的景物而感兴,有触景生情之意。原作八首,这里选录其中的第一首。

[2] 玉露:晶莹如玉的露珠。凋伤:使草木衰败凋零。

[3] 巫山巫峡:巫山在四川省巫山县东,长江沿着巫山山脉夹壁形成了绵延一百六十余里的江峡,即巫峡。它西接瞿塘峡,东连西陵峡,在三峡中是最长的。萧森:萧瑟阴森。三峡两岸"重岩叠嶂,隐天蔽日",到了深秋,更是萧瑟暗淡。

[4] 兼天:连天。

[5] 塞上:这里指夔州一带的山,包括巫山在内。因为山势险峻,故称为"塞"。阴:暗。

[6] "丛菊"句意思是说:两次看到菊花开放,还是滞留蜀地,回忆往日之事,不禁流下泪来。杜甫于代宗永泰元年(765)五月离开成都,打算出三峡回到故乡。不料当年秋天卧病云安,次年秋天滞留夔州,从离开成都算起,已历两秋,仍未回到故乡。他日:往日,指羁留他乡的时光。

[7] 一系:意为永系,长系。故园心:思念故园的心情。故园指长安。杜甫把长安视为第二故乡。因为他的远祖杜预是长安杜陵人,杜甫本人也在杜陵一带住过,并置有田产。他常自称"杜陵布衣"。

[8] "寒衣"句意思是说:已是深秋,家家都在缝制寒衣。刀尺:剪刀和尺子,缝制冬衣的工具。

[9] "白帝"句意思是说:傍晚时分,白帝城上可听到处处传来的急促的捣衣声。白帝城:在今四川省奉节县东白帝山上。砧(zhēn):捣衣石。唐代妇女每于秋夜捣衣,所捣为未经缝制的衣料,所以捣衣又称捣练(一种丝织品)。一说,捣衣是捣洗冬衣。

【作者简介】

杜甫(712—770),字子美,盛唐伟大诗人,自号"少陵野老""杜陵布衣"。祖籍襄阳(今湖北襄樊市),出生于河南巩县。少时读书万卷,二十岁后漫游吴、越、齐、赵,结识了李白、高适等著名诗人。天宝五载(746),杜甫怀着"致君尧舜上,再使风俗淳"的政治理想来到长安应试,却因奸臣当道而进取无门。此后他在长安困守十年,直到天宝十四载(755),才获得右卫率府兵曹参军的从八品官职。"安史之乱"起,诗人为叛军所俘,脱险后投奔肃宗,授官左拾遗,不久,以疏救房琯获罪,被贬为华州司功参军。乾元二年(759),杜甫弃官入蜀,寓居于成都浣花溪草堂。曾入西川节度使严武幕府,以检校工部员外郎衔充任节度参谋,故世称杜工部。代宗大历三年(768),杜甫携家出峡,漂泊于湖南、湖北一带江上。大历五年(770),贫病交加的诗人卒于湘水舟中。

杜甫的一生,经历了唐王朝由盛转衰的历史转折。他的诗歌真实、深刻地再现了这一历史转折时期的社会现实。强烈的忧国忧民的思想感情,是杜甫诗歌的基调,"沉郁顿挫"是其主要风格。杜诗在当时就获得了"诗史"的美称。关于杜诗的注本,旧有"千家注杜"之说。通行注本有仇兆鳌的《杜少陵集详注》、钱谦益的《钱注杜诗》、杨伦的《杜诗镜铨》等。

【导　读】

　　《秋兴八首》是大历元年(766)秋杜甫在夔州时所作一组七言律诗,因秋而感发诗兴,故曰《秋兴》。这一组诗历来被公认为杜甫抒情诗中艺术性最高的诗。这里选的第一首为八首之纲领。诗以夔州秋景为主线,抒写漂泊流离之苦和心忆长安的故国之思。前四句写景。草木凋零,山峡萧森,波浪连天,风云接地,这充塞天地、无所不在的秋色,不仅仅是易引发乡思的自然景象,也暗寓着人生的艰辛与世道的艰难。最后两句再写夔州景物,与开头呼应。捣衣声声,倍增游子漂泊惊寒之心。明代王嗣奭分析此诗云:"前联言景,后联言情;而情不可极,后七首皆包孕于两言中也。又约言之,则'故园心'三字尽之矣。况秋风戒寒,衣需早备,刀尺催而砧声急,耳之所闻,合于目之所见,而故园之思弥切矣。"所论极是。

【思考与练习】

　　1. 颈联两句是全诗的点睛之笔,诗人的羁旅之悲、故国之思表现得十分强烈。这两句对仗工整,且语涉双关,含意十分丰富。请作具体分析。

　　2. 关于这首诗写景与抒情的关系,前人云:此诗"明写秋景,虚含兴意;实拈夔府,暗提京华"。请对此作具体说明。

　　3. 背诵这首诗。

9. 离 思[1]

元 稹

曾经沧海难为水,除却巫山不是云[2]。
取次花丛懒回顾[3],半缘修道半缘君[4]。

【注 释】

[1] 本题共五首,相传是诗人为眷念双文而作。双文即元稹的传奇作品《莺莺传》中被始乱终弃的莺莺。另一说法是,《离思》是元稹为悼念亡妻韦丛而作。
[2] "曾经"两句:意谓见过美女之后,对别的女子就再也看不上眼了。沧海:大海。《孟子·尽心》:"观于海者难为水。"巫山:在今四川境内,山有十二峰。宋玉《高唐赋》说"巫山之女""朝为行云,暮为行雨,朝朝暮暮,阳台之下"。
[3] 取次:次序,一个挨一个。花丛:喻众多美貌的女子。
[4] 缘:因为。修道:修身养性。

【作者简介】

元稹(779—831),字微之,河南河内(今河南省洛阳市附近)人,中唐重要诗人。德宗贞元九年(793)明经及第,授校书郎,又登才识兼茂明于体用科,任左拾遗,历监察御史。因针对权贵直言敢谏,遭贬十年之久。后与宦官妥协,职务累迁,穆宗长庆二年(822)拜相。时论不满,出为同州、越州刺史。武宗时为武昌军节度使,卒于任所。

元稹与白居易齐名,时称"元白",且同为新乐府运动的积极倡导者。在这场运动中,元稹提出了很有价值的诗歌理论,在诗歌创作上也取得了较高的成就,因而成为一位很有影响的大家。有《元氏长庆集》。今有冀勤点校的《元稹集》。

【导 读】

这首诗巧用比喻,淋漓尽致地表达了主人公对已经失去的心上人的深深恋情。诗人接连以水、云、花为喻,来表达对爱情的至诚和专一。感情炽热,下笔却又含蓄蕴藉,意境深远,耐人寻味。在众多描写爱情的古典诗词中,亦堪称佳作。

【思考与练习】

1. "曾经沧海难为水,除却巫山不是云"两句,千百年来引起人们强烈的共鸣。李商隐的"春蚕到死丝方尽,蜡炬成灰泪始干"(《无题》)亦同为描写爱情的名句。二者的写法有何不同?
2. 背诵这首诗。

10. 早　雁

杜　牧

金河秋半虏弦开[1]，云外惊飞四散哀。
仙掌月明孤影过[2]，长门灯暗数声来[3]。
须知胡骑纷纷在，岂逐春风一一回[4]？
莫厌潇湘少人处[5]，水多菰米岸莓苔[6]。

【注　释】

[1] 金河：即大黑河，在今内蒙古呼和浩特市南，这里泛指北方边地。秋半：农历八月。虏弦开：这里指回鹘人开弓射猎。
[2] 仙掌：汉代建章宫有铜铸仙人，铜像舒掌托着承露盘。孤影：指孤雁飞过的身影。
[3] 长门：汉代宫名。汉武帝皇后陈阿娇失宠后幽居长门宫。声：孤雁的哀鸣声。
[4] 逐：随着。
[5] 潇湘：指今湖南中部、南部一带。相传雁飞不过衡阳，所以这里想象它们在潇湘一带停歇下来。
[6] 菰(gū)米：一种生长在浅水中的多年生草本植物的果实（嫩茎叫茭白）。莓苔：一种蔷薇科植物。这两种东西都是雁的食物。

【作者简介】

杜牧（803—852），字牧之，京兆万年（今陕西西安）人，晚唐著名诗人。为德宗、宪宗时宰相杜佑之孙。文宗大和二年（828）进士，又制策登科，授弘文馆校书郎，后累官至中书舍人。杜牧以济世之才自负，可是当时唐王朝已江河日下，他无法一展抱负，有时便转向了纵情酒色的放浪生活。他的作品，忧愤深广而又风情旖旎。杜牧诗、赋、古文并工，诗歌成就最高，与李商隐并称为"小李杜"，七绝犹为人所称道。有《樊川集》。清人冯集梧有《樊川诗集注》。

【导　读】

唐武宗会昌二年（842）八月，北方回鹘族乌介可汗率兵南侵，引起边民纷纷逃亡。时任黄州刺史的杜牧闻而忧之，写下了这首七律。诗人借雁抒怀，以遭射而惊飞四散的鸿雁比喻流离失所的人民，对他们有家而不能归的悲惨处境寄予深切的同情。又借汉言唐，对当权统治者昏庸腐败、不能守边安民进行讽刺。全诗情致深婉，含蓄蕴藉。

【思考与练习】

1. 诗人写雁飞过长安上空的孤影和哀鸣声，用了两个典故，有何深意？
2. 谈谈这首咏物诗托物言志的表现手法。

11. 和子由渑池怀旧[1]

苏 轼

人生到处知何似， 应似飞鸿踏雪泥。
泥上偶然留指爪， 鸿飞那复计东西。
老僧已死成新塔[2]，坏壁无由见旧题[3]。
往日崎岖还记否， 路长人困蹇驴嘶[4]。

【注 释】

[1] 子由：苏轼弟，名辙，字子由。渑池：即今河南省渑池县。
[2] 老僧：名奉闲。新塔：和尚死后火葬，筑小塔以埋骨灰。
[3] "坏壁"句：苏辙《怀渑池寄子瞻兄》诗自注云："昔与子瞻应举，过宿县中寺舍，题其老僧奉闲之壁。"
[4] "往日"二句：诗末作者自注："往岁马死于二陵，骑驴至渑池。"（二陵即河南省崤山，在渑池以西）蹇驴：跛足的驴。

【作者简介】

苏轼（1037—1101），字子瞻，号东坡居士，眉州（今四川眉山）人。北宋著名文学家。与父苏洵、弟苏辙合称"三苏"。苏轼为宋仁宗嘉祐二年（1057）进士。神宗熙宁年间，因与王安石政见不合，自请外放，历任杭州通判，密州、徐州、湖州知州。元丰二年（1079），因被诬作诗"谤讪朝廷"，遭御史弹劾，被捕入狱，史称"乌台诗案"。后贬为黄州（今湖北黄冈）团练副使。哲宗时累迁中书舍人、翰林学士，出知杭州、颍州。绍圣初，又以"为文讥斥朝廷"的罪名远谪今广东惠州、海南儋州。卒谥"文忠"。苏轼一生宦海浮沉，历经坎坷，思想上虽常有出世与入世的矛盾，但失意时能达观自解，始终保持积极进取、欲有所为的精神。

苏轼创作的各方面都有突出的成就。散文自然畅达，随物赋形，如行云流水，为"唐宋八大家"之一；词开豪放一派，突破了唐五代以来的艳词藩篱，与辛弃疾并称"苏辛"；诗歌、绘画、书法亦有很高造诣。有《苏东坡集》《东坡乐府》。

【导 读】

宋仁宗嘉祐六年（1061），苏轼出任凤翔府（今属陕西）签判，其弟苏辙一直将他送到郑州方才返回，并寄给苏轼一首诗，即《怀渑池寄子瞻兄》。苏轼因而作了这首和诗。

这首诗是苏轼的早年名作。诗歌前四句议论，生动形象，富有哲理，成语"雪泥鸿爪"即由此而来；后四句则应和苏辙诗中的怀旧之情：人的一生，偶然留下痕迹，随时变灭，这也是一种自然规律，没有必要过分去怀念，即便是怀念，也要借以鞭策自己奋发向前。从中可以看出苏轼早年的积极态度,以及后来虽处坎坷颠沛之中依然旷达、乐观的精神底蕴。

【思考与练习】
　　清人纪昀评此诗说:"前四句单行入律,唐人旧格;而意境恣逸,则东坡之本色。"熟读这首诗,说说你对这句话的理解。

12. 登 快 阁[1]

黄庭坚

痴儿了却公家事[2],快阁东西倚晚晴[3]。
落木千山天远大[4],澄江一道月分明[5]。
朱弦已为佳人绝[6],青眼聊因美酒横[7]。
万里归船弄长笛[8],此心吾与白鸥盟[9]。

【注 释】

[1] 这首诗作于宋神宗元丰五年(1082),时作者任吉州太和(今江西泰和)县令。快阁:在原太和县治东南慈恩寺前,濒临赣江,以其江山广远、景物清华而得名。

[2] "痴儿"句:典出《晋书·傅咸传》。杨济与傅咸书云:"江海之流混混,故能成其深广也。天下大器,非可稍了,而相观每事欲了。生子痴,了官事,官事未易了也。了事正作痴,复为快耳!"痴儿:作者自指。了却:做完。

[3] 倚晚晴:在晚晴余晖里,倚栏远眺。

[4] "落木"句意思是说:无数的秋山上树叶落尽,天空显得更加高远阔大。落木:落叶。杜甫《登高》:"无边落木萧萧下,不尽长江滚滚来。"

[5] 澄江:澄澈的江水。

[6] 朱弦:指琴。佳人:指知己。这里用的是伯牙摔琴谢知音的典故。《吕氏春秋·本味》:"钟子期死,伯牙破琴绝弦,终身不复鼓琴,以为世无足复为鼓琴者。"

[7] 青眼:以青眼看人是表示对人的喜爱或重视。《晋书·阮籍传》载,阮籍看人,喜则用青眼,恶则用白眼。嵇康曾挟琴带酒访问他,他以青眼见之。

[8] 弄:吹奏。

[9] 白鸥盟:与白鸥订立盟约,共居水云之乡。借指归隐。

【作者简介】

黄庭坚(1045—1105),字鲁直,自号山谷道人,又号涪翁,洪州分宁(今江西修水)人。北宋诗人、书法家。与秦观、张耒、晁补之合称"苏门四学士",诗与苏轼齐名,世称"苏黄"。英宗治平四年(1067)进士及第后,曾在叶县(今属河南)、太和(今属江西)等地做了十七年的低级官员。元丰八年(1085)旧党执政后,任职于馆阁,参与编写《神宗实录》。黄庭坚以诗受知于苏轼,因而被视为旧党。从哲宗绍圣元年(1094)开始,新党上台,黄庭坚也受到迫害,先后被贬谪到涪州、黔州(今四川彭水)、戎州(今四川宜宾),最后卒于荒远的宜州(今广西宜山)贬所。

黄庭坚为诗刻意标新,注重在诗歌技巧上出奇制胜。主张"无一字无来处","点铁成金","夺胎换骨"。喜用僻典,造拗句,押险韵,做硬语,诗风瘦硬峭拔,世称"山谷体"。晚年诗风趋于平淡。有《山谷集》。今有刘琳等《黄庭坚全集》点校本。

【导　读】

　　公事之余,诗人登上快阁,凭阁远眺,写下了这首著名的七律。诗中勾勒了一幅深秋傍晚气象阔大的图景,抒发了一种为官在外身边无知己、孤寂无聊的心情及归隐之念。

　　诗的起笔即透露了对官场生涯的厌倦。正因为厌倦官场,快阁周围那种落木千山、澄江月明的自然美景更是让诗人陶醉。然而良辰美景之中,烦忧之情也袭上诗人的心头。眼前无知己,抱负难实现。出路何在呢? 诗人不禁想到要归去"与白鸥盟",过着与白鸥一样逍遥自在的生活。结尾十分巧妙,不仅一气而下,顺势作结,而且给人以无穷的想象。全诗词句凝练,韵味隽永,在黄庭坚的诗歌中是一首别开生面之作。

【思考与练习】

　　1. 诗中"落木千山天远大,澄江一道月分明"是千古传诵的佳句。前人曾评此二句道:"其意境天开,则实能劈古今未泄之奥妙。"请对此作一点分析。

　　2. "青眼聊因美酒横"一句中,"横"字表现了诗人怎样的心境?

13.《沈园》二首[1]

陆　游

其一

城上斜阳画角哀[2]，沈园非复旧池台。
伤心桥下春波绿，曾是惊鸿照影来[3]。

其二

梦断香消四十年，　沈园柳老不吹绵[4]。
此身行作稽山土[5]，犹吊遗踪一泫然[6]。

【注　释】

[1] 沈园：在浙江绍兴东南，是一处著名的古典园林。初为南宋一位沈姓富商的私家花园，故称沈园。
[2] 画角：涂有色彩的军中乐器。
[3] 惊鸿：喻美人体态轻盈。典出曹植《洛神赋》："其形也，翩若惊鸿，婉若游龙。"这里比喻唐琬。
[4] 绵：柳絮。
[5] 行：将要。稽山：会稽山，在今浙江绍兴东南。
[6] 泫（xuàn）然：流泪的样子。

【作者简介】

陆游（1125—1210），字务观，号放翁，越州山阴（今浙江绍兴）人，南宋著名爱国诗人。陆游生于靖康之难前夕，随其父陆宰辗转流徙，饱经战乱之苦。陆宰是一个坚决的主战派，另外，陆游所师从的曾几也是一位爱国主义诗人。现实的苦难、家教、师教对陆游的思想影响极为深刻，使他从小就立下了"上马击狂胡，下马草军书"（《观〈大散关图〉有感》）的雄心壮志，并激励他终生为抗金恢复大业鼓与呼，写下了许多优秀的爱国主义诗篇。宋高宗绍兴二十三年（1153），陆游应进士试，名居秦桧之孙秦埙前，次年礼部试遭秦桧黜落。秦桧死后，方出任福州宁德县主簿。孝宗即位，赐进士出身，曾任镇江、隆兴通判等职，因力说张浚北伐而被免职。乾道六年（1170）入蜀任夔州通判，又先后在四川宣抚使王炎、四川制置使范成大幕府任职，投身火热的军旅生活。五十四岁离蜀东归，又在福建、江西、浙江等地任地方官。因他坚决主张抗战，故一直受投降派的压制。六十六岁以后，绝大部分时间闲居故乡山阴。

陆游一生创作了大量作品。今存诗歌近万首，题材广泛，内容丰富，多言征伐恢复之事，抒写抗敌报国的抱负和壮志难酬的悲愤，风格雄放悲壮，兼具李白的飘逸雄奇和杜甫的沉郁顿挫。他还有不少写景的诗作，风格清新婉丽，平易晓畅。陆游还擅长填词，其词兼豪放、婉约之长。散文笔调清新活泼。有《渭南文集》《剑南诗稿》《老学庵笔记》等。注本有钱仲联《剑南诗稿校注》。

【导　读】

　　这是两首悼亡诗。诗人的原配妻子唐琬,与陆游情投意合,但却不为陆母所喜,被逼与陆游离婚,改嫁赵士程。七年后,唐琬在沈园与陆游相遇,诗人百感交集,当即作了一首《钗头凤》词。据说唐琬看后悲痛不已,和了一首《钗头凤》,不久即郁郁而终。诗人对此终生难以释怀。宋宁宗庆元五年(1199),诗人已七十五岁高龄,他旧地重游,感怀伤事,写下这两首悼亡诗,表现了他对唐琬至死不渝的爱情。

　　陆游曾被誉为"亘古男儿一放翁",是一个心系天下的爱国诗人。这两首诗则让我们看到了他的另一面,他的缠绵悱恻的儿女情。诗人以饱蘸血泪之笔,写下了爱情的哀婉,人生的无奈,把他的满腹悲怨和眷念刻在了沈园,也刻在了人们的心中。

【思考与练习】

1. 第一首诗中是怎样借景言情的?
2. 第二首诗中怎样运用反衬手法来表达诗人至死不渝的爱情?

附：古体诗与格律诗

　　我国古代诗歌经历了一个由形式自由到格律谨严的发展过程。大致说来，在唐代以前，诗歌形式比较自由，不受格律束缚。句式不限，可以是四言、五言或七言，也可以是杂言；不讲求平仄、对仗；押韵也较宽泛，可平可仄，可一韵到底，也可中途换韵。这种诗歌称作古体诗，又称古诗、古风。如乐府诗、《古诗十九首》、曹操的《观沧海》、陶渊明的《归园田居》《饮酒》等。

　　南朝齐梁时期，我国诗歌形式出现了重要变化。南朝齐永明年间，周颙发现了汉字平、上、入、去四声。同时的诗人沈约又根据四声和双声叠韵来研究诗句中声、韵、调的配合，指出必须避免平头、上尾、蜂腰、鹤膝、大韵、小韵、旁纽、正纽八种弊病，务使诗歌达到"一简之内，音韵尽殊；两句之中，轻重悉异"。经过沈约等众多诗人的提倡，当时便形成了"永明体"这种新的诗歌体式。相对于自由的古体诗而言，永明体最重要的特点是讲究对偶和声律。它是从比较自由的古体诗向格律谨严的近体诗的一种过渡。

　　至唐初，沈佺期、宋之问总结和继承了六朝以来众多诗人应用形式格律的创作经验，并在此基础上努力加以发展，从而使近体诗最终定型。近体诗在音韵格律方面有严格要求，故又称格律诗，它包括律诗和绝句。主要特点是：一、字句有严格规定，如七言律诗，只能八句，每句七字，不可增减；二、讲究对仗，如律诗的中间两联必须对仗；三、注重声韵和平仄，一般押平声韵，字的平仄要错杂协调。格律诗充分体现了我国语言文字的形式美和音韵美，为我国古典诗歌中成熟的形式。经过唐宋以来许多著名诗人的努力，这种诗体形式的表现力大大增强，至今仍为许多作者所喜爱。

　　古体诗与格律诗（近体诗）是按音韵格律而不是按时间来区分的。唐代格律诗产生以后，古体诗的创作仍然盛行。如李白的《蜀道难》《将进酒》《古风五十九首》与杜甫的"三吏""三别"等都属于古体诗。

第二节 古代词赋

1. 浪 淘 沙[1]

李 煜

帘外雨潺潺[2],春意阑珊[3]。罗衾不耐五更寒[4]。梦里不知身是客[5],一晌贪欢[6]。独自莫凭栏,无限江山,别时容易见时难。流水落花春去也,天上人间。

【注 释】

[1] 此词原为唐教坊曲,又名《浪淘沙令》《卖花声》等。唐人多用七言绝句入曲,南唐李煜始演为长短句。此调又由柳永、周邦彦演为长调《浪淘沙慢》。
[2] 潺潺:形容雨声。
[3] 阑珊:将尽,衰残。
[4] 罗衾(qīn):绸被子。不耐:受不了。一作"不暖"。
[5] 身是客:指被拘汴京,形同囚徒。
[6] 一晌(shǎng):一会儿,片刻。贪欢:指贪恋梦境中的欢乐。

【作者简介】

李煜(937—978),初名从嘉,字重光,号钟隐、莲峰居士等。南唐最后一位君主,史称李后主。李煜继位之前,南唐已对宋称臣,处于属国地位;继位后,年年向宋纳贡,委曲求全。同时,李煜崇奉佛教,求精神安慰,不修政事,纵情于吟咏宴游。975年,宋军攻破金陵,李煜被俘至汴京(今河南开封),过了近三年如同囚徒的生活,含恨去世。

李煜政治上十分无能,文艺上却经、史、诗、文俱通,擅长书画,精于鉴赏,妙解音律,尤工于词。早期词以反映自己的帝王、宫廷生活为主,虽技巧成熟,思想意义不大。入宋之后,词作转为抒写亡国之痛和故国之思,情真意切,哀痛由衷,动人心魄,且突破了晚唐五代词一味沉溺于男女情爱的藩篱。艺术上,李煜词以语言明白晓畅、形象鲜明生动、情韵隽永深长为后人一致称赏。其词收入《南唐二主词》中。

【导 读】

此词为李煜被俘后囚于汴京时所作,是一首亡国之君的绝望哀痛之歌。词的上片写伤春感怀。开端三句,分别从听觉、视觉、触觉三个方面写梦醒后的所闻、所见、所感。春尽细雨潺潺,声声惊梦;春晨天黑且寒,阵阵袭人。这说明梦醒后是多么凄清冷酷。接下来写梦中。在梦中可以暂时"不知"身是囚徒,贪得"一晌"之欢。但这梦中的欢乐,不但会因为短暂而随之带来更久的痛苦,而且因为是梦幻而随之带来更真切的屈辱。所以梦中之欢只不过是现实之悲的更大反衬而已。下片写故国之思。不敢面对无限江山,正说明自己对江山的无限依恋;"别时容易见时难",更道出了普遍的人生体验,因而引起广泛的共鸣。最后,花落去,水流尽,春已归,人将亡,道出了一个亡国之君的深切悲痛。

这首词善于以细节来描摹心态。如"不耐五更寒""梦里贪欢""不敢凭栏"等细节,都精确地勾勒出作者的痛苦心迹。同时,作者还善于以对比、比喻等手法抒写感情,如梦中梦醒的对比、别易见难的对比、天上人间的对比等,都确切地抒写了作者的今昔之慨。又如以潺潺细雨喻愁之多,以五更寒喻境之凄,以流水落花春去喻美好事物一去不复返,都使作者苦情哀意可见可感。

【思考与练习】

1. 这首词表达了作者的什么感情?对此应如何评价?
2. 李煜后期的词作,往往通过对比和比喻的手法来表达他深长的愁恨。联系此词试作说明。

2. 八声甘州[1]

柳 永

对潇潇暮雨洒江天[2],一番洗清秋。渐霜风凄紧[3],关河冷落[4],残照当楼。是处红衰翠减[5],苒苒物华休[6]。惟有长江水,无语东流。

不忍登高临远,望故乡渺邈[7],归思难收。叹年来踪迹,何事苦淹留[8]?想佳人妆楼颙望[9],误几回、天际识归舟。争知我,倚阑干处,正恁凝愁[10]!

【注 解】

[1] 又名《甘州》,因全词八韵,故称"八声"。原系唐玄宗时教坊大曲名,后用为词调。
[2] 潇潇:形容风雨急骤。
[3] 凄紧:寒气逼人。
[4] 关河:关口和航道。
[5] 是处:处处,到处。红衰翠减:李商隐《赠荷花诗》中"此荷此叶常相映,翠减红衰愁煞人。"红:指花。翠:指叶。
[6] 苒苒:渐渐,慢慢。
[7] 渺邈:渺茫、遥远。
[8] 淹留:久留。
[9] 颙(yóng)望:举头凝望。
[10] 恁(nèn):如此。

【作者简介】

柳永(987? —1055),原名三变,字耆卿,排行第七,俗称柳七,崇安(今属福建)人。年轻时热衷功名,但屡试不第,失意无聊,于是出入歌楼妓馆,为乐工歌妓撰写歌辞,放浪于汴京、苏州、杭州等都市。宋仁宗景祐元年(1034)中进士,历任余杭县令、晓峰盐场监官,终于屯田员外郎,故世称柳屯田。柳永是北宋第一个专力填词的作家,词多写都市繁华及依红偎翠的生活,尤善表达羁旅行役之苦,每将身世之感融入词中,有一定现实意义。他精通音律,善以俗语入词,工于铺叙,通过制作大量的慢词,推动了词体的发展。有《乐章集》。注本有薛瑞生《乐章集校注》。

【导 读】

柳永以善写羁旅行役生活著称,本篇即是代表作之一。作为一个封建时代中下层的落魄文人,作者在词中表现了萍踪漂泊的坎坷人生经历,也吐露了有家难归、功业无成的内心苦闷。

全词以"登高临远"四字作为贯通上、下片的关纽。上片写登高所见之景,层层铺叙:先总写秋景,再渲染气氛,更以长江水无语东流寄托了青春不再、节序如流的感伤。写景中已浸染了作者浓重的离愁。下片抒临远思乡之情。"不忍登高临远"五句直言其情,是一篇主旨所在。接着转换角度,以想象虚拟的手法,写佳人颙望、误识归舟的场景,代人设想,更可见其思念之深。统上、下片而观之,此词最显著的特色是情景齐到、相兼相融。

前人评柳词"状难状之景,达难达之情,而出之以自然"。此词状物传情,纯用白描,造语自然而不雕琢。作者善于选择确切表现景物特征、传达主观情思的词语。如"潇潇""凄紧""冷落""残""衰"等,可谓字字关情;又将前人诗句驱遣于笔下,能与词意相贴,融化无迹,这无疑增强了词作的表现力。

【思考与练习】
1. 这首词是如何做到情景齐到、相兼相融的?
2. 试析此词上片写景层层铺叙的特点。
3. 体会这首词纯用白描、自然本色的语言特色。

3. 蝶 恋 花[1]

苏 轼

花褪残红青杏小[2]。燕子飞时,绿水人家绕。枝上柳绵吹又少[3],天涯何处无芳草[4]!墙里秋千墙外道。 墙外行人,墙里佳人笑。笑渐不闻声渐悄, 多情却被无情恼。

【注 释】

[1] 蝶恋花:词牌名。此词为作者贬居南方时的作品。
[2] 花褪残红:残花凋谢。
[3] 柳绵:柳絮。
[4] 天涯:天边。指极远处。

【导 读】

这是一首叹春光易逝,佳人难再得的小词。上片伤春,首句点明时令。枝头花残,青杏初结,紫燕轻飞,绿溪绕舍,柳絮飘扬,芳草无边,这是春末夏初特有的景色。着一"褪"字,在景色中融入了词人深沉的感受。而"人家"二字既交代了地点,又为下片作了暗示与铺垫。柳绵、芳草两句是最为人称道之句。"柳绵吹又少"与"何处无芳草"都是叹春之去,这种手法一弹再三叹,不仅不令人觉得重复,更加深了缠绵悱恻之感,可见这位豪放词的开创者在婉约词的写作上同样手笔不凡。下片写"墙外行人"的单相思。一方自作多情,另一方却毫无所觉,这样的单相思在生活中并不少见。词人将这种见惯不惊的事在词中作高度集中的处理,把墙外行人墙内佳人的"多情"和"无情"、"恼"和"笑",以对比的方式、顶针的句式写来,妙趣横生,奇情四溢,富于音乐性和旋律美,且使上片"伤春"与下片"佳人难再得"都围绕着美景不常韶华易逝而生感慨,一气贯注,令人回味无尽。

【思考与练习】

1. 这首词写了怎样的景色?抒发了怎样的感情?又有什么样的哲理?
2. 背诵这首词。

4. 踏莎行[1]

秦 观

雾失楼台,月迷津渡[2], 桃源望断无寻处[3]。可堪孤馆闭春寒[4],杜鹃声里斜阳暮[5]。驿寄梅花[6],鱼传尺素[7],砌成此恨无重数[8]。郴江幸自绕郴山[9],为谁流下潇湘去[10]?

【注 释】

[1] 踏莎行:词牌名,始见于北宋寇准、晏殊词。
[2] 津渡:渡口。
[3] 桃源:据陶渊明《桃花源记》,桃花源在武陵(今湖南常德),位于郴州西北。这里指理想的境地。望断:望尽。
[4] 可堪:哪堪。
[5] 杜鹃:又名杜宇、子规。传说为古蜀王杜宇之魂所化,每至暮春,日夜悲啼,其叫声像"不如归去",易引动人的离愁。
[6] 驿寄梅花:古人常折梅相送,表示对远方朋友的怀念。南朝陆凯曾从江南托驿使寄梅花给北地的范晔,并赠诗一首:"折梅逢驿使,寄与陇头人。江南无所有,聊赠一枝春。"
[7] 鱼传尺素:远方朋友寄赠的书信。语出古乐府《饮马长城窟行》:"客从远方来,遗我双鲤鱼。呼儿烹鲤鱼,中有尺素书。"
[8] 砌成:堆积起来。
[9] 郴江:源出郴州黄岑山,北流入湘江。幸自:本自。
[10] 为谁流下潇湘去:作者认为水绕山是幸运,现在水竟舍山而去,所以问"为谁"。言外之意是自伤沦落,渴望与亲人朋友相聚。

【作者简介】

秦观(1049—1100),字少游,号淮海居士,扬州高邮(今属江苏)人,与黄庭坚、张耒、晁补之合称"苏门四学士"。1085 年进士,初为定海主簿,后苏轼荐为秘书省正字兼国史院编修官。哲宗时"新党"执政,被贬为监处州酒税,徙郴州,编管横州(今广西横县),又徙雷州(今广东海康),至藤州(今广西藤县)而卒。秦观是北宋后期著名婉约派词人,其词大多描写男女情爱和抒发仕途失意的哀怨,文字工巧精细,音律谐美,情韵兼胜。有《淮海词》。今人校注本有徐培均的《淮海居士长短句》。

【导 读】

这首词写于郴州(今湖南郴州市)贬所。作者以委婉的笔调,借凄迷朦胧的景色,表达了自己在谪居的环境中凄苦哀怨的心情和对前途的渺茫之感。即便友人频频来信慰解,也难解其胸中迁谪沦落之恨。结尾两句反躬自问:"郴江幸自绕郴山,为谁流下潇湘去?"这是秦观对自己误入仕途、卷进政治风波的无穷怅恨。据说苏轼对这两句极为爱赏,把它抄在自己的扇面上,说:"少游已矣,虽万人何赎!"(胡仔《苕溪渔隐丛话》前集卷五十引《冷斋夜话》)

【思考与练习】

1. 谈谈这首词写景的特点。
2. 体会作者在这首词中抒发的情感。

5. 武陵春[1]

李清照

风住尘香花已尽[2],日晚倦梳头。物是人非事事休[3],欲语泪先流。
闻说双溪春尚好[4],也拟泛轻舟。只恐双溪舴艋舟[5],载不动许多愁。

【注 释】

[1] 这首词是作者于宋高宗绍兴五年(1135)避乱金华时所作。武陵春:词牌名。
[2] 尘香:落花化为尘土而芳香犹存。
[3] 物是人非:风物依旧,人事已大大不同于以前。事事休:一切事情都完了。
[4] 双溪:浙江金华永康有二水合流,名双溪。
[5] 舴艋(zé měng)舟:像蚱蜢似的小船。

【作者简介】

李清照(1084—约1151),号易安居士,济南(今属山东)人,宋代杰出女词人。她生活在一个学术文艺气息非常浓厚的家庭中,父亲李格非是著名学者,丈夫赵明诚对金石学深有研究。金兵南下,北宋灭亡,赵明诚病死,她孤苦地漂泊于绍兴、杭州、金华一带,晚景凄凉。李清照的词作,以1126年靖康之变为界,前期多闺情相思之作,后期大多抒写个人身世的哀痛和河山破碎的感慨。她善于塑造鲜明的形象,语言清丽动人,富有创造性。论词有"别是一家"之说,在词史上占重要地位。有《漱玉词》。注本有徐培均的《李清照集笺注》。

【导 读】

李清照在靖康之难中,经历国破家亡的惨痛。宋高宗绍兴四年(1134)十月,金人又兴兵南犯,词人避乱金华,写下这首词。一个"愁"字,为全篇之眼,它饱含着词人孤苦凄凉的身世之叹。

【思考与练习】

1. 词中哪些地方是通过描绘人物举止情态来抒情?哪些地方是描述心理?各表现了词人怎样的心情?
2. "只恐双溪舴艋舟,载不动许多愁",为何能千古传诵?谈谈自己的体会。
3. 背诵这首词。

6. 钗头凤[1]

陆 游

红酥手[2],黄滕酒[3],满城春色宫墙柳。东风恶[4],欢情薄,一怀愁绪,几年离索[5]。错,错,错!

春如旧,人空瘦,泪痕红浥鲛绡透[6]。桃花落,闲池阁,山盟虽在[7],锦书难托[8]。莫,莫,莫[9]!

【注 释】

[1] 钗头凤:词牌名。
[2] 红酥手:红润白嫩的手。
[3] 黄藤酒:黄纸封口的官酒,这里借指美酒。
[4] 东风恶:即春风摧花之难以抗拒的自然规律。这里喻指摧残爱情的封建势力。
[5] 离索:离散。
[6] 浥:湿润。鲛绡:丝绸手帕。
[7] 山盟:盟誓如山,不可移易。
[8] 锦书:书信。
[9] 莫:罢了。

【导 读】

此词多被认为是陆游在绍兴为前妻唐琬而作。陆游二十岁左右跟他舅舅的女儿唐琬结婚,夫妻恩爱情深,却为陆母所拆散,唐琬再嫁赵士程。几年后,省试第一的陆游因为跟秦桧的孙子一起殿试,结果被黜落。为了排解愁绪,陆游游览沈园,却又意外遇上赵士程和唐琬也在赏园。此时此景,陆游是感慨万分,喝下赵士程、唐琬送来的美酒,对着一堵粉墙写下了此词。这词表现了陆游对旧情深切的眷恋相思和无尽的追悔悲怨。

【思考与练习】

1. 这首词表达了作者怎样的情感?
2. 本篇的内容与形式可谓达到了完美的结合,成为流传千古的名篇。从内容上,谈谈你读后的感受和启发。

7. 摸 鱼 儿[1]

辛弃疾

淳熙己亥[2],自湖北漕移湖南[3],同官王正之置酒小山亭[4],为赋。

更能消[5]、几番风雨,匆匆春又归去。惜春长怕花开早[6],何况落红无数[7]。春且住。见说道、天涯芳草迷归路[8]。怨春不语。算只有、殷勤画檐蛛网,尽日惹飞絮[9]。

长门事,准拟佳期又误。蛾眉曾有人妒[10],千金纵买相如赋,脉脉此情谁诉[11]?君莫舞[12],君不见、玉环飞燕皆尘土[13]!闲愁最苦。休去倚危栏[14],斜阳正在[15]、烟柳断肠处。

【注 释】

[1] 摸鱼儿:词调名。
[2] 淳熙己亥:宋孝宗淳熙六年(1179),岁次己亥。
[3] "自湖北"句:作者此年由湖北(荆湖北路)转运副使调任湖南(荆湖南路)转运副使。漕:水道运粮。宋称转运使为漕司,掌管一路(宋行政区划名)的财赋。移:调任。
[4] 同官:作者调离荆湖北路转运副使一职后,由王正之接任原职务,故称同官。王正之:名正己,是作者的旧交。小山亭:在鄂州(今湖北武汉)湖北转运副使衙内的乘崖堂。
[5] 消:经得住。
[6] "惜春"句:因花开得早落得也早,故云。长怕:总怕。
[7] 落红:落花。
[8] "见说道"句:这句表示作者希望春天找不到归去之路,可以长驻人间。见说:听说。
[9] "算只有"句:意谓只有蛛网粘住花絮,算是留住了一点春意。尽日:整天。惹:粘住。
[10] 长门事:此用汉武帝陈皇后故事。汉武帝时,陈皇后失宠,废居长门宫,愁闷忧伤,听说司马相如善作赋,就奉送黄金百斤,请司马相如为解忧愁。于是,司马相如作《长门赋》,使汉武帝感悟,陈皇后重新获宠。此故事恐为后人伪托,据《史记·外戚世家》,陈皇后被废后并未再得宠幸,这里只是借题发挥。准拟:获准约定。蛾眉:女子细长的眉毛,借指美人。
[11] 纵:即使。脉脉:含情的样子。
[12] "君莫舞"句:这是对得意者的警告之辞。
[13] "君不见"句:意谓一时得宠者都没有好下场。玉环:唐玄宗宠妃杨贵妃的小名。安史之乱起,杨贵妃随玄宗奔蜀途中被赐死于马嵬坡。飞燕:汉成帝宠后赵飞燕,后被废为庶人,自杀而死。
[14] 危栏:高楼的栏杆。危:高。
[15] 斜阳:比喻国势危殆。

【作者简介】

辛弃疾(1140—1207),南宋杰出的爱国词人,字幼安,号稼轩,历城(今山东济南)人。辛弃疾出生时,山东已为金兵所占。二十一岁参加抗金义军,不久归南宋,历任湖北、江西、湖南、福建、浙东安抚使等职。任职期间,采取积极措施,招集流亡,训练军队,奖励耕战,打击贪污豪强,注意安定民生。一生坚决主张抗金,但遭到主和派的打击,他所提出的抗金建议均未被采纳。曾落职闲居江西上饶、铅山一带达二十年之久。晚年一度被起用,不久病卒。

辛弃疾现存词六百多首。他的词抒写了力图恢复国家统一的爱国热情,倾诉了壮志难酬的悲愤,对南宋上层统治集团的屈辱投降进行了揭露和批判;也有不少吟咏祖国河山的作品。艺术风格多样,题材广泛,意境深远,善于用典,以豪放为主。热情洋溢,慷慨悲壮,笔力雄厚,与苏轼并称为"苏辛"。有词集《稼轩长短句》。

【导　读】

本篇作于淳熙六年(1179)春。时辛弃疾四十岁,南归至此已有十七年之久了。在这漫长的岁月中,作者满以为扶危救亡的壮志能得以施展,收复失地的策略将被采纳。然而,事与愿违。不仅如此,作者反而因此遭到排挤打击,不得重用,接连四年,改官六次。这次,他由湖北转运副使调官湖南。这一调转,并非奔赴他日夜向往的抗金前线,而是照样去担任主管钱粮的小官。现实与收复失地的志愿相去愈来愈远。行前,同僚王正之在山亭摆下酒席为他送别,作者见景生情,借这首词抒写了长期积郁于胸的苦闷之情。

这首词表面上写的是失宠女人的苦闷,实际上却抒发了作者对国事的忧虑和屡遭排挤打击的沉重心情。词中对南宋小朝廷的昏庸腐朽、对投降派的得意猖獗表示强烈不满。

上片借物起兴,以伤春、惜春、留春、怨春,来象征当时抗金形势的潮起潮落,表达作者对时局的深重忧虑。下片托古喻今,借陈阿娇的故事,写爱国深情无处倾吐的苦闷。以杨玉环、赵飞燕的悲剧结局比喻当权误国、暂时得志的奸佞小人的下场,向投降派提出警告。以烟柳斜阳的凄迷景象,象征南宋王朝昏庸腐朽、日落西山、岌岌可危的现实。

这首词有着鲜明的艺术特点。第一是通过比兴手法,创造象征性的形象来表现作者对祖国的热爱和对时局的关切。拟人化的手法与典故的运用也都恰到好处。第二是继承屈原《离骚》的优良传统,用男女之情来反映现实的政治斗争。第三是缠绵曲折,沉郁顿挫,呈现出别具一格的词风,兼有豪放、婉约之风格。

【思考与练习】

1. 作者借伤春、闺怨的传统题材,表达了怎样的现实感慨?
2. 结合上片借物起兴、下片托古喻今的内容,分析这首词融贯全篇的比兴手法。
3. 这首词在表现手法与艺术风格方面,与辛弃疾《水龙吟·楚天千里清秋》相比有什么不同特色?

8. 洛 神 赋[1]

曹 植

　　黄初三年[2]，余朝京师[3]，还济洛川[4]。古人有言，斯水之神[5]，名曰宓妃。感宋玉对楚王说神女之事[6]，遂作斯赋。其词曰：余从京域[7]，言归东藩[8]，背伊阙[9]，越轘辕[10]，经通谷[11]，陵景山[12]。日既西倾，车殆马烦[13]。尔乃税驾乎蘅皋[14]，秣驷乎芝田[15]，容与乎阳林[16]，流眄乎洛川[17]。于是精移神骇[18]，忽焉思散。俯则未察[19]，仰以殊观[20]。睹一丽人，于岩之畔。乃援御者而告之曰[21]："尔有觌于彼者乎[22]？彼何人斯，若此之艳也！"御者对曰："臣闻河洛之神，名曰宓妃。然则君王之所见也，无乃是乎[23]？其状若何？臣愿闻之。"

　　余告之曰：其形也，翩若惊鸿，婉若游龙[24]，荣曜秋菊，华茂春松[25]。髣髴兮若轻云之蔽月[26]，飘飖兮若流风之回雪[27]。远而望之，皎若太阳升朝霞；迫而察之[28]，灼若芙蕖出渌波[29]。秾纤得中，修短合度[30]。肩若削成，腰如约素[31]。延颈秀项[32]，皓质呈露[33]。芳泽无加，铅华弗御[34]。云髻峨峨[35]，修眉连娟[36]。丹唇外朗[37]，皓齿内鲜。明眸善睐[38]，辅靥承权[39]。瑰姿艳逸[40]，仪静体闲[41]。柔情绰态[42]，媚于语言[43]。奇服旷世[44]，骨像应图[45]。披罗衣之璀粲兮[46]，珥瑶碧之华琚[47]。戴金翠之首饰，缀明珠以耀躯[48]。践远游之文履[49]，曳雾绡之轻裾[50]。微幽兰之芳蔼兮[51]，步踟蹰于山隅[52]。于是忽焉纵体[53]，以遨以嬉[54]。左倚采旄[55]，右荫桂旗[56]。攘皓腕于神浒兮[57]，采湍濑之玄芝[58]。

　　余情悦其淑美兮，心振荡而不怡[59]。无良媒以接欢兮[60]，托微波而通辞[61]。愿诚素之先达兮[62]，解玉佩以要之[63]。嗟佳人之信修兮[64]，羌习礼而明诗[65]。抗琼珶以和予兮[66]，指潜渊而为期[67]。执眷眷之款实兮[68]，惧斯灵之我欺[69]。感交甫之弃言兮[70]，怅犹豫而狐疑[71]。收和颜而静志兮[72]，申礼防以自持[73]。

　　于是洛灵感焉，徙倚彷徨[74]。神光离合[75]，乍阴乍阳[76]。竦轻躯以鹤立[77]，若将飞而未翔。践椒途之郁烈[78]，步蘅薄而流芳[79]。超长吟以永慕兮[80]，声哀厉而弥长[81]。尔乃众灵杂遝[82]，命俦啸侣[83]。或戏清流，或翔神渚[84]。或采明珠，或拾翠羽[85]。从南湘之二妃[86]，携汉滨之游女[87]。叹匏瓜之无匹兮，咏牵牛之独处[88]。扬轻袿之猗靡兮[89]，翳修袖以延伫[90]。体迅飞凫[91]，飘忽若神。陵波微步[92]，罗袜生尘[93]。动无常则[94]，若危若安。进止难期[95]，若往若还。转眄流精[96]，光润玉颜[97]。含辞未吐[98]，气若幽兰[99]。华容婀娜[100]，令我忘餐。

　　于是屏翳收风[101]，川后静波[102]。冯夷鸣鼓[103]，女娲清歌[104]。腾文鱼以警乘[105]，鸣玉鸾以偕逝[106]。六龙俨其齐首[107]，载云车之容裔[108]。鲸鲵踊而夹毂[109]，水禽翔而为卫[110]。于是越北沚[111]，过南冈；纡素领，回清扬[112]；动朱唇以徐言[113]，陈交接之大纲[114]。恨人神之道殊兮[115]，怨盛年之莫当[116]。抗罗袂以掩涕兮[117]，泪流襟之浪浪[118]。悼良会之永绝兮[119]，哀一逝而异乡。无微情以效爱兮[120]，献江南之明珰[121]。虽潜处于太阴[122]，长寄心于君王[123]。忽不悟其所舍[124]，怅神宵而蔽光[125]。

　　于是背下陵高[126]，足往神留[127]。遗情想像[128]，顾望怀愁。冀灵体之复形[129]，御轻舟而上溯[130]。浮长川而忘反[131]，思绵绵而增慕。夜耿耿而不寐[132]，沾繁霜而至曙[133]。命仆夫而就驾,吾将归乎东路。揽骓辔以抗策[134],怅盘桓而不能去[135]。

【注　释】

[1] 洛神,洛水女神,传为古帝宓(fú)羲氏之女宓妃淹死洛水后所化。
[2] 黄初三年:应为黄初四年(223)。据《三国志·魏书》曹植本传及《赠白马王彪》诗序,曹植于黄初四年朝京师。
[3] 朝京师:到京城洛阳朝见魏文帝。
[4] 济:渡。洛川:洛水。源出陕西,经洛阳,入黄河。
[5] 斯:这。
[6] 宋玉:战国时楚国辞赋家。神女之事:指宋玉《高唐赋》《神女赋》中所写楚庄王与神女相遇之事。
[7] 京域:京城洛阳地区。
[8] 言:发语词。东藩:指在洛阳东北的曹植封地鄄城。藩:诸侯为王室屏藩,故称藩国。
[9] 背:背离,过而弃于后。伊阙:山名,在洛阳南,又名龙门山、阙塞山。
[10] 辕(huán)辕:山名,在今河南偃师市东南。
[11] 通谷:谷名,在洛阳城南。
[12] 陵:登上。景山:山名,在今河南偃师市。
[13] 殆:通"怠",困顿。此指车行缓慢。烦:疲乏。
[14] 尔乃:于是。税驾:停车。税,停。蘅皋:生长杜蘅香草的河岸。皋,河边高地。
[15] 秣驷:喂马。秣,喂食料。驷,拉同一车的四匹马,此指马。芝田:种芝草的田野。
[16] 容与:徜徉,优游。阳林:地名,未详。
[17] 流眄:转动目光观看。
[18] 骇:散。
[19] 察:看清。
[20] 殊观:谓看到特殊景象。
[21] 援:拉着。御者:驾马车的仆人。
[22] 觌(dí):见。
[23] 无乃是乎:表示委婉测度,相当于"莫非""恐怕"。是:这,代指洛神。
[24] "翩若"二句:写洛神如惊鸿翩翩,游龙婉婉,体态轻盈。
[25] "荣曜"二句:以秋菊的茂盛鲜艳和春松的华美繁盛比喻神女容光焕发。
[26] 髣髴:同仿佛,忽隐忽显貌。
[27] 飘飖(yáo):飘动摇曳貌。回:旋转。以上二句写神女若隐若现,体态轻盈。
[28] 迫:靠近。
[29] 灼:鲜明。渌(lù):清澈。
[30] "秾(nóng)纤"二句:神女肥瘦高矮,恰到好处。秾:肥。纤:细瘦。中:适中,一作"衷",义同。修:长。
[31] 约素:卷束的白绢。形容腰肢圆细。约,束在一起。
[32] 延:长。颈、项:脖子。

[33] 皓质：洁白的肤质。呈：显现。
[34] "芳泽"二句：不涂脂抹粉，纯任天然。芳泽：化妆用的膏脂。铅华：化妆用的粉。弗御：不用。
[35] 峨峨：形容高。
[36] 连娟：细长弯曲貌。
[37] 丹：红色。朗：鲜明。
[38] 眸：瞳子。睐(lài)：旁视。
[39] 辅靥(yè)承权：面颊上有美丽的酒窝。辅靥：应作"靥辅"。辅：通"酺"，面颊。靥：酒窝。承权：谓酒窝在颧骨之下。承：上接。权：颧。
[40] 瑰：奇妙。
[41] 仪：仪态。闲：娴雅。
[42] 绰态：从容的姿态。
[43] 媚：美好，指语言悦耳动听。
[44] 旷世：举世所无。
[45] 骨像：即骨相。应图：与相书中骨相好的图像相合。
[46] 璀(cuǐ)粲：鲜明亮丽。
[47] 珥(ěr)：此指佩戴。瑶碧：美玉。华琚(jū)：有花纹的玉佩。
[48] 缀：点缀。
[49] 践：穿着。远游：鞋名。文履：有文饰的鞋。
[50] 曳：拖着。雾绡(xiāo)：轻纱。裾(jū)：衣襟。此指衣裙。
[51] 微：指香气微通。芳蔼：芳香浓郁。
[52] 踟蹰：徘徊。隅(yú)：角落。
[53] 纵体：轻举身体。
[54] 以遨以嬉：遨游嬉戏。
[55] 采旄(máo)：彩旗。旄，旄牛尾。此指旗杆上的装饰品。
[56] 桂旗：用桂枝做旗杆的旗帜。
[57] 攘：挽起衣袖。浒：水边。
[58] 湍濑(tuān lài)：急流。玄芝：黑色的灵芝。
[59] 怡：高兴。
[60] 接欢：将喜爱之情传达给洛神。
[61] 微波：水波。一说指目光。辞：言辞。
[62] 诚素：真诚的心意。素：通"愫"，真情。
[63] 要：通"邀"。
[64] 信修：的确美好。修：美好。
[65] "羌习礼"句：指有文化教养。羌：发语词。
[66] 抗：举。琼珶(dì)：美玉名。和(hè)：应答。
[67] 潜渊：深渊，洛神的居处。期：约会。
[68] 执：持。眷眷：留恋貌。款实：诚恳的心意。
[69] 斯灵：指洛神。

[70] "感交甫"句:《文选》李善注引《神仙传》:郑交甫于江边遇仙女,"目而挑之,女遂解佩与之。交甫行数步,空怀无佩,女亦不见"。弃言:指仙女背弃诺言。
[71] 狐疑:迟疑不决。
[72] "收和颜"句:收敛笑容,安定心志。
[73] 申:强调。礼防:礼法的约束。自持:自我控制。
[74] 徙倚:流连徘徊。
[75] 神光离合:神女的灵光聚散不定。
[76] 乍阴乍阳:时暗时明。
[77] 竦(sǒng):同"耸"。
[78] 椒途:用椒泥涂饰的道路。椒:花椒。郁烈:香气浓烈。
[79] 薄:草丛生。
[80] 超:怅惘。永慕:深长地爱慕。
[81] 弥长:久长。
[82] 杂遝(tà):众多貌。
[83] 命俦啸侣:呼朋唤侣。
[84] 渚:水中高地。
[85] 翠羽:翠鸟的羽毛。
[86] 南湘之二妃:湘水女神,舜的二妃娥皇、女英。
[87] 汉滨之游女:汉水女神。
[88] "叹匏(páo)瓜"二句:匏瓜:星名,不与它星相接。牵牛:星名,与织女星隔天河相对而处。
[89] 袿(guī):女子上衣。猗(yǐ)靡:轻柔飘忽貌。
[90] 翳(yì):遮蔽。延伫:久立。
[91] 凫(fú):野鸭。
[92] 陵波微步:在水波上碎步而行。陵:踏。
[93] 罗袜生尘:神行无迹而人行有迹,疑此以神拟人,故云。
[94] 常则:固定规则。
[95] 难期:难以预期。
[96] 转眄流精:转动双目,流光溢彩。精:即睛。
[97] 光润玉颜:即玉颜光润。光润:鲜润。
[98] 辞:话语。
[99] 气:气息。
[100] 华容:美丽的容貌。婀娜:体态轻盈美好。
[101] 屏翳:风神名。
[102] 川后:河神。
[103] 冯(píng)夷:河神名。
[104] 女娲(wā):女神名。相传她曾炼石补天,又制造了笙簧。
[105] 文鱼:传说中一种有翅会飞的鱼。警乘:警卫车驾。
[106] 玉銮(luán):玉制的鸾鸟形的车铃。偕逝:一起前驰。

[107] 俨：庄重貌。齐首：并首，指驾车的六龙排列整齐。
[108] 云车：神以云为车。容裔(yì)：车行时起伏貌。
[109] 鲸鲵(ní)：水栖哺乳动物，形体巨大，似鱼。雄性为鲸，雌性为鲵。踊：跳跃。毂(gǔ)：车轴，此代指车。
[110] 卫：护卫。
[111] 沚：水中小洲。
[112] "纡(yū)素领"二句：回头相视。纡：回。素领：白颈。清扬：眉目之间。此指清秀的眉目。
[113] 朱：红色。
[114] 陈：陈说。交接：结交往来。纲：指纲常礼法。
[115] 殊：不同。
[116] "怨盛年"句：怨恨壮盛之年不能与君匹配。当：称心。
[117] 抗：举。罗袂：罗袖。涕：眼泪。
[118] 浪浪：泪流貌。
[119] 良会：嘉会。
[120] 微情：微末之情。效爱：表示爱慕。
[121] 明珰(dāng)：用明珠做成的耳坠。
[122] 太阴：众神所居的幽深之处。此指洛神住处。
[123] 君王：指曹植。
[124] 不悟：不知道。其：指洛神。舍：止。
[125] 宵：通"消"。蔽光：隐去形体的光彩。言神女形消光隐。
[126] 背下陵高：离开低地，登上高处。陵：登。
[127] 足往神留：脚已往前走了，而心神还留在那里。极写眷恋之情。
[128] 遗情：留恋情思。想像：回想。
[129] "冀灵体"句：希望洛神再次显形。冀：希望。
[130] 御：驾。溯：逆水而上。
[131] 长川：长河，指洛水。反：通"返"。
[132] 耿耿：心绪不定。寐：入睡。
[133] 沾：浸湿。曙：天亮。
[134] 骖(fēi)：驾车的服马外侧拉套的马。辔(pèi)：马缰绳。抗策：扬鞭。
[135] 盘桓：徘徊不前。

【作者简介】

曹植（192—232），字子建，曹操第三子。封陈王，谥思，世称陈思王。他自幼聪敏，富于才学，曾为曹操钟爱，几次欲立为太子，终因"任性而行，不自雕励，饮酒不节"而失宠。及曹丕、曹睿相继为帝，备受冷落和迫害。终于在愤懑与苦闷中去世。

曹植的生活和创作，以曹丕即位那年（220）为界，大致可分为前后两个时期。前期意满自得，并受时代风气的影响，抒发建功立业的雄心壮志。后期由于生活境遇的显著变化，更多地表现抱负不得施展的愤激心情。他是建安时代最负盛名的作家，诗歌、辞赋、散文都有突出成就。他的诗注意对偶、炼字和色彩,富于音乐性,钟嵘称为"骨气奇高,词采华茂"。现存诗八十余首。有《曹子建集》。

【导　读】

　　曹植在《洛神赋》序中说:"感宋玉对楚王神女之事,遂作斯赋。"这说明《洛神赋》是受宋玉《高唐赋》《神女赋》的启发而创作的。它们的共同点是都写了人神恋爱的故事。但《洛神赋》有新的拓展与创造,它写以纯洁深挚的感情为基础的人神相恋。此外,洛神的形象较高唐神女更加鲜明。她既有神的灵性,更有人的热情和个性。她的活动与洛水的独特环境密不可分,显现出独特的风采。

　　《洛神赋》的主题思想,前人有不同的论述。有人认为此赋为追怀曹丕之妻甄氏而作,原题《感甄赋》,魏明帝改题《洛神赋》。这是小说家的附会之说,不合事实,不可信。清代学者认为"托词宓妃,以寄心文帝"(何焯《义门读书记》),"寄心君王,托之宓妃"(丁晏《曹集铨评》)。从曹植在魏文帝曹丕即位后,备受猜忌与压抑的情况而言,《洛神赋》确有寄托。赋中所写的洛神,就是他所追慕的理想的化身,但由于种种原因,即赋中所谓"人神道殊",理想始终无法实现。曹植原想"戮力上国,流惠下民,建永世之业,流金石之功"(《与杨德祖书》),在魏文帝和明帝时代,他的愿望付诸东流。《洛神赋》正是反映了他君臣不得遇合、抱负无法施展的苦闷心情。

　　本文中的洛神,形象鲜明,感情真挚。赋中生动地描绘了洛神的姿态、风度、容貌、服饰和动作,表现了洛神的美丽、热情和天真。当"君王""托微波以通辞""解玉佩以要之"时,洛神热情响应,"抗琼珶以和予兮,指潜渊而为期"。但因"人神道殊"、不能交往时,洛神情绪激动,徙倚彷徨,哀哀长吟,表现出极大的痛苦,不得已在众神的簇拥之下恨恨离去。"虽潜处于太阴,长寄心于君王",仍然情义深重,形神兼具,富有艺术感染力。

【思考与练习】

　　1. 有表情地朗读原文,体会作者的思想情感。
　　2. 结合本文,举例说明"赋"的文体特点。

9. 秋 声 赋

欧阳修

欧阳子方夜读书[1],闻有声自西南来者,悚然而听之[2],曰:"异哉!"初淅沥以萧飒[3],忽奔腾而砰湃[4],如波涛夜惊,风雨骤至。其触于物也,鏦鏦铮铮[5],金铁皆鸣;又如赴敌之兵,衔枚疾走[6],不闻号令,但闻人马之行声。予谓童子:"此何声也?汝出视之。"童子曰:"星月皎洁,明河在天[7],四无人声,声在树间。"

予曰:"噫嘻悲哉[8]!此秋声也,胡为而来哉?盖夫秋之为状也[9]:其色惨淡[10],烟霏云敛[11];其容清明,天高日晶[12];其气栗冽[13],砭人肌骨[14];其意萧条[15],山川寂寥[16]。故其为声也,凄凄切切,呼号愤发。丰草绿缛而争茂[17],佳木葱茏而可悦;草拂之而色变,木遭之而叶脱。其所以摧败零落者,乃其一气之余烈[18]。夫秋,刑官也[19],于时为阴[20];又兵象也[21],于行用金[22]。是谓天地之义气[23],常以肃杀而为心。天之于物,春生秋实[24]。故其在乐也,商声主西方之音[25],夷则为七月之律[26]。商,伤也,物既老而悲伤;夷,戮也,物过盛而当杀。

"嗟乎!草木无情,有时飘零。人为动物,惟物之灵[27]。百忧感其心,万事劳其形,有动于中,必摇其精[28]。而况思其力之所不及,忧其智之所不能,宜其渥然丹者为槁木[29],黟然黑者为星星[30]。奈何以非金石之质[31],欲与草木而争荣?念谁为之戕贼[32],亦何恨乎秋声!"

童子莫对,垂头而睡。但闻四壁虫声唧唧,如助予之叹息。

【注 释】

[1] 欧阳子:作者自称。方:正。
[2] 悚(sǒng)然:惊惧的样子。
[3] 淅沥:雨声,这里形容风声。萧飒:风声。
[4] 砰湃:即"澎湃",波涛声。
[5] 鏦鏦(cōng)铮铮:金属撞击声。
[6] 衔:用嘴含。枚:一种形如筷子的小棒,两端有带,可系在颈上。行军时,令士兵将其含入口中,以防部队喧哗,泄露行军秘密。
[7] 明河:银河。
[8] 噫嘻:感叹词。悲哉:意思是说秋天表现出一种肃杀的气象,令人悲哀。这里借用其意。
[9] 盖夫(fú):发语词。
[10] 惨淡:阴暗无色。
[11] 烟霏:烟气。敛:消失。
[12] 日晶:阳光灿烂。
[13] 栗冽:即"慄冽",指寒冷。
[14] 砭(biān):刺。

[15] 萧条：冷落。
[16] 寂寥：空旷寂静。
[17] 缛(rù)：繁密。
[18] 余烈：余威。古人认为秋天肃杀万物，有着可怕的威力。
[19] 刑官：掌刑法、狱讼的官，即司寇。古称刑官为秋官。
[20] 于时为阴：古以阴阳配合四时，春夏属阳，秋冬属阴。
[21] 兵象：战争的象征。古代练兵、出兵征伐多在秋天，故秋天象征着刀兵(战争)。
[22] 于行用金：古人将四季变化与五行(金、木、水、火、土)相配，而秋天属金。
[23] 义气：肃杀之气。义，断割。《礼记·乡饮酒义》："天地严寒之气，始于西南，而盛于西北，此天地之尊严气也，此天地之义气也。"
[24] 实：作动词用，指结果实。
[25] 商声：五声(宫、商、角、徵、羽)之一。与四时相配，商声属秋；与五行相配，商声属金；与四方相配，商声属西方。
[26] 夷则：古代十二律之一。古人将十二律分配于十二月，夷则属七月。
[27] 灵：灵性。《尚书·泰誓》："惟人万物之灵。"
[28] 摇：动摇，引申为损耗。精：精神。
[29] 渥(wò)然：润泽的样子。槁木：枯木，形容衰老。
[30] 黟(yī)然黑者：指人乌黑的头发。星星：形容鬓发花白。左思《白发赋》："星星白发，生于鬓垂。"
[31] 质：本质，质地。古诗曰："人生非金石，焉能长寿考。"
[32] 戕(qiāng)贼：伤害。

【作者简介】

欧阳修(1007—1072)，字永叔，号醉翁，晚年号六一居士，吉州庐陵(今江西省吉安县)人。4岁丧父，家贫，其母以荻秆在地上画字，教他识字。24岁登进士第，初任西京留守推官，以后做过县令、知州、按察使等，晚年担任过枢密副使、参知政事等要职。死后谥"文忠"。有《欧阳修全集》，注本有李之亮《欧阳文忠公集编年笺注》。

欧阳修是北宋诗文革新运动的领袖。他主张为文创新而守中，追求平易自然之美。其诗、文、词均为一时之冠，尤其是散文，纡徐委婉，跌宕有致，充满情韵之美，形成了鲜明的个人风格，被誉为"六一风神"。

【导　读】

本文作于嘉祐四年(1059)，作者时年53岁。当时作者在仕途上几度受贬，加上健康状况不佳，于是产生了退归田园的念头。文中所表现的悲秋之感正是这种思想的反映。作者认为，较之秋气摧折草木，忧劳世事给人带来的损害更甚，且是人自为之。因而劝人排除世事的干扰，清心寡欲，知足保和。

这篇赋结构严谨，它采用传统的主客问答的形式，主要内容却是主人(作者)的描述和议论。赋以夜读闻风始，以童子入睡、"虫声唧唧"作结，前后呼应，情遥意深。赋中虽用了骈句，却不力求对偶，自由活泼，表现出自然的音韵美。

【思考与练习】

1. 悲秋是我国古典文学的永恒主题。说说这篇赋在立意上的创新之处。
2. 吴楚材评论这篇赋说:"秋声,无形者也,却写得形色宛然,变态百出。"请说说作者是怎样描写秋声的。
3. 你怎样看待文中童子的形象?

附：赋与词

【关于赋】

赋是继《诗经》《楚辞》之后，在中国文坛上兴起的一种新的文体。在汉末文人五言诗出现之前，它是两汉四百年间文人创作的主要文学样式。

赋是一种讲求文采、韵律，并具诗歌和散文性质的文体，极尽铺陈夸张之能事，侧重于借景抒情，而在结尾处又往往发一点议论。"赋"字用为文体的第一人应推司马迁。在汉文帝时"诗"已设立博士，成为经学。在这种背景下，称屈原的作品为"诗"是极不合适的。但屈原的作品又往往只可诵读而不能歌唱，若用"歌"称也名不正言不顺。于是，司马迁就选择"辞"与"赋"这两个名称。不过，他还是倾向于把屈原的作品以"辞"来命名，这是由于屈原的作品富于文采之故，而把宋玉、唐勒、景差等人作品称为"赋"。封建时代的辞章家非常推崇汉赋，汉代的枚乘、司马相如、扬雄及班固、张衡等人的赋成就最高。

建安以后乃至整个六朝时期，对赋的推崇有甚于诗。赋是介于诗、文之间的边缘文体。赋与诗的盘根错节、互相影响从"赋"字的形成就已开始。到了魏晋南北朝时，更出现了诗、赋合流的现象。但诗与赋毕竟是两种文体，一般来说，诗大多为情而造文，而赋却常常为文而造情。诗以抒发情感为重，赋则以叙事状物为主。

赋主要有三个特点：一、语句上以四、六字句为主，并追求骈偶；二、语音上要求声律谐协；三、文辞上讲究藻饰和用典。

【关于词】

词是我国古代诗歌的一种。因是合乐的歌词，故又称曲子词、乐府、乐章。此外又称长短句、诗余、琴趣等。词始于唐，定型于五代，盛于宋。据《旧唐书》记载："自开元（唐玄宗年号）以来，歌者杂用胡夷里巷之曲。"由于音乐的广泛流传，当时的都市里有很多以演唱为生的优伶乐师，根据唱词和音乐节拍配合的需要，创作或改编出一些长短句参差的曲词，这便是最早的词了。到了宋代，通过柳永和苏轼等许多文人在创作上的重大突破，词在形式上和内容上得到了巨大的发展，成为独立的文学样式，并以其辉煌的艺术成就与"唐诗"并称于世。

宋词大体上可以分为"婉约词派"和"豪放词派"。婉约派的词，内容上多表现男女之间的相思恨别，风格典雅委婉、曲尽情态，像柳永的"今宵酒醒何处？杨柳岸，晓风残月"；晏殊的"无可奈何花落去，似曾相识燕归来"；晏几道的"舞低杨柳楼心月，歌尽桃花扇底风"等名句，不愧是情景交融的抒情杰作，艺术上皆有可取之处。婉约派词人以柳永、秦观、李清照等人为代表。豪放派词人以苏轼、辛弃疾为代表，他们拓宽了词的题材，提高了词的意境，创立了豪放、昂扬的词风。

词根据字数多少可以分为小令、中调和长调。小令58字以内；中调59～90字；长调91字以上，最长的词达240字。一首词，有的只一段，称为单调；有的分两段，称双调；有的分三段或四段，称三叠或四叠。

词还有词牌。词牌的产生大体有以下几种情况：沿用古代乐府诗题或乐曲名称，如《六州歌头》；取名人诗词句中几个字，如《西江月》；据某一历史人物或典故，如《念奴娇》；还有名家自制的词牌。词发展到后来逐渐和音乐分离而成为一种独立的文体。

第三节　古代散文

1. 先秦诸子语录

孔　子　等

　　子曰："富与贵,是人之所欲也;不以其道得之,不处也[1]。贫与贱,是人之所恶也;不以其道得之,不去也[2]。君子去仁,恶乎成名?君子无终食之间违仁,造次必于是,颠沛必于是[3]。"

(《论语·里仁》)

　　子曰："志士仁人,无求生以害仁,有杀身以成仁。"

(《论语·卫灵公》)

　　子曰："学而不思则罔[4],思而不学则殆[5]。"

(《论语·为政》)

　　子曰："知之者不如好之者[6],好之者不如乐之者[7]。"

(《论语·雍也》)

　　子曰："不愤不启[8],不悱不发[9]。举一隅不以三隅反[10],则不复也[11]。"

(《论语·述而》)

　　老吾老,以及人之老;幼吾幼,以及人之幼;天下可运于掌。

(《孟子·梁惠王上》)

　　恻隐之心[12],人皆有之;羞恶之心,人皆有之;恭敬之心,人皆有之;是非之心,人皆有之。恻隐之心,仁也;羞恶之心,义也;恭敬之心,礼也;是非之心,智也。仁义礼智,非由外铄我也,我固有之也。

(《孟子·告子上》)

　　天下皆知美之为美,斯恶矣[13];皆知善之为善,斯不善矣。故有无相生,难易相成,长短相形[14],高下相倾[15],音声相和[16],前后相随。是以圣人处无为之事,行不言之教[17]。

(《老子》第二章)

　　天行有常[18],不为尧存,不为桀亡。应之以治则吉,应之以乱则凶[19]。

(《荀子·天论》)

　　不为而成,不求而得,夫是之谓天职。如是者[20],虽深,其人不加虑也[21];虽大,不加能焉;虽精,不加察焉,夫是之谓不与天争职[22]。天有其时,地有其财,人有其治,夫是之谓能参[23]。舍其所以参,而愿其所参,则惑矣[24]!

(《荀子·天论》)

【注　释】

　　[1]处:接受。

[2] 去：摆脱。
[3] "君子"三句：君子不会有一顿饭的时间离开仁德，在最忙乱的时候是这样，在颠沛流离的时候也是这样。
[4] 罔(wǎng)：迷惑而无所得。
[5] 殆(dài)：疑惑。
[6] 好(hào)：喜欢，爱好。
[7] 乐(lè)：以……为乐。意动用法。
[8] 愤：郁闷，这里有百思不解之意。启：开导。
[9] 悱：口欲言而不能的样子。发：启发。
[10] 举：举出，指明。隅(yú)：物之方者，皆有四隅，故举一隅则可知另外三隅。此处可译为事物的一个方面。以：用。反：类推。
[11] 复：重复，再。指不再教新知识。
[12] 恻隐：怜悯。
[13] 斯恶矣：这就有了丑了。斯：这。恶：丑。
[14] 形：体现。
[15] 相倾：相向，因对立而存在。
[16] 和：谐和，呼应。
[17] "处无为"句：以"无为"的态度处事，用"不言"的方式去教诲别人。
[18] 天：指自然界。
[19] "应之以治"二句：用正确的措施对待它，结果就好；用错误的措施对待它，结果就要遭殃。
[20] 如是者：既然如此。
[21] "虽深"句：意思是"至人"虽然思虑很深远，对天的职能也不做主观想象。深：思虑深远。其人：即至人。
[22] "夫是之"谓句：这就叫做不与自然界争职能。
[23] 参："天""地""人"三者互相配合叫做参。
[24] "舍其"句：如果人放弃了自己掌握天时、使用地利的作用，而希望得到改造自然界的结果，那就太糊涂了。愿：美慕，希望。

【作者简介】

孔子（前551—前479），名丘，字仲尼。春秋时期鲁国陬邑（今山东曲阜）人。我国古代伟大的思想家、教育家，儒家学派的创始人。

孟子（约前372—前289），名轲，字子舆，战国时邹（今山东邹县）人。他继承并发展了孔子的思想学说，是孔子之后的儒家代表人物。《孟子》也是儒家经典，主要记载孟子的言行，由孟子和他的弟子万章、公孙丑等编辑而成。

老子，一说姓李名耳，字聃（dān），生卒年不可考。老子是道家学派的始祖，是我国哲学史和思想史上的大家。在世界哲学史和思想史中，老子也占有重要的地位。《老子》一书，文风质朴，言简意赅，充满了朴素辩证法思想。

荀子（约前313—前238），名况，战国末期赵国人，著名的思想家。《天论》一文，荀子从朴素的唯物主义观点出发,论述了"天"和"人",即物质和精神的关系这个哲学基本问题,文章条理清楚,逻辑严密,论证充分,有很强的说服力。

【导　读】

　　春秋战国时期,社会由奴隶制向封建制演进,变化迅速。与此相应,思想文化领域出现了"百家争鸣"的繁荣局面。儒家、道家、墨家、法家及兵家、名家、农家、纵横家等流派的代表人物纷纷倡言立说,在思想、政治、经济、军事、文化、道德等方面各抒己见,展露出充满睿智、多彩多姿的思想光芒。

　　本课精选了四位名家——孔子、孟子、老子、荀子的著作片断,这些选文,比较概要地反映了当时"百家争鸣"的多元化思想状况。《论语》一书,语言练达,词浅意深,有很强的启迪性;《孟子》则长于说理,文风犀利,气势充沛。《老子》一书,文风质朴,言简意赅,充满了朴素辩证法思想。《天论》一文,从朴素的唯物主义观点出发,论述了"天"和"人",即物质和精神的关系这个哲学基本问题,指出了天地自然的运行不以人的意志为转移的客观事实,并提出了"制天命而用之"——掌握自然规律使其为人类服务的进步观点,尤为难能可贵。

　　学习本课,应注意结合各家的文风特点,从整体上把握其思想内容。

【思考与练习】

　　1. 谈谈孔子有关教学论述的合理性和进步意义。

　　2. 荀子关于"人与自然"关系的论述对我们今天维护生态平衡,保持与自然和谐的关系有什么启发?请分小组进行讨论。

　　3. 仔细体会各则语录的深刻含义,并掌握其所使用的修辞手法及语言艺术。

2. 伯夷列传

司马迁

夫学者载籍极博[1]，犹考信于六艺[2]。《诗》《书》虽缺[3]，然虞、夏之文可知也[4]。尧将逊位[5]，让于虞舜。舜、禹之间，岳牧咸荐[6]，乃试之于位；典职数十年[7]，功用既兴，然后授政[8]。示天下重器，王者大统[9]，传天下若斯之难也。而说者曰[10]："尧让天下于许由，许由不受，耻之，逃隐[11]。及夏之时，有卞随、务光者[12]。"此何以称焉[13]？太史公曰：余登箕山[14]，其上盖有许由冢云。孔子序列古之仁圣贤人[15]，如吴太伯、伯夷之伦详矣[16]。余以所闻由、光义至高，其文辞不少概见[17]，何哉？

孔子曰："伯夷、叔齐，不念旧恶，怨是用希[18]。""求仁得仁，又何怨乎[19]？"余悲伯夷之意[20]，睹轶诗可异焉[21]。其传曰[22]：伯夷、叔齐，孤竹君之二子也[23]。父欲立叔齐。及父卒，叔齐让伯夷。伯夷曰："父命也。"遂逃去。叔齐亦不肯立而逃之。国人立其中子。于是伯夷、叔齐闻西伯昌善养老[24]，盍往归焉[25]。及至，西伯卒，武王载木主[26]，号为文王，东伐纣。伯夷、叔齐叩马而谏曰[27]："父死不葬，爰及干戈[28]，可谓孝乎？以臣弑君，可谓仁乎？"左右欲兵之[29]。太公曰[30]："此义人也。"扶而去之。武王已平殷乱，天下宗周[31]，而伯夷、叔齐耻之，义不食周粟，隐于首阳山，采薇而食之[32]。及饿且死，作歌。其辞曰："登彼西山兮[33]，采其薇矣。以暴易暴兮，不知其非矣。神农、虞夏，忽焉没兮，我安适归矣[34]？于嗟徂兮，命之衰矣[35]！"遂饿死于首阳山。由此观之，怨邪？非邪？

或曰："天道无亲，常与善人[36]。"若伯夷、叔齐，可谓善人者非邪？积仁絜行如此而饿死[37]！且七十子之徒[38]，仲尼独荐颜渊为好学[39]，然回也屡空[40]，糟糠不厌[41]，而卒蚤夭[42]。天之报施善人，其何如哉？盗跖日杀不辜[43]，肝人之肉[44]，暴戾恣睢，聚党数千人，横行天下，竟以寿终。是遵何德哉？此其尤大彰明较著者也[45]。若至近世，操行不轨，专犯忌讳，而终身逸乐，富厚累世不绝[46]；或择地而蹈之[47]，时然后出言[48]，行不由径[49]，非公正不发愤[50]，而遇祸灾者，不可胜数也。余甚惑焉，傥所谓天道[51]，是邪？非邪？

孔子曰："道不同，不相为谋。"亦各从其志也。故曰："富贵如可求，虽执鞭之士，吾亦为之；如不可求，从吾所好。""岁寒，然后知松柏之后凋[52]。"举世混浊，清士乃见[53]。岂以其重若彼，列其轻若此哉！

"君子疾没世而名不称焉[54]。"贾子曰："贪夫徇财，烈士徇名，夸者死权，众庶冯生[55]。"同明相照，同类相求。"云从龙，风从虎，圣人作而万物睹[56]。"伯夷、叔齐虽贤，得夫子而名益彰；颜渊虽笃学，附骥尾而行益显[57]。岩穴之士[58]，趋舍有时若此[59]，类名堙灭而不称，悲夫！闾巷之人[60]，欲砥行立名者[61]，非附青云之士[62]，恶能施于后世哉[63]！

【注　释】

[1] 载籍：犹言"册籍"，泛指各种图书资料。
[2] 考信：通过检验得以确认。六艺：指《诗》《书》《礼》《乐》《易》《春秋》六部儒家经典。这句意思是说，载籍虽多，但要以六艺作为鉴别是非、决定去取的标准。由此可见太史公之尊重儒家学说。

[3] 《诗》《书》虽缺：相传孔子曾经删定《诗经》《尚书》，经秦始皇焚书后，多有缺亡。

[4] 虞、夏之文可知：《尚书》中有《尧典》《舜典》《大禹谟》，详细记载了尧禅位于舜、舜禅位于禹的事情，故曰"虞、夏之文可知"。虞：有虞氏，指舜帝。夏：夏代。文：指记事之文，事迹。

[5] 逊位：退位。

[6] 舜、禹之间，岳牧咸荐：尧将让位于舜，舜将让位于禹的时候，舜和禹都是被全体诸侯大臣推荐出来的。岳：四岳，分掌四方诸侯的四个霸主，当时称为方伯。牧：州牧，各自的行政长官。据说当时中国划分为九州，州各有牧。

[7] 典职：任职管事。典：主管。据说舜、禹都是任职主事二十余年后，才正式登上帝位的。

[8] 授政：指传予帝位。

[9] 示天下重器，王者大统：由此说明政权是最贵重的东西，帝王是人们的首脑。重器：宝器，此处象征国家政权。大统：大纲，主宰者。

[10] 说者：此处指庄周之流。

[11] "尧让天下"四句：《庄子·让王》云："尧以天下让许由，许由不受。"此乃庄周为阐述道家学说所虚构的故事。

[12] 卞随、务光：是《庄子·让王》中所虚构的人物。据说商汤曾向他们请教有关伐桀的问题，他们不回答。汤灭桀后，想把天下让给他们，他们都气愤得投水而死。

[13] 此何以称焉：有关许由、卞随、务光的这些事情，为什么又受到称赞呢？

[14] 箕山：在今河南省登封东南，据说许由曾逃隐于箕山。

[15] 序列：依次述说。

[16] 太伯：亦写作"泰伯"，周始祖太王之长子。太伯有弟仲雍、季历。季历贤而有子昌（周文王），太王欲立季历而传位及于昌，太伯遂与仲雍避于荆蛮，自号句（gōu）吴。荆蛮人感其义，立为吴太伯。吴越之吴即其后人。伦：辈，类。

[17] 其文辞不少概见，何哉：意思是说，记录许由、务光的文字不多，不能稍微见到其事迹梗概，这是为什么呢？少：稍微。概：梗概。

[18] 不念旧恶，怨是用希：不记旧仇，因此怨恨也就少了。恶：怨仇。用：因。希：通"稀"。《论语·公冶长》："子曰：'伯夷、叔齐不念旧恶，怨是用希。'"

[19] 求仁得仁，又何怨乎：此语出自《论语·述而》，不知确指何事。孔安国曰："以让为仁，岂有怨乎？"

[20] 悲伯夷之意：悲怜伯夷的心意。悲：此处引申为悲怜、叹服、同情。《索隐》曰："谓悲其兄弟相让，又义不食周粟而饿死。"

[21] 睹轶诗可异焉：轶诗，即下文采薇之诗。采薇之诗不入《诗经》，故曰"轶诗"。其诗有涉于怨，与孔子之言不合，故司马迁认为"可异"。

[22] 其传：当是指《韩诗外传》及《吕氏春秋》。其传云：孤竹君，是殷汤三月丙寅日所封。相传至伯夷、叔齐之父，名初，字子朝。伯夷名允，字公信。叔齐名致，字公达。

[23] 孤竹：殷商时诸侯国名，其君姓墨胎氏。

[24] 西伯昌：西伯侯姬昌，即周文王。

[25] 盍往归焉：何不去归附他。盍：表疑问之辞，相当于"何不"。
[26] 木主：木制的牌位。当时文王已死，武王载其父之牌位伐纣，以表示自己是谨奉父命，行父之志。
[27] 叩马：拉住马。叩：同"扣"。
[28] 爰(yuán)及干戈：就动起了干戈。爰：于是，就。及：轮到，动起。
[29] 兵：武器。这里作动词用，意思是用武器杀死。
[30] 太公即姜尚，俗称姜太公。他曾辅佐周武王伐纣。
[31] 宗：尊崇，归附。
[32] 薇：也叫蕨，一种野菜名。
[33] 西山：指首阳山。
[34] 我安适归矣：哪里才是我们的归宿？安适归：即安归，适、归同义，往，到……去。
[35] 于嗟：同"吁嗟"，叹词。徂：同"殂"，死亡。"吁嗟"两句是感叹自己运命衰薄，不遇大道之时，以致饿死。
[36] 天道无亲，常与善人：意谓天道无所偏私，常帮助好人。
[37] 絜：同"洁"，指行为高洁。
[38] 七十子：据说孔门有七十二贤弟子。《史记·孔子世家》："孔子以诗、书、礼、乐教，弟子盖三千焉，身通六艺者七十有二人。"
[39] 仲尼独荐颜渊为好学：孔子曾在鲁哀公面前称赞颜回最为好学。语出《论语·雍也》："哀公问弟子孰为好学，孔子对曰：'有颜回者好学。不迁怒，不贰过，不幸短命死矣。今也则亡，未闻好学者也。'"
[40] 屡空：经常处于贫困之中。屡：每，经常。空：困缺。
[41] 不厌：吃不饱。
[42] 蚤夭：夭折，未尽天年而死。颜回死时三十二岁。"蚤"通"早"。
[43] 盗跖(zhí)：柳下惠之弟，春秋时大盗之名。不辜：无辜的人。
[44] 肝人之肉：意思是挖出人的肝当肉吃。《庄子·盗跖》："跖方休卒徒于太山之阳，脍人肝而餔之。"
[45] 彰：显著。较：明。著：显明。
[46] 累世：一连几辈子。
[47] 择地而蹈之：指像北郭骆、鲍焦那样，不仕暗君，不饮盗泉，裹足高山之顶，隐居沧海之滨。
[48] 时然后出言：《论语·宪问》："夫子时然后言。"这里指在合适的时候才说话。
[49] 行不由径：走路不抄小道。比喻为人正直，行动正大光明。《论语·雍也》："有澹台灭明者，行不由径，非公事，未尝至于偃之室也。"
[50] 非公正不发愤：非公正之事不感激发愤。
[51] 傥(tǎng)：或许。
[52] 这三句分别见于《论语》的《卫灵公》《述而》《子罕》等篇。执鞭之士：御者。
[53] 举世混浊，清士乃见：《楚辞·渔父》："举世皆浊我独清。"举：全。见：出现，显露。
[54] 君子疾没世而名不称焉：语出《论语·卫灵公》。意思是君子担心的是死后名声不

为人所称述。疾：担心,忧虑。名不称：名声不被称述。
[55] "贪夫徇财"四句：贪婪的人为财而死,烈士为名而死,贪权势以矜夸者为争权而死,平常人贪生。原文见贾谊《鵩鸟赋》,文字有不同。
[56] "同明相照"五句：意谓物各以类相求。语出于《易·乾卦》,原文作"同声相应,同气相求,水流湿,火就燥,云从龙,风从虎。圣人作而万物睹"。
[57] 附骥尾而行益显：苍蝇附骥尾而致千里。比喻颜回因孔子而名声彰显。
[58] 岩穴之士：隐居于山间的高士。
[59] 趣舍有时：进取与退隐皆合于时宜(指义理)。
[60] 闾巷之人：平民百姓。
[61] 砥行：砥砺操行。
[62] 青云之士：显贵之人。
[63] 恶(wū)：怎么。施：流传。

【作者简介】

司马迁(前145—前90),字子长,夏阳(今陕西韩城南)人,一说龙门(今山西河津)人,汉代伟大的史学家、文学家、思想家。司马谈之子,任太史令,因替李陵败降之事辩解而受宫刑,后任中书令。发奋继续完成所著史籍,被后世尊称为史迁、太史公、历史之父。其所著的《史记》以写人物为中心,形象地展开了广阔的社会生活画面,有很高的艺术成就,鲁迅称赞它为"史家之绝唱,无韵之《离骚》"。

【导　读】

《伯夷列传》是《史记》中"列传"部分的第一篇。伯夷何许人也？先秦古书说法不一,而作者借为伯夷立传之机,对当时好人遭殃、坏人享福的社会提出了愤怒的质问,对历代用以麻醉慰藉人心的所谓"天道"也提出了强烈的质疑。这是富有批判性和战斗性的。同时,"奔义""让国"是司马迁所倾心赞美的一种品德,这和汉代统治集团内部君臣、父子、兄弟、叔侄之间钩心斗角,攻伐残杀不休的"争利""争国"形成鲜明对比,这应该也是司马迁的写作意图之一。

【思考与练习】

1. 文章第二段引用孔子的话,其目的是什么？在对伯夷和叔齐的看法上,作者与孔子有何不同？
2. 体会作者蕴于字里行间的沉郁的感情。

3. 张中丞传后叙[1]

韩 愈

　　元和二年四月十三日夜[2]，愈与吴郡张籍阅家中旧书[3]，得李翰所为《张巡传》[4]。翰以文章自名，为此传颇详密。然尚恨有阙者：不为许远立传[5]，又不载雷万春事首尾[6]。

　　远虽材若不及巡者，开门纳巡，位本在巡上，授之柄而处其下，无所疑忌，竟与巡俱守死，成功名[7]，城陷而虏，与巡死先后异耳。两家子弟材智下，不能通知二父志，以为巡死而远就虏，疑畏死而辞服于贼。远诚畏死，何苦守尺寸之地，食其所爱之肉[8]，以与贼抗而不降乎？当其围守时，外无蚍蜉蚁子之援[9]，所欲忠者，国与主耳，而贼语以国亡主灭。远见救援不至，而贼来益众，必以其言为信。外无待而犹死守，人相食且尽，虽愚人亦能数日而知死处矣[10]。远之不畏死亦明矣！乌有城坏，其徒俱死，独蒙愧耻求活？虽至愚者不忍为。呜呼！而谓远之贤而为之耶？

　　说者又谓远与巡分城而守，城之陷，自远所分始，以此诟远[11]，此又与儿童之见无异。人之将死，其脏腑必有先受其病者；引绳而绝之，其绝必有处。观者见其然，从而尤之[12]，其亦不达于理矣！小人之好议论，不乐成人之美，如是哉！如巡、远之所成就，如此卓卓，犹不得免，其他则又何说！

　　当二公之初守也，宁能知人之卒不救[13]，弃城而逆遁？苟此不能守，虽避之他处何益？及其无救而且穷也，将其创残饿羸之余，虽欲去，必不达。二公之贤，其讲之精矣[14]。守一城，捍天下，以千百就尽之卒，战百万日滋之师，蔽遮江淮，沮遏其势，天下之不亡，其谁之功也？当是时，弃城而图存者，不可一二数；擅强兵坐而观者，相环也。不追议此，而责二公以死守，亦见其自比于逆乱，设淫辞而助之攻也。

　　愈尝从事于汴、徐二府，屡道于两府间，亲祭于其所谓双庙者[15]。其老人往往说巡、远时事，云：南霁云之乞救于贺兰也，贺兰嫉巡、远之声威功绩出己上，不肯出师救。爱霁云之勇且壮，不听其语，强留之，具食与乐，延霁云坐。霁云慷慨语曰："云来时，睢阳之人不食月余日矣。云虽欲独食，义不忍；虽食，且不下咽！"因拔所佩刀断一指，血淋漓，以示贺兰。一座大惊，皆感激为云泣下。云知贺兰终无为云出师意，即驰去。将出城，抽矢射佛寺浮图，矢著其上砖半箭，曰："吾归破贼，必灭贺兰，此矢所以志也[16]。"愈贞元中过泗州，船上人犹指以相语。城陷，贼以刃胁降巡，巡不屈，即牵去，将斩之；又降霁云，云未应。巡呼云曰："南八[17]，男儿死耳，不可为不义屈！"云笑曰："欲将以有为也；公有言，云敢不死！"即不屈。

　　张籍曰："有于嵩者，少依于巡；及巡起事，嵩常在围中。籍大历中于和州乌江县见嵩，嵩时年六十余矣。以巡初尝得临涣县尉，好学无所不读。籍时尚小，粗问巡、远事，不能细也。云：巡长七尺余，须髯若神。尝见嵩读《汉书》，谓嵩曰：'何为久读此？'嵩曰：'未熟也。'巡曰：'吾于书读不过三遍，终身不忘也。'因诵嵩所读书，尽卷不错一字。嵩惊，以为巡偶熟此卷，因乱抽他帙以试，无不尽然。嵩又取架上诸书试以问巡，巡应口诵无疑。嵩从巡久，亦不见巡常读书也。为文章，操纸笔立书，未尝起草。初守睢阳时，士卒仅万人，城中居人户，亦且数万，巡因一见问姓名，其后无不识者。巡怒，须髯辄张。及城陷，贼缚巡等数十人坐，且将戮。巡起旋[18]，其众见巡起，或起或泣。巡曰：'汝勿怖，死，命也。'众泣不能仰视。巡就戮时,颜色不乱,阳阳如平常[19]。远宽厚长者,貌如其心;与巡同年生,月日后于巡,呼巡为兄,死时年四十九。"嵩贞元初死于亳、宋间[20]。或传嵩有田在亳、宋间,武人夺而有之,嵩将诣州讼理[21],为所杀。嵩无子。张籍云。

【注 释】

[1] 张中丞传:李翰所作《张巡传》。张中丞:指张巡(709—757)邓州南阳(今河南南阳)人。安禄山谋反时,他为真源县令,起兵抗击。后叙:即跋文,发表议论,补充张巡等人事迹,附于《张巡传》后。

[2] 元和:唐宪宗李纯年号。元和二年,即公元807年。

[3] 张籍:字文昌,吴郡(今江苏苏州)人,韩愈的学生,唐代著名诗人。

[4] 李翰:字子羽,赵州人。曾客居睢阳,亲见张巡战守事迹。

[5] 许远:字令威,杭州盐官(今浙江海宁)人。"安史之乱"时,官居睢阳太守。

[6] 雷万春:张巡部将。从下文来看,当是"南霁云"之误。

[7] "竟与"二句:最后与张巡一起守城而死,建立了功勋,保全了名节。

[8] 食其所爱之肉:睢阳被围日久,城中食尽,罗雀掘鼠;雀鼠又尽,张巡杀爱妾,许远杀家奴,以为士兵之食。

[9] 蚍蜉蚁子之援:极微小的援助。蚍蜉:黑色大蚁。

[10] 亦能数日而知死处矣:也能够计算日期而知道自己的死所。

[11] 诟:诽谤。

[12] 尤:指责备。

[13] 宁能:岂能,哪能。卒:终于。

[14] 讲之精:考虑得很精密周到。讲:议论,考虑。

[15] 双庙:张巡、许远死后,肃宗追赠巡为扬州大都督,远为荆州大都督,立庙睢阳,岁时祭祀,号双庙。

[16] 志:做标记。

[17] 南八:即南霁云,在兄弟中排行第八。

[18] 起旋:起来小便。

[19] 阳阳:安详貌。

[20] 亳、宋间:亳州和宋州之间。

[21] 诣州讼理:到州里去告状。

【作者简介】

韩愈(768—824),字退之,河南河阳(今河南孟县)人,唐代杰出的文学家,与柳宗元倡导古文运动,主张"文以载道",复古崇儒,抵排异端,攘斥佛老,是唐宋八大家之一。他出身于官宦家庭,从小受儒学正统思想和文学的熏陶,并且勤学苦读,有深厚的学识基础。但三次应考进士皆落第,至第四次才考上,时年24岁。又因考博学鸿词科失败,辗转奔走。796年(唐德宗贞元十二年)起,先后在宣武节度使董晋、徐州节度使张建封幕下任观察推官,其后在国子监任四门博士。803年(贞元十九年),升任监察御史。这一年关中大旱,韩愈向德宗上《论天旱人饥状》,被贬为阳山县令。以后又几次升迁。819年(唐宪宗元和十四年),韩愈上《论佛骨表》,反对佞佛,被贬为潮州刺史。821年(唐穆宗长庆元年)召回长安,任国子监祭酒,后转兵部侍郎、吏部侍郎。后世称为"韩吏部"。死后谥号"文",故又称"韩文公"。有《昌黎先生集》。

【导 读】

  文中的张中丞即张巡(709—757),邓州南阳(今河南省南阳市)人。唐玄宗开元(713—741)末年进士,由太子通事舍人出任清河县令,调真源(今河南鹿邑)县令。叛军进入河南后,张巡领兵在雍丘(今河南杞县)等地抗战。757年(至德二载)正月,睢阳太守许远向张巡告急,张巡领兵进睢阳与许远共同守城,直至壮烈牺牲。张巡守睢阳时,朝廷封其为御史中丞、河南节度副使,故称张中丞。曾随他守睢阳的李翰写过一篇《张中丞传》,韩愈这篇文章是对《张中丞传》的阐发与补充,是表彰安史之乱期间睢阳(今河南商丘)守将张巡、许远的一篇名作。睢阳是江淮的屏障,而唐朝廷军队的给养主要依赖江淮地区。因此,坚守睢阳,对制止叛军南犯,保障给养由淮河、长江溯汉水进入唐军后方,具有极其重要的意义。史学家认为,张巡、许远坚守睢阳之功,不亚于郭子仪、李光弼的用兵。

  《张中丞传后叙》的写作,有其现实性。当时距张巡、许远殉难虽已半个世纪,但由安史之乱开始的藩镇割据并未停息。社会的动荡引起人们思想的混乱,对张巡、许远缺少公正的评价。唐宪宗即位后,以武力削藩,但不少人主张姑息,反对用兵。因此,该文的用意,不限于评价张巡、许远,实际上是对专务姑息、为叛乱势力张目者的回击。

【思考与练习】

  1. "后叙"是一种怎样的文体?韩愈为什么要写《张中丞传后叙》?

  2. 作者选用了哪些细节刻画南霁云的形象?南霁云的性格特点是什么?文章中除了用人物语言、动作描写南霁云外,还用了什么手法来表现这个人物?

4. 愚溪诗序[1]

柳宗元

灌水之阳有溪焉[2],东流入于潇水[3]。或曰:冉氏尝居也,故姓是溪为冉溪[4]。或曰:可以染也,名之以其能,故谓之染溪。余以愚触罪,谪潇水上。爱是溪,入二三里,得其尤绝者家焉[5]。古有愚公谷[6],今余家是溪,而名莫能定,土之居者,犹龂龂然[7],不可以不更也[8],故更之为愚溪。

愚溪之上,买小丘,为愚丘。自愚丘东北行六十步,得泉焉,又买居之[9],为愚泉。愚泉凡六穴,皆出山下平地,盖上出也[10],合流屈曲而南[11],为愚沟。遂负土累石[12],塞其隘[13],为愚池。愚池之东为愚堂,其南为愚亭。池之中为愚岛,嘉木异石错置[14],皆山水之奇者,以余故,咸以愚辱焉。

夫水,智者乐也[15]。今是溪独见辱于愚,何哉?盖其流甚下,不可以溉灌。又峻急多坻石[16],大舟不可入也;幽邃浅狭[17],蛟龙不屑[18],不能兴云雨。无以利世,而适类于余[19],然则虽辱而愚之,可也。

宁武子"邦无道则愚"[20],智而为愚者也;颜子"终日不违如愚"[21],睿而为愚者也[22]。皆不得为真愚。今余遭有道而违于理,悖于事[23],故凡为愚者莫我若也[24],夫然,则天下莫能争是溪,余得专而名焉。

溪虽莫利于世,而善鉴万类[25],清莹秀澈,锵鸣金石[26],能使愚者喜笑眷慕[27],乐而不能去也。余虽不合于俗,亦颇以文墨自慰,漱涤万物[28],牢笼百态[29],而无所避之。以愚辞歌愚溪,则茫然而不违,昏然而同归,超鸿蒙[30],混希夷[31],寂寥而莫我知也[32]。于是作《八愚诗》[33],纪于溪石上。

【注 释】

[1] 愚溪:现在湖南永州零陵区西南近郊的一条小溪。作者曾作有《八愚诗》,本文是《八愚诗》的序,诗已亡佚。
[2] 灌水:湘江的支流,源出于广西金山灌阳一带。
[3] 潇水:湘江的支流。灌水、潇水都在当时的永州境内。
[4] 故姓是溪为冉溪:此句疑有误。章士钊认为:"盖此句造法有二:一、故姓是溪曰冉,下不能缀一'溪'字;二、故号是溪曰冉溪。'号'字可易作'名',或其他相类字,独不可曰'姓'。"
[5] 得其尤绝者家焉:找到一个风景特别好的地方,定居在那里。家:安家。
[6] 愚公谷:在现在山东临淄县西。典出刘向《说苑·政理》。
[7] 龂龂然:争辩的样子。
[8] 更:更改。
[9] 买居之:买下来以为己有。居:占有、拥有。
[10] 上出:指泉向上冒。
[11] 合流屈曲而南:泉水汇合后弯弯曲曲地向南流去。

[12] 负土累石：指运土堆石。负：背。累：堆积。

[13] 塞其隘：堵住水沟狭窄的地方。

[14] 错置：交错布置，以求变化。

[15] 夫水，智者乐也：语出《论语·雍也》："知（智）者乐水，仁者乐山。"乐：爱好、喜爱。

[16] 坻（chí）石：突出水面的石头。坻：水中小洲。

[17] 邃（suì）：深远。

[18] 不屑：因轻视而不肯做或不愿做。

[19] 适：恰好。

[20] 宁武子"邦无道则愚"：语出《论语·公冶长》："宁武子邦有道则知（聪明），邦无道则愚（佯愚）。其知可及也，其愚不可及也。"宁武子，名俞，谥武，春秋时卫国大夫。

[21] 颜子，指颜回。违，指提出不同意见。

[22] 睿（ruì）：明智，通达。

[23] 悖（bèi）：违反。悖于事：指做错了事。

[24] 莫我若也：没有谁比得上我的。

[25] 善鉴万类：善于照彻万物。鉴：照。万类：万物。

[26] 锵（qiāng）鸣金石：这里是说水流发出金石般悦耳的声音。锵：金玉碰击的声音。

[27] 眷慕：眷恋，爱慕。

[28] 漱涤（dí）：洗涤。

[29] 牢笼：包罗。

[30] 超鸿蒙：指超越天地尘世。鸿蒙：指宇宙形成以前的混沌状态。语出《庄子·在宥（yòu）》："云将东游，过扶摇之枝，而适遭鸿蒙。"

[31] 混希夷：指与自然混同，物我不分。希夷：虚寂玄妙的境界。语出《老子》："视之不见名曰夷，听之不闻名曰希，搏之不得名曰微。此三者，不可致诘，故混而为一。"这是道家所指的一种形神俱忘、空虚无我境界。

[32] 寂寥：无声无形的样子。《老子》："寂兮寥兮，独立而不改。"莫我知：不知道自己的存在。

[33] 八愚诗：指歌吟愚溪、愚丘、愚泉、愚沟、愚池、愚堂、愚亭、愚岛的八首诗，今已佚。

【作者简介】

柳宗元（773—819），字子厚，河东解（今山西运城市解州镇）人，人称柳河东；晚年贬官柳州（今属广西），故又称柳柳州。他年少时就为文精致。20岁中进士，任秘书省校书郎。26岁时又考取博学鸿词科，授蓝田尉，升监察御史。他反对宦官弄权和藩镇割据，主张改革弊政。唐顺宗时，参加了以王叔文为首的革新活动（史称永贞革新），升任礼部员外郎。不久改革失败，王叔文被赐死，他被贬为永州（今湖南零陵）司马。10年后又贬为柳州刺史，有善政。病故于柳州，百姓为其修祠供奉。

柳宗元是中唐古文运动的主要倡导者之一。他的主张与韩愈相近，文学创作成就亦与韩愈齐名，世称"韩柳"，为"唐宋八大家"之一。一贬再贬的遭遇，使其郁积忧深，发为文辞则深切感人。他敢于在作品中揭露腐败，抨击时政，反映百姓的悲苦生活。他的说理文思想深刻，逻辑严密；传记文刻画精细，形象鲜明；寓言文短小警策，含意深远；游记文清新秀美，富有生机。他的诗歌创作也很有成就,多抨击时政与描写山水,明净峭拔,特色鲜明。有《柳河东集》传世。

【导　读】

　　本篇是一篇诗序,也可看做别具一格的游记。它作于元和五年(810),作者被贬谪永州已经五年,壮志犹存,但起用无望,郁愤化为疾时,写作往往寓以讥刺。这年,他在永州灌阳的冉溪旁修筑了一处宅园,改溪名为"愚",凡所修筑的小丘细泉、水沟池塘、亭堂假岛,都以"愚"称,作《八愚诗》(今佚),并写了这篇序,记叙得溪、更名、筑室称"愚"的缘由和经过,借以议论发挥,讥时刺世,抒泄孤愤。

　　本篇全文以一"愚"字贯穿,入手便擒住一个"愚"字,围绕一个"愚"字展开记叙、描写、议论,托物兴辞,借景议论、抒情,处处表现了作者被排斥、遭打击的愤懑与痛苦之情。"仁者乐山,智者乐水",作者却以一"愚"字命名此溪,愤而为愚也。虽遭贬谪南荒,依然是"漱涤万物,牢笼百态,而无所避之",这恰好表现了作者无论遭受怎样的排挤与压抑依然故我的品性。

【思考与练习】

　　1. 作者通篇以一个"愚"字,将人与溪联系在一起,这样写的理由是什么?
　　2. 作者对溪等事物虽"咸以愚辱焉",但真是在贬斥它们吗?全文用的是一种什么写作手法?

5. 方山子传[1]

苏 轼

　　方山子,光、黄间隐人也[2]。少时慕朱家、郭解为人[3],闾里之侠皆宗之[4]。稍壮,折节读书[5],欲以此驰骋当世[6],然终不遇。晚乃遁于光、黄间,曰岐亭[7]。庵居蔬食,不与世相闻。弃车马,毁冠服,徒步往来山中,人莫识也。见其所著帽,方屋而高[8],曰:"此岂古方山冠之遗像乎[9]?"因谓之方山子。

　　余谪居于黄,过岐亭,适见焉[10]。曰:"呜呼!此吾故人陈慥季常也,何为而在此?"方山子亦矍然问余所以至此者[11]。余告之故,俯而不答,仰而笑,呼余宿其家,环堵萧然,而妻子奴婢皆有自得之意。余既耸然异之[12]。

　　独念方山子少时,使酒好剑[13],用财如粪土。前十有九年[14],余在岐下[15],见方山子从两骑[16],挟二矢,游西山。鹊起于前,使骑逐而射之,不获。方山子怒马独出[17],一发得之。因与余马上论用兵及古今成败,自谓一世豪士。今几日耳,精悍之色,犹见于眉间,而岂山中之人哉?

　　然方山子世有勋阀[18],当得官[19],使从事于其间,今已显闻[20]。而其家在洛阳,园宅壮丽与公侯等。河北有田,岁得帛千匹,亦足以富乐。皆弃不取,独来穷山中,此岂无得而然哉?

　　余闻光、黄间多异人[21],往往佯狂垢污[22],不可得而见,方山子傥见之与[23]?

【注 释】

[1] 方山子:陈慥,字季常,号方山子,终身不仕。苏轼在凤翔任签判时即与他交往。
[2] 光、黄:指光州(今河南潢川)、黄州(今湖北黄冈)。
[3] 朱家、郭解:汉初著名游侠。朱家,鲁(今山东曲阜一带)人。郭解,字翁伯,河内轵(今河南济源)人。事见《史记·游侠列传》。
[4] 闾里:乡间。宗:崇拜。
[5] 折节:改变过去的志向、行为。
[6] 驰骋当世:在当代施展抱负。
[7] 岐亭:镇名,在今湖北麻城西南。
[8] 方屋:方形帽顶。屋:帽顶。
[9] 方山冠:汉代祭祀宗庙时乐人所戴,唐宋时为隐士所用。
[10] "余谪居"三句:指元丰三年(1080)正月,苏轼前往黄州贬所途经岐亭,遇陈慥,停留五天才离去。
[11] 矍(jué)然:惊奇相视的样子。
[12] 耸然:诧异的样子。异之:对方山子一家的行事感到诧异。
[13] 使酒:喝酒使性。
[14] 前十有九年:嘉祐八年(1063)苏轼任凤翔签判时,陈希亮继任知府,苏轼即与其幼子陈慥订交,至此正好十九年。

[15] 岐下：即凤翔，境内有岐山，故称。

[16] 从两骑(jì)：两位骑手跟随其后。骑：一人一马。

[17] 怒马：马奋起急奔。

[18] 世：世代。勋阀：功臣门第。

[19] 当得官：应当荫补得官。陈慥父陈希亮(字公弼)，进士出身，苏轼在《陈公弼传》中说陈希亮有荫补子弟的机会，常让给族中子弟，因此陈慥反而未能得官。

[20] "使从事"二句：假如陈慥做官的话，现在已是名声显著了。

[21] 异人：有特别才能或性格的人。

[22] 佯狂：假装癫狂。垢污：肮脏，此指故意把自己弄脏。

[23] 傥：或许，也许。与：同"欤"。

【导　读】

本文是苏轼元丰四年(1081)谪官黄州团练副使时为其友人陈慥写的传记。该文不同于一般的传记体，一是传主尚未去世；二是不叙述传主世系及生平行事，只选写其先侠后隐的变化，显示其品格中最突出的方面。这是传记体的变格。

开篇一小段概述陈慥由侠而隐的变化经过，其关键在于"终不遇"三字，与末尾说陈慥若入仕则已显闻，遥相照应。中间两段承上，以倒叙笔法写陈慥携家隐居时的散淡自得和少时任侠的豪迈侠气，各得其神，而"精悍之色，犹见于眉间"一语，又将侠、隐中的陈慥相贯一体。结尾议论，指出陈慥弃富贵而隐居山中根源于学道有得。

全文叙事、描写、议论交错并用，脉理井然，传中有论，刻画人物形象极为生动传神。

【思考与练习】

结合课文，勾勒方山子的形象与品性，并谈谈作者的态度。

6. 先妣事略

归有光

先妣周孺人[1]，弘治元年二月二十一日生。年十六来归。逾年，生女淑静，淑静者，大姊也。期[2]而生有光。又期而生女、子，殇一人，期而不育者一人。又逾年，生有尚，妊十二月。逾年，生淑顺。一岁，又生有功。有功之生也，孺人比乳他子加健。然数颦蹙顾诸婢曰[3]："吾为多子苦！"老妪以杯水盛二螺进，曰："饮此后，妊不数矣。"孺人举之尽，喑不能言[4]。

正德八年五月二十三日，孺人卒。诸儿见家人泣，则随之泣，然犹以为母寝也，伤哉！于是家人延画工画[5]，出二子，命之曰："鼻以上画有光，鼻以下画大姊。"以二子肖母也[6]。

孺人讳桂[7]。外曾祖讳明。外祖讳行，太学生。母何氏。世居吴家桥，去县城东南三十里。由千墩浦而南，直桥并小港以东[8]，居人环聚，尽周氏也。外祖与其三兄皆以资雄，敦尚简实，与人姁姁说村中语[9]，见子弟甥侄无不爱。

孺人之吴家桥，则治木绵[10]。入城则缉纑[11]，灯火荧荧，每至夜分。外祖不二日使人问遗[12]。孺人不忧米盐，乃劳苦若不谋夕[13]。冬月炉火炭屑，使婢子为团，累累暴阶下。室靡弃物，家无闲人。儿女大者攀衣，小者乳抱，手中纫缀不辍[14]。户内洒然[15]。遇僮奴有恩，虽至棰楚[16]，皆不忍有后言[17]。吴家桥岁致鱼蟹饼饵[18]，率人人得食。家中人闻吴家桥人至，皆喜。

有光七岁，与从兄有嘉入学。每阴风细雨，从兄辄留[19]，有光意恋恋，不得留也。孺人中夜觉寝[20]，促有光暗诵《孝经》[21]，即熟读，无一字龃龉[22]，乃喜。

孺人卒，母何孺人亦卒。周氏家有羊狗之痾[23]。舅母卒，四姨归顾氏，又卒，死三十人而定[24]。惟外祖与二舅存。

孺人死十一年，大姊归王三接，孺人所许聘者也[25]。十二年，有光补学官弟子[26]，十六年而有妇，孺人所聘者也。期而抱女，抚爱之，益念孺人。中夜与其妇泣。追惟一二[27]，仿佛如昨，馀则茫然矣[28]。世乃有无母之人，天乎痛哉！

【注　释】

[1] 孺人：明代为七品官母或妻的封号。也通用为妇人的尊称。
[2] 期：满一年。
[3] 数(shuò)：屡次，多次。颦蹙(pín cù)：皱眉蹙额，忧愁不快乐的样子。顾：看、视。
[4] 喑：哑。
[5] 延：请。
[6] 肖：像，相似。
[7] 讳：对尊长不直称其名，谓之避讳，以示尊敬。
[8] 直：至、到。并：依傍，紧挨。"由千墩浦而南"二句：意谓从千墩浦往南一直到吴家桥，紧挨小港以东一带。
[9] 姁(xǔ)姁：和悦貌。
[10] 治：治理。这里指纺绩。木绵：棉花的一种。
[11] 缉纑：缲缉麻缕，准备织布。缉(jī)：麻析成缕搓捻成线。纑：麻缕。

［12］不二日：过不两天。问遗(wèi)：馈赠礼物以表问候。
［13］不谋夕：指朝不保夕。形容形势危急，只能顾眼前，不能做长久打算。
"乃劳苦"句：意谓母亲劳累辛苦，似乎家里生计艰难，朝不保夕。这是形容母亲勤劳节俭。
［14］纫缀：缝纫，做衣服。
［15］洒然：整洁的样子。
［16］棰楚：亦作"捶楚"。棰：木棍。楚：荆杖。古代打人用具，因以为杖刑的通称。
［17］有后言：在背后说不满的话或怨恨的话。
［18］致：送。饵：糕饼。
［19］留：不去上学，留在家中。
［20］中夜：半夜。觉寝：睡醒。
［21］暗诵：低声读。《孝经》：书名，相传孔子的弟子曾子所作，是宣扬封建孝道和孝治思想的儒家经典。
［22］龃龉(jǔ yǔ)：本指上下齿不相配合，比喻意见不合、不融洽。这里形容背诵生疏，不流利。
［23］痾：病。羊狗之痾：一种由羊、狗等牲畜传染的疾病。
［24］定：停止。
［25］许聘：答应订婚。
［26］学官：又称"教官"。指中国古代主管教务的官员和官学的教师。学官弟子：即秀才，经过各级考试取入府、州、县学的生员。
［27］追惟：追思、追想。
［28］茫然：模糊不清。

【作者简介】

归有光(1506—1571)，明散文家。字熙甫，昆山(今属江苏)人。人称震川先生，著有《震川文集》。四十四岁始中进士，官至南京太仆寺丞。他是"唐宋派"的代表作家，为文反对"文必秦汉，诗必盛唐"的拟古作风，主张以唐宋八大家为榜样，强调实见真情。他的散文素材平凡，语言淡朴，感情深挚，长于记叙抒情。但生活面较狭窄，缺乏反映社会现实的力作。

【导　读】

《先妣事略》是明代散文大家归有光的名作。本文用平淡自然的文笔，缓缓地叙述着母亲生前的一些琐事，巧妙地将追忆亡母的真情实感与伦理道德融为一体。母亲养育多子、母亲辛苦操持家务、母亲对仆人和颜悦色、母亲对子女殷殷期望等无不跃然纸上。母亲早逝，年幼的孩子却以为母亲是睡着了；孩子们长大成人，娶妻生女，然而母亲却无法与他们共享天伦。思及此，怎能不令人心伤？于这些平淡的文字下又包含了作者怎样的深情？正如明人王锡爵所评价的："所为抒写怀抱之文，温润典丽，如清庙之瑟，一唱三叹。无意于感人，而欢愉惨恻之思，溢于言表之外。"含而不露，以情动人，这确是归有光散文的显著特色。

【思考与练习】

1. 这篇文章表达了作者对母亲怎样的深情？
2. 这篇文章的艺术特色有哪些？

7. 板桥题画(三则)

郑 燮

余家有茅屋二间。南面种竹。夏日新篁[1]初放,绿阴照人。置一小榻其中,甚凉适也。秋冬之季,取围屏骨子[2],断去两头,横安以为窗棂;用匀薄洁白之纸糊之。风和日暖,冻蝇触窗纸上,冬冬作小鼓声。于时一片竹影凌乱。岂非天然图画乎?凡吾画竹,无所师承,多得于纸窗粉壁日光月影中耳。

江馆清秋,晨起看竹,烟光日影露气,皆浮动于疏枝密叶之间。胸中勃勃遂有画意。其实胸中之竹,并不是眼中之竹也。因而磨墨展纸,落笔倏作变相[3],手中之竹又不是胸中之竹也。总之,意在笔先者,定则也;趣在法外者,化机也[4]。独画云乎哉!

余种兰数十盆,三春告莫[5],皆有憔悴思归之色[6]。因移植于太湖石黄石之间,山之阴,石之缝,既已避日,又就燥[7],对吾堂亦不恶也。来年忽发箭数十,挺然直上,香味坚厚而远。又一年,更茂。乃知物亦各有本性。赠以诗曰:兰花本是山中草,还向山中种此花。尘世纷纷值盆盎,不如留与伴烟霞。又云:山中兰草乱如蓬,叶暖花酣气候浓。山谷送香非不远,哪能送到俗尘中?此假山耳,尚如此,况真山乎?余画此幅,花皆出叶上,极肥而劲,盖山中之兰,非盆中之兰也。

【注 释】

[1] 新篁:当年生长出来的竹子。
[2] 围屏:可以折叠的屏风。骨子:屏风的骨架。
[3] 倏:疾速,忽地。变相:原指佛教绘画,此泛指图画。
[4] 化机:古代称赞文艺创作巧夺天工的常用语,也作"化工",指天然巧妙、精熟老到的境界。
[5] 告莫:将尽。莫:同"暮"。
[6] 憔悴思归之色:枯萎凋零的样子。这是拟人手法。
[7] 就燥:接近干爽之地。兰花性喜阴凉干爽。

【作者简介】

郑燮(1693—1766),字克柔,号理庵,又号板桥,人称板桥先生,江苏兴化人,祖籍苏州。乾隆元年(1736)进士。曾任山东范县、潍县知县。乾隆十八年,因以岁饥为民请赈触犯大吏罢官。板桥工诗词,善书画,为"扬州八怪"之一,以三绝"诗、书、画"闻名于世。"三绝诗书画,一官归去来"正可概其生平,也是最确切的赞颂。郑燮一生画竹最多,次则兰、石,但也画松画菊,是清代比较有代表性的文人画家。

【导 读】

题跋是中国古代一种特有的文体,指的是写在书籍、字画、碑帖等前后的文字。写在画幅上的叫题画。题画或文或诗,一般比较简短。从内容上看,有的叙写作画缘由,有的点拨墨情画意,有的借题寄意写志,涉笔相当宽泛自由;然均追求画面与题词相互补充之用和相映成趣之妙。而板桥的题跋一向被人称道,原因有二:题辞由画面生发而不局限于画面,往往立意深远;文笔亲切自然而爽净隽秀。生动形象之事趣,心与物交感之情趣,托物言志、文外无穷的意趣,这几方面共同铸就了板桥题画的"理趣"。

该文前二则是以画竹论艺,第三则是以养兰论人。第一则的主旨是"师造化"。造化者,天地、自然也。师造化,就是说艺术创作要以天地、自然为师,以天地、自然的风姿、特性、生机为本。第二则题画着眼艺术创作的全过程,依次说明四个问题。一、整个艺术创作过程,大致可划分为三个阶段:先是观察,得"眼中之竹",次是凝思,生"胸中之竹",最后是落笔,成"手中之竹"。二、在这个过程中,由于眼、心、手的作用,竹子发生了多次"变相":由现实之象,到心中之象,再到画幅之象。从这里我们可以体会到艺术创作源于生活、精于生活的道理。三、"意在笔先"是艺术创作的必然规律。在这里,"意在笔先"是必须先有"胸中之竹"然后才能有"手中之竹"的意思,故而作者称之为"定则"。四、"趣在法外"是艺术创作的特有规律。大致意思是说,艺术创造虽有一定的理,但没有一定的法,审美情趣的有无、大小、浓淡、雅俗,不是由法框定的,全凭作者心灵的妙运,即在深切领悟创作规律后的巧妙运化,故而作者称之为"化机";而"化机"的大小,则取决于作者的智慧和才华,即所谓"神而明之,存乎其人"。第三则题画,表面是写应如何种兰,实际上是寓意如何"养人",用的是象征性的托物言志方法。

郑板桥是清代著名书画家、文学家,擅写兰竹,工书法,能诗文,其题画尤为后人称道。这里所选的三则题画,皆是他种竹、养兰、写竹、画兰的心得,虽非严思宏论,却自有其深彻独到之处,当细细品味。

【思考与练习】

1. 郑燮提出的"眼中之竹""胸中之竹"和"手中之竹",三者有何联系与区别?
2. 讨论"意在笔先者,定则也;趣在法外者,化机也"中"意在笔先""趣在法外"的具体含义。

8. 祭 妹 文

袁 枚

乾隆丁亥冬[1]，葬三妹素文于上元之羊山[2]，而奠以文曰：呜呼！汝生于浙而葬于斯，离吾乡七百里矣。当时虽觭梦幻想[3]，宁知此为归骨所耶！

汝以一念之贞[4]，遇人仳离[5]，致孤危托落[6]，虽命之所存，天实为之；然而累汝至此者，未尝非予之过也。予幼从先生授经，汝差肩而坐[7]，爱听古人节义事，一旦长成，遽躬蹈之[8]。呜呼！使汝不识诗书，或未必艰贞若是。

余捉蟋蟀，汝奋臂出其间；岁寒虫僵，同临其穴。今予殓汝葬汝[9]，而当日之情形，憬然赴目[10]。予九岁憩书斋，汝梳双髻，披单缣来[11]，温《缁衣》一章[12]。适先生奓户入[13]，闻两童子音琅琅然，不觉莞尔[14]，连呼则则[15]。此七月望日事也。汝在九原[16]，当分明记之。予弱冠粤行，汝掎裳悲恸[17]。逾三年，予披宫锦还家[18]，汝从东厢扶案出，一家瞠视而笑，不记语从何起，大概说长安登科，函使报信迟早云尔。凡此琐琐，虽为陈迹，然我一日未死，则一日不能忘。旧事填膺，思之凄梗，如影历历，逼取便逝。悔当时不将婴婗情状[19]，罗缕纪存[20]。然而汝已不在人间，则虽年光倒流，儿时可再，而亦无与为证印者矣。

汝之义绝高氏而归也[21]，堂上阿奶，仗汝扶持；家中文墨，聭汝办治[22]。尝谓女流中最少明经义、谙雅故者，汝嫂非不婉嫕[23]，而于此微缺然。故自汝归后，虽为汝悲，实为予喜。予又长汝四岁，或人间长者先亡，可将身后托汝，而不谓汝之先予以去也。前年予病，汝终宵刺探，减一分则喜，增一分则忧。后虽小差[24]，犹尚殗殜[25]，无所娱遣。汝来床前，为说稗官野史可喜可愕之事，聊资一欢。呜呼！今而后，吾将再病，教从何处呼汝耶？

汝之疾也，予信医言无害，远吊扬州。汝又虑戚吾心[26]，阻人走报。及至绵惙已极[27]，阿奶问："望兄归否？"强应曰："诺！"已予先一日梦汝来诀，心知不祥，飞舟渡江。果予以未时还家[28]，汝以辰时气绝[29]，四支犹温，一目未瞑，盖犹忍死待予也。呜呼，痛哉！早知诀汝，则予岂肯远游？即游，亦尚有几许心中言，要汝知闻，共汝筹画也。而今已矣！除吾死外，当无见期。吾又不知何日死，可以见汝；而死后之有知无知，与得见不得见，又卒难明也。然则抱此无涯之憾，天乎，人乎！而竟已乎！

汝之诗，吾已付梓[30]；汝之女，吾已代嫁；汝之生平，吾已作传；惟汝之窀穸[31]，尚未谋耳。先茔在杭，江广河深，势难归葬，故请母命而宁汝于斯[32]，便祭扫也。其旁葬汝女阿印，其下两冢，一为阿爷侍者朱氏，一为阿兄侍者陶氏。羊山旷渺，南望原隰[33]，西望栖霞[34]，风雨晨昏，羁魂有伴[35]，当不孤寂。所怜者，吾自戊寅年读汝哭侄诗后[36]，至今无男，两女牙牙[37]，生汝死后，才周晬耳[38]。予虽亲在未敢言老[39]，而齿危发秃[40]，暗里自知，知在人间尚复几日？阿品远官河南[41]，亦无子女，九族无可继者[42]。汝死我葬，我死谁埋？汝倘有灵，可能告我？

呜呼！身前既不可想，身后又不可知；哭汝既不闻汝言，奠汝又不见汝食。纸灰飞扬，朔风野大，阿兄归矣，犹屡屡回头望汝也。呜呼哀哉！呜呼哀哉！

【注 释】

[1] 乾隆丁亥：清高宗乾隆三十二年(1767)。

[2] 上元：县名，在今南京市区。羊山：在南京市东。
[3] 觭梦：怪异的梦。《周礼·春官·大卜》："二月觭梦。"郑玄注："言梦之所得。"
[4] 一念之贞：指袁机坚持与高家成婚事。
[5] 遇人仳(pī)离：嫁了不良的丈夫而被遗弃。《诗经·王风·中谷》："有女仳离，慨其叹矣。"
[6] 孤危托落：孤独忧伤。托落：落拓，失意。
[7] 差(cī)肩：并肩。
[8] 遽：遂，就。躬蹈：亲身实践。
[9] 殓(liàn)：给死人穿衣服装入棺中。
[10] 憬然：清晰的样子。
[11] 单缣(jiān)：细绢做的单上衣。
[12] 《缁衣》：《诗经·郑风》中的一篇。
[13] 奓(zhà)户：开门。
[14] 莞(wǎn)尔：微笑。
[15] 则则：同"啧啧"，赞叹声。
[16] 九原：犹九泉，地下。
[17] 掎(jǐ)裳：拉着衣服。
[18] 披宫锦还家：乾隆四年(1739)作者中进士，授翰林院庶吉士，还家省亲。披宫锦：指身穿用宫中特制的锦缎所做的袍服。
[19] 婴婗(yī ní)：婴儿。《释名·释长幼》："人始生曰婴儿，……或曰婴婗。"这里指儿时。
[20] 罗缕纪存：详尽细致、有条有理地记录下来。
[21] 义绝：断绝关系。
[22] 眴(shùn)：以目示意。
[23] 婉嫕(yì)：柔和温顺。
[24] 小差(chāi)：病情稍愈。差，同"瘥"。《方言》："差，愈也。"
[25] 奄殜(yè dié)：病情不十分重。《方言》："秦晋之间，凡病而不甚曰奄殜。"
[26] 虑戚吾心：怕让我担心。
[27] 绵惙(chuò)：病情危急，气息微弱。
[28] 未时：下午一时到三时。
[29] 辰时：上午七时至九时。
[30] 付梓：付印。梓，古代刻字印刷的木版。
[31] 窀穸(zhūn xī)：墓穴。
[32] 宁：安葬。
[33] 原隰(xí)：原野低洼之地。
[34] 栖霞：山名，在南京东北。
[35] 羁魂：寄居他乡的鬼魂。
[36] 戊寅年：乾隆二十三年(1758)，此年作者丧子。
[37] 两女：作者妾钟氏所生之孪生女。牙牙：婴儿学话声。

[38] 周晬(zuì)：周岁。孟元老《东京梦华录·育子》："生子百日。置会,谓之百晬;至来岁生日,谓之周晬。"

[39] 亲在未敢言老：父母尚在,自己不敢称老。时年作者五十一岁,老母尚在。

[40] 齿危：牙齿摇动。

[41] 阿品：作者堂弟,名树,字东芗,时任河南正阳县令。

[42] 九族：古代指本身及以上父、祖、曾祖、高祖,以下子、孙、曾孙、玄孙为九族。也有人说指父族四、母族三、妻族二为九族。这里泛指内外亲属。

【作者简介】

袁枚(1716—1797),清代诗人,字子才,号简斋,又号仓山居士、随园老人,浙江钱塘(今杭州市)人。乾隆四年(1739)进士,选庶吉士,曾任溧水、江浦、江宁等地知县。辞官后定居江宁,在小仓山下构筑"随园",自号随园老人。袁枚的思想比较自由解放,他对当时统治学术思想界的汉、宋学派都表示不满,特别反对汉学考据。袁枚认为"诗有工拙,而无古今",提倡诗写性情、遭际和灵感,反对尊唐之说,不满神韵派,也批驳了沈德潜的主张,创为性灵派,是当时性灵诗派的主将,与蒋士铨、赵翼并称"乾隆三大家"。他在《随园诗话》中说："诗人者,不失其赤子之心者也。"强调作诗要有真性情,要有个性,这对当时的拟古和形式主义的风气有极大的冲击力。他的诗作多写性灵,抒发闲情逸致,流连风花雪月,关乎民情者不多,缺少社会生活内容,但比起那些模拟格调或以考据文字为诗的作品,他的诗作则别具清新灵巧之风。有《小仓山房诗文集》《随园诗话》《黄生借书说》《书鲁亮侪》等。还有笔记体志怪小说专集《子不语》,虽然其中有些封建迷信色彩的东西,但文笔流畅,叙事简洁婉曲。

【导　读】

本文是袁枚祭奠三妹袁机的文章。袁机卒于乾隆二十四年(1759),时袁枚人在扬州,闻病赶回,袁机已气绝,袁枚感到十分悲痛,又感到十分愧疚。时隔八年,袁枚将袁机安葬于江宁阳山。回忆过往,悲从中来,写下这篇著名的祭文。文中作者回忆了幼年时兄妹的往事,表现了袁机不幸的感情生活,描绘了三妹临终时的情态,并从中联想到自身的遭遇。该文祭悼亡妹,意真词切,语语精绝,可与韩愈的《祭十二郎文》、欧阳修的《泷冈阡表》鼎足而立。作者另有《女弟素文传》叙其三妹平生。

【思考与练习】

1. 文章的主体部分以什么为线索?按什么顺序记叙死者的一生?
2. 文章的主体部分在记叙亡妹一生时选取了哪些生活片断?文章在选材上有哪些特点?

附：古代汉语语法知识

常用文言虚词

一、之

主要用作代词、助词。

1. 作代词

(1) 充当动词或介词后的宾语,指代上下文中已经出现过的人、事、物,多数可译为"他""她""它""他们""它们"等,有时可译作"这"。

① 伯夷辞之以为名,仲尼语之以为博。　　　　　　　　　　　　　　　　　　（《庄子·秋水》）
② 此数宝者,秦不生一焉,而陛下说之。　　　　　　　　　　　　　　　　　　（《谏逐客书》）
③ 取之无禁,用之不竭。　　　　　　　　　　　　　　　　　　　　　　　　（《前赤壁赋》）

(2) 在句中充当前置宾语的复指成分。

① 我之谓也。　　　　　　　　　　　　　　　　　　　　　　　　　　　　　（《庄子·秋水》）
② 姜氏何厌之有?　　　　　　　　　　　　　　　　　　　　　　　（《左传·郑伯克段于鄢》）

2. 作助词

(1) 用在定语和中心语之间,使二者组成偏正短语,可译为"的"。如:

① 暮春之初,会于会稽山阴之兰亭。　　　　　　　　　　　　　　　　　　　（《兰亭集序》）
② 盛衰之理,虽曰天命,岂非人事哉!　　　　　　　　　　　　　　　　（《五代史·伶官传序》）

(2) 用在主语和谓语之间,使这一主谓句失去独立性而充当句中短语或形成分句,"之"不译出。

① 逢执事之不闲,而未得见。　　　　　　　　　　　　　　　　　　（《左传·子产坏晋馆垣》）
② 道德之归也有日矣,况其外之文乎?　　　　　　　　　　　　　　　　　　（《答李翊书》）

(3) 用在动词和它的宾语之间,作为宾语提前的标志。一般可以不译出。

情眷眷而怀归兮,孰忧思之可任。　　　　　　　　　　　　　　　　　　　　（《登楼赋》）

(4) 用在形容词或副词后面,以调节语气,无实在意义,不译出。

① 笑啼杂之。　　　　　　　　　　　　　　　　　　　　　　　　　　　　　（《西湖七月半》）
② 居久之,孝景崩,武帝立。　　　　　　　　　　　　　　　　　　　（《史记·李将军列传》）

3. 作动词

可译为"去""往"。

① 驱而之薛。　　　　　　　　　　　　　　　　　　　　　　　（《战国策·冯谖客孟尝君》）
② 大将军不知广所之。　　　　　　　　　　　　　　　　　　　　　　（《史记·李将军列传》）

二、于

主要用作介词。

1. 介绍动作行为发生的处所或动作的方向。根据具体语言环境,可译为"在""到""从"等。

① 月出于东山之上,徘徊于斗牛之间。　　　　　　　　　　　　　　　　　　（《前赤壁赋》）
② 受地于先王,愿终守之。　　　　　　　　　　　　　　　　　　（《战国策·唐雎不辱使命》）

2. 介绍动作所涉及的对象,可译作"对""向""同""给"等。
① 彼于致福者,未数数然也。 (《庄子·逍遥游》)
② 由此观之,客何负于秦哉? (《谏逐客书》)
3. 介绍引进动作的主动者或比较的对象。
① 吾长见笑于大方之家。 (《庄子·秋水》)
② 此非孟德之困于周郎乎? (《前赤壁赋》)
4. 介绍动作行为发生的原因,相当于"由于""因为"。
业精于勤、荒于嬉。 (《进学解》)

三、其

主要用作代词。

1. 作代词

(1) 人称代词,多用于第三人称,指代上下文中已经出现过的人、事、物。可译为"他""她""它""他们""它们"等。
① 方其破荆州,下江陵,顺流而东也。 (《前赤壁赋》)
② 故列叙时人,录其所述。 (《兰亭集序》)
③ 有鸟焉,其名曰鹏。 (《庄子·逍遥游》)

(2) 指示代词,置于名词或名词性短语之前,可译为"这(个)""那(个)""这(些)""那(些)"等。用于数字之前,则译为"其中的"。
① 盖将自其变者而观之,则天地曾不能以一瞬。 (《前赤壁赋》)
② 复聚其骑,亡其两骑耳。 (《史记·垓下之围》)
③ 虞常等七十余人欲发,其一人夜亡告之。 (《汉书·苏武传》)

2. 作副词

语气副词"其",表示猜测(译为"也许""莫非""大概"),反问(译为"难道","岂"),命令,劝勉,希望(译为"一定""务必""希望")等。
① 尔其无忘乃父之志。 (《五代史·伶官传序》)
② 其真无马邪?其真不知马也! (《杂说四·马说》)

3. 作连词

(1) 表示假定,相当于"如果"。
其若是,孰能御之? (《孟子·齐桓晋文之事》)

(2) 表示前一部分与后一部分是顺承的关系,作用同"而"。
霰雪纷其无垠兮,云霏霏而承宇。 (《九章·涉江》)

4. 作助词

表示修饰与被修饰的关系,可译作"地"等。
兄弟不知,咥其笑矣。 (《诗经·氓》)

四、以

主要用作介词和连词。

1. 作介词

(1) 介绍动作行为赖以实现的工具、方法、凭借等,相当于"用""拿""靠"等。
① 古之诸侯行吊于其国,尚令巫祝先以桃茢被除不祥。 (《论佛骨表》)

② 间以其余,旁溢为花草竹石,皆超逸有致。 (《徐文长传》)
(2) 介绍动作行为所涉及的对象,相当于"把"。
① 五亩之宅,树之以桑,五十者可以衣帛矣。 (《孟子·寡人之于国也》)
② 以子之道,移之官理可乎? (《种树郭橐驼传》)
(3) 介绍动作行为发生的时间、处所,相当于"在""从"。
以元朔五年为轻车将军,从大将军击右贤王。 (《史记·李将军列传》)
(4) 介绍动作行为所产生的原因、条件、目的、标准等,相当于"因""因为""由于"等。
① 向之所欣,俯仰之间,已为陈迹,犹不能不以之兴怀。 (《兰亭集序》)
② 士以此爱乐为用。 (《史记·李将军列传》)
2. 作连词
(1) 所连接的后一行为是前一行为的目的或结果。根据具体的语言环境可译为"来""去"等。
① 挟飞仙以遨游。 (《前赤壁赋》)
② 无求生以害仁,有杀身以成仁。 (《论语·卫灵公》)
(2) 表示并列关系,相当于"而"。
① 夫夷以近,则游者众;险以远,则至者少。 (《游褒禅山记》)
② 匈奴日以合战。 (《史记·李将军列传》)

五、乃

1. 作副词
(1) 表示前后两件事情时间上相承或事理上相因,可译为"才""就""于是"等。
① 左,乃陷大泽中。 (《史记·项羽本纪》)
② 项王乃复引兵而东。 (《史记·垓下之围》)
(2) 表示某一情况出乎意料或违背常理,表示转折语气,可译为"竟""反而""却"。
事佛求福,乃更得祸。 (《论佛骨表》)
(3) 表示限制事物、数量的范围,可译为"只""仅仅"等。
① 奈何使其老不得志,而为穷者之诗,乃徒发于虫鱼物类,羁愁感叹之言。
 (《梅圣俞诗集序》)
② 诸将尉无罪,乃我自失道。 (《史记·李将军列传》)
2. 作连词
表示前后顺序相连,可以译作"才""就"。
于是,乃徙而为上郡太守。 (《史记·李将军列传》)
3. 作代词
可译为第二人称"你(的)""你们(的)"。
王师北定中原日,家祭毋忘告乃翁。 (《示儿》)

六、而

1. 作连词
它可以连接词与词、词组与词组、句子与句子。这种连接,大体可以分为以下几种关系:
(1) 表并列关系,相当于"又""而且"或不译。
① 襟三江而带五湖。 (《滕王阁序》)

② 根拳而土易。 (《种树郭橐驼传》)
（2）表递进关系，相当于"并且""而且"。
① 纵江东父兄怜而王我。 (《史记·垓下之围》)
② 子产使尽坏其馆之垣，而纳车马焉。 (《左传·子产坏晋馆垣》)
（3）表转折关系，相当于"却""可是"。
① 逝者如斯，而未尝往也。 (《前赤壁赋》)
② 不义而富且贵，于我如浮云。 (《论语·述而》)
（4）表因果或相承关系，相当于"因而""就"。
① 觉而起，起而归。 (《始得西山宴游记》)
② 旦暮吏来而呼曰…… (《种树郭橐驼传》)
（5）表修饰关系。
攀援而登，箕踞而遨。 (《始得西山宴游记》)

2. 作代词
指代第二人称，一般在句中作定语，是"你的"意思。
① 某所，而母立于兹。 (《项脊轩志》)
② 早缫而绪，早织而缕。 (《种树郭橐驼传》)

七、则
主要用作连词。
（1）顺承关系，表示前后两件事的承接，相当于"就"。
① 道此则多聚三五日而别。 (《又与焦弱侯》)
② 既来之，则安之。 (《论语·季氏将伐颛臾》)
（2）转折关系，"则"连接转折关系时，往往是在对举的复句中，可译为"却"。
① 臣欲奉诏奔驰，则刘病日笃；欲苟顺私情，则告诉不许。 (《陈情表》)
② 入则无法家拂士，出则无敌国外患者，国恒亡。 (《孟子·生于忧患，死于安乐》)
（3）假设条件关系，表示前一事是假设条件，后一事是引出的结果，相当于"那么""就"。
① 其暴露之，则恐燥湿之不时而朽蠹。 (《左传·子产坏晋馆垣》)
② 兵强则士勇。 (《谏逐客书》)

词 性 活 用

一、名词用作动词
在古代汉语中，名词可以活用为动词，可以带宾语，也可以不带宾语。
① 尽取天下名士囚禁之，目为党人。 (《朋党论》)
② 贫穷则父母不子。 (《战国策·苏秦佩六国相印》)
③ 纵江东父兄怜而王我，我何面目见之？ (《史记·项羽本纪》)

二、名词用作状语
在古代汉语中，为了表示动作所用的工具、方法或动作行为发生的地点、时间或状态等，常常将名词直接用在动词的前面，充当句中的状语。
① 嫂蛇行匍伏，四拜自跪而谢。 (《战国策·苏秦佩六国相印》)
② 苻坚将问晋鼎，既已狼噬梁岐，又虎视淮阴矣。 (《世说新语·识鉴》)
③ 蚕食诸侯，使秦成帝业。 (《谏逐客书》)

三、使动用法

使动用法是古代汉语一种特殊的动宾短语用法,它的动词所表示的意义不是主语所具有的,而是主语使宾语所具有的。其动词既可以由名词充当,也可由形容词转来,还可用动词。

① 既来之,则安之。 (《论语·季氏》)
② 卑身厚币,以招贤者。 (《战国策·燕昭王求士》)
③ 却宾客以业诸侯。 (《谏逐客书》)
④ 王者不却众庶,故能明其德。 (《谏逐客书》)

四、意动用法

意动用法也是古汉语中一种特殊的动宾短语用法,其主语在意念中认为宾语具有动词所表示的意义,其动词多由名词或形容词转来。

① 昌黎韩愈闻其言而壮之。 (《送李愿归盘谷序》)
② 且庸人尚羞之。 (《史记·廉颇蔺相如列传》)
③ 侣鱼虾而友麋鹿。 (《前赤壁赋》)

特 殊 句 式

一、判断句式

现代汉语中表判断,一般用动词"是"充当谓语,古代汉语最显著的不同之处就在于不用判断词"是",而是在主语后面停顿一下,再由名词或名词性短语直接充当谓语。文言文中所出现的"是",大多用作指示代词。

(1) "……者,……也"

① 南冥者,天池也。 (《庄子·逍遥游》)
② 此三者,吾遗恨也。 (《五代史·伶官传序》)
③ 李将军广者,陇西成纪人也。 (《史记·李将军列传》)

(2) "……,……也"

① 是岁,元和四年也。 (《始得西山宴游记》)
② 此五帝三王之所以无敌也。 (《谏逐客书》)

(3) 有时用"乃""果""必""为""即"等词语来表肯定判断,用"非"表否定判断。

① 乃歌夫"长铗归来"者也。 (《战国策·冯谖客孟尝君》)
② 果匈奴射雕者也。 (《史记·李将军列传》)
③ 文长为山阴秀才,大试辄不利。 (《徐文长传》)
④ 此非所以跨海内、制诸侯之术也。 (《谏逐客书》)
⑤ 今京不度,非制也。 (《左传·郑伯克段于鄢》)

(4) 有时变为"……者也",有时单用"者",有时"者""也"都不用。

① 广骑曰:"故李将军。" (《史记·李将军列传》)
② 城北徐公,齐国之美丽者也。 (《战国策·邹忌讽齐王纳谏》)

二、被动句式

古汉语中被动句式,是指借助于某些介词强调动作的被动性,或引进动作的主动者的一些句式。

(1) 动词前使用介词"见""为"等强调被动。

① 吾长见笑于大方之家。 (《庄子·秋水》)

② 终必不蒙见察。　　　　　　　　　　　　　　　　　　　　　　　（《答司马谏议书》）
③ 吾属今为之虏矣。　　　　　　　　　　　　　　　　　　　　　　（《史记·鸿门宴》）
(2) 谓语后使用介词"于"引进主动者。
① 虽然,待用于人者,其肖于器邪?　　　　　　　　　　　　　　　　　（《答李翊书》）
② 此非孟德之困于周郎者乎?　　　　　　　　　　　　　　　　　　　（《前赤壁赋》）

三、倒序句式

无论现代汉语还是古代汉语,在构成句子时,每个词在句中的位置和顺序都是固定的。位置不同,顺序不同,意义也就不同,一般都是按照"主—谓—宾"顺序构成句子。但在古代汉语中,有些成分往往会发生变化而构成倒序句式。

1. 宾语前置

在古汉语中,动词(或介词)的宾语在一定条件下可以提到动词(或介词)的前面。

(1) 在疑问句中,当疑问代词作宾语时,要前置。
① 而今安在哉?　　　　　　　　　　　　　　　　　　　　　　　　（《前赤壁赋》）
② 责毕收,以何市而反?　　　　　　　　　　　　　　　　（《战国策·冯谖客孟尝君》）
③ 又奚以自多?　　　　　　　　　　　　　　　　　　　　　　　　（《庄子·秋水》）

(2) 在肯定、推断句中,为强调宾语而提前,但要用"是","之"等代词复指。
① 我之谓也。　　　　　　　　　　　　　　　　　　　　　　　　　（《庄子·秋水》）
② 其李将军之谓也?　　　　　　　　　　　　　　　　　　　　（《史记·李将军列传》）
③ 姜氏何厌之有?　　　　　　　　　　　　　　　　　　　（《左传·郑伯克段于鄢》）

(3) 这种情况后来形成为固定格式"唯……是……"。
① 唯余马首是瞻。
② 唯你是问。

(4) 在否定句中,前有否定词"未""不""弗""非""莫"等,后由代词作宾语时前置。
① 闻道百,以为莫己若者。　　　　　　　　　　　　　　　　　　　　（《庄子·秋水》）
② 哀南夷之莫余知兮。　　　　　　　　　　　　　　　　　　　　　　（《九章·涉江》）

2. 定语后置

汉语中的定语一般都在中心词前面,但古代汉语中,有的定语却在中心词的后面。

(1) 定语后置,要加代词"之"来复指。
① 马之千里者,一食或尽粟一石。　　　　　　　　　　　　　　　　（《杂说四·马说》）
② 蚓无爪牙之利,筋骨之强。　　　　　　　　　　　　　　　　　　　（《荀子·劝学》）

(2) 定语后置,要用"者"来煞尾。
① 使吏召诸民当偿者,悉来合券。　　　　　　　　　　　　（《战国策·冯谖客孟尝君》）
② 求人可使报秦者,未得。　　　　　　　　　　　　　　　（《史记·廉颇蔺相如列传》）
③ 宋人有善为不龟手之药者。　　　　　　　　　　　　　　　　　　（《庄子·逍遥游》）

四、状语后置

在古汉语,介词"于""以"与其宾语组成介词结构,往往置于修饰的中心词之后,翻译时要把它调整到中心词前面作状语。
① 左右以君贱之也,食以草具。　　　　　　　　　　　　　（《战国策·冯谖客孟尝君》）
② 五亩之宅,树之以桑,五十者可以衣帛矣。　　　　　　　　　　（《孟子·寡人之于国也》）

第四节　古代小说和戏曲

1. 莺莺传[1]

元　稹

　　唐贞元中,有张生者,性温茂[2],美风容,内秉坚孤,非礼不可入。或朋从游宴,扰杂其间,他人皆汹汹拳拳,若将不及[3],张生容顺而已[4],终不能乱。以是年二十三,未尝近女色。知者诘之,谢而言曰:"登徒子非好色者[5],是有凶行;余真好色者,而适不我值。何以言之?大凡物之尤者[6],未尝不留连于心,是知其非忘情者也。"诘者识之。

　　无几何,张生游于蒲[7]。蒲之东十余里,有僧舍曰"普救寺",张生寓焉。适有崔氏孀妇,将归长安,路出于蒲,亦止兹寺。崔氏妇,郑女也。张出于郑[8],绪其亲,乃异派之从母[9]。是岁,浑瑊薨于蒲[10]。有中人丁文雅[11],不善于军,军人因丧而扰,大掠蒲人。崔氏之家,财产甚厚,多奴仆,旅寓惶骇,不知所托。先是,张与蒲将之党有善,请吏护之,遂不及于难。十余日,廉使杜确将天子命以总戎节[12],令于军,军由是戢[13]。

　　郑厚张之德甚,因饰馔以命张[14],中堂宴之,复谓曰:"姨之孤嫠未亡[15],提携幼稚,不幸属师徒大溃,实不保其身。弱子幼女,犹君之生,岂可比常恩哉!今俾以仁兄礼奉见,冀所以报恩也。"命其子,曰欢郎,可十余岁,容甚温美。次命女:"出拜尔兄,尔兄活尔。"久之,辞疾[16]。郑怒曰:"张兄保尔之命。不然,尔且虏矣。能复远嫌乎[17]?"久之,乃至。常服睟容[18],不加新饰,垂鬟接黛[19],双脸销红而已[20]。颜色艳异,光辉动人。张惊,为之礼,因坐郑旁。以郑之抑而见也[21],凝睇怨绝,若不胜其体者[22]。问其年纪,郑曰:"今天子甲子岁之七月,终于贞元庚辰,生十七年矣[23]。"张生稍以词导之,不对,终席而罢。

　　张自是惑之,愿致其情,无由得也。崔之婢曰红娘,生私为之礼者数四,乘间遂道其衷。婢果惊沮,腆然而奔[24],张生悔之。翌日,婢复至,张生乃羞而谢之,不复云所求矣。婢因谓张曰:"郎之言,所不敢言,亦不敢泄。然而崔之族姻,君所详也,何不因其德而求娶焉?"张曰:"余始自孩提[25],性不苟合。或时纨绮闲居[26],曾莫流盼。不为当年,终有所蔽[27]。昨日一席间,几不自持。数日来,行忘止,食忘饱,恐不能逾旦暮。若因媒氏而娶,纳采问名[28],则三数月间,索我于枯鱼之肆矣[29]。尔其谓我何[30]?"婢曰:"崔之贞慎自保,虽所尊不可以非语犯之[31],下人之谋,固难入矣。然而善属文[32],往往沉吟章句,怨慕者久之[33]。君试为喻情诗以乱之[34]。不然,则无由也。"张大喜,立缀《春词》二首以授之。是夕,红娘复至,持彩笺以授张,曰:"崔所命也。"题其篇曰《明月三五夜》。其词曰:"待月西厢下,迎风户半开。拂墙花影动,疑是玉人来。"

　　张亦微喻其旨。是夕,岁二月旬有四日矣[35]。

　　崔之东有杏花一株,攀援可逾。既望之夕,张因梯其树而逾焉[36]。达于西厢,则户半开矣。红娘寝于床上,因惊之。红娘骇曰:"郎何以至?"张因绐之曰[37]:"崔氏之笺召我也,尔为我告之。"无几,红娘复来。连曰:"至矣!至矣!"张生且喜且骇,必谓获济[38]。及女至,则端服严容,大数张曰[39]:"兄之恩,活我之家,厚矣。是以慈母以弱子幼女见托。奈何因不令之婢[40],致淫逸之词,始以护人之乱为义,而终掠乱以求之[41],是以乱易乱,其去几何?诚欲寝其词[42],则保人之奸,不义;明之于母,则背人之惠,不祥。将寄于婢仆,又惧不得发其真诚。是用托短章,愿自陈启,犹惧兄之见难[43],是用鄙靡之词,以求其必至。非礼之动,能不愧心!特愿以礼自持,毋及于乱!"言毕,翻然而逝。张自失者久之,复逾而出,于是绝望。

数夕,张君临轩独寝,忽有人觉之[44]。惊骇而起,则红娘敛衾携枕而至,抚张曰:"至矣!至矣!睡何为哉!"并枕重衾而去。张生拭目危坐久之[45],犹疑梦寐,然而修谨以俟[46]。俄而红娘捧崔氏而至。至则娇羞融冶[47],力不能运支体[48],曩时端庄,不复同矣。是夕,旬有八日矣。斜月晶莹,幽辉半床,张生飘飘然,且疑神仙之徒,不谓从人间至矣。有顷,寺钟鸣,天将晓,红娘促去。崔氏娇啼宛转,红娘又捧之而去,终夕无一言。张生辨色而兴,自疑曰:"岂其梦耶?"及明,睹妆在臂,香在衣,泪光荧荧然[49],犹莹于茵席而已。

是后十余日,杳不复至。张生赋《会真诗》三十韵[50],未毕,而红娘适至,因授之,以贻崔氏。自是复容之,朝隐而出,暮隐而入,同会于曩所谓西厢者,几一月矣。张生常诘郑氏之情,则曰:"知不可奈何矣,因欲就成之。"

无何,张生将之长安,先以情谕之。崔氏宛无难词,然而愁怨之容动人矣。将行之再夕,不复可见。而张生遂西下。

数月,复游于蒲,会于崔氏者又累月。崔氏甚工刀札[51],善属文。求索再三,终不可见。往往张生自以文挑,亦不甚睹览。大略崔之出人者,艺必穷极,而貌若不知;言则敏辩,而寡于酬对。待张之意甚厚,然未尝以词继之。时愁艳幽邃,恒若不识;喜愠之容,亦罕形见。异时独夜操琴,愁弄凄恻,张窃听之,求之,则终不复鼓矣。以是愈惑之。

张生俄以文调及期[52],又当西去。当去之夕,不复自言其情,愁叹于崔氏之侧。崔已阴知将诀矣,恭貌怡声,徐谓张曰:"始乱之,终弃之,固其宜矣,愚不敢恨。必也君乱之,君终之,君之惠也。则没身之誓[53],其有终矣,又何必深感于此行?然而君既不怿,无以奉宁[54]。君常谓我善鼓琴,向时羞颜,所不能及。今且往矣,既君此诚[55]。"因命拂琴,鼓《霓裳羽衣·序》[56],不数声,哀音怨乱,不复知其是曲也。左右皆欷歔,崔亦遽止之。投琴,泣下流连,趋归郑所,遂不复至。明旦而张行。

明年,文战不胜,张遂止于京,因赠书于崔,以广其意。崔氏缄报之词,粗载于此,云:"捧览来问,抚爱过深。儿女之情,悲喜交集。兼惠花胜一合[57],口脂五寸,致耀首膏唇之饰。虽荷殊恩,谁复为容?睹物增怀,但积悲叹耳。伏承使于京中就业,进修之道,固在便安[58]。但恨僻陋之人,永以遐弃。命也如此,知复何言!自去秋以来,常忽忽如有所失。于喧哗之下,或勉为语笑,闲宵自处,无不泪零。乃至梦寐之间,亦多感咽离忧之思,绸缪缱绻,暂若寻常,幽会未终,惊魂已断。虽半衾如暖,而思之甚遥。一昨拜辞,倏逾旧岁。长安行乐之地,触绪牵情,何幸不忘幽微,眷念无斁[59]。鄙薄之志,无以奉酬。至于终始之盟[60],则固不忒[61],鄙昔中表相因,或同宴处,婢仆见诱,遂致私诚。儿女之心,不能自固。君子有援琴之挑[62],鄙人无投梭之拒[63]。及荐寝席[64],义盛意深,愚陋之情,永谓终托。岂期既见君子,而不能定情,致有自献之羞,不复明侍巾帻[65],没身永恨,含叹何言!倘仁人用心,俯遂幽眇[66];虽死之日,犹生之年。如或达士略情,舍小从大,以先配为丑行,以要盟为可欺[67],则当骨化形销[68],丹诚不泯,因风委露,犹托清尘[69]。存没之诚,言尽于此。临纸呜咽,情不能申。千万珍重!珍重千万!玉环一枚,是儿婴年所弄[70],寄充君子下体所佩。玉取其坚润不渝,环取其终始不绝。兼乱丝一絇,文竹茶碾子一枚[71]。此数物不足见珍,意者欲君子如玉之真,弊志如环不解,泪痕在竹,愁绪萦丝。因物达情,永以为好耳。心迩身遐,拜会无期。幽愤所钟[72],千里神合。千万珍重!春风多厉,强饭为佳。慎言自保,无以鄙为深念。"

张生发其书于所知,由是时人多闻之。所善杨巨源好属词[73],因为赋《崔娘诗》一绝云:"清润潘郎玉不如[74],中庭蕙草雪销初。风流才子多春思,肠断萧娘一纸书[75]。"河南元稹亦续生《会真诗》三十韵,曰:"微月透帘栊,萤光度碧空。遥天初缥缈[76],低树渐葱茏。龙吹过庭竹,鸾歌拂井桐[77]。罗绡垂薄雾,环佩响轻风。绛节随金母[78],云心捧玉童。更深人悄悄,晨会雨蒙蒙。珠莹光文履[79],花明隐绣笼。瑶钗行彩凤,罗帔掩丹虹[80]。言自瑶华浦,将朝碧玉宫[81]。因游洛城北,偶向宋家东[82]。戏调初微拒,柔情已暗通。低鬟蝉影动[83],回步玉尘蒙。转面流花雪[84],登床抱绮丛[85]。鸳鸯交颈舞,翡翠合欢笼。眉黛羞偏聚,唇朱暖更融。气清兰蕊馥,肤润玉肌丰。无力慵移腕,多娇爱敛躬[86]。汗流珠点点,发乱绿葱葱。方喜千年会,俄闻五夜穷。流连时有恨,缱绻意难终。慢脸含愁态[87],芳词誓素衷。赠环明运合,留结表心同[88]。啼粉流宵镜,残灯远暗虫[89]。华光犹苒苒[90],旭日渐瞳瞳[91]。乘鹜还归洛[92],吹箫亦止嵩[93]。衣香犹染麝,枕腻尚残红。幂幂临塘草[94],飘飘思渚蓬[95]。素琴鸣怨鹤[96],清汉望归鸿[97]。海阔诚难度,天高不易冲。行云无处所[98],萧史在楼中[99]。"

张之友闻之者,莫不耸异之,然而张亦志绝矣。稹特与张厚,因征其词。张曰:"大凡天之所命尤物也,不妖其身[100],必妖于人,使崔氏子遇合富贵,乘宠娇,不为云为雨,则为蛟为螭[101],吾不知其变化矣。昔殷之辛,周之幽[102],据百万之国,其势甚厚。然而一女子败之,溃其众,屠其身,至今为天下僇笑[103]。予之德不足以胜妖孽,是用忍情。"于时坐者皆为深叹。

后岁余,崔已委身于人,张亦有所娶。适经所居,乃因其夫言于崔,求以外兄见。夫语之,而崔终不为出,张怨念之诚,动于颜色。崔知之,潜赋一章,词曰:"自从消瘦减容光,万转千回懒下床。不为旁人羞不起,为郎憔悴却羞郎。"竟不之见。后数日,张生将行,又赋一章以谢绝云:"弃置今何道,当时且自亲。还将旧时意,怜取眼前人。"自是绝不复知矣。时人多许张为善补过者。予尝与朋会之中,往往及此意者,夫使知者不为,为之者不惑[104]。贞元岁九月,执事李公垂宿于予靖安里第[105],语及于是,公垂卓然称异,遂为《莺莺歌》以传之。崔氏小名莺莺,公垂以命篇。

【注　释】

[1]《莺莺传》又名《会真记》。这篇传奇写张生与崔莺莺的自发的恋情及其相决绝的悲剧,显示出情与礼的矛盾。

[2]温茂:温和而感情丰富。

[3]"他人"二句:别人都吵吵嚷嚷,好像不能充分表现自己似的。汹汹拳拳:喧闹欢腾貌。

[4]容顺:表面随和。

[5]登徒子:登徒,复姓。子,男子的通称。宋玉《登徒子好色赋》:"其妻蓬头挛耳,齞唇历齿,旁行踽偻,又疥且痔。登徒子悦之,使有五子。"后因称好色而不择美丑者为"登徒子"。

[6] 物之尤者：尤物，特美之女。《左传·昭公二十八年》："夫有尤物，足以移人；苟非德义，则必有祸。"
[7] 蒲：蒲州，即河中府，州治在今山西永济市。
[8] 张出于郑：张生的母亲也是郑家女。
[9] 异派之从母：远房的姨母。
[10] 浑瑊(jiān)：唐朝大将(736—799)，铁勒九姓浑部人。英勇善战，屡立战功，官至中书令。兴元元年(784)为河中尹，治蒲十六年，君子贤之。
[11] 中人：指监军的宦官。
[12] 廉使：唐观察使。唐初于各道设按察使，开元时改设采访处置使，掌举劾所属州县官吏。肃宗以后改为观察处置使。杜确：继浑瑊之后任河中尹兼河中绛州观察使。总戎节：统管军事。
[13] 戢：收敛，此指安定。
[14] 饰馔以命张：设宴款待张生。命：呼，引申指邀请。
[15] 嫠(lí)：寡妇。未亡：未亡人，古代寡妇自称。
[16] 辞疾：以疾病推辞。
[17] 远嫌：远离以避免嫌疑。
[18] 睟(suì)容：天然光泽的面容。睟：润泽貌。一本作"悴"。
[19] 垂鬟接黛：两鬟垂到眉旁。
[20] 双脸销红：两颊红润。销：通"绡"，丝绢。
[21] 抑而见：强迫出见。
[22] 若不胜其体：娇弱得身体好像支持不住似的。
[23] "今天子"三句：今天子甲子岁，指唐德宗兴元元年。贞元庚辰：指贞元十六年。莺莺生于兴元元年七月，到贞元十六年，已有十七岁了。
[24] 腆(tiǎn)然：害羞貌。
[25] 孩提：幼儿。
[26] 纨绮闲居：指与女性在一起。纨绮：精美的丝织品。这里以女子的服饰指代妇女。
[27] "不为"二句：当年不愿做那种事，现在却终于被迷惑。
[28] 纳采问名：旧时婚礼中的六礼之二。纳采：男方向女方送求婚礼物。问名：男家具书托媒请问女子的名字和出生的年月日，女家复书具告。
[29] 枯鱼之肆：干鱼店。《庄子·外物》："周昨来，有中道而呼者。周顾视车辙中，有鲋鱼焉。周问之曰：'鲋鱼来！子何为者邪？'对曰：'我，东海之波臣也。君岂有斗升之水而活我哉？'周曰：'诺，我且南游吴越之王，激西江之水而迎子，可乎？'鲋鱼忿然作色曰：'……吾得斗升之水然活耳，君乃言此，曾不如早索我于枯鱼之肆！'"后因以喻困境。
[30] 尔其谓我何：你说我怎么办。
[31] 非语：不正当的话。
[32] 属(zhǔ)文：作文章。把东西连缀起来称作"属"。
[33] "往往"二句：沉吟章句，低声吟咏诗文。怨慕：因不得相见而思慕。

[34] 乱之：挑动她。
[35] 旬有四日：十四日。有：同"又"。
[36] "既望"二句：既望，农历十五日称"望"，十六日称"既望"。梯：爬，登。
[37] 绐（dài）：欺哄。
[38] 必谓获济：以为一定会成功。
[39] 数（shǔ）：数落，责备。
[40] 不令：不好。
[41] 掠乱：乘危打劫。
[42] 寝：隐藏。
[43] 见难：有顾虑。
[44] 觉之：叫醒他。
[45] 危坐：端坐。
[46] 修谨以俟：态度恭谨地等待着。
[47] 融冶：温顺艳冶。
[48] 支：同"肢"。
[49] 荧荧：光亮微弱貌。
[50] 会真：遇见神仙。三十韵：近体诗两句一押韵，三十韵是六十句。
[51] 工刀札：字写得好。古代用笔写在竹简木片上，错了用刀刮去。
[52] 文调及期：考试的日子临近。
[53] 没（mò）身：终身。没，死。
[54] "然而"二句：您既然不高兴，我无法安慰您。怿（yì）：喜悦。
[55] 既君此诚：满足您的愿望。既：全，引申为满足。
[56] 《霓裳羽衣》：霓裳羽衣曲，唐代著名法曲。为开元中河西节度使杨敬述所献，经唐玄宗润色并制歌词。传说中亦有为唐玄宗登三乡驿，望女儿山，及游月宫密记仙女之歌，归而所作等说。序：乐曲的开始部分。
[57] 花胜：古代妇女的一种首饰。以剪彩为之。
[58] 便（pián）安：安静。便：安逸。
[59] 无斁（yì）：无厌。斁：厌弃。
[60] 终始之盟：始终不渝的盟约。《荀子·礼论》："故君子敬始而慎终，终始若一，是君子之道。"
[61] 不忒（tè）：不变。忒：差错。
[62] 援琴之挑：《史记·司马相如列传》："是时，卓王孙有女文君新寡，好音，故相如缪与令相重，而以琴心挑之。"
[63] 投梭之拒：《晋书·谢鲲传》："邻家高氏女有美色，鲲尝挑之，女投梭，折其两齿。"后以此为女子拒绝调戏的典故。
[64] 荐寝席：侍寝。
[65] 明侍巾帻：公开地服侍。指正式结婚。帻（zé）：古代的一种头巾。
[66] 遂：成全，使如愿。幽眇：指隐微的心事。
[67] 要（yāo）盟：胁迫对方订立的盟约。此泛指盟约。

[68] 丹诚：赤诚的心。不泯：不灭。
[69] 托清尘：追随着您。清尘，对人的敬称。不直说对方，而说托于对方脚下的尘土。
[70] 儿：青年女子的自称。
[71] 一朐(qú)：一缕。茶碾子：茶磨。古时一种碾茶叶的器具。
[72] 幽愤：幽思郁闷。
[73] 杨巨源：唐蒲州人，贞元五年进士，诗人。
[74] 潘郎：晋潘岳，貌美，诗文中常用作美男子的代称。这里指张生。
[75] 萧娘：《南史·梁宗室传上·临川靖惠王宏》载，萧宏貌美而柔弱，北魏将他看做女子，称作"萧娘"。后泛指美丽而多情的女子。这里指莺莺。
[76] 缥缈：高远隐约。
[77] "龙吹"二句：谓风吹庭中之竹、井旁梧桐，声如龙吟鸾歌。
[78] 绛节：古代使者持作凭证的红色符节。这里指仙人的仪仗。金母：神话传说中的西王母，因古人以西方属金，故称。这里指崔莺莺。下句玉童指张生，皆以神仙作比。
[79] 文履：绣鞋。
[80] "瑶钗"二句：谓头上颤动着形如彩凤的玉钗，身上披掩着色如虹霓的罗帔。
[81] "言自"二句：瑶华浦、碧玉宫都是仙人居处，这里借指莺莺和张生的住所。
[82] "因游"二句：指张生因游蒲地而无意间与莺莺相识。洛城，用《洛神赋》事，此借指蒲州。宋家东，宋玉《登徒子好色赋》载宋玉东邻有一美女，登墙窥视宋玉三年，而宋玉不为所动。后以宋家东邻喻指美貌而多情的女子。
[83] 低鬟蝉影动：谓低头时蝉鬓在颤动。蝉鬓：古代妇女的一种发式，形如蝉翼。
[84] 花雪：如花之艳、雪之白。
[85] 绮丛：指丝绸类的被子。
[86] 敛躬：蜷曲着身子。
[87] 慢：通"曼"，美好，妩媚。
[88] 结：指同心结。用锦带等编成回文形状，以表示爱情。
[89] "啼粉"二句：夜间对镜整妆，脸上脂粉随泪而流；天晓灯残，暗中传来远处的虫声。这两句写莺莺与张生将离别时的愁情。
[90] "华光"句：谓重新梳妆后依然光彩照人。华：铅华。苒苒：草盛貌。
[91] 瞳(tóng)瞳：太阳初出由暗而明的光景。
[92] "乘鹜"句：谓莺莺从张生那里回去如洛神乘鹜回到洛水那样。鹜：水禽。
[93] "吹箫"句：用王子乔的故事表示张生将去长安。汉刘向《列仙传·王子乔》："王子乔者，周灵王太子晋也。好吹笙作凤凰鸣。游伊洛间，道士浮丘公接上嵩高山。三十余年后，求之于山上，见柏良曰：'告我家：七月七日待我于缑氏山巅。'至时，果乘鹤驻山头，望之不到。举手谢时人，数日而去。"
[94] 幂(mì)幂：浓密貌。
[95] 渚蓬：小洲上的蓬草。
[96] 怨鹤：指《别鹤操》。晋崔豹《古今注》："《别鹤操》，商陵牧子所作也。娶妻五年而无子，父兄将为之改娶。妻闻之，中夜起，倚户而悲啸。牧子闻之，怆然而悲，乃歌

曰：'将乖比翼隔天端，山川悠远路漫漫，揽衣不寝食忘餐！'后人因为乐章焉。"后用以指夫妻分离，抒发别情。

[97] "清汉"句：盼望得到消息。清汉：银河。归鸿：古代以鸿雁为传信的使者。

[98] 行云：本指巫山神女。此代指莺莺。《文选》宋玉《高唐赋序》："昔者先王尝游高唐，……梦见一妇人，曰：'妾巫山之女也，为高唐之客，闻君游高唐，愿荐枕席。'王因幸之。去而辞曰：'妾在巫山之阳，高丘之阻，旦为朝云，暮为行雨，朝朝暮暮，阳台之下。'"

[99] 萧史：相传为春秋秦穆公时人。刘向《列仙传》卷上："(萧史)善吹箫，能致孔雀、白鹤于庭。穆公有女字弄玉，好之。公遂以女妻焉。日教弄玉作凤鸣，居数年，吹似凤声，凤凰来止其屋。公为筑凤台，夫妇止其上，不下数年。一旦，皆随凤凰飞去。"此处代指张生。

[100] 妖：祸害。

[101] 蛟：古代传说中的一种龙，常居深渊，能发洪水。螭(chī)：传说中无角的龙。

[102] "昔殷之辛"二句：指殷纣王（名受辛）和周幽王。纣王宠爱妲己，幽王宠爱褒姒，最终亡国。

[103] 僇(lú)笑：辱笑，耻笑。

[104] "夫使知者"二句：使明智的人不去做这种事，已经做的人不迷惑沉溺。

[105] 执事：有职守的人，指官员。李公垂：唐诗人李绅，字公垂。曾任尚书右仆射、门下侍郎等职。靖安里：长安里坊名，在皇城南，元稹宅在靖安北街。

【导　读】

本篇小说，大约是把作者自己一段情场经历作为素材，辞旨婉艳，颇切人情，且因为莺莺是"颜色艳异，光辉动人"的纯洁少女，作为多情而不幸的少女形象，一直引起人们深深的同情，她与张生的无果而终更让读者感到遗憾。作者虽借他人之口说张生是"善补过者"，但读者并不这么看，在《莺莺传》的阅读史上，人们或以"抛弃"之类语指责张生，对他"始乱终弃"表示不满；或以再创作弥补崔张结局，使"有情人终成眷属"。后代根据这篇作品而写成的东西很多，尤以金人董解元的《西厢记诸宫调》和元人王实甫的《西厢记》最为著称。

【思考与练习】

1. 我们应怎样看待崔莺莺与张生之间的爱情？试联系当时的社会现实加以分析。
2. 比较《莺莺传》与《西厢记》的异同，从中可看出两者有怎样的渊源关系？

2. 婴　　宁

蒲松龄

　　王子服,莒之罗店人[1],早孤[2],绝慧,十四入泮[3]。母最爱之,寻常不令游郊野。聘萧氏,未嫁而夭,故求凰未就也[4]。

　　会上元[5],有舅氏子吴生邀同眺瞩[6],方至村外,舅家仆来招吴去。生见游女如云,乘兴独遨[7]。有女郎携婢,拈梅花一枝,容华绝代,笑容可掬。生注目不移,竟忘顾忌。女过去数武[8],顾婢子笑曰:"个儿郎目灼灼似贼[9]!"遗花地上,笑语自去。生拾花怅然,神魂丧失,怏怏遂返。至家,藏花枕底,垂头而睡,不语亦不食。母忧之,醮禳益剧[10],肌革锐减[11]。医师诊视,投剂发表[12],忽忽若迷。母抚问所由,默然不答。适吴生来,嘱秘诘之[13]。吴至榻前,生见之泪下,吴就榻慰解,渐致研诘[14],生具吐其实,且求谋画。吴笑曰:"君意亦痴!此愿有何难遂?当代访之。徒步于野,必非世家[15],如其未字[16],事固谐矣[17],不然,拚以重赂,计必允遂[18]。但得痊瘳[19],成事在我。"生闻之不觉解颐[20]。吴出告母,物色女子居里。而探访既穷,并无踪迹。母大忧,无所为计。然自吴去后,颜顿开,食亦略进。数日吴复来,生问所谋。吴绐之曰[21]:"已得之矣。我以为谁何人,乃我姑之女,即君姨妹,今尚待聘。虽内戚有婚姻之嫌,实告之无不谐者。"生喜溢眉宇,问:"居何里?"吴诡曰:"西南山中,去此可三十余里。"生又付嘱再四[22],吴锐身自任而去。

　　生由是饮食渐加,日就平复。探视枕底,花虽枯[23],未便雕落,凝思把玩,如见其人。怪吴不至,折柬招之,吴支托不肯赴招。生恚怒,悒悒不欢。母虑其复病,急为议姻,略与商榷,辄摇首不愿,惟日盼吴。吴迄无耗[24],益怨恨之。转思三十里非遥,何必仰息他人[25]?怀梅袖中,负气自往,而家人不知也。伶仃独步,无可问程,但望南山行去。约三十余里,乱山合沓,空翠爽肌、寂无人行,止有鸟道。遥望谷底丛花乱树中,隐隐有小里落。下山入村,见舍宇无多,皆茅屋,而意甚修雅。北向一家,门前皆丝柳,墙内桃杏尤繁,间以修竹,野鸟格磔其中[26]。意其园亭,不敢遽入。回顾对户,有巨石滑洁,因坐少憩。俄闻墙内有女子长呼[27]:"小荣!"其声娇细。方伫听间[28],一女郎由东而西,执杏花一朵,俯首自簪;举头见生,遂不复簪,含笑拈花而入。审视之,即上元途中所遇也。心骤喜,但念无以阶进[29]。欲呼姨氏,顾从无还往,惧有讹误。门内无人可问,坐卧徘徊,自朝至于日昃[30],盈盈望断,并忘饥渴。时见女子露半面来窥,似讶其不去者。忽一老媪扶杖出,顾生曰:"何处郎君,闻自辰刻来[31],以至于今。意将何为?得勿饥也?"生急起揖之,答云:"将以探亲。"媪聋聩不闻。又大言之。乃问:"贵戚何姓?"生不能答。媪笑曰:"奇哉!姓名尚自不知,何亲可探?我视郎君亦书痴耳。不如从我来,啖以粗粝[32],家有短榻可卧。待明朝归,询知姓氏,再来探访。"生方腹馁思啖,又从此渐近丽人,大喜。从媪入,见门内白石砌路,夹道红花片片坠阶上,曲折而西,又启一关,豆棚花架满庭中。肃客入舍,粉壁光如明镜,窗外海棠枝朵,探入室中,裀藉几榻[33],罔不洁泽。甫坐,即有人自窗外隐约相窥。媪唤:"小荣!可速作黍。"外有婢子嗷声而应[34]。坐次,具展宗阀[35]。媪曰:"郎君外祖,莫姓吴否?"曰:"然。"媪惊曰:"是吾甥也!尊堂,我妹子。年来以家屡贫[36],又无三尺之男,遂至音问梗塞[37]。甥长成如许,尚不相识。"生曰:"此来即为姨也,匆遽遂忘姓氏。"媪曰:"老身秦姓,并无诞育,弱息亦为庶

85

产。渠母改醮[38],遗我鞠养。颇亦不钝,但少教训,嬉不知愁。少顷,使来拜识。"未几婢子具饭,雏尾盈握[39]。媪劝餐已,婢来敛具。媪曰:"唤宁姑来。"婢应去。良久,闻户外隐有笑声。媪又唤曰:"婴宁,汝姨兄在此。"户外嗤嗤笑不已。婢推之以入,犹掩其口,笑不可遏。媪瞋目曰[40]:"有客在,咤咤叱叱,是何景象?"女忍笑而立,生揖之。媪曰:"此王郎,汝姨子。一家尚不相识,可笑人也。"生问:"妹子年几何矣?"媪未能解;生又言之。女复笑,不可仰视。媪谓生曰:"我言少教诲,此可见矣。年已十六,呆痴裁如婴儿[41]。"生曰:"小于甥一岁。"曰:"阿甥已十七矣,得非庚午属马者耶[42]?"生首应之[43]。又问:"甥妇阿谁?"答曰:"无之。"曰:"如甥才貌,何十七岁犹未聘? 婴宁亦无姑家,极相匹敌。惜有内亲之嫌[44]。"生无语,目注婴宁,不遑他瞬[45]。婢向女小语云:"目灼灼贼腔未改!"女又大笑,顾婢曰:"视碧桃开未?"遽起,以袖掩口,细碎连步而出。至门外,笑声始纵。媪亦起,唤婢襆被[46],为生安置。曰:"阿甥来不易,宜留三五日,迟迟送汝归。如嫌幽闷,舍后有小园,可供消遣;有书可读。"次日至舍后,果有园半亩,细草铺毡,杨花糁径[47]。有草舍三楹[48],花木四合其所。穿花小步,闻树头苏苏有声,仰视,则婴宁在上,见生来,狂笑欲堕。生曰:"勿尔,堕矣!"女且下且笑,不能自止。方将及地,失手而堕,笑乃止。生扶之,阴㨀其腕[49]。女笑又作,倚树不能行,良久乃罢。生俟其笑歇[50],乃出袖中花示之。女接之,曰:"枯矣! 何留之?"曰:"此上元妹子所遗,故存之。"问:"存之何益?"曰:"以示相爱不忘。自上元相遇,凝思成病,自分[51]化为异物[52];不图得见颜色,幸垂怜悯。"女曰:"此大细事,至戚何所靳惜[53]? 待郎行时,园中花,当唤老奴来,折一巨捆负送之。"生曰:"妹子痴耶?"女曰:"何便是痴?"生曰:"我非爱花,爱拈花之人耳。"女曰:"葭莩之情[54],爱何待言。"生曰:"我所为爱,非瓜葛之爱[55],乃夫妻之爱。"女曰:"有以异乎?"曰:"夜共枕席耳。"女俯首思良久,曰:"我不惯与生人睡。"语未已,婢潜至,生惶恐遁去。少时会母所,母问:"何往?"女答以园中共话。媪曰:"饭熟已久,有何长言,周遮乃尔[56]。"女曰:"大哥欲我共寝。"言未已,生大窘,急目瞪之。女微笑而止。幸媪不闻,犹絮絮究诘[57]。生急以他词掩之,因小语责女。女曰:"适此语不应说耶?"生曰:"此背人语。"女曰:"背他人,岂得背老母? 且寝处亦常事,何讳之?"生恨其痴,无术可悟之。

食方竟,家人捉双卫来寻生[58]。先是,母待生久不归,始疑。村中搜觅已遍,竟无踪兆,因往寻吴。吴忆曩言[59],因教于西南山村寻觅。凡历数村,始至于此。生出门,适相值[60],便入告媪,且请偕女同归。媪喜曰:"我有志,匪伊朝夕[61]。但残躯不能远涉,得甥携妹子去,识认阿姨,大好!"呼婴宁,宁笑至。媪曰:"大哥欲同汝去,可装束。"又饷家人酒食,始送之出,曰:"姨家田产丰裕,能养冗人[62]。到彼且勿归,小学诗礼,亦好事翁姑。即烦阿姨择一良匹与汝。"二人遂发。至山坳回顾,犹依稀见媪倚门北望也。

抵家,母睹妹丽,惊问为谁。生以姨妹对。母曰:"前吴郎与儿言者,诈也。我未有姊,何以得甥?"问女,女曰:"我非母出。父为秦氏,没时儿在褓中,不能记忆。"母曰:"我一姊适秦氏良确[63]。然殂谢已久[64],那得复存?"因审诘面庞、志赘[65],一一符合。又疑曰:"是矣! 然亡已多年,何得复存?"疑虑间,吴生至,女避入室。吴询得故,惘然久之,忽曰:"此女名婴宁耶?"生然之。吴极称怪事。问所自知,吴曰:"秦家姑去世后,姑丈鳏居,祟于狐[66],病瘵死[67]。狐生女名婴宁,绷卧床上,家人皆见之。姑丈没,狐犹时来。后求天师符粘壁上[68],狐遂携女去。将勿此耶?"彼此疑参,但闻室中嗤嗤,皆婴宁笑声。母曰:"此女亦太憨。"吴生请面之。母入室,女犹浓笑不顾。母促令出,始极力忍笑,又面壁移时方出。才一展拜翻然遽入,放声大笑。满室妇女,为之粲然[69]。

吴请往觇其异[70],就便执柯[71]。寻至村所,庐舍全无,山花零落而已。吴忆葬处仿佛不远,然坟垄湮没,莫可辨识,诧叹而返。母疑其为鬼,入告吴言,女略无骇意。又吊其无家[72],亦殊无悲意,孜孜憨笑而已。众莫之测[73],母令与少女同寝止,昧爽即来省问[74],操女红精巧绝伦[75]。但善笑,禁之亦不可止。然笑处嫣然,狂而不损其媚,人皆乐之。邻女少妇,争承迎之。母择吉为之合卺,而终恐为鬼物,窃于日中窥之,形影殊无少异。

至日,使华装行新妇礼,女笑极不能俯仰,遂罢。生以憨痴,恐泄漏房中隐事,而女殊密秘,不肯道一语。每值母忧怒,女至一笑即解。奴婢小过,恐遭鞭楚,辄求诣母共话,罪婢投见恒得免。而爱花成癖,物色遍戚党;窃典金钗,购佳种,数月,阶砌藩溷无非花者。庭后有木香一架,故邻西家,女每攀登其上,摘供簪玩[76]。母时遇见辄诃之[77],女卒不改。一日西人子见之,凝注倾倒。女不避而笑。西人子谓女意己属[78],心益荡。女指墙底笑而下,西人子谓示约处,大悦。及昏而往,女果在焉;就而淫之,则阴如锥刺[79],痛彻于心,大号而蹠[80]。细视非女,则一枯木卧墙边,所接乃水淋窍也[81]。邻父闻声,急奔研问,呻而不言;妻来,始以实告。爇火烛窥[82],见中有巨蝎如小蟹然,翁碎木,捉杀之。负子至家,半夜寻卒。邻人讼生,讦发婴宁妖异[83]。邑宰素仰生才[84],稔知其笃行士[85],谓邻翁讼诬,将杖责之,生为乞免,遂释而出。母谓女曰:"憨狂尔尔,早知过喜而伏忧也。邑令神明,幸不牵累。设鹘突官宰[86],必逮妇女质公堂,我儿何颜见戚里?"女正色,矢不复笑。母曰:"人罔不笑,但须有时。"而女由是竟不复笑,虽故逗之亦终不笑,然竟日未尝有戚容。

一夕,对生零涕。异之。女哽咽曰:"曩以相从日浅,言之恐致骇怪。今日察姑及郎[87],皆过爱无有异心,直告或无妨乎?妾本狐产。母临去,以妾托鬼母,相依十余年,始有今日。妾又无兄弟,所恃者惟君。老母岑寂山阿[88],无人怜而合厝之[89],九泉辄为悼恨。君倘不惜烦费,使地下人消此怨恫,庶养女者不忍溺弃。"生诺之,然虑坟冢迷于荒草。女言无虑。刻日夫妇舆榇而往[90]。女于荒烟错楚中,指示墓处,果得媪尸,肤革犹存。女抚哭哀痛。舁归[91],寻秦氏墓合葬焉。是夜生梦媪来称谢,寤而述之。女曰:"妾夜见之,嘱勿惊郎君耳。"生恨不邀留。女曰:"彼鬼也。生人多,阳气胜,何能久居?"生问小荣,曰:"是亦狐,最黠。狐母留以视妾,每摄饵相哺,故德之常不去心;昨问母,云已嫁之。"由是岁值寒食,夫妇登秦墓,拜扫无缺。女逾年生一子,在怀抱中,不畏生人,见人辄笑,亦大有母风云。

异史氏曰:"观其孜孜憨笑[92],似全无心肝者。而墙下恶作剧,其黠孰甚焉!至凄恋鬼母,反笑为哭,我婴宁何常憨耶。窃闻山中有草,名'笑矣乎',嗅之则笑不可止。房中植此一种,则合欢、忘忧[93],并无颜色矣。若解语花[94],正嫌其作态耳。"

【注　释】

[1] 莒:今山东日照市莒县。

[2] 孤:孤儿,成为孤儿。本文指死去父亲。

[3] 入泮(pàn):考中秀才,入县学为生员。泮:指泮宫,古代的学校。清代称考中秀才为"入泮"。明清两代称通过最低一级考试得以在府(即省)、县学校读书的人为"生员",这种人有应乡试资格,通称"秀才"。

[4] 求凰:汉司马相如《琴歌》:"凤兮凤兮归故乡,遨游四海求其凰。"后因此成男子求偶为"求凰"。

[5] 上元：上元节,旧历正月十五。
[6] 眺瞩：居高远望。本文指游览。
[7] 遂：遨游,本文指出游。
[8] 武：半步。泛指脚步。
[9] 个儿郎：这个小伙。个,这个。儿郎：小伙子。
[10] 醮禳(jiào rǎng)：祈祷消灾免祸。醮：祭神。禳：消灾。
[11] 肌革：肌肤。
[12] 投剂发表：吃药把体内的邪火发散出来。剂：药。发表：发散。
[13] 诘：盘问。
[14] 研：细磨。此处指仔细。
[15] 世家：世代门庭显赫的家族。
[16] 未字：女子未许婚。如"待字闺中"之说。古代称女子成年待嫁为"待字"。《仪礼·士昏礼》："女子许嫁,笄而醴之,称字。"古代贵族女子十五许嫁时举行笄礼,然后命字。笄,古代束发用的篦子,借指一种束发仪式。醴：甜酒,指喝酒。
[17] 谐：办成,成功。
[18] 允遂：因答应而办成事情。遂,成功。如"遂愿",如愿以偿。
[19] 痊瘳(chōu)：痊愈,病好了。痊：痊愈。瘳：病好了。
[20] 解颐：露出笑容。颐：面颊。
[21] 绐：欺骗。
[22] 付嘱：嘱咐。
[23] 柘(zhè)：本指一种落叶灌木。此处指枯萎。
[24] 无耗：没有消息。耗,坏消息或一般的消息。如"噩耗"。
[25] 仰息：本指仰人鼻息。此指仰赖他人。
[26] 格磔(zhé)：鸟鸣声。
[27] 俄：时间很短。
[28] 伫(zhù)：站。簪：戴花。往头发上插花。
[29] 阶进：进身的缘由。阶：缘由,因由。
[30] 日昃(zé)：太阳偏西。
[31] 辰刻：旧式计时法,指上午七点至九点。
[32] 啖：吃或给别人吃。
[33] 裀藉：席垫。裀：同"茵",垫子。如"绿草如茵"。
[34] 嗷声：高声。
[35] 宗阀：宗族门阀。阀：本指在某方面具有支配势力的人或家族。如"军阀""财阀"等。
[36] 屡：贫穷。
[37] 音问：音讯。
[38] 改醮：改嫁。醮,古代婚礼的一种仪式,后多指女子出嫁。
[39] 雏尾盈握：肥嫩的雏鸡。雏：指小鸡。盈握：刚满一把。指用手一握,小鸡尾部刚满一把。指肥。

[40] 瞋(chēn)目：怒目。瞋：怒。
[41] 裁：同"才"。
[42] 得非：莫非。庚午：庚午年生人。午：十二生肖中的马，称"午"。
[43] 首：点头。
[44] 内亲：妻子一方的亲戚。
[45] 不遑他瞬：没有闲工夫看别的。遑：闲暇。他瞬：看别的。瞬：眼珠一动，一眨眼。本处是指看的意思。
[46] 襆被：包起被子。襆：包袱，此处是动词"包起来"。
[47] 糁：粉粒。
[48] 楹(yíng)：一间房屋叫一楹。
[49] 挼(zūn)：用手指捏、按。
[50] 俟(sì)：等待。
[51] 自分：自认为。
[52] 异物：指死掉。
[53] 靳(jìn)：砍。
[54] 葭莩(jiā fú)：芦苇内壁的薄膜，比喻疏远的亲戚。
[55] 瓜葛：亲戚。
[56] 周遮：言语的烦琐。乃尔：这样，如此。
[57] 究诘：追问原委。
[58] 捉双卫：牵着两头驴。卫：驴的别称。据传，春秋时期晋国的卫玠喜欢乘驴，后人就以"卫"代称驴。
[59] 曩(náng)：先前。
[60] 相值：相遇，碰到。
[61] 匪伊朝夕：不只一天。匪：不。伊：句中词，没有实际意义。朝夕：从早到晚，指一天时间。
[62] 冗人：闲人，多余的人。冗：多余的。坳：山间平地。
[63] 适：嫁人。
[64] 徂谢：死亡。
[65] 志赘(zhuì)：痣和瘊子。志：通"痣"。赘：瘊子，赘疣。
[66] 祟：作祟。
[67] 瘠：瘦弱。
[68] 天师符：张天师的符。天师：东汉时期天师道创始人张道陵，徒众尊其为天师，世人称之为张天师。
[69] 粲然：笑时露出牙的样子。
[70] 觇(chān)：窥视，偷看。
[71] 执柯：做媒。
[72] 吊：怜悯。
[73] 众莫之测：众人都摸不透她的意思。实际上是"众莫测之"，但文言文否定句中宾语如果是代名词就提到动词前。又如"不患人之不己知，患不知人也"，前半句的

本意是"不患人之不知己",但因动词"患"的宾语是人称代词"己",因此提到"患"之前。意思是说不怕人不了解自己,怕的是不了解别人。

[74] 昧爽:黎明。
[75] 女红(gōng):女子该做的活计,如纺织、刺绣、缝纫等。合卺(jǐn):成婚。卺:指葫芦。把一个葫芦劈成两半为两只瓢,夫妻二人各拿一只饮酒,这是古代婚礼的一种仪式。窃于日中窥之:偷偷地在太阳下面看。传说鬼在日光下没有影子,因此用这种办法来检验婴宁是否是鬼。
[76] 簪玩:女子把花摘下来,或者像发簪那样插在头上,或者拿在手中把玩。簪指前者,玩指后者。各选一字,二者合一,便成此词。
[77] 诃:呵斥,斥责。
[78] 已属:已经属于。意思是已经属于他,即看上他了。
[79] 阴:阴部,下体。
[80] 踣(bó):跌倒。
[81] 窍:窟窿。
[82] 爇(ruò)火:点燃灯火。
[83] 讦发:揭发。
[84] 邑宰:县官。
[85] 稔(rěn)知:熟知。笃行士:品行忠厚的读书人。
[86] 鹘(hú)突:糊涂。鹘,天鹅。
[87] 姑:婆婆。
[88] 山阿:山间平地。
[89] 合厝(cuò):合葬。厝:安葬。
[90] 舆榇(chèn):以车运棺。舆:车。榇:棺。
[91] 舁(yú):共同抬。
[92] 孜孜:不停。
[93] 合欢:花名,俗称夜合花,因羽状复叶夜间合闭而得名;又因形状像绒球,故而得名"绒花";又因酷似马鞍上的红缨,故而得名"马缨花"。忘忧:忘忧草,萱草的别名。
[94] 解语花:典出《开元天宝遗事·解语花》。唐明皇与杨贵妃在太液池赏花之际,有人赞美池花之美,而明皇立即指着贵妃说:"争如我解语花?"(怎如我的解语花美?)

【作者简介】

蒲松龄(1640—1715),字留仙,一字剑臣,号柳泉居士,世称聊斋先生,自称异史氏,现山东省淄博市淄川区洪山镇蒲家庄人。出生于一个逐渐败落的中小地主兼商人家庭。十九岁应童子试,接连考取县、府、道三个第一,名震一时。补博士弟子员。之后屡试不第,直至七十一岁时才成岁贡生。为生活所迫,他除了应同邑人宝应县知县孙蕙之请,为其做幕宾数年之外,主要是在本县西铺村毕际友家做塾师,舌耕笔耘近四十二年,直至六十一岁时方撤帐归家。1715年正月病逝,享年七十六岁。有著名的文言短篇小说集《聊斋志异》。

【导　读】

　　《婴宁》通过描写一个性格发生了重大转变的女性形象,批判和揭露了封建礼教压抑、窒息妇女健康天性,而且婴宁性格的转变,也是人类永恒困境的象征,使整个人类永远需要协调并为之付出沉重代价的个性与群体冲突的象征。

【思考与练习】

　　1. 婴宁性格发生了怎样的变化?为何有这样的变化?这种变化说明了什么?
　　2. 作者借婴宁与王子服的感情故事,表达了怎样的思想感情?
　　3. 分析小说《婴宁》的写作特色。

3. 惊　梦

汤显祖

　　【商调引子】【绕池游】(旦上)梦回莺啭,乱煞年光遍[1]。人立小庭深院。(贴)炷尽沉烟[2],抛残绣线,恁今春关情似去年?【乌夜啼】"(旦)晓来望断梅关[3],宿妆残[4]。(贴)你侧著宜春髻子恰凭栏[5]。"(旦)剪不断,理还乱,闷无端[6]。(贴)已分付催花莺燕借春看。"(旦)春香,可曾叫人扫除花径?(贴)分付了。(旦)取镜台衣服来。(贴取镜台衣服上)"云髻罢梳还对镜,罗衣欲换更添香。"[7]镜台衣服在此。

　　【仙侣过曲】【步步娇】[8](旦)袅晴丝吹来闲庭院[9],摇漾春如线。停半晌,整花钿[10]。没揣菱花[11],偷人半面,迤逗的彩云偏[12]。(行介)步香闺怎便把全身现!(贴)今日穿插的好[13]。

　　【醉扶归】(旦)你道翠生生出落的裙衫儿茜[14],艳晶晶花簪八宝填[15],可知我常一生儿爱好是天然[16]?恰三春好处无人见[17],不提防沉鱼落雁鸟惊喧[18],则怕的羞花闭月花愁颤。(贴)早茶时了,请行。(行介)你看:"画廊金粉半零星,池馆苍苔一片青。踏草怕泥新绣袜[19],惜花疼煞小金铃[20]。"(旦)不到园林,怎知春色如许!

　　【皂罗袍】原来姹紫嫣红开遍,似这般都付与断井颓垣。良辰美景奈何天,赏心乐事谁家院[21]。恁般景致,我老爷和奶奶再不提起。(合)朝飞暮卷[22],云霞翠轩;雨丝风片,烟波画船。锦屏人忒看的这韶光贱[23]!(贴)是花都放了[24],那牡丹还早。

　　【好姐姐】(旦)遍青山啼红了杜鹃[25],荼蘼外烟丝醉软[26]。春香呵,牡丹虽好,他春归怎占的先!(贴)成对儿莺燕呵,(合)闲凝眄,生生燕语明如翦,呖呖莺歌溜的圆。(旦)去罢。(贴)这园子,委是观之不足也[27]。(旦)提他怎的!(行介)

　　【隔尾】观之不足由他缱[28],便赏遍了十二亭台是枉然。到不如兴尽回家闲过遣。(作到介)(贴)"开我西阁门,展我东阁床[29]。瓶插映山紫[30],炉添沉水香。"小姐,你歇息片时,俺瞧老夫人去也。(下)(旦叹介)"默地游春转,小试宜春面[31]。"春呵,得和你两留连,春去如何遣?咳!恁般天气,好困人也。春香那里?(左右瞧介)(又低首沉吟介)天呵,春色恼人,信有之乎!常观诗词乐府,古之女子,因春感情,遇秋成恨,诚不谬矣。吾今年已二八,未逢折桂之夫;忽慕春情,怎得蟾宫之客[32]?昔日韩夫人得遇于郎[33],张生偶逢崔氏[34],曾有《题红记》《崔徽传》二书。此佳人才子,前以密约偷期[35],后皆得成秦晋[36]。(长叹介)吾生于宦族,长在名门。年已及笋[37],不得早成佳配,诚为虚度青春。光阴如过隙耳[38],(泪介)可惜妾身颜色如花,岂料命如一叶乎!

　　【山坡羊】没乱里春情难遣[39],蓦地里怀人幽怨。则为俺生小婵娟,拣名门一例一例里神仙眷,甚良缘,把青春抛的远!俺的睡情谁见?则索因循腼腆[40]。想幽梦谁边,和春光暗流转?迁延,这衷怀那处言?淹煎,泼残生[41],除问天!身子困乏了,且自隐几而眠[42]。(睡介)(梦生介)(生持柳枝上)"莺逢日暖歌声滑,人遇风情笑口开。一径落花随水入,今朝阮肇到天台[43]。"小生顺路儿跟着杜小姐回来,怎生不见?(回看介)呀,小姐,小姐!(旦作惊起相见介)(生)小生那一处不寻访小姐来,却在这里!(旦作斜视不语介)(生)恰好花园内折取垂柳半枝,姐姐,你既淹通书史,可作诗以赏此柳枝乎?(旦作惊喜,欲言又止介)(背云)这生素昧平生,何因到此?(生笑介)小姐,咱爱杀你哩!

　　【山桃红】则为你如花美眷,似水流年,是答儿闲寻遍[44]。在幽闺自怜。小姐,和你那答儿讲话去。(旦作含笑不行)(生作牵衣介)(旦低问)那边去?(生)转过这芍药栏前,紧靠著湖山石边。(旦低问)秀才,去怎的?(生低答)和你把领扣松,衣带宽,袖梢儿揾着牙儿苫也,则待你忍耐温存一晌眠[45]。(旦作羞)(生前抱)(旦推介)(合)是那处曾相见,相看俨然,早难道这好处相逢无一言。(生强抱旦下)(末扮花神束发冠,红衣插花上)"催花御史惜花天[46],检点春工又一年。蘸客伤心红雨下[47],勾人悬梦彩云边。"吾乃掌管南安府后花园花神是也。因杜知府小姐丽娘,与柳梦梅秀才,后日有姻缘之分。杜小姐游春感伤,致使柳秀才入梦。咱花神专掌惜玉怜香,竟来保护他,要他云雨十分欢幸也。

【鲍老催】(末)单则是混阳烝变,看他似虫儿般蠢动把风情煽。一般儿娇凝翠绽魂儿颤[48]。这是景上缘,想内成,因中见[49]。呀!淫邪展污了花台殿[50]。咱待拈片落花儿惊醒他。(向鬼门丢花介)[51]他梦酣春透了怎留连?拈花闪碎的红如片。秀才,才到的半梦儿,梦毕之时,好送杜小姐仍归香阁。吾神去也。(下)

【山桃红】(生、旦携手上)(生)这一霎天留人便,草藉花眠。小姐可好?(旦低头介)(生)则把云鬟点,红松翠偏。小姐,休忘了呵,见了你紧相偎,慢厮连,恨不得肉儿般团成片也。逗的个日下胭脂雨上鲜。(旦)秀才,你可去呵?(合)是那处曾相见,相看俨然,早难道这好处相逢无一言?(生)姐姐,你身子乏了,将息将息。(送旦依前作睡介)(轻拍旦介)姐姐,俺去了。(作回顾介)姐姐,你可十分将息,我再来瞧你那。"行来春色三分雨,睡去巫山一片云。"(下)(旦作惊醒,低叫介)秀才,秀才,你去了也?(又作痴睡介)(老旦上)"夫婿坐黄堂,娇娃立绣窗。怪他裙衩上,花鸟绣双双。"孩儿,孩儿,你为甚瞌睡在此?(旦作醒,叫秀才介)咳也。(老旦)孩儿怎的来?(旦作惊起介)奶奶到此!(老旦)我儿何不做些针指[52],或观玩书史,舒展情怀?因何昼寝于此?(旦)孩儿适花园中闲玩,忽值春暄恼人,故此回房。无可消遣,不觉困倦少息。有失迎接,望母亲恕儿之罪。(老旦)孩儿,这后花园中冷静,少去闲行。(旦)领母亲严命。(老旦)孩儿,学堂看书去。(旦)先生不在,且自消停[53]。(老旦叹介)女孩儿长成,自有许多情态,且自由他。正是:"宛转随儿女,辛勤做老娘。"(下)(旦长叹介)(看老旦下介)哎也,天那,今日杜丽娘有些侥幸也。偶到后花园中,百花开遍,睹景伤情。没兴而回,昼眠香阁。忽见一生,年可弱冠[54],丰姿俊妍。于园中折得柳丝一枝,笑对奴家说:"姐姐既淹通书史,何不将柳枝题赏一篇?"那时待要应他一声,心中自忖,素昧平生,不知名姓,何得轻与交言。正如此想间,只见那生向前说了几句伤心话儿,将奴搂抱去牡丹亭畔,芍药栏边,共成云雨之欢。两情和合,真个是千般爱惜,万种温存。欢毕之时,又送我睡眠,几声"将息"。正待自送那生出门,忽值母亲来到,唤醒将来。我一身冷汗,乃是南柯一梦[55]。忙身参礼母亲,又被母亲絮了许多闲话。奴家口虽无言答应,心内思想梦中之事,何曾放怀?行坐不宁,自觉如有所失。娘呵,你教我学堂看书,知他看那一种书消闷也?(作掩泪介)

【绵搭絮】雨香云片[56],才到梦儿边。无奈高堂,唤醒纱窗睡不便。泼新鲜,冷汗黏煎,闪的俺心悠步亸[57],意软鬟偏。不争多费尽神情[58],坐起谁忺?则待去眠[59]。(贴上)"晚妆销粉印,春润费香篝[60]。"小姐,薰了被窝睡罢。

【尾声】(旦)困春心,游赏倦,也不索香薰绣被眠。天呵,有心情那梦儿还去不远。

春望逍遥出画堂,(张说)间梅遮柳不胜芳。(罗隐)
可知刘阮逢人处?(许浑)回首东风一断肠。(韦庄)

(同下)

【注　释】

[1] 乱煞(shà):缭乱之极。年光:春光。
[2] 炷(zhù)尽:烧残。沉烟:沉水香,一种薰用的香料。
[3] 梅关:即大庾岭。岭上多梅,宋代在此设有梅关。本剧故事发生地点江西省南安府(府治在今大庾县),即在梅关的北面。
[4] 宿妆:隔夜的残妆。

[5] 宜春髻子：古时立春那天，妇女剪彩作燕子形，上贴"宜春"二字，戴在髻上。见《荆楚岁时记》。
[6] "剪不断，理还乱"三句：南唐后主李煜《相见欢》词中的两句，这里用来形容自己的烦闷。闷无端：说不上来的烦闷。
[7] "罗衣欲换更添香"两句：薛逢诗《宫词》中的两句，见《全唐诗》卷二十。
[8] 过曲：南曲分"引子""过曲""尾声"三部分。"过曲"是一出戏中的主要部分。【步步娇】以下数曲是"过曲"部分。
[9] 晴丝：虫类所吐的丝缕，或叫游丝、烟丝，常在空中飘游。在春天晴朗的日子最易看见。
[10] 花钿(diàn)：古代妇女鬓发两旁的装饰物。
[11] 没揣(chuǎi)：不意，没想到。菱花：镜子。古时用铜镜，背面所铸花纹一般为菱花，故称菱花镜。后用菱花作镜子的代称。
[12] 迤(tuō)逗：引诱，挑逗。彩云：美丽的发髻的代称。
[13] 穿插：打扮。
[14] 翠生生：即言色彩鲜艳。茜：红色。
[15] 艳晶晶：光灿灿。八宝：各色宝石。填：镶嵌。
[16] 爱好：爱美。天然：天性使然。
[17] 三春好处：比喻自己的青春美貌。
[18] 沉鱼落雁：小说戏曲中用来形容女人的美貌。意思是说，鱼见她的美色，自愧不如而下沉；雁则为贪看她的美色而停落下来。下文的"羞花闭月"用法相同。
[19] 泥：这里作动词用，指玷污、弄脏。
[20] 惜花疼煞小金铃：五代王仁裕《开元天宝遗事》："天宝初，宁王至春时，于后园中纫红丝为绳，密缀金铃，系于花梢之上。每有鸟鹊翔集，则令园吏掣铃索以惊之，盖惜花之故也。"疼：为惜花常常掣铃，连小金铃都被拉得疼煞了。这是夸张的描写。
[21] "良辰"两句：谢灵运《拟魏太子邺中集诗序》："天下良辰美景赏心乐事，四者难并。"
[22] 朝飞暮卷：从唐代王勃的古诗《滕王阁》中的诗句"画栋朝飞南浦云，珠帘暮卷西山雨"脱化而来。
[23] 锦屏人：指富贵家庭中的人。全句意思是深闺中的女子太不珍惜这美好的春光。这是杜丽娘感叹自己平时得不到领略春色的机会，辜负了大好春光。
[24] 是：凡是，所有的。
[25] 啼红了杜鹃：开遍了红色的杜鹃花。从杜鹃(鸟)泣血联想而来。
[26] 荼蘼(tú mí)：花名，晚春时开放，花白色。
[27] 委：确实。观之不足：看不厌。
[28] 缱(qiǎn)：留恋，牵绻。
[29] 开我西阁门，展我东阁床：由《木兰诗》"开我东阁门，坐我西阁床"变化而来。
[30] 映山紫：映山红(杜鹃花)的一种，色红紫。
[31] 宜春面：指新妆。参看注[5]。
[32] 折桂：攀折桂花，比喻科举登第。《晋书·郤诜传》："武帝于东堂会送，问诜曰：

'卿自以为何如？'诜对曰：'臣举贤良对策，为天下第一，犹桂林之一枝，昆山之片玉。'"又相传蟾宫（月宫）中有桂树，唐以来牵合两事，遂以"蟾宫折桂"谓科举应试及第。

[33] 韩夫人得遇于郎：唐《流红记》传奇故事：唐僖宗时，宫女韩氏以红叶题诗，从御沟中流出，被儒生于祐拾到。于祐也以红叶题诗，从御沟上流流入宫中，巧为韩氏所拾。后来僖宗放宫女出宫，两人结为夫妇。

[34] 张生偶逢崔氏：即唐代元稹《莺莺传》所写的张生和崔莺莺的爱情故事。后来《西厢记》演的就是这个故事。下文说的《崔徽传》写的是妓女崔徽和裴敬中的爱情故事，与崔张故事无涉，恐是《莺莺传》或《西厢记》之误。

[35] 偷期：幽会。

[36] 得成秦晋：得成夫妇。春秋时代，秦、晋两国世代联姻，后世因称联姻为秦晋。

[37] 及笄(jī)：古代女子十五岁开始以笄（簪）束发，叫及笄。见《礼记·内则》。及笄意味着女子已成年，到了婚配的年龄。

[38] "岂料命如一叶"句：元好问《鹧鸪天·薄命妾》词："颜色如花画不成，命如叶薄可怜生。"

[39] 没乱里：形容心绪很乱。

[40] 索：要，须。腼腆：害羞。

[41] 淹煎：受煎熬，遭折磨。泼残生：苦命的意思。

[42] 隐几：靠着几案。

[43] 阮肇(ruǎn zhào)到天台：意谓得见佳人。《太平广记》卷六十一《天台二女》载，刘晨和阮肇入天台采药，在桃源洞遇到二仙女，遂结为婚姻。

[44] 是答儿：到处。下文的"那答儿"意为"那边"。

[45] 一晌：一会儿。

[46] 催花御史：《说郛》卷二十七《云仙散录》引《玉塵集》：唐穆宗时，"每宫中花开，则以重顶帐蒙蔽栏槛，置惜花御史掌之"。这里是借用。

[47] "蘸(zhàn)客"句：意谓落花如雨，令客中人伤心。蘸：沾着。

[48] "单则是"三句：形容杜丽娘与柳梦梅的幽会。

[49] "这是"三句：都是佛家说法。指柳、杜两人的爱情不过是幻影上的姻缘，它在意念里形成，在特定的机遇中呈现，是虚幻的、短暂的、易逝的。

[50] 展污：弄脏。

[51] 鬼门：一作"古门"，指戏台上演员的上、下场门。

[52] 针指：女红，旧时女子所做的纺织、刺绣等工作。

[53] 消停：休息。

[54] 弱冠：二十岁。《礼·曲礼》上："人生十年曰幼，学；二十曰弱，冠；三十曰壮，有室……"冠，男子到二十岁行冠礼，表示已经成人。

[55] 南柯一梦：唐李公佐《南柯太守传》传奇故事：淳于棼梦见自己被大槐安国国王招为驸马，做了南柯太守，历尽了富贵荣华、人世浮沉。醒来，才发现槐安国不过是大槐树下的一个蚁穴，南柯郡则是南面树枝下的另一个蚁穴。"南柯"后来被用作梦的代称。

[56] 雨香云片：云雨，指梦中的幽会。

[57] 闪的俺：弄得我，害得我。心悠步躚：心里发虚，脚步偏斜，这是内心惊惶的表现。

[58] 不争多：差不多，几乎。

[59] 坐起谁忺(xiān)：意谓无论起、坐，都不适意。忺：高兴，惬意。

[60] 香篝(gōu)：即薰笼，用来薰香或烘干衣物。

【作者简介】

汤显祖（1550—1616），字义仍，号若士、海若，又号清远道人，临川（今江西临川县）人，明代著名戏曲作家。出身于世代"诗礼之家"。隆庆四年（1570）中举，因不肯依附宰相张居正，直到万历十一年（1583）才中进士，任南京太常寺博士。后迁南京礼部祠祭司主事，因上书议朝政，被贬为广东徐闻县典吏，后调任浙江遂昌知县。万历二十六年（1598），弃官归隐，此后闲居家中，以文墨自娱。

汤显祖的文学成就，主要是戏曲创作。他写有传奇作品《紫钗记》《牡丹亭》《南柯梦》《邯郸记》，合称"临川四梦"或"玉茗堂四梦"，其中以《牡丹亭》成就最高。汤显祖曾说自己"一生四梦，得意处唯在牡丹"。注本有徐朔方校点的《汤显祖诗文集》，徐朔方、杨笑梅校注的《牡丹亭》。

【导　读】

《牡丹亭》是汤显祖的代表作，共五十五出。作品取材于话本小说《杜丽娘慕色还魂记》，描写南安太守之女杜丽娘和书生柳梦梅的爱情婚姻故事。剧情梗概，本剧第一出【汉宫春】词作了介绍："杜宝黄堂，生丽娘小姐，爱踏春阳。感梦书生折柳，竟为情伤。写真留记，葬梅花道院凄凉。三年上，有梦梅柳子，于此赴高唐。果而回生定配，赴临安取试，寇起淮扬。正把杜公围困，小姐惊惶。教柳郎行探，反遭疑激恼平章。风流况，施行正苦，报中状元郎。"《牡丹亭》是一曲"情"的颂歌，有力地抨击了封建理学对人性的摧残与压抑，热情肯定了青年男女追求爱情自由和个性解放的斗争。它将浪漫主义理想和批判现实的精神融为一体，具有不朽的艺术魅力。《牡丹亭》在当时产生了极大的反响，沈德符说："《牡丹亭》一出，家传户诵，几令《西厢》减价。"

《惊梦》是《牡丹亭》一剧最精彩的一出。这出戏前半出写游园，后半出写惊梦。"游园"部分主要描写杜丽娘在大自然的怀抱里，以一颗少女之心将人的春天和自然的春天融为一体，由此产生了一种来自人的天性的对青春和美的热烈赞美和追求。与此同时，眼前姹紫嫣红的大好春光又引发了她对自己在寂寞深闺中虚度青春年华的叹息与惆怅。"游园"使得杜丽娘女性的青春意识觉醒了。"惊梦"部分是游园内在情感的延伸。现实中不能实现的美好情感，只能去梦中寻觅。"游园"之后，杜丽娘春情难以遏制，在梦中她与柳梦梅欢媾于牡丹亭下。这个梦显示了她青春意识的进一步觉醒，是她性格的进一步发展。

这出戏的曲词精美且富有诗的意境。如【绕池游】、【步步娇】、【皂罗袍】等，以词的手法写曲，优美含蓄，浓丽华艳，意境深远。此外，这出戏将写景、抒情以及人物心理活动融为一体，写得细腻生动、真切感人，流动着优雅的韵律之美。

【思考与练习】

1. 【步步娇】表现了杜丽娘怎样的心理？
2. 【皂罗袍】一曲历来广被吟咏。你认为这段文字美在何处？
3. 杜丽娘游园时心理有何变化？对这种变化你是如何认识的？
4. 《惊梦》这出戏在《牡丹亭》全剧中有什么作用？

附：中国古代小说史略

一、古代小说的源头——神话传说

早期的神话故事就有《山海经》《穆天子传》等。古代社会生活不发达，神话传说反映了初民与自然的斗争，同时有着奇幻的想象和离奇的故事，塑造了许多神话人物形象，这些都成了后代小说发展的土壤和养分。另一方面，先秦的历史散文和历史著作为魏晋的"志人小说"提供了艺术手法和形象基础。如先秦的《左传》《国语》《战国策》等多是记录人物行事的，在讲述故事、刻画人物方面多有精彩之处。《论语》《孟子》《庄子》等多记录人物言论，通过语言展开故事事件、描摹人物，这种方法为《世说新语》所吸收。

二、魏晋小说——志人志怪

魏晋南北朝时期是小说的形成时期。从内容说，分为谈论鬼怪神魔的"志怪小说"和记录人物逸闻趣事的"志人小说"。魏晋时期产生了大量的"志怪小说"，著名的作品有《神异经》、张华的《博物志》、王嘉的《拾遗记》、刘义庆的《幽明录》等，其中最出名的是干宝的《搜神记》。在艺术上，魏晋"志怪小说"多取材于非现实的故事题材，显示出浓厚的浪漫主义色彩；在故事结构上多数粗陈梗概，也有一些结构比较完整，描写比较细致，初具短篇小说的规模，并且出现了比较鲜明的人物形象。它对唐代的传奇影响很大。

"志人小说"出现在东汉末年的清议品评人物的社会风气基础上，其中最具代表性的是刘义庆的《世说新语》。它主要记录当时士族统治阶级人物的逸闻趣事，在艺术上有较高的成就，鲁迅先生在《中国小说史略》中评价说："记言则玄远冷峻，记行则高简瑰奇。"

三、唐人小说——唐传奇

唐代小说被后人称为唐传奇，是小说成熟的标志。从此小说正式形成自己的规模和特点，成为一种独立的文学样式。唐传奇的产生与社会环境有密切的联系。随着当时城市经济的发展，逐渐形成了市民阶层，为了满足市民的文化需要进而产生了"市人小说"。同时唐代科举发达，许多诗人和历史学家都加入了小说创作的队伍，形成了各种文学体裁和文学形式的交互影响和融合。唐传奇的小说作品多收录于《太平广记》，其中名篇很多，如《古镜记》《枕中记》《南柯太守传》《任氏传》《莺莺传》《霍小玉传》等。唐传奇体制短小，但有长篇小说的规模，比较全面地采用了史传文学的手法，把一个人的前后完整的一段生活或一生描述下来，情节曲折，大胆想象，细致刻画了人物微妙的思想感情和内心生活。唐传奇还以简洁、准确、丰富、优美的语言把古代散文的巨大表现力发挥到了很高的地步。

四、宋代小说——话本

小说发展到宋代，随着城市说唱文学的成熟，以民间"说话"艺术为基础发展了话本小说样式。话本有不同于传奇的体裁特点：正文之前有诗词或一两个小故事，即入话；为渲染故事或者人物风貌，故事中间可以加入诗词或者骈文；话本结尾的地方又用诗句总结全篇劝诫听众。宋元话本的小说包括《京本通俗小说》的全部及《清平山堂话本》的大部分。小说话本以爱情、公案两类作品为最多，爱情类以《碾玉观音》和《闹樊楼多情周胜仙》成就较高；公案类以《错斩崔宁》和《宋四公大闹禁魂张》较为出色。话本故事情节统一，注意情节的生动感人，布局巧妙，引人入胜。其次，话本小说开始运用典型细节来刻画人物性格，而且还精于人物内心活动的描写。话本小说有时还通过富有戏剧性的对话来表现人物的性格特征。总的说来,话本小说在故事结构、人物刻画上的特点表现了古典小说中现实主义创作方法的成熟。

五、明代小说——拟话本和章回小说

明代文人对宋元话本由喜爱而编辑、加工,进而模仿话本写作,这就出现了专供案头阅读的文人模拟的话本,称之为拟话本。拟话本的代表作品有冯梦龙的"三言"——《喻世明言》《警世通言》和《醒世恒言》,及凌濛初的"二拍"——《初刻拍案惊奇》和《二刻拍案惊奇》。

元末明初出现了一批章回小说名著,如历史小说《三国演义》、神魔小说《西游记》、世情小说《金瓶梅》及侠义小说《水浒传》。这类小说体制宏大,融合历史、传说和现实生活的宽广社会生活画面,反映复杂的社会思潮和人文思想;故事从短小到长篇,人物从简单到复杂,对人物性格的塑造也采用了多种刻画方法,塑造了许多典型环境下的典型人物。情节曲折,结构复杂,并且具有一定的叙事模式,为清代长篇小说的繁荣打下了基础。

六、中国古代小说的高峰——清代小说

中国古代小说发展到清代,达到了高峰期,出现了《聊斋志异》《红楼梦》等一批经典名作。

蒲松龄的《聊斋志异》创造性地继承了魏晋志怪小说、唐传奇的优秀传统,并且能用唐传奇的手法写"志怪小说",既反映了丰富的社会生活,又有很高的艺术造诣,成为我国短篇文言小说之最。《聊斋志异》在思想内容上正如作者所言:"集腋成裘,妄续幽明之录;浮白载笔,仅成孤愤之作;寄托如此,亦足悲矣。"它是一部有所寄托的表达理想和人民愿望的短篇小说集。从艺术上说,首先,它把现实主义和浪漫主义手法结合在一起,深刻地表达了现实生活和美好理想之间的矛盾;其次,塑造了一系列的有现实基础和生活环境的鲜明个性的人物,比如行动严谨的青凤,性格开朗、天真烂漫的婴宁,不知乐愁的小谢等;最后,善于描写细节并把人物性格语言和生活融为一体。

《红楼梦》是中国古代小说的不朽巨著,反映了清代的社会生活,被称为"时代的镜子"。曹雪芹善于选择生活素材,如临其境般逐日描摹了当时社会生活,并且用各种手法塑造了典型人物。人物分主次,性格分主要方面和次要方面。主要人物通过不同情节从不同角度对其进行全方位刻画,层层深入,重点突出。次要人物则抓住重点个性通过特定的情节突出表现。《红楼梦》还善于把人物的内心情感与故事情节的发展进程和自然环境结合起来,烘托人物渲染情节;小说还把人物的内心活动描写凸现出来,描摹细腻入微,反映心灵辩证法。在结构上比以往的小说更加完备,更加宏伟,更加严密。全书以宝黛爱情为主线,以贾府为生活空间,将各种人物事件错综复杂地连接在一起,仿佛像生活本身一样复杂多彩。它的语言也达到了古代文学的顶峰,简洁而纯净、准确而传神、朴素而多彩。

《红楼梦》对民族文学的传承是多方面的,同时对后代文学的影响也是多方面的,它是现实主义文学的最高成就,是中国古代小说发展的不可企及的高峰。鲁迅先生说:"自有《红楼梦》出来以后,传统的思想和写法都打破了。"

第二章　中国现当代文学

概　述

中国现当代文学是指从1917年到现在的用现代汉语书面语写作的中国文学。它发端于1917年的文学革命，是在中国社会内部发生了历史性变化的条件下，广泛受到外国现代文学影响而形成的，也称"新文学"。因为它在话语形式上、在文学的形式和内容上，都与中国古代文学（"旧文学"）有明显的不同。

依据中国现当代文学自身发展的规律以及中国社会发展的阶段性特点，大致可将中国现当代文学划分为七个时期。

现代文学分为三个时期：① "五四"时期的文学（1917—1927），是现代文学的开拓和奠基阶段。其主要的标志是从文学革命的发动、"文学研究会"等新文学社团的蜂起到革命文学的倡导，习惯上称之为"新文学的第一个十年"。② "左联"时期的文学（1927—1937），是现代文学的发展和成熟阶段。其主要标志是"左联"的成立及左翼文学（普罗文学）的勃兴和发展，习惯上称之为"新文学的第二个十年"。③ 抗日战争和解放战争时期的文学（1937—1949），是现代文学的收获和升华阶段。其主要标志是延安文艺座谈会及《讲话》中"工农兵方向"的确立和抗日民主文学运动的发展，习惯上称之为"新文学第三个十年"。

当代文学分为四个时期：① 十七年文学（1949—1966），这是当代文学的建设和发展时期。随着新中国的成立，党的"双百"方针的提出，一批批具有真知灼见的文艺批评文章相继发表，一批批直面社会不良倾向，表现并歌颂纯真爱情和友情的文艺作品不断涌现。文学创作的题材、主题广泛而深刻。然而"左"倾思潮也在一定程度上挫伤了广大文艺工作者的积极性，文艺"百花齐放"的局面昙花一现，没有得到持续的发展。② "文化大革命"时期的文学（1966—1976），这是一段当代文学的空白期。当时"左"的思潮登峰造极，严重干扰并摧残了文学艺术的健康发展，除了几个"样板戏"外，整个文坛死气沉沉，空空如也。社会主义文学遭遇毁灭性的灾难。③ 新时期文学（1976—1989），这是当代文学的复苏和重新发展期。"文化大革命"结束后，党的正确的文艺方针得以确立，重新激发了广大文艺工作者蕴藉已久的创作热情，特别是党的十一届三中全会的召开和思想解放运动洪流的推动，新时期的文学以全新的面貌出现在历史舞台上：伤痕文学、反思文学、改革文学、寻根文学、知青文学、都市文学等，文学的题材和内容空前广泛，创作技巧和方法多样化，给人耳目一新的感觉，文艺创作呈现出空前繁荣的局面。④ 20世纪90年代后文学（1989—　），这是文学失去社会轰动效应，进入平静而寂寞的发展时期。90年代后文学开始由为人生而为生存；由写人生理想和集体（阶级、民族）的历史命运，转而写普通人的生存状态；由追求崇高转向躲避与亵渎崇高；由原来写人际关系与社会冲突，而日渐注意人类与大自然的关系；由注意人与外部社会的冲突，转而向内探察人性的弱点与心理的误区；由神圣殿堂跌落市场的尘埃，文学作品由"净化灵魂"与"生活教科书"淹没于商品化的浪潮中。

　　本章内容以中国现当代文学史上不同时期、不同流派、不同作家的具有代表性的诗歌、散文、小说、戏剧等名篇为实体,以选文的丰富性取得思想启迪、道德熏陶、文学修养、审美陶冶、鉴赏技巧等多方面的综合效应。在精美动人的前提下,注意文学史的涵盖面和名家名著的导读;注意选文题材广泛,体式多样,每篇各有特色,整体丰富多彩;注意体现各种表现手法和创作风格。在弘扬优秀文学传统的基础上,重视加强爱国主义教育,培养多元化的思想和审美情怀,提升人文修养;通过作品的鉴赏分析,力图多维视角地认知作家作品及所处的时代,探讨现实的人生价值,提高文学欣赏水平和语文能力。

第一节 现当代诗歌

1. 瓶·春莺曲[1]

郭沫若

姑娘呀,啊,姑娘,
你真是慧心的姑娘!
你赠我的这枝梅花,
这样的晕红呀,清香!

这清香怕不是梅花所有?
这清香怕吐自你的心头?
这清香敌赛过百壶春酒。
这清香战颤了我的诗喉。

啊,姑娘呀,你便是这花中魁首,
这朵朵的花上我看出你的灵眸。
我深深地吮吸着你的芳心,
我想吞下呀,但又不忍动口。

啊,姑娘呀,我是死也甘休,
我假如是要死的时候,
啊,我假如是要死的时候,
我要把这枝花吞进心头!

在那时,啊,姑娘呀,
请把我运到你西湖边上,
或者是葬在灵峰,
或者是放鹤亭旁。

在那时梅花在我的尸中,
会结成梅子,
梅子再进成梅林,
啊,我真是永远不死!

在那时,啊,姑娘呀,

你请提着琴来,
我要应着你清缭的琴音,
尽量地把梅花乱开!

在那时,有识趣的春风,
把梅花吹集成一座花冢,
你便和你的提琴,
永远弹弄在我的花中。

在那时,遍宇都是幽香,
遍宇都是清响,
我们俩藏在暗中,
黄莺儿飞来欣赏。

黄莺儿唱着欢歌,
歌声是赞扬你我,
我便在花中暗笑,
你便在琴上相合。

【注　释】

　　[1] 节选自郭沫若诗集《瓶》第十六首。

【作者简介】

　　郭沫若(1892—1978),出生于四川省乐山市观娥乡沙湾镇,汉族,原名郭开贞,字鼎堂,笔名沫若。郭沫若学识渊博,才华卓著,是我国现代著名的诗人、剧作家、考古学家、古文字学家、历史学家、社会活动家。在现代文学史上最突出的成就是为新诗的发展奠定了基础,他是我国新诗的奠基人。《女神》是郭沫若诗歌的代表作,也是中国新诗的奠基石。

【导　读】

　　《春莺曲》选自爱情诗集《瓶》,《瓶》作于1925年2—3月间,诗集包括《献诗》在内共有43首,它相当完整而真实地描述了一段动人的爱情生活。

　　《春莺曲》中,通过一对青年男女由爱极、恋极而想到死,幻想把爱情的化身一枝红梅吞进心头。"在那时梅花在我的尸中,会结成梅子,梅子再进成梅林,啊,我真是永远不死!"真挚大胆地表现了爱情带来的欢愉与痛苦、痴念与失望、甜蜜与辛酸、热烈与矜持等复杂微妙的情绪历程。

【思考与练习】

　　1. 阅读组诗《瓶》,体会诗人丰富的情感。
　　2. 了解郭沫若,谈谈郭沫若在中国新诗史上的地位。

2.《繁星》四首

冰 心

一

繁星闪烁着——
深蓝的天空,
何曾听见他们对语?
沉默中,
微光里,
他们深深地互相颂赞了。

二

风啊!
不要吹灭我手中的蜡烛,
我的家还在这黑暗长途的尽处。

三

大海呵,
哪一颗星没有光?
哪一朵花没有香?
哪一次我的思潮里
没有你波涛的清响?

四

成功的花,
人们只惊慕她现时的明艳!
然而当初她的芽儿,
浸透了奋斗的泪泉,
洒遍了牺牲的血雨。

【作者简介】

冰心(1900—1999),福建长乐人,原名谢婉莹。其父谢葆璋是一位参加过甲午战争的爱国海军军官。

1911年,冰心入福州女子师范学校预科学习。1914年就读于北京教会学校贝满女中。"五四"时期,在协和女子大学理科就读,后转文学系学习,曾被选为学生会文书,投身学生爱国运动。1921年参加茅盾、郑振铎等人发起的文学研究会,努力实践"为人生"的艺术宗旨,出版了小说集《超人》、诗集《繁星》等。1923年赴美留学,专事文学研究,曾把旅途和异邦的见闻写成散文寄回国内发表,结集为《寄小读者》。1926年回国后,相继在燕京大学、清华大学女子文理学院任教。抗战胜利后,1949—1951年曾在东京大学中国文学系执教。1951年回国后,除继续致力于创作外,还积极参加各种社会活动,曾任中国民主促进会中央名誉主席、中国文联副主席、中国作家协会名誉主席,是现代著名女作家,儿童文学作家,诗人。

【导　读】

　　冰心诗集有《繁星》和《春水》。以上四首短诗基本代表了冰心诗歌创作的风格和水平。冰心非常喜欢印度诗人泰戈尔的散文诗,并深受其影响。但冰心的诗歌在内容上抒写的却是她自己在生活中发现的真和美。童年童心的美、母爱的真、花草虫鱼、大海星星等都是她抒情的内容。语言清新流利,凝练含蓄,有独到的风格。

【思考与练习】

1. 从诗中可以体会出作者怎样的思想感情?
2. 体会冰心诗歌的语言特点。

3. 忆　菊

——重阳节前一日作

闻一多

插在长颈的虾青瓷的瓶里，
六方的水晶瓶里的菊花，
钻在紫藤仙姑篮里的菊花；
守着酒壶的菊花，
陪着螯盏的菊花；
未放，将放，半放，盛放的菊花。

镶着金边的绛色的鸡爪菊；
粉红色的碎瓣的绣球菊！
懒慵慵的江西腊哟；
倒挂着一饼蜂窠似的黄心，
仿佛是朵紫的向日葵呢。
长瓣抱心，密瓣平顶的菊花；
柔艳的尖瓣钻蕊的白菊
如同美人底拳着的手爪[1]，
拳心里攥着一撮儿金粟。

檐前，阶下，篱畔，圃心底菊花：
霭霭的淡烟笼着的菊花，
丝丝的疏雨洗着的菊花，——
金底黄，玉底白，春酿底绿，秋山底紫，……

剪秋萝似的小红菊花儿；
从鹅绒到古铜色的黄菊；
带紫茎的微绿色的"真菊"
是些小小的玉管儿缀成的，
为的是好让小花神儿
夜里偷去当了笙儿吹着。

大似牡丹的菊王到底奢豪些，
他的枣红色的瓣儿，铠甲似的，
张张都装上银白的里子了；

星星似的小菊花蕾儿
还拥着褐色的萼被睡着觉呢。

啊!自然美底总收成啊!
我们祖国之秋底杰作啊!
啊!东方底花,骚人逸士底花呀!
那东方底诗魂陶元亮
不是你的灵魂底化身罢?
那祖国底登高饮酒的重九
不又是你诞生底吉辰吗?

你不像这里的热欲的蔷薇,
微贱的紫萝兰更比不上你。
你是有历史,有风俗的花。
啊!四千年的华胄底名花呀!
你有高超的历史,你有逸雅的风俗!

啊!诗人底花呀!我想起你,
我的心也开成顷刻之花,
灿烂的如同你的一样;
我想起你同我的家乡,
我们的庄严灿烂的祖国,
我的希望之花又开得同你一样。

习习的秋风啊!吹着,吹着!
我要赞美我祖国底花!
我要赞美我如花的祖国!
请将我的字吹成一簇鲜花,
金底黄,玉底白,春酿底绿,秋山底紫,……
然后又统统吹散,吹得落英缤纷,
弥漫了高天,铺遍了大地!

秋风啊!习习的秋风啊!
我要赞美我祖国底花!
我要赞美我如花的祖国!

1922年10月

【注 释】

[1] 底:同"的",白话文初期,"底""的"通用。

【作者简介】

闻一多(1899—1946),汉族,原名闻家骅,又名多、亦多、一多,字友三、友山。出生于湖北浠水一个世家望族,1913年考入清华,1922年大学毕业,到美国留学,学习美术并研读外国文学,受19世纪浪漫主义诗人影响,开始形成民主主义和唯美主义艺术观。1923年出版第一本诗集《红烛》。1925年回国,在高校任教。1926年发表论文《诗的格律》,提出新格律诗的主张,追求诗歌的美。认为新诗在形式上要有音乐的美、绘画的美和建筑的美,为中国现当代诗歌的发展作出了贡献。1928年出版代表作《死水》,他是新月派的代表诗人。1937年抗战爆发后,帝国主义的入侵,国统区的黑暗,促使闻一多投身于爱国民主运动,成为著名的反法西斯战士,1946年被国民党特务暗杀。他的作品主要收录在《闻一多全集》中。

【导　读】

1922年,闻一多赴美国芝加哥学习美术和文学,经受了美国新诗运动的熏陶,学到了西方诗歌的创作方法,同时也深受西方人的文化优越感和种族歧视的伤害,激发了对饱受列强欺凌的祖国和备受歧视的东方文化的热爱,因而写下了这首诗。全诗可以分两部分:前一部分忆菊、绘菊、赞菊,表达菊之美、菊之恋;后一部分提升飞跃,借菊之美喻祖国之美,借菊之恋表祖国之恋。

菊花为什么成了回忆的内容?重阳前的一天,身在异国的作者,思念遥远的故乡,时值深秋,在故乡的土地上,正是菊花盛开。作者把对故乡的深情借"忆菊"表现出来,通过"菊"的多姿多彩的美抒发自己对祖国和祖国文化的赞美,这是多么巧妙的构思。诗歌中,菊花的色香形是那么惟妙惟肖,婀娜多姿,不仅意境美,还让人感到了绘画的美。可见作者语言表达能力之强了。同时,诗人对菊花的追忆和描绘运用了拟人化的手法,使诗歌的主题更加含蓄,耐人寻味。

【思考与练习】

1. 阅读闻一多先生的《七子之歌》及其他诗歌。
2. 体会《忆菊》的思想感情,说说这首诗歌有哪些精彩的构思和细致的描绘?

4.《沙扬娜拉》一首

——赠日本女郎

徐志摩

最是那一低头的温柔,
像一朵水莲花不胜凉风的娇羞,
道一声珍重,道一声珍重,
那一声珍重里有蜜甜的忧愁。
沙扬娜拉!

【作者简介】

徐志摩(1897—1931),现代诗人、散文家。名章垿,笔名南湖、云中鹤等。浙江海宁人。1915 年毕业于杭州一中,先后就读于上海沪江大学、天津北洋大学和北京大学,1918 年赴美国留学。1921 年赴英国剑桥大学留学。在剑桥两年深受西方教育的熏陶及欧美浪漫主义和唯美派诗人的影响。1921 年开始创作新诗。1922 年回国后在报刊上发表大量诗文。1923 年,参与发起成立新月社。1924 年任北京大学教授。1926 年在北京主编《晨报》副刊《诗镌》,与闻一多、朱湘等人开展新诗格律化运动,影响到新诗艺术的发展。同年移居上海,任光华大学、大夏大学和南京中央大学教授。1931 年 11 月 19 日,由南京乘飞机到北平,因遇雾在济南附近触山,坠机身亡。

著有诗集《志摩的诗》《翡冷翠的一夜》《猛虎集》《云游》。徐诗字句清新,韵律谐和,比喻新奇,想象丰富,意境优美,神思飘逸,富于变化,并追求艺术形式的整饬、华美,具有鲜明的艺术个性,为新月派的代表诗人。

【导　读】

"沙扬娜拉"是日语"再见"的意思,作者直接用来做了题目,非常吸引人的眼球,事实上这首诗就是写日本姑娘低下头说"再见"那一刹那的情绪和神态。因为作者用精练的白描,形象、贴切的比喻,以及带有感情色彩的词语,虽然只有很少的三两句,却把日本姑娘特有的美妙风韵展现在读者面前,让读者情不自禁联想,令人如闻其声,身临其境。

【思考与练习】

1. 阅读徐志摩的诗歌,体会诗人丰富的情感。
2. 背诵徐志摩的一些短诗,比较闻一多、徐志摩诗的艺术特色。

5. 雨　巷

戴望舒

撑着油纸伞，独自
彷徨在悠长、悠长
又寂寥的雨巷，
我希望逢着
一个丁香一样地
结着愁怨的姑娘。

她是有
丁香一样的颜色，
丁香一样的芬芳，
丁香一样的忧愁，
在雨中哀怨，
哀怨又彷徨。

她彷徨在这寂寥的雨巷，
撑着油纸伞
像我一样，
像我一样地
默默彳亍着
冷漠、凄清，又惆怅。

她默默地走近，
走近，又投出
太息一般的眼光，
她飘过
像梦一般地，
像梦一般地凄婉迷茫。
像梦中飘过
一枝丁香地，
我身旁飘过这个女郎；
她默默地远了，远了，
到了颓圮的篱墙，
走尽这雨巷。

在雨的哀曲里，

消了她的颜色,
散了她的芬芳,
消散了,甚至她的
太息般的眼光
丁香般的惆怅。

撑着油纸伞,独自
彷徨在悠长、悠长
又寂寥的雨巷,
我希望飘过
一个丁香一样地
结着愁怨的姑娘。

1927—1928 年

【作者简介】

戴望舒(1905—1950),浙江杭州人,现代著名诗人。又称"雨巷诗人"。戴望舒为笔名,原名戴朝安。1928 年发表《雨巷》。1929 年 4 月,出版了第一本诗集《我的记忆》,这本诗集也是戴望舒早期象征主义诗歌的代表作,其中最为著名的诗篇就是《雨巷》,受到了叶圣陶的极力推荐,成为传诵一时的名作。1932 年他到法国留学,1935 年回国。抗日战争爆发后,戴望舒转至香港主编《大公报》文艺副刊,民族解放战争推动了他的思想转向积极,他被日本法西斯逮捕入狱,表现出了民族气节。在狱中写出了爱国主义诗篇,后结集为《灾难的岁月》。1950 年在北京病逝。

【导　　读】

《雨巷》是在大革命刚刚失败的年代写成的。作者把当时黑暗阴沉的社会现实暗喻为悠长狭窄而寂寥的"雨巷",没有阳光,也没有生机和活气。而抒情主人公"我"就是在这样的雨巷中孤独地彳亍着的彷徨者。这种心态,正是大革命失败后一部分有所追求的青年知识分子在政治高压下因找不到出路而陷于惶惑迷惘心境的真实反映。

【思考与练习】

1. 《雨巷》的音乐美表现在哪些方面?
2. 《雨巷》表达了怎样的思想感情?

6. 别 丢 掉

林徽因

别丢掉
这一把过往的热情，
现在流水似的，
轻轻
在幽冷的山泉底，
在黑夜，在松林，
叹息似的渺茫，
你仍要保存着那真！
一样是月明，
一样是隔山灯火，
满天的星，
只使人不见，
梦似的挂起，
你问黑夜要回
那一句话——
你仍得相信
山谷中留着
有那回音！

二十一年夏（1932年）

【作者简介】

林徽因(1904—1955)，福建人，中国著名的建筑学家和作家。1920年4月，林徽因随父游历欧洲，在伦敦受到房东女建筑师影响，立下了攻读建筑学的志向。在此期间，她还结识了诗人徐志摩，对新诗产生浓厚兴趣，并在1923年开始参加徐志摩、胡适等人成立的新月社的活动。1924年林徽因赴美国留学，完成了建筑系的全部课程，实现了她成为建筑师的志愿。1928年3月林徽因与梁思成结婚后回国，并先后出任东北大学建筑系副教授和清华大学建筑系教授。1949年后，林徽因参加了中华人民共和国国徽的设计，以及天安门广场人民英雄纪念碑碑座纹饰和浮雕图案的设计，并抢救和改造了传统景泰蓝工艺，为民族及国家作出了莫大的贡献。她的文学著作包括散文、诗歌、小说、剧本、译文和书信等。1955年4月1日病逝于北京，终年51岁。

【导　读】

《别丢掉》是林徽因为纪念徐志摩遇难而创作的怀人作品，也是她的代表作。早年在英国留学时，他们之间产生恋情，因徐志摩已婚，无果而终。在他们的全部感情交往中，林徽因由于理性、个人经历及性格因素,在行为上努力进行淡化处理。在表达自己情感的诗文中,则更加巧妙地运用文字,含蓄地表达。

1931年,在上海的徐志摩,为赶时间听取林徽因在北京进行的建筑学报告而搭乘邮政飞机遇难。林徽因在极度的悲痛中怀念着这位能够以心相交的朋友,并将飞机残骸中的一块木板挂在卧室里做永恒的纪念。1932年林徽因写下了意味深长的《别丢掉》。1936年才发表于《大公报》文艺副刊。《别丢掉》像是作者在跟某人谈心聊天,嘱咐某人要保持"热情"与"真",可见作者对以往的深切怀念和不舍。她坚信,真爱永存!真情永在!那种"真"的"回音"必将回荡在山谷,留存在人间。

【思考与练习】
1. 课外阅读有关林徽因的资料,体会作者丰富的情感。
2. 讨论林徽因诗歌的特点。

7. 我是一条小河

冯 至

我是一条小河,
我无心由你的身边绕过——
你无心把你彩霞般的影儿
投入了我软软的柔波。

我流过一座森林,
柔波便荡荡地
把那些碧翠的叶影儿
裁剪成你的裙裳。

我流过一座花丛,
柔波便粼粼地
把那些凄艳的花影儿
编织成你的花冠。

无奈呀,我终于流入了,
流入那无情的大海——
海上的风又厉,浪又狂,
吹折了花冠,击碎了裙裳!

我也随了海潮漂漾,
漂漾到无边的地方——
你那彩霞般的影儿
也和幻散了的彩霞一样!

1925 年

【作者简介】

冯至(1905—1993),原名冯承植,河北涿县人。1921 年考入北京大学,1923 年后受到新文化运动的影响开始发表新诗。1927 年 4 月出版第一部诗集《昨日之歌》,1929 年 8 月出版第二部诗集《北游及其他》,记录他大学毕业后的哈尔滨教书生活。1930 年赴德国留学,其间受到德语诗人里尔克的影响。五年后获得哲学博士学位,返回战时偏安的昆明,任西南联大外语系教授。1941 年他创作了一组后来结集为《十四行集》的诗作,影响很大。冯至的小说与散文也十分出色,小说的代表作有 20 世纪 20 年代的《蝉与晚秋》《仲尼之将丧》,散文则有 1943 年编的《山水》集等。

【导　读】

　　《我是一条小河》是一首优美含蓄的爱情诗,采用以人拟物的手法,把"我"比作了柔波微漾的"小河",然后以我流过森林、流过花丛和流入大海的途程为抒情线索,委婉地表达出了对恋人一往情深的忆念和不可改易的情意,于哀愁中见执著。这首诗既写出了诗人在无望的爱情体验中一种热烈而又虚幻的感情表达,同时也寄寓了一种人生哲理,是对爱情体验——渴望、满足、超越三部曲的凝练表达,也是一种诗化了的人生体验。

　　《我是一条小河》写得缠绵、真挚、优美,没有浅薄庸俗的情调和矫揉造作的痕迹,色彩明艳而情调凄美,充满葱茏的生意和青春的活力。诗人采用了隐喻、暗示的手法,把真切的感受和难言的情感诉诸于具体的形象中,选取了人们常见的事物进行比喻和暗示,具有丰富奇特的想象。鲁迅称之为中国最杰出的抒情诗人。

【思考与练习】

　　1. 背诵全诗。
　　2. 指出这首诗歌的线索,并思考诗中的深刻哲理。

8. 回　　答

北　岛

卑鄙是卑鄙者的通行证，
高尚是高尚者的墓志铭。
看吧，在那镀金的天空中，
飘满了死者弯曲的倒影。

冰川纪过去了，
为什么到处都是冰凌？
好望角发现了，
为什么死海里千帆相竞？

我来到这个世界上，
只带着纸、绳索和身影，
为了在审判前，
宣读那些被判决的声音。

告诉你吧，世界
我——不——相——信！
纵使你脚下有一千名挑战者，
那就把我算作第一千零一名。

我不相信天是蓝的，
我不相信雷的回声，
我不相信梦是假的，
我不相信死无报应。

如果海洋注定要决堤，
就让所有的苦水都注入我心中，
如果陆地注定要上升，
就让人类重新选择生存的峰顶。

新的转机和闪闪星斗，
正在缀满没有遮拦的天空。
那是五千年的象形文字，
那是未来人们凝视的眼睛。

【作者简介】

北岛(1949—　),原名赵振开,曾用笔名北岛、石默。祖籍浙江湖州,生于北京。1978年同诗人芒克创办民间诗歌刊物《今天》。1990年旅居美国,现任教于加利福尼亚州戴维斯大学。曾获得诺贝尔文学奖提名。

【导　读】

北岛的《回答》标志着"朦胧诗"时代的开始。诗中展现了悲愤之极的冷峻,以坚定的口吻表达了对暴力世界的怀疑。诗篇揭露了黑白混淆、是非颠倒的现实,对矛盾重重、险恶丛生的社会发出了愤怒的质疑,并庄严地向世界宣告了"我不相信"的回答。诗中既有直接的抒情和充满哲理的警句,又有大量语意曲折的象征、隐喻、比喻等,使诗作既明快、晓畅,又涵蕴丰厚,具有强烈的震撼力。

《回答》反映了整整一代青年觉醒的心声,是与已逝的一个历史时代彻底告别的"宣言书"。诗歌总体特征上可以概括为象征诗。在他的笔下,政治的黑暗犹如漆黑的无所不在的夜,生活的束缚好比四处张开的网,希望的境界成了被堤岸阻隔的黎明,而觉醒者恰如被河水包围的孤独的岛屿。通过象征、暗示,诗人的主观境界过渡到了诗的世界。象征作为一种艺术手法,在北岛的诗里被普遍运用,表明了诗人丰富的再造性想象力。

【思考与练习】

1. 注意体会诗歌意象的象征性内涵,思考这种写作方式对表达叙说者复杂的精神内涵和心理冲突有什么好处。
2. 结合诗歌写作的背景,概括全诗所要表达的情绪。

9. 相信未来

食 指

当蜘蛛网无情地查封了我的炉台
当灰烬的余烟叹息着贫困的悲哀
我依然固执地铺平失望的灰烬
用美丽的雪花写下：相信未来

当我的紫葡萄化为深秋的露水
当我的鲜花依偎在别人的情怀
我依然固执地用凝霜的枯藤
在凄凉的大地上写下：相信未来

我要用手指那涌向天边的排浪
我要用手撑那托住太阳的大海
摇曳着曙光那枝温暖漂亮的笔杆
用孩子的笔体写下：相信未来

我之所以坚定地相信未来
是我相信未来人们的眼睛
她有拨开历史风尘的睫毛
她有看透岁月篇章的瞳孔

不管人们对于我们腐烂的皮肉
那些迷途的惆怅、失败的苦痛
是寄予感动的热泪、深切的同情
还是给以轻蔑的微笑、辛辣的嘲讽

我坚信人们对于我们的脊骨
那无数次的探索、迷途、失败和成功
一定会给予热情、客观、公正的评定
是的，我焦急地等待着他们的评定

朋友，坚定地相信未来吧
相信不屈不挠的努力
相信战胜死亡的年轻
相信未来、热爱生命

1968 年　北京

【作者简介】

食指,原名郭路生,1948年出生于山东朝城,母亲在行军途中分娩,所以起名路生。自幼爱好文学,深受马雅可夫斯基、普希金、莱蒙托夫等人诗歌的影响。20岁时写的名作《相信未来》《海洋三部曲》《这是四点零八分的北京》等以手抄本的形式在社会上广为流传。1973年食指被诊断患有精神分裂症,入北京大学第三医院就医。出院后继续写作。1990年至今在北京第三福利院接受治疗。2001年4月28日与已故诗人海子共同获得第三届人民文学奖诗歌奖。著有诗集《相信未来》《食指、黑大春现代抒情诗合集》《诗探索金库·食指卷》《食指的诗》。

【导　读】

《相信未来》一诗作于1968年。诗人以其深刻的思想、优美的意境、朗朗上口的诗风让人们懂得了在逆境中怎样好好地生活,怎样自我鼓励,怎样矢志不渝地恪守自己对明天的承诺!

本诗大量运用意象组接的方式,表现内心的失望、矛盾和对未来的执著向往。诗人运用了一系列新颖独特的意象来象征性地表达作品的意蕴:布满蜘蛛网的锅台、灰烬的余烟、凋落的葡萄、干枯的枝藤、凄凉的大地,是理想崩溃、希望破灭的象征;美丽的雪花、天边的排浪、托住太阳的大海、摇曳着曙光的漂亮的笔杆,则是诗人内心的剧烈冲突和不熄的希望之光的体现。诗歌以绝望、惆怅、感伤与希望、未来、幻想的激烈争斗的痛苦语言,奏响了悲怆的心弦,在无法调和的对立中产生了一种震撼人心的悲剧性情感,形象而又凝练地表达了这一代人从盲目、狂热走向失望与挣扎的内心世界。

【思考与练习】

1. 《相信未来》有哪些意象?
2. 划分这首诗的层次并概括这首诗歌的主题。

10. 致橡树

舒 婷

我如果爱你——
绝不像攀援的凌霄花,
借你的高枝炫耀自己;
我如果爱你——
绝不学痴情的鸟儿,
为绿荫重复单调的歌曲;
也不止像泉源,
常年送来清凉的慰藉;
也不止像险峰,
增加你的高度,衬托你的威仪。
甚至日光。
甚至春雨。
不,这些都还不够!
我必须是你近旁的一株木棉,
作为树的形象和你站在一起。
根,紧握在地下,
叶,相触在云里。
每一阵风吹过,
我们都互相致意,
但没有人
听懂我们的言语。
你有你的铜枝铁干,
像刀、像剑,
也像戟;
我有我红硕的花朵,
像沉重的叹息,
又像英勇的火炬。
我们分担寒潮、风雷、霹雳;
我们共享雾霭、流岚、虹霓。
仿佛永远分离,
却又终身相依。
这才是伟大的爱情,
坚贞就在这里:
爱——

不仅爱你伟岸的身躯,
也爱你坚持的位置,足下的土地!

1977 年 3 月 27 日

【作者简介】

舒婷(1952—),原名龚佩瑜,朦胧诗派代表诗人之一。福建石码镇人,1969年下乡插队,1972年返城当工人。1979年开始发表诗歌作品。1981年调福建省文联工作,从事专业写作。主要著作有诗集《双桅船》《会唱歌的鸢尾花》《始祖鸟》与散文集《心烟》等。

【导　读】

舒婷的诗,不局限于朦胧,保持了超然的鲜明的个性,因此在文学的天空里涂抹出了一道绚丽夺目的轨迹。《致橡树》是她的一首优美、深沉的抒情诗。诗人别具一格地选择了"木棉"与"橡树"两个中心意象,将细腻委婉而又深沉刚劲的感情蕴涵在新颖生动的意象之中。它所表达的爱,不仅是纯真的、炙热的,而且是高尚的、伟大的。它像一首古老而又清新的歌曲,拨动着人们的心弦。

【思考与练习】

1. 《致橡树》表现了怎样的爱情观?诗歌中主要意象是什么?
2. 有表情地朗读。
3. 以爱情为话题,进行一次讨论发言:大学生如何认识、理解和面对爱情?

第二节 现当代散文

1. 秋　夜

鲁　迅

在我的后园,可以看见墙外有两株树,一株是枣树,还有一株也是枣树。

这上面的夜的天空,奇怪而高,我生平没有见过这样的奇怪而高的天空。他[1]仿佛要离开人间而去,使人们仰面不再看见。然而现在却非常之蓝,闪闪地眨着几十个星星的眼,冷眼。他的口角上现出微笑,似乎自以为大有深意,而将繁霜洒在我的园里的野花草上。

我不知道那些花草真叫什么名字,人们叫他们什么名字。我记得有一种开过极细小的粉红花,现在还开着,但是更极细小了,她在冷的夜气中,瑟缩地做梦,梦见春的到来,梦见秋的到来,梦见瘦的诗人将眼泪擦在她最末的花瓣上,告诉她秋虽然来,冬虽然来,而此后接着还是春,蝴蝶乱飞,蜜蜂都唱起春词来了。她于是一笑,虽然颜色冻得红惨惨地,仍然瑟缩着。

枣树,他们简直落尽了叶子。先前,还有一两个孩子来打他们别人打剩的枣子,现在是一个也不剩了,连叶子也落尽了。他知道小粉红花的梦,秋后要有春;他也知道落叶的梦,春后还是秋。他简直落尽叶子,单剩干子,然而脱了当初满树是果实和叶子时候的弧形,欠伸得很舒服。但是,有几枝还低亚[2]着,护定他从打枣的竿梢所得的皮伤,而最直最长的几枝,却已默默地铁似的直刺着奇怪而高的天空,使天空闪闪地鬼眨眼;直刺着天空中圆满的月亮,使月亮窘得发白。

鬼眨眼的天空越加非常之蓝,不安了,仿佛想离去人间,避开枣树,只将月亮剩下。然而月亮也暗暗地躲到东边去了[3]。而一无所有的干子,却仍然默默地铁似的直刺着奇怪而高的天空,一意要制他的死命,不管他各式各样地眨着许多蛊惑的眼睛。

哇的一声,夜游的恶鸟飞过了。

我忽而听到夜半的笑声,吃吃[4]地,似乎不愿意惊动睡着的人,然而四围的空气都应和着笑。夜半,没有别的人,我即刻听出这声音就在我嘴里,我也即刻被这笑声所驱逐,回进自己的房。灯火的带子也即刻被我旋高了。

后窗的玻璃上丁丁地响,还有许多小飞虫乱撞。不多久,几个进来了,许是从窗纸的破孔进来的。他们一进来,又在玻璃的灯罩上撞得丁丁地响。一个从上面撞进去了,他于是遇到火,而且我以为这火是真的。两三个却休息在灯的纸罩上喘气。那罩是昨晚新换的罩,雪白的纸,折出波浪纹的叠痕,一角还画出一枝猩红色的栀子。

猩红的栀子开花时,枣树又要做小粉红花的梦,青葱地弯成弧形了……我又听到夜半的笑声;我赶紧砍断我的心绪,看那老在白纸罩上的小青虫,头大尾小,向日葵子似的,只有半粒小麦那么大,遍身的颜色苍翠得可爱,可怜。

我打一个呵欠,点起一支纸烟,喷出烟来,对着灯默默地敬奠这些苍翠精致的英雄们。

一九二四年九月十五日

【注　释】

　　[1] 他：在"五四"初期的白话文中，不管称第三人称的女性或称物都用"他"。本文中的"他""他们"即分别指代天空、花草、枣树等。
　　[2] 低亚：低垂。"亚"，通"压"。
　　[3] 这是写作者深夜里一瞬间的感觉，并不是真的月亮东移。
　　[4] 吃吃：状笑声。

【作者简介】

　　鲁迅(1881—1936)，原名周树人，字豫山，浙江绍兴人，中国现代文学的奠基人。鲁迅幼年受过诗书经传的传统教育。1898年考入江南水师学堂。1902年赴日本留学，初学医，后因决心改造国民精神，弃医从文，积极参加民主革命活动。1918年5月开始用鲁迅这一笔名，在《新青年》杂志上发表了他的第一篇白话文小说《狂人日记》。"五四"运动前后，积极站在反帝反封建的新文化运动的前列。1927年10月，鲁迅到上海定居，开始了"左翼"十年的战斗生活。在此期间，他的思想由进化论发展到阶级论，由革命民主主义者成为共产主义战士。1936年10月19日因积劳成疾，与世长辞。

　　鲁迅一生创作近四百万字，翻译五百多万字，整理古籍近六十万字，对中国文化事业作出了巨大贡献。小说集有《呐喊》《彷徨》《故事新编》，散文集有《野草》《朝花夕拾》，杂文集有《且介亭杂文》等。《狂人日记》《阿Q正传》《祝福》等为其小说代表作。1981年出版了十六卷《鲁迅全集》。2005年又出版了新版十八卷《鲁迅全集》。

【导　读】

　　《秋夜》是鲁迅散文诗集《野草》的第一篇，发表于1924年12月。作者当时在北京，正与北洋军阀黑暗统治及封建统治进行着坚韧的战斗。这篇作品以象征的手法，借景抒情，托物言志，揭露当时社会的黑暗，赞颂抗击黑暗、追求光明的战士，具有境界幽深、寓意深远的特点，启发读者无限的联想。

　　运用象征手法抒情，是本文最主要的艺术特点。作品写秋夜在后园所见、所感，寓情于景，把自然景物人格化，创造了天空、枣树、小粉红花、小青虫等具有深刻意蕴的象征性形象。通过这些形象，作品传达了对黑暗、暴虐的统治势力的憎恶和愤怒，对被压迫被摧残者的同情，对追求光明的幼小者的赞美。尤其是枣树的形象，表现出一种顽强抗击黑暗的韧性战斗精神，既是作者对这样的战斗者的肯定，也是其人格、精神的写照。

　　《秋夜》在艺术表现方面的另一个特点是意境营造。作者用冷峻峭拔的语言，着力渲染萧瑟森然、幽远清寂的秋夜氛围。在这冷寂深邃的意境中，既蕴藉又强烈地表达了一个既彷徨又执著的孤独的求索者的心绪。

【思考与练习】

　　1. 分析文中运用象征手法抒情的艺术特点。
　　2. 分析"天空""枣树""小粉红花""小青虫"等的寓意。
　　3. 文章开头对两株枣树的重复叙述，是为了达到什么表达效果？

2. 书塾与学堂

郁达夫

从前我们学英文的时候,中国自己还没有教科书,用的是一册英国人编了预备给印度人读的同纳氏文法是一路的读本。这读本里,有一篇说中国人读书的故事。插画中画着一位年老背曲拿烟管带眼镜拖辫子的老先生坐在那里听学生背书,立在这先生前面背书的,也是一位拖着长辫的小后生。不晓为什么原因,这一课的故事,对我印象特别的深,到现在我还约略谙诵得出来。里面曾说到中国人读书的奇习,说:"他们无论读书背书时,总要把身体东摇西扫,摇动得像一个自鸣钟的摆。"这一种读书背书时摇摆身体的作用与快乐,大约是没有在从前的中国书塾里读过书的人所永不能了解的。

我的初上书塾去念书的年龄,却说不清理了,大约总在七八岁的样子;只记得有一年冬天的深夜,在烧年纸的时候,我已经有点朦胧想睡了,尽在擦眼睛,打呵欠,忽而门外来了一位提着灯笼的老先生,说是来替我开笔的。我跟着他上了香,对孔子的神位行了三跪九叩之礼;立起来就在香案前面的一张桌上写了一张上大人的红字,念了四句"人之初,性本善"的《三字经》。第二年的春天,我就夹着绿布书包,拖着红丝小辫,摇摆着身体,成了那册英文读本里的小学生的样子了。

经过了三十余年的岁月,把当时的苦痛,一层层地摩擦干净,现在回想起来,这书塾里的生活,实在是快活得很。因为要早晨坐起一直坐到晚的缘故,可以助消化,健身体的运动,自然只有身体的死劲摇摆与放大喉咙的高叫了。大小便,是学生们监禁中暂时的解放,故而厕所就变作了乐园。我们同学中间的一位最淘气的,是学官陈老师的儿子,名叫陈方;书塾就系附设在学宫里面的。陈方每天早晨,总要大小便十二三次。后来弄得先生没法,就设下了一枝令签,凡须出塾上厕所的人,一定要持签而出;于是两人同去,在厕所里捣鬼的弊端去了,但这令签的争夺,又成了一般学生们的唯一的娱乐。

陈方比我大四岁,是书塾里的头脑;像春香闹学似的把戏,总是由他发起,由许多虾兵蟹将来演出的,因而先生的挞伐,也以落在他一个人的头上者居多。不过同学中间的有几位狡猾的人,委过于他,使他冤枉被打的事情也着实不少;他明知道辩不清的,每次替人受过之后,总只张大了两眼,滴落几滴大泪点,摸摸头上的痛处就了事。我后来进了当时由书院改建的新式的学堂,而陈方也因他父亲的去职而他迁,一直到现在,还不曾和他有第二次见面的机会;这机会大约是永也不会再来了,因为国共分家的当日,在香港仿佛曾听见人说起过他,说他的那一种惨死的样子,简直和杜格纳夫所描写的卢亭完全是一样。

由书塾而到学堂!这一个转变,在当时的我的心里,比从天上飞到地上,还要来得大而且奇。其中的最奇之处,是我一个人,在全校的学生当中,身体年龄,都属最小的一点。

当时的学堂,是一般人的崇拜和惊异的目标。将书院的旧考棚撤去了几排,一间像鸟笼似的中国式洋房造成功的时候,甚至离城有五六十里路远的乡下人,都成群结队,带了饭包,雨伞,走进城来挤着看新鲜。在校舍改造成功的半年之中,"洋学堂"的三个字,成了茶店酒馆,乡村城市里的谈话的中心;而穿着奇形怪状的黑斜纹布制服的学堂生,似乎都是万能的张天师,人家也在侧目而视,自家也在暗鸣得意。

一县里唯一的这县立高等小学堂的堂长,更是了不得的一位大人物,进进出出,用的是蓝呢小轿;知县请客,总少不了他。每月第四个礼拜六下午作文课的时候,县官若来监课,学生们特别有两个肉馒头好吃;有些住在离城十余里的乡下的学生,于作文课作完后回家的包裹里,往往将这两个肉馒头包得好好,带回乡下去送给邻里尊长,并非想学颖考叔的纯孝,却因为这肉馒头是学堂里的东西,而又出于知县官之所赐,吃了是可以驱邪启智的。

实际上我的那一班学堂里的同学,确有几位是进过学的秀才,年龄都在三十左右;他们穿起制服来,因为背形微驼,样子有点不大雅观,但穿了袍子马褂,摇摇摆摆走回乡下去的态度,如另有着一种堂皇严肃的威仪。

初进县立高等小学堂院那一年年底,因为我的平均成绩,超出了八十分以上,突然受了堂长和知县的提拔,令我和四位其他的同学跳过了一班,升入了高两年的级里;这一件极平常的事情,在县城里居然也耸动了视听,而在我们的家庭里,却引起了一场很不小的风波。

第二年春天开学的时候了,我们的那位寡母,辛辛苦苦,调集了几块大洋的学费书籍费缴进学堂去后,我向她又提出了一个无理的要求,硬要她去为我买一双皮鞋来穿。在当时的我的无邪的眼里,觉得在制服下穿上一双皮鞋,挺胸伸脚,得得得得地在石板路大走去,就是世界上最光荣的事情;跳过了一班,升进了一级的我,非要如此打扮,才能够压服许多比我大一半年龄的同学的心。为凑集学费之类,已经挖掘得精光的我那位母亲,自然是再也没有两块大洋的余钱替我去买皮鞋了,不得已就只好老了面皮,带着了我,上大街上的洋广货店里去赊去;当时的皮鞋,是由上海运来,在洋广货店里寄售的。

一家,两家,三家,我跟了母亲,从下街走起,一直走到了上街尽处的那一家隆兴字号。店里的人,看我们进去,先都非常客气,摸摸我的头,一双一双的皮鞋拿出来替我试脚;但一听到了要赊欠的时候,却同样地都白了眼,作一脸苦笑,说要去问账房先生的。而各个账房先生,又都一样地板起了脸,放大了喉咙,说是赊欠不来。到了最后那一家隆兴里,惨遭拒绝赊欠的一瞬间,母亲非但涨红了脸,我看见她的眼睛,也有点红起来了。不得已只好默默地旋转了身,走出了店;我也并无言语,跟在她的后面走回家来。到了家里,她先掀着鼻涕,上楼去了半天;后来终于带了一大包衣服,走下楼来了,我晓得她是将从后门出,上当铺去以衣服抵押现钱的;这时候,我心酸极了,哭着喊着,赶上了后门边把她拖住,就绝命的叫说:

"娘,娘!您别去罢!我不要了,我不要皮鞋穿了!那些店家!那些可恶的店家!"

我拖住了她跪向了地下,她也呜呜地放声哭了起来。两人的对泣,惊动了四邻,大家都以为是我得罪了母亲,走拢来相劝。我愈听愈觉得悲哀,母亲也愈哭愈是利害,结果还是我重赔了不是,由间壁的大伯伯带走,走上了他们的家里。

自从这一次的风波以后,我非但皮鞋不着,就是衣服用具,都不想用新的了。拼命的读书,拼命的和同学中的贫苦者相往来,对有钱的人,经商的人仇视等,也是从这时候而起的。当时虽还只有十一二岁的我,经了这一番波折,居然有起老成人的样子来了,直到现在,觉得这一种怪癖的性格,还是改不转来。

到了我十三岁的那一年冬天,是光绪三十四年,皇帝死了;小小的这富阳县里,也来了哀诏,发生了许多议论。熊成基的安徽起义,无知幼弱的溥仪的入嗣,帝室的荒淫,种族的歧异等等,都从几位看报的教员的口里,传入了我们的耳朵。而对于我印象最深的,是一位国文教员拿给我们看的报纸上的一张青年军官的半身肖像。他说,这一位革命义士,在哈尔滨被捕,在吉林被满清的大员及汉族的卖国奴等生生地杀掉;我们要复仇,我们要努力用功。

所谓种族,所谓革命,所谓国家等等的概念,到这时候,才隐约地在我脑里生了一点儿根。

【作者简介】

郁达夫(1896—1945),原名郁文,字达夫,浙江富阳人,中国现代著名小说家、散文家、诗人。1896年12月7日出生于浙江富阳的一个知识分子家庭。七岁入私塾。九岁便能赋诗。1908年就读于富阳县立高等小学。1912年考入浙江大学预科,因参加学潮被校方开除。1913—1922年在日本留学。留学期间与郭沫若等人在东京成立了新文学团体——创造社。1921年7月处女作《沉沦》问世,震动当时文坛。1922年3月从东京帝国大学毕业后归国,在从事文学创作的同时先后在北京大学、武昌师大、广东大学任教。抗战时期在南洋从事抗日宣传活动,1945年被日本宪兵秘密杀害于印度尼西亚的苏门答腊。

【导 读】

《书塾与学堂》是现代著名作家郁达夫写的一篇自传体散文,叙述了童年和青少年时期的求学生活。在作者笔下,书塾中的孩子们为了求得"监禁中的暂时解放",变着法儿地淘气,活泼的童心跃然纸上。由书塾到学堂,主人公"我"又因为特别聪慧而引人瞩目,因成绩极好受到堂长和知县的赏识,并被允许跳过一级,小小的自尊心很是"暗鸣得意"。"我"于是向母亲要一双皮鞋,以"压服许多比我大一半年龄的同学的心",可怜的母亲领着"我",从上街走起,见到一家店铺就进去,求人家赊一双皮鞋,其间受尽了白眼冷遇,但直到走到街的尽头,仍一无所获。"我"最终向母亲下了跪,说不要皮鞋了,却引得母亲"愈哭愈厉害"。其字里行间透出少年情怀和母子亲情,真切而又感人。

【思考与练习】

1. 由书塾到学堂,主人公"我"经历了哪些事情?这些事情为什么让主人公"我"久久难以释怀?

2. 从"皮鞋风波"中,可以看出那位母亲是一位什么样的母亲?

3. "皮鞋风波"后,主人公"我"成熟了许多,这是不是成熟的代价?为什么?请联系实际加以说明。

3. 故乡的野菜

周作人

　　我的故乡不止一个，凡我住过的地方都是故乡。故乡对于我并没有什么特别的情分，只因钓于斯游于斯的关系，朝夕会面，遂成相识，正如乡村里的邻舍一样，虽然不是亲属，别后有时也要想念到他。我在浙东住过十几年，南京东京都住过六年，这都是我的故乡，现在住在北京，于是北京就成了我的家乡了。

　　日前我的妻往西单市场买菜回来，说起有荠菜在那里卖着，我便想起浙东的事来。荠菜是浙东人春天常吃的野菜，乡间不必说，就是城里只要有后园的人家都可以随时采食，妇女小儿各拿一把剪刀一只"苗篮"，蹲在地上搜寻，是一种有趣味的游戏的工作。

　　那时小孩们唱道："荠菜马兰头，姊姊嫁在后门头。"后来马兰头有乡人拿来进城售卖了，但荠菜还是一种野菜，须得自家去采。关于荠菜向来颇有风雅的传说，不过这似乎以吴地为主。《西湖游览志》云："三月三日男女皆戴荠菜花。"谚云："三春戴荠花，桃李羞繁华。"顾禄的《清嘉录》上亦说，"荠菜花俗呼野菜花，因谚有三月三蚂蚁上灶山之语，三日人家皆以野菜花置灶陉上，以厌虫蚁。侵晨村童叫卖不绝。或妇女簪髻上以祈清目，俗号眼亮花"。但浙东人却不很理会这些事情，只是挑来做菜或炒年糕吃罢了。

　　黄花麦果通称鼠曲草，系菊科植物，叶小微圆互生，表面有白毛，花黄色，簇生梢头。春天采嫩叶，捣烂去汁，和粉作糕，称黄花麦果糕。小孩们有歌赞美之云：

　　黄花麦果韧结结，

　　关得大门自要吃，

　　半块拿弗出，一块自要吃。

　　清明前后扫墓时，有些人家——大约是保存古风的人家——用黄花麦果作供，但不作饼状，做成小颗如指顶大，或细条如小指，以五六个作一攒，名曰茧果，不知是什么意思，或因蚕上山时设祭，也用这种食品，故有是称，亦未可知。自从十二三岁时外出不参与外祖家扫墓以后，不复见过茧果，近来住在北京，也不再见黄花麦果的影子了。日本称作"御形"，与荠菜同为春天的七草之一，也采来做点心用，状如艾饺，名曰"草饼"，春分前后多食之，在北京也有，但是吃去总是日本风味，不复是儿时的黄花麦果糕了。

　　扫墓时候所常吃的还有一种野菜，俗称草紫，通称紫云英。农人在收获后，播种田内，用作肥料，是一种很被贱视的植物，但采取嫩茎滴食，味颇鲜美，似豌豆苗。花紫红色，数十亩接连不断，一片锦绣，如铺着华美的地毯，非常好看，而且花朵状若蝴蝶，又如鸡雏，尤为小孩所喜，间有白色的花，相传可以治痢。很是珍重，但不易得。

　　日本《俳句大辞典》云："此草与蒲公英同是习见的东西，从幼年时代便已熟识。在女人里边，不曾采过紫云英的人，恐未必有罢。"中国古来没有花环，但紫云英的花球却是小孩常玩的东西，这一层我还替那些小人们欣幸。浙东扫墓用鼓吹，所以少年们常随了乐音去看"上坟船里的姣姣"；没有钱的人家虽没有鼓吹，但是船头上篷窗下总露出些紫云英和杜鹃的花束，这也就是上坟船的确实的证据了。

一九二四年二月

【作者简介】

周作人(1885—1967),原名魁寿,字启明,浙江绍兴人,现代散文家、诗人、文学翻译家。1901年考入江南水师学堂,1906年东渡日本留学,1911年回国后在绍兴任教,1917年到北大担任文科教授。"五四"时期,周作人积极参与新文化运动。"五四"以后,周作人作为《语丝》的主编和主要撰稿人写了大量散文,风格平和冲淡,清隽幽雅。抗日战争爆发后,留在沦陷后的北平,出任南京国民政府委员、华北政务委员会常务委员兼教育总署督办等伪职。1945年以叛国罪入狱,1949年出狱后定居北京,在人民文学出版社从事日本、希腊文学作品的翻译,同时写一些关于鲁迅先生的回忆性文章,1967年去世。

【导 读】

《故乡的野菜》是周作人小品散文的名篇之一,通过对家乡野菜的描写,勾勒了一幅幅浙东古朴清纯的民俗画卷,流露出品花赏草的闲适情趣,也表达了作者对故乡的深情怀念。

文章的开头极力申述对故乡并无特别的情分,是一个"只因钓于斯游于斯的关系",周作人的这种极力的淡化感情的做法,其根本就在于他的审美标准,表现在文学上就是"爱好天然、崇尚简素",也体现了他在文学艺术上的态度和审美理想,从作品来看,文中并非无情,相反地常常是有一种情切温暖。

知识性和趣味性也是本文的一大特色,周作人是富有的,他的知识不仅在于丰富的书本知识,更在于他丰富的生活常识。文中不仅介绍了故乡三种野菜,更介绍了与之相关的风俗民情,所以文中表达的已不仅仅是简单的吃了,而是一种吃的文化,是"吃文化"背后的故乡的风俗和内在的文化含义,实现了野趣和雅趣的结合。

此外,本文将民谣童谚、中外典故不露痕迹地点缀在短小的篇幅中,语言简洁,联想丰富,选材从平凡琐碎处着手,加之作者心境的平和冲淡,使本文显出周作人小品文一贯的平和冲淡的风格。

【思考与练习】

1. "但是吃去总是日本风味,不复是儿时的黄花麦果糕了",这句话包含了什么意思?
2. "这一层我还替那些小人们欣幸的",为什么?
3. 作者细致地描绘了故乡的野菜,甚至不惜引经据典,为什么?

4. 读书的艺术

林语堂

　　读书或书籍的享受素来被视为有修养的生活上的一种雅事，而在一些不大有机会享受这种权利的人们看来，这是一种值得尊重和妒忌的事。当我们把一个不读书者和一个读书者的生活上的差异比较一下，这一点便很容易明白。那个没有养成读书习惯的人，以时间和空间而言，是受着他眼前的世界所禁锢的。他的生活是机械化的，刻板的；他只跟几个朋友和相识者接触谈话，他只看见他周遭所发生的事情。他在这个监狱里是逃不出去的。可是当他拿起一本书的时候，他立刻走进一个不同的世界；如果那是一本好书，他便立刻接触到世界上一个最健谈的人。这个谈话者引导他前进，带他到一个不同的国度或不同的时代，或者对他发泄一些私人的悔恨，或者跟他讨论一些他从来不知道的学问或生活问题。一个古代的作家使读者随一个久远的死者交通；当他读下去的时候，他开始想象那个古代的作家相貌如何，是哪一类的人。孟子和中国最伟大的历史学家司马迁都表现过同样的观念。一个人在十二小时之中，能够在一个不同的世界里生活两小时，完全忘怀眼前的现实环境：这当然是那些禁锢在他们的身体监狱里的人所妒羡的权利。这么一种环境的改变，由心理上的影响说来，是和旅行一样的。

　　不但如此。读者往往被书籍带进一个思想和反省的境界里去。纵使那是一本关于现实事情的书，亲眼看见那些事情或亲历其境，和在书中读到那些事情，其间也有不同的地方，因为在书本里所叙述的事情往往变成一片景象，而读者也变成一个冷眼旁观的人。所以，最好的读物是那种能够带我们到这种沉思的心境里去的读物，而不是那种仅在报告事情的始末的读物。我认为人们花费大量的时间去阅读报纸，并不是读书，因为一般阅报者大抵只注意到事件发生或经过的情形的报告，完全没有沉思默想的价值。

　　据我看来，关于读书的目的，宋代的诗人和苏东坡的朋友黄山谷所说的话最妙。他说："三日不读，便觉语言无味，面目可憎。"他的意思当然是说，读书使人得到一种优雅和风味，这就是读书的整个目的，而只有抱着这种目的的读书才可以叫做艺术。一人读书的目的并不是要"改进心智"，因为当他开始想要改进心智的时候，一切读书的乐趣便丧失净尽了。他对自己说："我非读莎士比亚的作品不可，我非读索福客俪（Sophocles）的作品不可，我非读伊里奥特博士（Dr. Eliot）的《哈佛世界杰作集》不可，使我能够成为有教育的人。"我敢说那个人永远不能成为有教育的人。他有一天晚上会强迫自己去读莎士比亚的《哈姆雷特》（Hamlet），读毕好像由一个噩梦中醒转来，除了可以说他已经"读"过《哈姆雷特》之外，并没有得到什么益处。一个人如果抱着义务的意识去读书，便不了解读书的艺术。这种具有义务目的的读书法，和一个参议员在演讲之前阅读文件和报告是相同的。这不是读书，而是寻求业务上的报告和消息。

　　所以，依黄山谷氏的说话，那种以修养个人外表的优雅和谈吐的风味为目的的读书，才是唯一值得嘉许的读书法。这种外表的优雅显然不是指身体上之美。黄氏所说的"面目可憎"，不是指身体上的丑陋。丑陋的脸孔有时也会有动人之美，而美丽的脸孔有时也会令人看来讨厌。我有一个中国朋友，头颅的形状像一颗炸弹，可是看到他却使人欢喜。据我在图画上所看见的西洋作家,脸孔最漂亮的当推吉斯透顿。他的髭须,眼镜,又粗又厚的眉毛,和两眉间的皱纹,合组而成一个恶魔似的容貌。我们只觉得那个头额中有许许多多的思念在转动着,随时会由那对古怪而锐利的眼睛里迸发出来。那就是黄氏所谓美丽的脸孔,一个不是脂粉装扮起来的脸孔,而是纯然由思想的力量创造起来的脸孔。讲到谈吐的风味,那完全要看一个人读书的方法如何。一个人的谈吐有没有"味",完全要看他的读书方法。如果读者获得书中的"味",他便会在谈吐中把这种风味表现出来;如果他的谈吐中有风味,他在写作中也免不了会表现出风味来。

所以,我认为风味或嗜好是阅读一切书籍的关键。这种嗜好跟对食物的嗜好一样,必然是有选择性的,属于个人的。吃一个人所喜欢吃的东西终究是最合卫生的吃法,因为他知道吃这些东西在消化方面一定很顺利。读书跟吃东西一样,"在一人吃来是补品,在他人吃来是毒质"。教师不能以其所好强迫学生去读,父母也不能希望子女的嗜好和他们一样。如果读者对他所读的东西感不到趣味,那么所有的时间全都浪费了。袁中郎曰:"所不好之书,可让他人读之。"

所以,世间没有什么一个人必读之书。因为我们智能上的趣味像一棵树那样地生长着,或像河水那样地流着。只要有适当的树液,树便会生长起来,只要泉中有新鲜的泉水涌出来,水便会流着。当水流碰到一个花岗岩石时,它便由岩石的旁边绕过去;当水流涌到一片低洼的溪谷时,它便在那边曲曲折折地流着一会儿;当水流涌到一个深山的池塘时,它便恬然停驻在那边;当水流冲下急流时,它便赶快向前涌去。这么一来,虽则它没有费什么气力,也没有一定的目标,可是它终究有一天会到达大海。世上无人人必读的书,只有在某时某地,某种环境,和生命中的某个时期必读的书。我认为读书和婚姻一样,是命运注定的或阴阳注定的。纵使某一本书,如《圣经》之类,是人人必读的,读这种书也有一定的时候。当一个人的思想和经验还没有达到阅读一本杰作的程度时,那本杰作只会留下不好的滋味。孔子曰:"五十以学《易》。"便是说,四十五岁时候尚不可读《易经》。孔子在《论语》中的训言的冲淡温和的味道,以及他的成熟的智慧,非到读者自己成熟的时候是不能欣赏的。

且同一本书,同一读者,一时可读出一时之味道来。其景况适如看一名人相片,或读名人文章,未见面时,是一种味道,见了面交谈之后,再看其相片,或读其文章,自有另外一层深切的理会。或是与其人绝交以后,看其照片,读其文章,亦另有一番味道。四十学《易》是一种味道,到五十岁看过更多的人世变故的时候再去学《易》,又是一种味道。所以,一切好书重读起来都可以获得益处和新乐趣。我在大学的时代被学校强迫去读《西行记》(*Westward Ho!*)和《亨利·埃士蒙》(*Henry Edmond*),可是我在十余岁时候虽能欣赏《西行记》的好处,《亨利·埃士蒙》的真滋味却完全体会不到,后来渐渐回想起来,才疑心该书中的风味一定比我当时所能欣赏的还要丰富得多。

由是可知读书有两方面,一是作者,一是读者。对于所得的实益,读者由他自己的见识和经验所贡献的分量,是和作者自己一样多的。宋儒程伊川先生谈到孔子的《论语》时说:"读《论语》,有读了全然无事者;有读了后,其中得一两句喜者;有读了后,知好之者;有读了后,直有不知手之舞之足之蹈之者。"

我认为一个人发现他最爱好的作家,乃是他的知识发展上最重要的事情。世间确有一些人的心灵是类似的,一个人必须在古今的作家中,寻找一个心灵和他相似的作家。他只有这样才能够获得读书的真益处。一个人必须独立自主去寻出他的老师来。没有人知道谁是你最爱好的作家,也许甚至你自己也不知道。这跟一见倾心一样。人家不能叫读者去爱这个作家或那个作家,可是当读者找到了他所爱好的作家时,他自己就本能地知道了。关于这种发现作家的事情,我们可以提出一些著名的例证。有许多学者似乎生活于不同的时代里,相距多年,然而他们思想的方法和他们的情感却那么相似,使人在一本书里读到他们的文字时,好像看见自己的肖像一样。以中国人的语法说来,我们说这些相似的心灵是同一条灵魂的化身,例如有人说苏东坡是庄子或陶渊明转世的(苏东坡曾做过一件卓绝的事情:他步陶渊明诗集的韵,写出整篇的诗来。在这些《和陶诗》后,他说他自己是陶渊明转世的;这个作家是他一生最崇拜的人物),袁中郎是苏东坡转世的。苏东坡说,当他第一次读庄子的文章时,他觉得他自从幼年时代起似乎就一直在想着同样的事情,抱着同样的观念。当袁中郎有一晚在一本小诗集里,发现一个名叫徐文长的同代无名作家时,他由床上跳起,向他的朋友呼叫起来,他的朋友开始拿那本诗集来读,也叫起来,于是两人叫复读,读复叫,弄得他们的仆人疑惑不解。伊里奥特(George Eliot)说她第一次读到卢骚的作品时,好像受了电流的震击一样。尼采(Nietzsche)对于叔本华(Schopenhauer)也有同样的感觉,可是叔本华是一个乖张易怒的老师,而尼采是一个脾气暴躁的弟子,所以这个弟子后来反叛老师,是很自然的事情。

只有这种读书方法,只有这种发现自己所爱好的作家的读书方法,才有益处可言。像一个男子和他的情人一见倾心一样,什么都没有问题了。她的高度,她的脸孔,她的头发的颜色,她的声调,和她的言笑,都是恰到好处的。一个青年认识这个作家,是不必经他的教师的指导的。这个作家是恰合他的心意的;他的风格,他的趣味,他的观念,他的思想方法,都是恰到好处的。于是读者开始把这个作家所写的东西全都拿来读了,因为他们之间有一种心灵上的联系,所以他把什么东西都吸收进去,毫不费力地消化了。这个作家自会有魔力吸引他,而他也乐自为所吸;过了相当的时候,他自己的声音相貌,一颦一笑,便渐与那个作家相似。这么一来,他真的浸润在他的文学情人的怀抱中,而由这些书籍中获得他的灵魂的食粮。过了几年之后,这种魔力消失了,他对这个情人有点感到厌倦,开始寻找一些新的文学情人;到他已经有过三四个情人,而把他们吃掉之后,他自己也成为一个作家了。有许多读者永不曾堕入情网,正如许多青年男女只会卖弄风情,而不能钟情于一个人。随便那个作家的作品,他们都可以读,一切作家的作品,他们都可以读,他们是不会有甚么成就的。

这么一种读书艺术的观念,把那种视读书为责任或义务的见解完全打破了。在中国,常常有人鼓励学生"苦学"。有一个实行苦学的著名学者,有一次在夜间读书的时候打盹,便拿锥子在股上一刺。又有一个学者在夜间读书的时候,叫一个丫头站在他的旁边,看见他打盹便唤醒他。这真是荒谬的事情。如果一个人把书本排在面前,而在古代智慧的作家向他说话的时候打盹,那么,他应该干脆地上床去睡觉。把大针刺进小腿或叫丫头推醒他,对他都没有一点好处。这么一种人已经失掉一切读书的趣味了。有价值的学者不知道什么叫做"磨炼",也不知道什么叫做"苦学"。他们只是爱好书籍,情不自禁地一直读下去。

这个问题解决之后,读书的时间和地点的问题也可以找到答案。读书没有合宜的时间和地点。一个人有读书的心境时,随便什么地方都可以读书。如果他知道读书的乐趣,他无论在学校内或学校外,都会读书,无论世界有没有学校,也都会读书。他甚至在最优良的学校里也可以读书。曾国藩在一封家书中,谈到他的四弟拟入京读较好的学校时说:"苟能发奋自立,则家塾可读书,即旷野之地,热闹之场,亦可读书,负薪牧豕,皆可读书。苟不能发奋自立,则家塾不宜读书,即清净之乡,神仙之境,皆不能读书。"有些人在要读书的时候,在书台前装腔作势,埋怨说他们读不下去,因为房间太冷,板凳太硬,或光线太强。也有些作家埋怨说他们写不出东西来,因为蚊子太多,稿纸发光,或马路上的声响太嘈杂。宋代大学者欧阳修说他的好文章都在"三上"得之,即枕上、马上,和厕上。有一个清代的著名学者顾千里据说在夏天有"裸体读经"的习惯。在另一方面,一个人不好读书,那么,一年四季都有不读书的正当理由:

春天不是读书天,夏日炎炎最好眠。等到秋来冬又至,不如等待到来年。

那么,什么是读书的真艺术呢?简单的答案就是有那种心情的时候便拿起书来读。一个人读书必须出其自然,才能够彻底享受读书的乐趣。他可以拿一本《离骚》或奥玛开俨(Omar Khayyam,波斯诗人)的作品,牵着他的爱人的手到河边去读。如果天上有可爱的白云,那么,让他们读白云而忘掉书本吧,或同时读书本和白云吧。在休憩的时候,吸一筒烟或喝一杯好茶则更妙不过。或许在一个雪夜,坐在炉前,炉上的水壶铿铿作响,身边放一盒淡巴菰,一个人拿了十数本哲学、经济学、诗歌、传记的书,堆在长椅上,然后闲逸地拿起几本来翻一翻,找到一本爱读的书时,便轻轻点起烟来吸着。金圣叹认为雪夜闭户读禁书,是人生最大的乐趣。陈继儒(眉公)描写读书的情调,最为美妙:"古人称书画为丛笺软卷,故读书开卷以闲适为尚。"在这种心境中,一个人对什么东西都能够容忍了。此位作家又曰:"真学士不以鲁鱼亥豕为意,好旅客登山不以路恶难行为意,看雪景者不以桥不固为意,卜居乡间者不以俗人为意,爱看花者不以酒劣为意。"

关于读书的乐趣,我在中国最伟大的女诗人李清照(易安,1081—1141)的自传里,找到一段最佳的描写。她的丈夫在太学作学生,每月领到生活费的时候,他们夫妻总立刻跑到相国寺去买碑文水果,回来夫妻相对展玩咀嚼,一面剥水果,一面赏碑帖,或者一面品佳茗,一面校勘各种不同的板本。她在《金石录后序》这篇自传小记里写道:

余性偶强记,每饭罢,坐归来堂烹茶,指堆积书史,言某事在某书某卷第几页第几行,以中否角胜负,为饮茶先后。中即举杯大笑,至茶倾覆怀中,反不得饮而起。甘心老是乡矣!故虽处忧患困穷而志不屈。……于是几案罗列,枕席枕藉,意会心谋,目往神授,乐在声、色、狗、马之上。……

这篇小记是她晚年丈夫已死的时候写的。当时她是个孤独的女人,因金兵侵入华北,只好避乱南方,到处漂泊。

【作者简介】

林语堂(1895—1976),福建龙溪(现福建漳州)人。原名和乐,后改玉堂,又改语堂。笔名毛驴、宰予、岂青等,中国现当代著名学者、文学家、语言学家。早年留学国外,回国后在北京大学等著名大学任教,1966年定居台湾。自喻为"两脚踏东西文化,一心评宇宙文章",不仅是"幽默"一词的发明者,更有着"幽默大师"的美誉。

林语堂学贯中西,著作甚丰,作品主要有杂文和小品文集《翦拂集》《有不为斋文集》《无所不谈合集》,英语长篇小说《京华烟云》等。他的散文随笔创作颇具特色,幽默风趣,淡定从容。作为最早被西方接受和推崇的华裔作者,他横跨了东西方的文化视域,熟谙双语写作,为东西方的文化交流做出了重大的贡献。在美国,他被列为"20世纪智慧人物之一"。

【导　读】

　　本文选自林语堂所著《生活的艺术》一书，该书于 1937 年在美国出版，次年便居美国畅销书排行榜首达 52 周，且接连再版四十余次，并为十余种文字所翻译。林语堂在该书中将中国的道家思想和恬淡的生活方式予以传达，向西方人展现了具有浪漫高雅的东方情调的生活方式。

　　在《读书的艺术》一文中，作者为了说明怎样读书才是真正意义上的读书、读书是有艺术的、读书须讲究艺术、读书的乐趣等道理，旁征博引，并信手拈出一些生活中的事情或现象作比，说理生动形象，妙趣横生，耐人寻味。

　　这不仅是一本教人读书的文章，同时它自身也是一篇美文。教人读书本是一件枯燥的事情，更何况还要从中现出如何读书的艺术。可是在林先生的文章中他把教人读书与许多人们生活中充满乐趣的事情联系起来。这种充满乐趣、充满人性地去讨论读书这个严肃的话题，是一种多么幽默的方式。

【思考与练习】

1. 在作者看来，怎样一种读书才算是讲究了读书艺术？
2. 作者认为怎样的读书才是真正意义上的读书？
3. 你赞同作者的那些看法吗？为什么？

5. 给 亡 妇

朱自清

　　谦,日子真快,一眨眼你已经死了三个年头了。这三年里世事不知变化了多少回,但你未必注意这些个,我知道。你第一惦记的是你几个孩子,第二便轮着我。孩子和我平分你的世界,你在日如此;你死后若还有知,想来还如此的。告诉你,我夏天回家来着:迈儿长得结实极了,比我高一个头。闰儿父亲说是最乖,可是没有先前胖了。采芷和转子都好。五儿全家夸她长得好看;却在腿上生了湿疮,整天坐在竹床上不能下来,看了怪可怜的。六儿,我怎么说好,你明白,你临终时也和母亲谈过,这孩子是只可以养着玩儿的,他左挨右挨,去年春天,到底没有挨过去。这孩子生了几个月,你的肺病就重起来了。我劝你少亲近他,只监督着老妈子照管就行。你总是忍不住,一会儿提,一会儿抱的。可是你病中为他操的那一份儿心也够瞧的。那一个夏天他病的时候多,你成天儿忙着,汤呀,药呀,冷呀,暖呀,连觉也没有好好儿睡过。那里有一分一毫想着你自己。瞧着硬朗点儿你就乐,干枯的笑容在黄蜡般的脸上,我只有暗中叹气而已。

　　从来想不到做母亲的要像你这样。从迈儿起,你总是自己喂乳,一连四个都这样。你起初不知道按钟点儿喂,后来知道了,却又弄不惯;孩子们每夜里几次将你哭醒了,特别是闷热的夏季。我瞧你的觉老没睡足。白天里还得做菜,照料孩子,很少得空儿。你的身子本来坏,四个孩子就累你七八年。到了第五个,你自己实在不成了,又没乳,只好自己喂奶粉,另雇老妈子专管她。但孩子跟老妈子睡,你就没有放过心;夜里一听见哭,就竖起耳朵听,工夫一大就得过去看。十六年初,和你到北京来,将迈儿、转子留在家里;三年多还不能去接他们,可真把你惦记苦了。你并不常提,我却明白。你后来说你的病就是惦记出来的;那个自然也有份儿,不过大半还是养育孩子累的。你的短短的十二年结婚生活,有十一年耗费在孩子们身上;而你一点不厌倦,有多少力量用多少,一直到自己毁灭为止。你对孩子一般儿爱,不问男的女的,大的小的。也不想到什么"养儿防老,积谷防饥",只拼命的爱去。你对于教育老实说有些外行,孩子们只要吃得好玩得好就成了。这也难怪你,你自己便是这样长大的。况且孩子们原都还小,吃和玩本来也要紧的。你病重的时候最放不下的还是孩子。病的只剩皮包着骨头了,总不信自己不会好;老说:"我死了,这一大群孩子可苦了。"后来说送你回家,你想着可以看见迈儿和转子,也愿意;你万不想到会一走不返的。我送车的时候,你忍不住哭了,说:"还不知能不能再见?"可怜,你的心我知道,你满想着好好儿带着六个孩子回来见我的。谦,你那时一定这样想,一定的。

　　除了孩子,你心里只有我。不错,那时你父亲还在;可是你母亲死了,他另有个女人,你老早就觉得隔了一层似的。出嫁后第一年你虽还一心一意依恋着他老人家,到第二年上我和孩子可就将你的心占住,你再没有多少工夫惦记他了。你还记得第一年我在北京,你在家里。家里来信说你待不住,常回娘家去。我动气了,马上写信责备你。你教人写了一封复信,说家里有事,不能不回去。这是你第一次也可以说第末次的抗议,我从此就没给你写信。暑假时带了一肚子主意回去,但见了面,看你一脸笑,也就拉倒了。打这时候起,你渐渐从你父亲的怀里跑到我这儿。你换了金镯子帮助我的学费,叫我以后还你;但直到你死,我没有还你。你在我家受了许多气,因为我家的缘故受你家里的气,你都忍着。这全为的是我,我知道。那回我从家乡一个中学半途辞职出走。家里人讽你也走。哪里走!只得硬着头皮往你家去。那时你家像个冰窖子,你们在窖子里足足住了三个月。好容易我才将你们领出来了,一同上外省去。小家庭这样组织起来了。你虽不是什么阔小姐,可也是自小娇生惯养的,做起主妇来,什么都得干一两手;你居然做下去了,而且高高兴兴地做下去了。菜照例满是你做,可是吃的都是我们;你至多夹上两三筷子就算了。你的菜做得不坏,有一位老在行大大地夸奖过你。你洗衣服也不错,夏天我的绸大褂大概总是你亲自动手。你在家老不乐意闲着;坐前几个"月子",老是四五天就起床,说是躺着家里事没条没理的。其实你起来也还不是没条理;咱们家那么多孩子,哪儿来条理?在浙江住的时候,逃过两回兵难,我都在北平。真亏你领着母亲和一群孩子东藏西躲的;末一回还要走多少里路,翻一道大岭。这两回差不多只靠你一个人。你不但带了母亲和孩子们,还带了我一箱箱的书;你知道我是最爱书的。在短短的十二年里,你操的心比人家一辈子还多;谦,你那样身子怎么经得住!你将我的责任一股脑儿担负了去,压死了你;我如何对得起你!

你为我的劳什子书也费了不少神;第一回让你父亲的男佣人从家乡捎到上海去。他说了几句闲话,你气得在你父亲面前哭了。第二回是带着逃难,别人都说你傻子。你有你的想头:"没有书怎么教书?况且他又爱这个玩意儿。"其实你没有晓得,那些书丢了也并不可惜;不过教你怎么晓得,我平常从来没和你谈过这些个!总而言之,你的心是可感谢的。这十二年里你为我吃的苦真不少,可是没有过几天好日子。我们在一起住,算来也还不到五个年头。无论日子怎么坏,无论是离是合,你从来没对我发过脾气,连一句怨言也没有。——别说怨我,就是怨命也没有过。老实说我的脾气可不大好,迁怒的事儿有的是。那些时候你往往抽噎着流眼泪,从不回嘴,也不号啕。不过我也只信得过你一个人,有些话我只和你一个人说,因为世界上只你一个人真关心我,真同情我。你不但为我吃苦,更为我分苦;我之有我现在的精神,大半是你给我培养着的。这些年来我很少生病。但我最不耐烦生病,生了病就呻吟不绝,闹那伺候病的人。你是领教过一回的,那回只一两点钟,可是也够麻烦了。你常生病,却总不开口,挣扎着起来;一来怕搅我,二来怕没人做你那份儿事。我有一个坏脾气,怕听人生病,也是真的。后来你天天发烧,自己还以为南方带来的疟疾,一直瞒着我。明明躺着,听见我的脚步,一骨碌就坐起来。我渐渐有些奇怪,让大夫一瞧,这可糟了,你的一个肺已烂了一个大窟窿了!大夫劝你到西山去静养,你丢不下孩子,又舍不得钱;劝你在家里躺着,你也丢不下那份儿家务。越看越不行了,这才送你回去。明知凶多吉少,想不到只一个月工夫你就完了!本来盼望还见得着你,这一来可拉倒了。你也何尝想到这个!父亲告诉我,你回家独住着一所小住宅,还嫌没有客厅,怕我回去不便哪。

前年夏天回家,上你坟上去了。你睡在祖父母的下首,想来还不孤单的。只是当年祖父母的坟太小了,你正睡在圹底下。这叫做"抗圹",在生人看来是不安心的;等着想办法吧。那时圹上圹下密密地长着青草,朝露浸湿了我的布鞋。你刚埋了半年多,只有圹下多出一块土,别的全然看不出新坟的样子。我和隐今夏回去,本想到你的坟上来;因为她病了没来成。我们想告诉你,五个孩子都好,我们一定尽心教养他们,让他们对得起死了的母亲你!谦,好好儿放心安睡吧,你。

1932 年 10 月

【作者简介】

朱自清(1898—1948),字佩弦,原籍江苏省东海县,因祖父、父亲长期定居扬州,故自称扬州人。他是现代散文家、诗人、文学研究家、民主战士。

1916年考入北京大学哲学系,开始新诗创作。1920年毕业后在江苏、浙江等地中学教书,并从事文学创作,参加文学研究会。1925年任清华大学教授。1928年出版散文集《背影》,成为声誉卓著的散文家。1931年至1932年留学英国,回国后仍在清华大学任教,1948年在家中病逝。作品大部分收入《朱自清文集》。

【导　读】

《给亡妇》写于1932年10月,作者以平淡朴素的文字捕捉感人的细节,淋漓尽致地抒发对亡妻的悼念之情。

作品用书信体写成,它的结构铺排也是平实的。从整个结构看,作者信笔写去,情节自然伸展,伴随着作者的倾诉,形成了明显的感情层次。文中没有激情陈词,没有大恸大悲,只是于平静的轻声细语中蕴涵着沉痛的哀思。

【思考与练习】

1. 《给亡妇》抒发了一种怎样的感情?
2. 联系课文谈谈作者抒情的主要手法。
3. 分析《给亡妇》的语言特色。

6. 爱尔克的灯光[1]

巴　金

　　傍晚，我靠着逐渐黯淡的最后的阳光的指引，走过十八年前的故居。这条街、这个建筑物开始在我的眼前隐藏起来，像在躲避一个久别的旧友。但是它们的改变了的面貌于我还是十分亲切。我认识它们，就像认识我自己。还是那样宽的街，宽的房屋。巍峨的门墙代替了太平缸和石狮子，那一对常常做我们坐骑的背脊光滑的雄狮也不知逃进了哪座荒山。然而大门开着，照壁上"长宜子孙"四个字却是原样地嵌在那里，似乎连颜色也不曾被风雨剥蚀。我望着那同样的照壁，我被一种奇异的感情抓住了，我仿佛要在这里看出过去的十九个年头，不，我仿佛要在这里寻找十八年以前的遥远的旧梦。

　　守门的卫兵用怀疑的眼光看我。他不了解我的心情。他不会认识十八年前的年轻人。他却用眼光驱逐一个人的许多亲密的回忆。

　　黑暗来了。我的眼睛失掉了一切。于是大门内亮起了灯光。灯光并不曾照亮什么，反而增加了我心上的黑暗。我只得失望地走了。我向着来时的路回去。已经走了四五步，我忽然掉转头，再看那个建筑物。依旧是阴暗中一线微光。我好像看见一个盛满希望的水碗一下子就落在地上打碎了一般，我痛苦地在心里叫起来。在这条被夜幕覆盖着的近代城市的静寂的街中，我仿佛看见了哈立希岛上的灯光。那应该是姐姐爱尔克点的灯吧。她用这灯光来给她的航海的兄弟照路。每夜每夜灯光亮在她窗前，她一直到死都在等待那个出远门的兄弟回来。最后她带着失望进入坟墓。

　　街道仍然是清静的。忽然一个熟习的声音在我耳边轻轻地唱起了这个欧洲的古传说。在这里不会有人歌咏这样的故事。应该是书本在我心上留下的影响。但是这个时候我想起了自己的事情。

　　十八年前在一个春天的早晨，我离开这个城市、这条街的时候，我也曾有一个姐姐，也曾答应有一天回来看她，跟她谈一些外面的事情。我相信自己的诺言。那时我的姐姐还是一个出阁才只一个多月的新嫁娘，都说她有一个性情温良的丈夫，因此也会有长久的幸福的岁月。

　　然而人的安排终于被"偶然"毁坏了。这应该是一个"意外"。但是这"意外"却毫无怜悯地打击了年轻的心。我离家不过一年半光景，就接到了姐姐的死讯。我的哥哥用了颤抖的哭诉的笔叙说一个善良女性的悲惨的结局，还说起她死后受到的冷落的待遇。从此那个做过她丈夫的所谓温良的人改变了，他往一条丧失人性的路走去。他想往上爬，结果却不停地向下面落，终于到了用鸦片烟延续生命的地步。对于姐姐，她生前我没有好好地爱过她，死后也不曾做过一样纪念她的事。她寂寞地活着，寂寞地死去。死带走了她的一切，这就是在我们那个地方的旧式女子的命运。

　　我在外面一直跑了十八年。我从没有向人谈过我的姐姐。只有偶尔在梦里我看见了爱尔克的灯光。一年前在上海我常常睁起眼睛做梦。我望着远远的在窗前发亮的灯，我面前横着一片大海，灯光在呼唤我，我恨不得腋下生出翅膀，即刻飞到那边去。沉重的梦压住我的心灵，我好像在跟许多无形的魔手挣扎。我望着那灯光，路是那么远，我又没有翅膀。我只有一个渴望:飞!飞!那些熬煎着心的日子!那些可怕的梦魇!

但是我终于出来了。我越过那堆积着像山一样的十八年的长岁月,回到了生我养我而且让我刻印了无数儿时回忆的地方。我走了很多的路。

十九年,似乎一切全变了,又似乎都没有改变。死了许多人,毁了许多家。许多可爱的生命葬入黄土。接着又有许多新的人继续扮演不必要的悲剧。浪费,浪费,还是那许多不必要的浪费——生命,精力,感情,财富,甚至欢笑和眼泪。我去的时候是这样,回来时看见的还是一样的情形。关在这个小圈子里,我禁不住几次问我自己:难道这十八年全是白费?难道在这许多年中间所改变的就只是装束和名词?我痛苦地搓自己的手,不敢给一个回答。

在这个我永不能忘记的城市里,我度过了五十个傍晚。我花费了自己不少的眼泪和欢笑,也消耗了别人不少的眼泪和欢笑。我匆匆地来,也将匆匆地去。用留恋的眼光看我出生的房屋,这应该是最后的一次了。我的心似乎想在那里寻觅什么。但是我所要的东西绝不会在那里找到。我不会像我的一个姑母或者嫂嫂,设法进到那所已经易了几个主人的公馆,对着园中的花树垂泪,慨叹着一个家族的盛衰。摘吃自己栽种的树上的苦果,这是一个人的本分。我没有跟着那些人走一条路,我当然在这里找不到自己的脚迹。几次走过这个地方,我所看见的还只是那四个字:"长宜子孙。"

"长宜子孙"这四个字的年龄比我的不知大了多少。这也该是我祖父留下的东西吧。最近在家里我还读到他的遗嘱。他用空空两手造就了一份家业。到临死还周到地为儿孙安排了舒适的生活。他叮嘱后人保留着他修建的房屋和他辛苦地搜集起来的书画。但是儿孙们回答他的还是同样的字:分和卖。我很奇怪,为什么这样聪明的老人还不明白一个浅显的道理,财富并不"长宜子孙",倘使不给他们一个生活技能,不向他们指示一条生活道路!"家"这个小圈子只能摧毁年轻心灵的发育成长,倘使不同时让他们睁起眼睛去看广大世界;财富只能毁灭崇高的理想和善良的气质,要是它只消耗在个人的利益上面。

"长宜子孙",我恨不能削去这四个字!许多可爱的年轻生命被摧残了,许多有为的年轻心灵被囚禁了。许多人在这个小圈子里面憔悴地捱着日子。这就是"家"!"甜蜜的家"!这不是我应该来的地方。爱尔克的灯光不会把我引到这里来的。

于是在一个春天的早晨,依旧是十八年前的那些人把我送到门口,这里面少了几个,也多了几个。还是和那次一样,看不见我姐姐的影子,那次是我没有等待她,这次是我找不到她的坟墓。一个叔父和一个堂兄弟到车站送我,十八年前他们也送过我一段路程。

我高兴地来,痛苦地去。汽车离站时我心里的确充满了留恋。但是清晨的微风,路上的尘土,马达的叫吼,车轮的滚动,和广大田野里一片盛开的菜子花,这一切驱散了我的离愁。我不顾同行者的劝告,把头伸到车窗外面,去呼吸广大天幕下的新鲜空气。我很高兴,自己又一次离开了狭小的家,走向广大的世界中去!

忽然在前面田野里一片绿的蚕豆和黄的菜花中间,我仿佛又看见了一线光,一个亮,这还是我常常看见的灯光。这不会是爱尔克的灯里照出来的,我那个可怜的姐姐已经死去了。这一定是我的心灵的灯,它永远给我指示我应该走的路。

【注　释】

[1] 本文原载1941年4月19日重庆《新蜀报》副刊《蜀道》,最初收入散文集《龙·虎·狗》,后收入《巴金文集》第十卷。

【作者简介】

巴金(1904—2005),原名李尧棠,字芾甘,四川成都人。1920 年入成都外国语专门学校。1923 年从封建家庭出走,就读于上海和南京的中学。1927 年初赴法国留学,写成了处女作长篇小说《灭亡》,发表时始用巴金的笔名。1928 年年底回到上海,从事创作和翻译。从 1929 年到 1937 年中,创作了主要代表作长篇小说《激流三部曲》中的《家》,以及《海的梦》《春天里的秋天》《爱情三部曲》(《雾》《雨》《电》)等中长篇小说,出版了《复仇》《将军》《神·鬼·人》等短篇小说集和《海行集记》《忆》《短简》等散文集。抗日战争爆发后,和茅盾创办《烽火》,任中华全国文艺界抗敌协会理事。新中国成立后,历任中国文联副主席、中国作协副主席、中国作协主席、全国政协副主席等职务。中华人民共和国成立后人民文学出版社出版了《巴金文集》十四卷。

【导　读】

《爱尔克的灯光》是巴金的一篇回忆性散文,写于 1941 年 3 月。

1923 年,巴金冲破家庭樊篱,走向新生活。以后,他浪迹四方,直到 1941 年初再次回到故乡成都时,他已经是一个 37 岁的中年人了。这年初,巴金本是怀着希望家乡有所改变的心情回到故乡探望的,但在故乡住了 50 天后,他失望了。他发现,那里和他 18 年前出走的情况几乎差不多。他思绪万千,最终再次离开家乡。《爱尔克的灯光》这篇文章便记录了作者此次重返家乡的心情。

【思考与练习】

1. 说明文中出现的三种灯光的象征意蕴。
2. 以"灯光"为线索,简要说明文章的内容脉络。
3. 姐姐的悲剧说明了什么?

7. 茶 花 赋

杨 朔

久在异国他乡,有时难免要怀念祖国的。怀念极了,我也曾想:要能画一幅画儿,画出祖国的面貌特色,时刻挂在眼前,有多好。我把这心思去跟一位擅长丹青的同志商量,求她画。她说:"这可是个难题,画什么呢?画点零山碎水,一人一物,都不行。再说,颜色也难调。你就是调尽五颜六色,又怎么画得出祖国的面貌?"我想了想,也是,就搁下这桩心思。

今年二月,我从海外回来,一脚踏进昆明,心都醉了。我是北方人,论季节,北方也许正是搅天风雪,水瘦山寒,云南的春天却脚步儿勤,来得快,到处早像催生婆似的正在催动花事。

花事最盛的去处数着西山华庭寺。不到寺门,远远就闻见一股细细的清香,直渗进人的心肺。这是梅花,有红梅、白梅、绿梅,还有朱砂梅,一树一树的,每一树梅花都是一树诗。白玉兰花略微有点儿残,娇黄的迎春却正当时,那一片春色啊,比起滇池的水来不知还要深多少倍。

究其实这还不是最深的春色。且请看那一树,齐着华庭寺的廊檐一般高,油光碧绿的树叶中间托出千百朵重瓣的大花,那样红艳,每朵花都像一团烧得正旺的火焰。这就是有名的茶花。不见茶花,你是不容易懂得"春深似海"这句诗的妙处的。

想看茶花,正是好时候。我游过华庭寺,又冒着星星点点细雨游了一次黑龙潭,这都是看茶花的名胜地方。原以为茶花一定很少见,不想在游历当中,时时望见竹篱茅屋旁边会闪出一枝猩红的花来。听朋友说:"这不算稀奇。要是在大理,差不多家家户户都养茶花。花期一到,各样品种的花儿争奇斗艳,那才美呢。"

我不觉对着茶花沉吟起来。茶花是美啊。凡是生活中美的事物都是劳动创造的。是谁白天黑夜,积年累月,拿自己的汗水浇着花,像抚育自己儿女一样抚育着花秧,终于培养出这样绝色的好花?应该感谢那为我们美化生活的人。

普之仁就是这样一位能工巧匠,我在翠湖边上会到他。翠湖的茶花多,开得也好,红彤彤的一大片,简直就是那一段彩云落到湖岸上。普之仁领我穿着茶花走,指点着告诉我这叫大玛瑙,那叫雪狮子;这是蝶翅,那是大紫袍……名目花色多得很。后来他攀着一棵茶树的小干枝说:"这叫童子面,花期迟,刚打骨朵,开起来颜色深红,倒是最好看的。"

我就问:"古语说:看花容易栽花难——栽培茶花一定也很难吧?"

普之仁答道:"不很难,也不容易。茶花这东西有点特性,水壤气候,事事都得细心。又怕风,又怕晒,最喜欢半阴半阳。顶讨厌的是虫子。有一种钻心虫,钻进一条去,花就死了。一年四季,不知得操多少心呢。"

我又问道:"一棵茶花活不长吧?"

普之仁说:"活得可长啦。华庭寺有棵松子鳞,是明朝的,五百多年了,一开花,能开一千多朵。"

我不觉噢了一声:想不到华庭寺见的那棵茶花来历这样大。

普之仁误会我的意思,赶紧说:"你不信么?大理地面还有一棵更老的呢,听老人讲,上千年了,开起花来,满树数不清数,都叫万朵茶。树干子那样粗,几个人都搂不过来。"说着他伸出两臂,做个搂抱的姿势。

我热切地望着他的手,那双手满是茧子,沾着新鲜的泥土。我又望着他的脸,他的眼角刻着很深的皱纹,不必多问他的身世,猜得出他是个曾经忧患的中年人。如果他离开你,走进人丛里去,立刻便消逝了,再也不容易寻到他——他就是这样一个极其普通的劳动者。然而正是这样的人,整月整年,劳心劳力,拿出全部精力培植着花木,美化我们的生活。美就是这样创造出来的。

正在这时,恰巧有一群小孩也来看茶花,一个个仰着鲜红的小脸,甜蜜蜜地笑着,唧唧喳喳叫个不休。

我说:"童子面茶花开了。"

普之仁愣了愣,立时省悟过来,笑着说:"真的呢,再没有比这种童子面更好看的茶花了。"

一个念头忽然跳进我的脑子,我得到一幅画的构思。如果用最浓最艳的朱红,画一大朵含露乍开的童子面茶花,岂不正可以象征着祖国的面貌?我把这个简单的构思记下来,寄给远在国外的那位丹青能手,也许她肯再斟酌一番,为我画一幅画儿吧。

一九六一年

(选自《杨朔散文选》,人民文学出版社1978年版)

【作者简介】

杨朔(1913—1968),原名杨毓瑨,山东蓬莱人,现当代著名作家。青年时期在哈尔滨做事和学习外文时,就曾致力于中国古典文学特别是古典诗词的钻研,写了不少古体诗词。抗日战争和解放战争时期,著有中篇小说《帕米尔高原的流脉》,短篇小说集《月黑夜》《北黑线》,散文特写集《潼关之夜》等。新中国成立初期参加抗美援朝,著有长篇小说《三千里江山》,散文集《鸭绿江南北》《万古青春》。1978年人民文学出版社出版了《杨朔散文选》,收入了他在各个时期较为优秀的散文60篇。其中《香山红叶》《海市》《荔枝蜜》《茶花赋》《雪浪花》等是其散文的代表作。

【导 读】

从异国归来,盛开的茶花触动了作者的情思,并把对祖国的深情寄寓于娇艳的茶花。作品表达这样一个主题:祖国的繁荣昌盛是千千万万个普之仁创造的;赞美祖国就必须歌颂建设祖国的平凡而伟大的劳动者。

作者以托物言志的比兴手法创造了诗的意境。随着内容的不断丰富,意境步步高远,作者的意志表现得完美深邃,作品具有浓郁的诗意美。作品的构思精巧缜密。作者以一幅画的设想即思念祖国之情开头,以找到寄托思国之情的实物为结尾。缘情入景,由景到人,从人至理,层层深入,首尾呼应。作品的语言清新、凝练,意味深长,具有诗意美。

【思考与练习】

1. 阐述《茶花赋》的主题。
2. 结合《茶花赋》简述杨朔散文的主要艺术特色。

8. 社稷坛抒情

秦 牧

　　北京有座美丽的中山公园,公园里有个用五色土砌成的社稷坛。

　　社稷坛是北京九坛之一,它和坐落在南城的天坛遥遥相对。古代的帝王们,在天坛祭天,在社稷坛祭地。祭天为了要求风调雨顺,祭地为了要求土地肥沃。祭天祭地的终极目的只有一个:就是五谷丰登,可以"聚敛贡城阙"。五谷是从地里长出来的,因此,人们臆想的稷神(五谷)就和社神(土地)同在一个坛里受膜拜了。

　　穿过古柏参天、处处都是花圃的园林,来到这个社稷坛前,突然有一种寥廓空旷的感觉。在庄严的宫殿建筑之前,有这么一个四方的土坛,屹立在地面,它东面是青土,南面是红土,西面是白土,北面是黑土,中间嵌着一大块圆形的黄土。这图案使人沉思,使人怀古。遥想当年帝王们穿着衮服,戴着冕旒,在礼乐声中祭地的情景,你仿佛看到他们在庄严中流露出来的对于"天命"畏惧的眼色,你仿佛看到许多人慑服在大自然脚下的神情。

　　这社稷坛现在已经没有一点儿神秘庄严的色彩了。它只是一个奇特的历史遗迹。节日里,欢乐的人群在上面舞狮,少年们在上面嬉戏追逐。平时则有三三两两的游人在那里低回。对,这真是一个激发人们思古幽情的所在!作为一个中国人,可以让这种使人微醉的感情发酵的去处可真多呢!你可以到泰山去观日出,在八达岭长城顶看日落。可以在西湖荡画舫,到南京鸡鸣寺听钟声。可以在华北平原跑马,在戈壁滩上骑骆驼。可以访寻古代宫殿遗迹,听一听燕子的呢喃,或者到南方的海神庙旁,看浪涛拍岸……这些节目你随便可以举出一百几十种来,但在这里面可不要遗漏掉这个社稷坛!这坛后的宫殿是华丽的,飞檐、斗拱、琉璃瓦、白石阶……真是金碧辉煌!而坛呢,却很荒凉,就只有五色的泥土。然而这种对照却也使人想起:没有这泥土所代表的大地,没有在大地上胼手胝足的劳动者,根本就不会有这宫殿,不会有一切人类的文明。你在这个土坛上走着走着,仿佛走进古代去,走到一望无际的原野上,在那里,莽莽苍苍,风声如吼。一个戴着高冠,穿着芒鞋的古代诗人正在用他的悲悯深沉的眼睛眺望大地,吟咏着这样的诗句:

　　　　朝东西眺望没有边际,
　　　　朝南北眺望没有头绪,
　　　　朝上下眺望没有依归,
　　　　我的驱驰不知何所底止!
　　　　……
　　　　九州究竟安放在什么上面?
　　　　河床何以洼陷?
　　　　地面,从东至西究竟多少宽,从南至北多少长?
　　　　南北要比东西短些,短的程度究竟是怎样?
　　　　　　　　　　——屈原:《悲回风》和《天问》,引自郭沫若译诗。

这不仅仅是屈原的声音,也是许许多多古代诗人瞭望原野时曾经涌起的感情。这种"大地茫茫"的心境,是和对于自然之谜的探索和对于人间疾苦的忿慨联结在一起的。

想一想这些肥沃土地的来历,你会不由得涌起一种遥接万代的感情。我们居住的这个星球,最古老时代原是一个寂寞的大石球,上面没有一株草,一只虫,也没有一层土壤。经过了多少亿万年,太阳风雨的力量,原始生物的尸骸,才给地球造成了一层层的土壤,每经历千年万年,土壤才增加薄薄的一层。想想我们那土壤厚达五十米的华北黄土高原吧!那该是大自然在多长的时间里的杰作!但这还不算,劳动者开辟这些土地,是和大自然进行过多么剧烈的斗争呀!这种斗争一代接连一代继续着,我们仿佛又会见了古代的唱着《诗经》里怨忿之歌的农民,像敦煌壁画上面描绘的辛勤劳苦的农民,驾着那种和古墓里挖掘出来的陶制高轮牛车相似的车子,奔驰在原野上,辛苦开辟着田地。然而他们一代代穿着破絮似的衣服,吃着极端粗劣的食物。你仿佛看到他们在田野里仰天叹息,他们一家老小围着幽幽的灯光在饮泣。看到他们画红了眉毛,或者在头上包一块黄布揭竿起义,看到他们大批地陈尸在那吸尽了他们的汗水然后又吸尽了他们鲜血的土地。想一想,在原始社会中他们怎样匍匐在鬼神脚下,在阶级社会中他们又怎样挣扎在重重枷锁之中。啊,这些给荒凉的大地铺上了锦绣花巾的人们,这些从狗尾草、蟋蟀草中给我们选出了稻麦来的人们,我们该多么感念他们!想象的羽翼可以把我们带到古代去,在一家家的门口清清楚楚看到他们在劳动,在饮食,在希望,在叹息,可惜隔着一道历史的门限,我们却不能和他们作半句的交谈!但怀古思今,想起了我们这个时代的农民是几千年历史中第一次真正挣脱了枷锁,逐渐离开了鬼神天命的羁绊的农民,我们又仿佛走出了黑暗的历史的隧洞,突然见到耀眼的阳光了。

你在这个五色土坛上面走着走着,仿佛又回到公元前几千年去,会见了古代的思想家。他们白发苍苍,正对着天上的星辰,海里的潮汐,陶窑的火光,大地的泥土沉思。那时的思想家没有什么书籍可以阅读参考,日月经天,江河行地,四时代谢,万物死生的现象,都使他们抱头苦思。他们还远不能给世界的现象说出一个较完整的答案。但是他们终究也看出一点道理来了,世间的万物万事,有因有果,有主有从,它们互相错综地关联着……正是由于古代有这样的思想家在这样地思考过,才给后来的历史创造了这样一座五色的土坛。"五行"的观念和我们这个民族一样地古老,东、南、西、北是人们很早就知道的,人们总以为自己所处是大地的中间,于是在四方之外又加上了一个"中心",东、南、西、北、中凑成了五方五土的观念,直到今天我们还看到好些人家的屋角有"五方五土龙神"的牌位。烧陶方法和冶铜技术发明了,人们在熊熊火光旁边,看到火把泥土变成了陶器,把矿石烧成溶液,木头燃烧发出了火光,水又能够把火熄灭。这种现象使古代的思想家想到木、火、金、水、土(依照《左传》的排列次序)是万物的本源。于是木、火、金、水、土把五行的观念充实起来了。

烧制陶器这件事使人类向文明跨前一大步,在埃及,在希腊,都由此产生了神明用泥土造人的神话。在中国,却大大地发扬了"五行"的观念。根据木、火、金、水、土五种东西彼此的作用,又产生了五行相克相生的理论。根据这几种东西的颜色:树木是苍翠的,火光是红艳艳的,金属是亮晶晶的,深深的水潭是黝黑的,中原的泥土是黄色的。于是青、赤、白、黑、黄五种颜色就被拿来配木、火、金、水、土,成为颜色上的五行了。

这个四方、五行的观念被古代思想家用来分析许许多多的事物,音乐上的宫、商、角、徵、羽五个音阶,天上二十八宿的分隶青龙、朱雀、白虎、玄武(乌龟)四方,都是和这种观念紧密地联结起来的。

把世界万物的本源看做是木、火、金、水、土五种东西相互作用产生出来的,这和古代印度哲学家把万物说成是由地、火、水、风所构成,古代希腊哲学家说万物的本源是水或者火……那思想的脉络是多么的近似啊。

尽管这种说法在几千年后的今天看来是奇特甚至好笑的,然而那里面不也包含着光辉的真理吗?万物的本源都是物质,物质彼此起着错综的作用……哦!我们遇见的对着泥土沉思的思想家,他们正是古代的略具雏形的唯物主义者!

没有这些古代思想家,我们就不会有这个五色的土坛。审视这五种颜色吧,端详这个根据"天圆地方"的古代观念筑起来的四方坛吧!它和我们民族的古代文化存在多么密切的关系啊!

我们汉民族的摇篮在黄河的中上游,那里绵亘的是一望无际的黄土高原。因此,黄色被用来配"土",用来配"中心",成为我们民族传统中高贵的颜色。中心是不同于四方的,能够生长五谷的土地是不同于其他东西的,黄色是不同于其他颜色的。在这个土坛的中心,黄土被特别砌成了一个圆形,审视这个黄色的圆圈吧!它使我们想起奔腾澎湃的黄河,想起在地层下不断被发掘出来的古代村落,也想起那古木参天的黄帝的陵墓。

我多么想去抱一抱那些古代的思想家,没有他们的艰苦探索,就没有今天人类的智慧。正像没有勇敢走下树来的猿人,就不会有人类一样。多少万年的劳动经验和生活智慧积累起来,才有了今天的人类文明。每一个人在人类智慧的长河旁边,都不过像一只饮河的鼹鼠。在知识的大森林里面,都不过像一只栖于一枝的鹪鹩。这河是多少亿万滴水汇成的啊,这森林是多少亿万株草木构成的啊!

瞧着这个社稷坛,你会想起了中国的泥土,那黄河流域的黄土,四川盆地的红壤,肥沃的黑土,洁白的白垩土……你会想起文学里许许多多关于泥土的故事:有人包起一包祖国的泥土藏在身旁到国外去;有人临死遗嘱必须用祖国的泥土撒到自己胸上;有人远适异国归来,俯身亲吻了自己国门的土地。这些动人的关于泥土的故事,使人对五色土发生了奇异的感情,仿佛它们是童话里的角色,每一粒土壤都可以叙述一段奇特故事,或者唱一首美好的诗歌一样。

瞧着这个紧紧拼合起来的五色土坛,一个人也会想起了国土的统一,在我们的土地上,为了统一而发生的战争该有多少万次呀!然而严格说来,历史上的中国从来没有高度统一过。四分五裂,豪强纷纷划地称王的时代不去说它了,可怜的供主像傀儡似地住在京都,整天送猪肉、龟肉慰问跋扈的诸侯的时代不去说它了,就是号称强盛统一的时代,还不是有许多拥兵自重的藩镇,许多专权用事的贵戚,许多地方的豪霸,在他们的领地里当着小皇帝,使中央号令不行,使国中还有许许多多的小国。中国历史上没有一个时期像今天这样高度统一过,等我们解放了台湾和一些沿海岛屿以后,这种统一的规模就更加空前了。古代思想家的预言:"不嗜杀人者能一之",由于不剥削人的无产阶级登上了历史舞台,竟使这一句话在两千多年后空前地应验了。

我在这个土坛上低回漫步,想起了许许多多的事情。我们未必"前不见古人,后不见来者",凭着思想和激情的羽翼,我们尽可去会一会古人,见一见来者。我仿佛曾经上溯历史的河流,看见了古代的诗人、农民、思想家、志士,看他们的举动,听他们的声音,然后又穿过历史的隧洞,回到阳光灿烂的现实。啊,做一个历史悠久的民族的子孙是多么值得自豪的一回事!做今天的一个中国的儿女是多么值得快慰的一回事!回溯过去,瞻望未来,你会觉得激动,很想深深呼吸一口新鲜的空气,想好好地学习和劳动,好好地安排在无穷的时间之中一个人仅有一次,而我们又恰恰生逢其时的宝贵的生命。

啊,这座发人深思的社稷坛!

【作者简介】

秦牧(1919—1992),原名林觉夫,广东澄海县人,中国著名作家。幼年和少年时代在新加坡度过,对大自然和动植物有浓厚的兴趣。1932年回国,曾在澄海、汕头、香港等地就学。抗日战争期间,曾在韶关、桂林、重庆等地工作,做过教师和编辑,参加过救亡运动和大后方民主运动。抗战胜利后,在香港过了三年写作生活。中华人民共和国成立后一直在广州工作,曾任中国作协广东分会副主席,《羊城晚报》副主编等职。

秦牧的创作主要在散文,先后出版的散文集主要有《星下集》《花城》《潮汐和船》《长河浪花集》等。其中,《古战场春晓》《土地》《社稷坛抒情》《花城》等是他的代表作。

【导　读】

《社稷坛抒情》写于1956年。作品以高昂的格调与奇特的想象力,淋漓尽致地表达了作者对民族历史的沉思与赞叹。但文章不仅仅在于发思古之幽情和历史知识的展现,在文章结尾处,作者笔锋一转,将读者引导出历史的隧洞,回到了阳光灿烂的现实,发出"做一个历史悠久的民族子孙是多么值得自豪的一回事,做今天的一个中国的儿女是多么值得快慰的一件事"的感慨。点明了主题,爱国之情油然而生。

知识渊博、想象丰富,知识性与趣味性融为一体是《社稷坛抒情》的突出特色。作者由社稷坛的"五色土"谈论起面对土地沉思的古代思想家和古代的文化、人类的文明,想到了"五行"观念的萌生过程,又由"五色土"联想到许多关于泥土的故事和国家的统一……直到走出"历史隧洞",回到阳光灿烂的现实。作者强烈的爱国热情,借助于渊博的知识,借助于想象的翅膀,深刻而又和谐地渗透在令人微醉的思古幽情之中。结构上大开大阖,形散而神不散。语言表达上自然、率直、富有情趣,颇具特色。

【思考与练习】

1. 《社稷坛抒情》抒发了作者怎样的思想感情?又是怎样抒发的?
2. 举例说明想象在《社稷坛抒情》中所起的主要作用。
3. 《社稷坛抒情》在结构和语言上分别有何特点?请结合课文加以说明。

9. 月　　迹

贾平凹

我们这些孩子,什么都觉得新鲜,常常又什么都不觉满足,中秋的夜里,我们在院子里盼着月亮,好久却不见出来,便坐回中堂里,放了竹窗帘儿闷着,缠奶奶说故事。奶奶是会说故事的,说了一个,还要再说一个……奶奶突然说:

"月亮进来了!"

我们看时,那竹窗帘儿里,果然有了月亮,款款地,悄没声地溜进来,出现在窗前的穿衣镜上了:原来月亮是长了腿的,爬着那竹帘格儿,先是一个白道儿,再是半圆,渐渐地爬得高了,穿衣镜上的圆便满盈了。我们都高兴起来,又都屏气儿不出,生怕那是个尘影儿变的,会一口气吹跑了呢。月亮还在竹帘儿上爬,那满圆却慢慢又亏了,末了,便全没了踪迹,只留下一个空镜,一个失望。奶奶说:"它走了,它是匆匆的;你们快出去寻月吧。"

我们就都跑出门去,它果然就在院子里,但再也不是那么一个满满的圆了,尽院子的白光,是玉玉的,银银的,灯光也没有这般儿亮的。院子的中央处,是那棵粗粗的桂树,疏疏的枝,疏疏的叶,桂花还没有开,却有了累累的骨朵儿了。我们都走近去,不知道那个满圆儿去哪儿了,却疑心这骨朵儿是繁星儿变的;抬头看着天空,星儿似乎就比平日少了许多。月亮正在头顶,明显大多了,也圆多了,清清晰晰看见里边有了什么东西。

"奶奶,那月上是什么呢?"我问。

"是树,孩子。"奶奶说。

"什么树呢?"

"桂树。"

我们都面面相觑[1]了,倏忽[2]间,哪儿好像有了一种气息,就在我们身后袅袅,到了头发梢儿上,添了一种淡淡的痒痒的感觉;似乎我们已在月里,那月桂分明就是我们身后的这一棵了。

奶奶瞧着我们,就笑了:

"傻孩子,那里边已经有人呢。"

"谁?"我们都吃惊了。

"嫦娥。"奶奶说。

"嫦娥是谁?"

"一个女子。"

哦,一个女子。我想:月亮里,地该是银铺的,墙该是玉砌的,那么好个地方,配住的一定是十分漂亮的女子了。

"有三妹漂亮吗?"

"和三妹一样漂亮的。"

三妹就乐了:

"啊啊,月亮是属于我的了!"

三妹是我们中最漂亮的,我们都羡慕起来;看着她的狂样儿,心里却有了一股嫉妒。我

们便争执了起来,每个人都说月亮是属于自己的。奶奶从屋里端了一壶甜酒出来,给我们每人倒了一小杯儿,说:

"孩子们,瞧瞧你们的酒杯,你们都有一个月亮哩!"

我们都看着那杯酒,果真里边就浮起一个小小的月亮的满圆。捧着,一动不动的,手刚一动,它便酥酥地颤,使人可怜儿的样子。大家都喝下肚去,月亮就在每一个人的心里了。

奶奶说:

"月亮是每个人的,它并没走,你们再去找吧。"

我们越发觉得奇了,便在院里找起来。妙极了,它真没有走去,我们很快就在葡萄叶儿上,磁花盆儿上,爷爷的锨刃儿上发现了。我们来了兴趣,竟寻出了院门。

院门外,便是一条小河。河水细细的,却漫着一大片的净沙;全没白日那么的粗糙,灿灿地闪着银光。我们从沙滩上跑过去,弟弟刚站到河的上湾,就大呼小叫了:"月亮在这儿!"

妹妹几乎同时在下湾喊道:"月亮在这儿!"

我两处去看了,两处的水里都有月亮;沿着河沿跑,而且哪一处的水里都有月亮了。我们都看着天上,我突然又在弟弟妹妹的眼睛里看见了小小的月亮。我想,我的眼睛里也一定是会有的。噢,月亮竟是这么多的:只要你愿意,它就有了哩。

我们坐在沙滩上,掬[3]着沙儿,瞧那光辉,我说:

"你们说,月亮是个什么呢?"

"月亮是我所要的。"弟弟说。

"月亮是个好。"妹妹说。

我同意他们的话。正像奶奶说的那样:它是属于我们的,每个人的。我们就又仰起头来看那天上的月亮,月亮白光光的,在天空上。我突然觉得,我们有了月亮,那无边无际的天空也是我们的了,那月亮不是我们按在天空上的印章吗?

大家都觉得满足了,身子也来了困意,就坐在沙滩上,相依相偎地甜甜地睡了一会儿。

(选自《散文》1980 年第 11 期)

【注 释】

[1] 面面相觑:你看我,我看你,形容大家因惊惧或无可奈何而互相望着,都不说话。

[2] 倏忽:很快地,忽然。

[3] 掬:两手捧(东西)。

【作者简介】

贾平凹(1952—),原名贾平娃,陕西丹凤人,当代著名作家。1975 年毕业于西北大学中文系,毕业后分配到陕西人民出版社任文艺编辑。现为作协陕西分会副主席。1973 年开始发表作品,写过诗歌、散文、小说,其主要文学成就是小说和散文。

小说方面的主要作品有:短篇小说《满月儿》,中篇小说《腊月·正月》《鸡窝洼的人家》,长篇小说《浮躁》等。有散文集《月迹》《爱的踪迹》《心迹》《从迹》《商州三录》《抱散集》《静虚村散叶》等。其中,《月迹》《流逝的岁月》《走三边》《弈人》《人病》《祭文》是其散文的代表作。

【导　读】

　　这是一篇抒情性很强的记事散文。阅读时要从梳理行文脉络入手,理清作者思路;月之"迹",由外而内地最终落入了人们的心里,其中蕴涵着热爱生活、向往光明的纯朴真挚情感,耐人寻味。

　　文章语言生动流畅,富于地方色彩;又注意语言的锤炼和词语的选择运用,因而十分形象和鲜活。

【思考与练习】

　　1. 作者如何移步换形地描摹不同情境下的不同"月迹"的?

　　2. 文章中是怎样巧妙地将"天上的月亮"与"心中的月亮"联系在一起的?

　　3. 在对月亮一系列寻踪觅迹的过程中抒发了作者怎样的思想感情?

　　4. 月亮是我国历代文人赞美的形象,有些人甚至以月为名。请查阅中外典籍或上网寻找有关月亮的诗、词、文,对照本文以加深理解和体会。

10. 我与地坛(节选)[1]

史铁生

一

　　我在好几篇小说中都提到过一座废弃的古园,实际就是地坛。许多年前旅游业还没有开展,园子荒芜冷落得如同一片野地,很少被人记起。

　　地坛离我家很近。或者说我家离地坛很近。总之,只好认为这是缘分[2]。地坛在我出生前四百多年就坐落在那儿了,而自从我的祖母年轻时带着我父亲来到北京,就一直住在离它不远的地方——五十多年间搬过几次家,可搬来搬去总是在它周围,而且是越搬离它越近了。我常觉得这中间有着宿命的味道[3]:仿佛这古园就是为了等我,而历尽沧桑[4]在那儿等待了四百多年。

　　它等待我出生,然后又等待我活到最狂妄的年龄上忽地残废了双腿。四百多年里,它一面剥蚀了古殿檐头浮夸的琉璃,淡褪[5]了门壁上炫耀的朱红,坍[6]圮了一段段高墙又散落了玉砌雕栏,祭坛四周的老柏树愈见苍幽,到处的野草荒藤也都茂盛得自在坦荡。这时候想必我是该来了。十五年前的一个下午,我摇着轮椅进入园中,它为一个失魂落魄的人把一切都准备好了。那时,太阳循着亘古不变[7]的路途正越来越大,也越红。在满园弥漫的沉静光芒中,一个人更容易看到时间,并看见自己的身影。

　　自从那个下午我无意中进了这园子,就再没长久地离开过它。我一下子就理解了它的意图。正如我在一篇小说中所说的:"在人口密聚的城市里,有这样一个宁静的去处,像是上帝的苦心安排。"

　　两条腿残废后的最初几年,我找不到工作,找不到去路,忽然间几乎什么都找不到了,我就摇了轮椅总是到它那儿去,仅为着那儿是可以逃避一个世界的另一个世界。我在那篇小说中写道:"没处可去我便一天到晚耗[8]在这园子里。跟上班下班一样,别人去上班我就摇了轮椅到这儿来。园子无人看管,上下班时间有些抄近路的人们从园中穿过,园子里活跃一阵,过后便沉寂下来。""园墙在金晃晃的空气中斜切下一溜荫凉,我把轮椅开进去,把椅背放倒,坐着或是躺着,看书或者想事,撅[9]一杈树枝左右拍打,驱赶那些和我一样不明白为什么要来这世上的小昆虫。""蜂儿如一朵小雾稳稳地停在半空;蚂蚁摇头晃脑捋[10]着触须,猛然间想透了什么,转身疾行而去;瓢虫爬得不耐烦了,累了祈祷一回便支开翅膀,忽悠一下升空了;树干上留着一只蝉蜕[11],寂寞如一间空屋;露水在草叶上滚动,聚集,压弯了草叶轰然坠地摔开万道金光。""满园子都是草木竞相生长弄出的响动,悉悉碎碎片刻不息。"这都是真实的记录,园子荒芜但并不衰败。

　　除去几座殿堂我无法进去,除去那座祭坛我不能上去而只能从各个角度张望它,地坛的每一棵树下我都去过,差不多它的每一米草地上都有过我的车轮印。无论是什么季节,什么天气,什么时间,我都在这园子里呆过。有时候呆一会儿就回家,有时候就呆到满地上都亮起月光。记不清都是在它的哪些角落里了。我一连几小时专心致志地想关于死的事,也以同样的耐心和方式想过我为什么要出生。这样想了好几年,最后事情终于弄明白了:一个人,出生了,这就不再是一个可以辩论的问题,而只是上帝交给他的一个事实;上帝在交给我们这件事实的时候,已经顺便保证了它的结果,所以死是一件不必急于求成的事,死是一个必然会降临的节日。这样想过之后我安心多了,眼前的一切不再那么可怕。比如你起早熬夜准备考试的时候,忽然想起有一个长长的假期在前面等待你,你会不会觉得轻松一点?并且庆幸并且感激这样的安排?

　　剩下的就是怎样活的问题了,这却不是在某一个瞬间就能完全想透的、不是一次性能够解决的事,怕是活多久就要想它多久了,就像是伴你终生的魔鬼或恋人。所以,十五年了,我还是总得到那古园里去、去它的老树下或荒草边或颓墙旁,去默坐,去呆想,去推开耳边的嘈杂理一理纷乱的思绪,去窥看自己的心魂。十五年中,这古园的形体被不能理解它的人肆意[12]雕琢,幸好有些东西是任谁也不能改变它的。譬如祭坛石门中的落日,寂静的光辉平铺的一刻,地上的每一个坎坷[13]都被映照得灿烂;譬如在园中最为落寞[14]的时间,一群雨燕便出来高歌,把天地都叫喊得苍凉;譬如冬天雪地上孩子的脚印,总让人猜想他们是谁,曾在哪儿做过些什么、然后又都到哪儿去了;譬如那些苍黑的古柏,你忧郁的时候它们镇静地站在那儿,你欣喜的时候它们依然镇静地站在那儿,它们没日没夜地站在那儿从你没有出生一直站到这个世界上又没了你的时候;譬如暴雨骤临园中,激起一阵阵灼烈而清纯的草木和泥土的气味,让人想起无数个夏天的事件;譬如秋风忽至,再有一场早霜,落叶或飘摇歌舞或坦然安卧,满园中播散着熨帖[15]而微苦的味道。味道是最说不清楚的。味道不能写只能闻,要你身临其境去闻才能明了。味道甚至是难于记忆的,只有你又闻到它你才能记起它的全部情感和意蕴。所以我常常要到那园子里去。

二

　　现在我才想到,当年我总是独自跑到地坛去,曾经给母亲出了一个怎样的难题。

　　她不是那种光会疼爱儿子而不懂得理解儿子的母亲。她知道我心里的苦闷,知道不该阻止我出去走走,知道我要是老呆在家里结果会更糟,但她又担心我一个人在那荒僻的园子里整天都想些什么。我那时脾气坏到极点,经常是发了疯一样地离开家,从那园子里回来又中了魔似的什么话都不说。母亲知道有些事不宜问,便犹犹豫豫地想问而终于不敢问,因为她自己心里也没有答案。她料想我不会愿意她跟我一同去,所以她从未这样要求过,她知道得给我一点独处的时间,得有这样一段过程。她只是不知道这过程得要多久,和这过程的尽头究竟是什么。每次我要动身时,她便无言地帮我准备,帮助我上了轮椅车,看着我摇车拐出小院;这以后她会怎样,当年我不曾想过。

　　有一回我摇车出了小院,想起一件什么事又返身回来,看见母亲仍站在原地,还是送我走时的姿势,望着我拐出小院去的那处墙角,对我的回来竟一时没有反应。待她再次送我出门的时候,她说:"出去活动活动,去地坛看看书,我说这挺好。"许多年以后我才渐渐听出,母亲这话实际上是自我安慰,是暗自的祷告,是给我的提示,是恳求与嘱咐。只是在她猝然[16]去世之后,我才有余暇设想,当我不在家里的那些漫长的时间,她是怎样心神不定坐卧难宁,兼着痛苦与惊恐与一个母亲最低限度的祈求。现在我可以断定,以她的聪慧和坚忍,在那些空落的白天后的黑夜,在那不眠的黑夜后的白天,她思来想去最后准是对自己说:"反正我不能不让他出去,未来的日子是他自己的,如果他真要在那园子里出了什么事,这苦难也只好我来承担。"在那段日子里——那是好几年长的一段日子,我想我一定使母亲作过了最坏的准备了,但她从来没有对我说过:"你为我想想。"事实上我也真的没有为她想过。

那时她的儿子,还太年轻,还来不及为母亲想,他被命运击昏了头,一心以为自己是世上最不幸的一个,不知道儿子的不幸在母亲那儿总是要加倍的。她有一个长到二十岁上忽然截瘫了的儿子,这是她唯一的儿子;她情愿截瘫的是自己而不是儿子,可这事无法代替;她想,只要儿子能活下去哪怕自己去死呢也行,可她又确信一个人不能仅仅是活着,儿子得有一条路走向自己的幸福;而这条路呢,没有谁能保证她的儿子终于能找到。——这样一个母亲,注定是活得最苦的母亲。

有一次与一个作家朋友聊天,我问他学写作的最初动机是什么?他想了一会说:"为我母亲。为了让她骄傲。"我心里一惊,良久无言。回想自己最初写小说的动机,虽不似这位朋友的那般单纯,但如他一样的愿望我也有,且一经细想,发现这愿望也在全部动机中占了很大比重。这位朋友说:"我的动机太低俗了吧?"我光是摇头,心想低俗并不见得低俗,只怕是这愿望过于天真了。他又说:"我那时真就是想出名,出了名让别人羡慕我母亲。"我想,他比我坦率。我想,他又比我幸福,因为他的母亲还活着。而且我想,他的母亲也比我的母亲运气好,他的母亲没有一个双腿残废的儿子,否则事情就不这么简单。

在我的头一篇小说发表的时候,在我的小说第一次获奖的那些日子里,我真是多么希望我的母亲还活着。我便又不能在家里呆了,又整天整天独自跑到地坛去,心里是没头没尾的沉郁和哀怨,走遍整个园子却怎么也想不通:母亲为什么就不能再多活两年?为什么在她儿子就快要碰撞开一条路的时候,她却忽然熬不住了?莫非她来此世上只是为了替儿子担忧,却不该分享我的一点点快乐?她匆匆离我去时才只有四十九呀!有那么一会,我甚至对世界对上帝充满了仇恨和厌恶。后来我在一篇题为"合欢树"的文章中写道:"我坐在小公园安静的树林里,闭上眼睛,想,上帝为什么早早地召母亲回去呢?很久很久,迷迷糊糊的我听见了回答:'她心里太苦了,上帝看她受不住了,就召她回去。'我似乎得了一点安慰,睁开眼睛,看见风正从树林里穿过。"小公园,指的也是地坛。

只是到了这时候,纷纭的往事才在我眼前幻现得清晰,母亲的苦难与伟大才在我心中渗透得深彻。上帝的考虑,也许是对的。

摇着轮椅在园中慢慢走,又是雾罩的清晨,又是骄阳高悬的白昼,我只想着一件事:母亲已经不在了。在老柏树旁停下,在草地上在颓墙边停下,又是处处虫鸣的午后,又是鸟儿归巢的傍晚,我心里只默念着一句话:可是母亲已经不在了。把椅背放倒,躺下,似睡非睡挨到日没,坐起来,心神恍惚,呆呆地直坐到古祭坛上落满黑暗然后再渐渐浮起月光,心里才有点明白,母亲不能再来这园中找我了。

曾有过好多回,我在这园子里呆得太久了,母亲就来找我。她来找我又不想让我发觉,只要见我还好好地在这园子里,她就悄悄转身回去,我看见过几次她的背影。我也看见过几回她四处张望的情景,她视力不好,端着眼镜像在寻找海上的一条船,她没看见我时我已经看见她了,待我看见她也看见我了我就不去看她,过一会我再抬头看她就又看见她缓缓离去的背影。我单是无法知道有多少回她没有找到我。有一回我坐在矮树丛中,树丛很密,我看见她没有找到我;她一个人在园子里走,走过我的身旁,走过我经常呆的一些地方,步履茫然又急迫。我不知道她已经找了多久还要找多久,我不知道为什么我决意不喊她——但这绝不是小时候的捉迷藏,这也许是出于长大了的男孩子的倔强或羞涩?但这倔只留给我痛悔,丝毫也没有骄傲。我真想告诫所有长大了的男孩子,千万不要跟母亲来这套倔强,羞涩就更不必,我已经懂了可我已经来不及了。

儿子想使母亲骄傲,这心情毕竟是太真实了,以致使"想出名"这一声名狼藉的念头也多少改变了一点形象。这是个复杂的问题,且不去管它了罢。随着小说获奖的激动逐日暗淡,我开始相信,至少有一点我是想错了:我用纸笔在报刊上碰撞开的一条路,并不就是母亲盼望我找到的那条路。年年月月我都到这园子里来,年年月月我都要想,母亲盼望我找到的那条路到底是什么。母亲生前没给我留下过什么隽永[17]的哲言,或要我恪守[18]的教诲,只是在她去世之后,她艰难的命运、坚忍的意志和毫不张扬的爱,随光阴流转,在我的印象中愈加鲜明深刻。

有一年,十月的风又翻动起安详的落叶,我在园中读书,听见两个散步的老人说:"没想到这园子有这么大。"我放下书,想,这么大一座园子,要在其中找到她的儿子,母亲走过了多少焦灼的路。多年来我头一次意识到,这园中不单是处处都有过我的车辙,有过我的车辙的地方也都有过母亲的脚印。

三

如果以一天中的时间来对应四季,当然春天是早晨,夏天是中午,秋天是黄昏,冬天是夜晚。如果以乐器来对应四季,我想春天应该是小号,夏天是定音鼓,秋天是大提琴,冬天是圆号和长笛。要是以这园子里的声响来对应四季呢?那么,春天是祭坛上空飘浮着的鸽子的哨音,夏天是冗长的蝉歌和杨树叶子哗啦啦地对蝉歌的取笑,秋天是古殿檐头的风铃响,冬天是啄木鸟随意而空旷的啄木声。以园中的景物对应四季,春天是一径时而苍白时而黑润的小路,时而明朗时而阴晦的天上摇荡着串串杨花;夏天是一条条耀眼而灼人的石凳,或阴凉而爬满了青苔的石阶,阶下有果皮,阶上有半张被坐皱的报纸;秋天是一座青铜的大钟,在园子的西北角上曾丢弃着一座很大的铜钟,铜钟与这园子一般年纪,浑身挂满绿锈,文字已不清晰;冬天,是林中空地上几只羽毛蓬松的老麻雀。以心绪对应四季呢?春天是卧病的季节,否则人们不易发觉春天的残忍与渴望;夏天,情人们应该在这个季节里失恋,不然就似乎对不起爱情;秋天是从外面买一棵盆花回家的时候,把花搁在阔别了的家中,并且打开窗户把阳光也放进屋里,慢慢回忆慢慢整理一些发过霉的东西;冬天伴着火炉和书,一遍遍坚定不死的决心,写一些并不发出的信。还可以用艺术形式对应四季,这样春天就是一幅画,夏天是一部长篇小说,秋天是一首短歌或诗,冬天是一群雕塑。以梦呢?以梦对应四季呢?春天是树尖上的呼喊,夏天是呼喊中的细雨,秋天是细雨中的土地,冬天是干净的土地上的一只孤零的烟斗。

因为这园子,我常感恩于自己的命运。

我甚至现在就能清楚地看见,一旦有一天我不得不长久地离开它,我会怎样想念它,我会怎样想念它并且梦见它,我会怎样因为不敢想念它而梦也梦不到它。

【注 释】

[1] 本文选自《上海文学》1992年第一期。

  地坛:明清皇帝祭地之坛,在北京市区北部。

[2] 缘分:因缘,机缘。

[3] 宿命:一种认为今世的遇合已由前世所定的宗教观念。

[4] 沧桑:"沧海桑田"的略语,比喻世事变化很大。

[5] 淡褪：颜色锐减后变淡了。淡，使颜色变淡。褪，减色。
[6] 坍：倒塌，崩坏。
[7] 亘古：从古到今。
[8] 耗：呆，拖延。
[9] 捋：折下。
[10] 捋：用前爪摸索整理。
[11] 蝉蜕：蝉的幼虫变为成虫时蜕化下的壳。
[12] 肆意：不顾一切由着自己的性子去做。
[13] 坎坷：坑坑洼洼。
[14] 落寞：寂寞。
[15] 熨帖：心理平静舒适。
[16] 猝然：突然。
[17] 隽永：意味深长。
[18] 恪守：谨慎而恭敬地遵守。

【作者简介】

史铁生(1951—2010)，原籍河北涿县，1951 年生于北京市，中国当代著名作家。

1967 年在清华大学附属中学初中毕业，1969 年赴陕西延安插队，三年后 21 岁时因病双腿瘫痪转回北京，后到街道工厂当工人，1981 年因病情加重停薪留职回家。后来又患肾病并发展到尿毒症，需要靠透析维持生命。自称"职业是生病，业余在写作"。史铁生创作的散文《我与地坛》鼓励了无数的人。2002 年获华语文学传媒大奖年度杰出成就奖。曾任中国作家协会全国委员会委员，北京作家协会副主席，中国残疾人协会评议委员会委员。2010 年 12 月 31 日凌晨 3 点 46 分因突发脑溢血逝世。

著有中短篇小说集《我的遥远的清平湾》《礼拜日》《命若琴弦》《往事》等，散文随笔集《自言自语》《我与地坛》《病隙碎笔》等，长篇小说《务虚笔记》以及《史铁生作品集》。曾先后获全国优秀短篇小说奖、鲁迅文学奖，以及多种全国文学刊物奖。一些作品被译成英、法、日等文字，单篇或结集在海外出版。他的创作比较突出地表现出对于残疾人命运的关注，有的作品反映了他对于社会与人生的某些带有哲理性的思考，语言优美，具有很强的表现力。

【导 读】

这是一篇记事散文。文章通过记叙"我"双腿残疾以后日日与地坛作伴的经历和母亲对"我"的无限关爱，抒写了"我"在特定的遭遇、特定的环境中对自然、人生、母爱的深切体验和深沉思索，表现出"我"在痛苦与焦灼中挣扎、奋发的坚韧性格和意志。

作者以亲身感受和强烈的情感展示母爱的深沉，以三种方式来表现母爱：一是无声的行动描写，写母亲默送儿子去地坛、翘首伫望，焦急地寻找以及一时找不到"我"时的步履茫然而急迫……在这重复多年的无声行动中，显示出母爱的伟大，今昔对比，令人难以忘怀。二是借"我"之口，直接写母亲的心理活动。她对残疾儿子不断"暗自祷告""自我安慰"，整日"心神不定坐卧难宁"。这些直接的心理描写，把深挚的母爱写得感人肺腑。三是侧面烘托，文中反复抒写"我"对母亲思念、痛悔之情的难以遏制，从侧面烘托出母爱动人的力量。

文中很多地方成功运用了象征、类比手法与排比句式。作者落笔地坛,却重点抒写母爱,因为对"我"来说,地坛和母亲都是抚平创伤、焕发新生的源泉,这在整体上是一种象征性的类比。第三部分以一天中的时间来应对四季,接连用七种事物来表现对四季的不同感受,用多重排比句式,象征性地表达了"我"对人世间的认识与看法。作者将排比、类比和象征结合起来,使文章像诗一样寓意无穷,韵味悠长。

【思考与练习】

1. 文中哪些地方具有象征性意蕴?试作简要分析。
2. 作者通过哪几种方式来表现母爱的深挚?请结合有关段落作简要说明。
3. 文章开头部分细致地介绍地坛的历史与今日的荒凉,对表现主题起了什么作用?

11. 关 于 爱 情

——给傅敏的信

傅 雷

要找永久的伴侣,也得多用理智考虑,勿被感情蒙蔽!情人的眼光一结婚就会变,变得你自己都不相信:事先要不想到这一着,必招后来的无穷痛苦。

对终身伴侣的要求,正如对人生一切的要求一样不能太苛。事情总有正反两面:追得你太迫切了,你觉得负担重,追得不紧了,又觉得不够热烈。温柔的人有时会显得懦弱,刚强了又近于专制。幻想多了未免不切实际,能干的管家太太又觉得俗气。只有长处而没有短处的人在哪儿呢?世界上究竟有没有十全十美的人或事物呢?抚躬自问,自己又完美到什么程度呢?这一类的问题想必你考虑过不止一次。我觉得最主要的还是本质的善良,天性的温厚,开阔的胸襟。有了这三样,其他都可以逐渐培养,而且有了这三样,将来即使遇到大大小小的风波也不致变成悲剧。做艺术家的妻子比做任何人的妻子都难,你要不预先明白这一点,即使你知道责人太严,责己太宽,也不容易学会明哲、体贴、容忍。只要能代你解决生活琐事,同时对你的事业感兴趣就行,对学问的钻研等等暂时不必期望过奢,还得看你们婚后的生活如何。眼前双方先学习相互的尊重、谅解、宽容。

对方把你作为她整个的世界固然很危险,但也很宝贵!你既已发觉,一定会慢慢点醒她,最好旁敲侧击而勿正面提出,还要使她感到那是为了维护她的人格独立,扩大她的世界观。倘若你已经想到奥里维的故事,不妨就把那部书叫她细读一二遍,特别要她注意那一段插曲。像雅葛丽纳那样只知道 love,love,love!(编注:love,爱。)的人只是童话中人物,在现实世界中非但得不到 love,连日子都会过不下去,因为她除了 love 一无所知,一无所有,一无所爱。这样狭窄的天地哪像一个天地!这样片面的人生观哪会得到幸福!无论男女,只有把兴趣集中在事业上,学问上,艺术上,尽量抛开渺小的自我(ego),才有快活的可能,才觉得活得有意义。未经世事的少女往往会存一个荒诞的梦想,以为恋爱时期的感情的高潮也能在婚后维持下去。这是违反自然规律的妄想。古语说:"君子之交淡如水";又有一句话说,"夫妇相敬如宾"。可见只有平静、含蓄、温和的感情方能持久,另外一句的意义是说,夫妇到后来完全是一种知己朋友的关系,也即是我们所谓的终身伴侣。未婚之前双方能深切领会到这一点。就为将来打定了最可靠的基础,免除了多少不必要的误会和痛苦。

亲爱的孩子,……对恋爱的经验和文学艺术的研究,朋友中数十年悲欢离合的事迹和平时的观察思考,使我们在儿女的终身大事上能比别的父母更有参加意见的条件。

首先态度和心情都要尽可能的冷静。否则观察不会准确。初期交往容易感情冲动,单凭印象,只看见对方的优点,看不出缺点,甚至夸大优点,美化缺点。便是与同性朋友相交也不免如此,对异性更是常有的事。许多青年男女婚前极好,而婚后逐渐相左,甚至反目,往往是这个原因。感情激动时期不仅会耳不聪,目不明,看不清对方,自己也会无意识地只表现好的方面,把缺点隐藏起来。保持冷静还有一个好处,就是不至于为了谈恋爱而荒废正业,或是影响功课或是浪费时间或是损害健康,或是遇到或大或小的波折时扰乱心情。

所谓冷静,不但是表面的行动,尤其内心和思想都要做到。当然这一点是很难。人总是人,感情上来,不容易控制,年轻人没有恋爱经验更难维持身心的平衡,同时与各人的气质有关。我生平总不能临事沉着,极容易激动,这是我的大缺点。幸而事后还能客观分析,周密思考,才不至于使当场的意气继续发展,闹得不可收拾。我告诉你这一点,让你知道如临时不能克制,过后必须由理智来控制大局;该纠正时就纠正,该向人道歉的就道歉,该收篷的就收篷,总而言之,以上二点归纳起来只是:感情必须由理智控制。要做到,必须下一苦功在实际生活中长期锻炼。

我一生从来不曾有过"恋爱至上"的看法。"真理至上""道德至上""正义至上"这种种都应当作为立身的原则。恋爱不论在如何狂热的高潮阶段也不能侵犯这些原则。朋友也好,妻子也好,爱人也好,一遇到重大关头,与真理、道德、正义等有关的问题,决不让步。

其次,人是最复杂的动物,观察决不可简单化,而要耐心、细致、深入,经过相当的时间,各种不同的事故和场合。处处要把科学的客观精神和大慈大悲的同情心结合起来。对方的优点,要认清是不是真实可靠的,是不是你自己想象出来的,或者是夸大的。对方的缺点,要分出是否与本质有关。与本质有关的缺点,不能因为其他次要的优点而加以忽视。次要的缺点也得辨别是否能改,是否发展下去会影响品性或日常生活。人人都有缺点,谈恋爱的男女双方都是如此。问题不在于找一个全无缺点的对象,而是要找一个双方缺点都能各自认识,各自承认,愿意逐渐改,同时能彼此容忍的伴侣。(此点很重要。有些缺点双方都能容忍,有些则不能容忍,日子一久即造成裂痕)最好双方尽量自然,不要做作,各人都真面目来,优缺点一齐让对方看到。必须彼此看到了优点,也看到了缺点,觉得都可以相忍相让,不会影响大局的时候,才谈得上进一步的了解;否则只能做一个普通的朋友。可是要完全看出彼此的优缺点,需要相当时间,也需要各种大大小小的事故来考验;绝对急不来!更不能轻易下结论(不论是好的结论或坏的结论)!唯有极坦白,才能暴露自己;而暴露自己的缺点总是越早越好,越晚越糟!为了求恋爱成功而尽量隐藏自己的缺点的人其实是愚蠢的。当然,在恋爱中不知不觉表现出自己的光明面,不知不觉隐藏自己的缺点,不在此例。因为这是人的本能,而且也证明爱情能促使我们进步,往善与美的方向发展,正是爱情的伟大之处,也是古往今来的诗人歌颂爱情的主要原因。小说家常常提到,我们在生活中也一再经历:恋爱中的男女往往比平时聪明;读起书来也理解得快;心地也往往格外善良,为了自己幸福而也想使别人幸福,或者减少别人的苦难;同情心扩大就是爱情可贵的具体表现。

事情主观上固盼望必成,客观方面仍须有万一不成的思想准备。为了避免失恋等等的痛苦,这一点"明智"我觉得一开头就应当充分掌握。最好勿把对方作过于肯定的想法,一切听凭自然演变。

总之,一切不能急,越是事关重要,越要心平气和,态度安详,从长考虑,细细观察,力求客观!感情冲上高峰很容易,无奈任何事物的高峰(或高潮)都只能维持一个短时间,要久而弥笃的维持长久的友谊可很难了……

除了优缺点,俩人性格脾气是否相投也是重要因素。刚柔、软硬、缓急的差别要能相互适应调剂。还有许多表现在举动、态度、言笑、声音……之间说不出也数不清的小习惯,在男女之间也有很大作用,要弄清这些就得冷眼旁观慢慢咂摸。所谓经得起考验乃是指有形无形的许许多多批评与自我批评(对人家一举一动所引起的反应即是无形的批评)。诗人常说爱情是盲目的,但不盲目的爱毕竟更健全更可靠。

人生观世界观问题你都知道，不用我谈了。人的雅俗和胸襟气量倒是要非常注意的。据我的经验：雅俗与胸襟往往带先天性的，后天改造很少能把低的往高的水平上提；故交往期间应该注意对方是否有胜于自己的地方，将来可帮助我进步，而不至于反过来使我往后退。你自幼看惯家里的作风，想必不会忍受量窄心浅的性格。

以上所谈的全是笼笼统统的原则问题……

长相身材虽不是主要考虑点，但在一个爱美的人也不能过于忽视。交友期间，尽量少送礼物，少花钱；一方面表明你的恋爱观念与物质关系极少牵连，另一方面也是考验对方。

1962年3月8日

【作者简介】

傅雷(1908—1966)，字怒安，号怒庵，上海市南汇县（现南汇区）人，我国著名的翻译家，文艺评论家。20世纪60年代初，傅雷因在翻译巴尔扎克作品方面的卓越贡献，被法国巴尔扎克研究会吸收为会员。他的全部译作，现经其家属编定，交由安徽人民出版社编成《傅雷译文集》，从1981年起分15卷出版。著有《世界美术名作二十讲》《傅雷家书》。

【导　读】

这封家书是针对儿子交女朋友而写的。在信中，傅雷先生对关于交什么样的女朋友，怎样对待两个人的交往，怎样处理可能出现的问题等均谈了详尽的看法。作者以一个文学艺术研究者的身份，从自己恋爱的经验出发，加上自己对人生社会的观念和思考，逐一谈了青年人如何恋爱的问题。

作者首先提出恋爱时态度和心情都要尽可能的冷静。只有冷静才可看出对方的优点、缺点，只有冷静才会不荒废正业，只有冷静才能保证身心的健康。冷静才会理智，而情感是需要理智来控制的。

最令人钦佩的是傅雷先生不是"恋爱至上"的信奉者，而是将真理、道德和正义看成是立身行事的根本原则。作者的立场是很坚定的。"朋友也好，爱人也好，遇到重大关头，与真理、道德、正义等有关问题，决不能让步。"在人们信奉享乐的今天，傅雷先生这一思想更应该受到人们的重视。

【思考与练习】

1. 傅雷认为"交友期间，尽量少送礼物，少花钱"，你认为有道理吗？
2. 在这封家书中，傅雷谈了哪些关于爱情方面的观点？对这些观点，你是怎么看的？

第三节　现当代小说

1. 伤　逝
―― 涓生的手记

鲁　迅

如果我能够,我要写下我的悔恨和悲哀,为子君,为自己。

会馆[1]里的被遗忘在偏僻里的破屋是这样地寂静和空虚。时光过得真快,我爱子君,仗着她逃出这寂静和空虚,已经满一年了。事情又这么不凑巧,我重来时,偏偏空着的又只有这一间屋。依然是这样的破窗,这样的窗外的半枯的槐树和老紫藤,这样的窗前的方桌,这样的败壁,这样的靠壁的板床。深夜中独自躺在床上,就如我未曾和子君同居以前一般,过去一年中的时光全被消灭,全未有过,我并没有曾经从这破屋子搬出,在吉兆胡同创立了满怀希望的小小的家庭。

不但如此。在一年之前,这寂静和空虚是并不这样的,常常含着期待;期待子君的到来。在久待的焦躁中,一听到皮鞋的高底尖触着砖路的清响,是怎样地使我骤然生动起来呵！于是就看见带着笑窝的苍白的圆脸,苍白的瘦的臂膊,布的有条纹的衫子,玄色的裙。她又带了窗外的半枯的槐树的新叶来,使我看见,还有挂在铁似的老干上的一房一房的紫白的藤花。

然而现在呢,只有寂静和空虚依旧,子君却决不再来了,而且永远,永远地！……

子君不在我这破屋里时,我什么也看不见。在百无聊赖中,顺手抓过一本书来,科学也好,文学也好,横竖什么都一样;看下去,看下去,忽而自己觉得,已经翻了十多页了,但是毫不记得书上所说的事。只是耳朵却分外地灵,仿佛听到大门外一切往来的履声,从中便有子君的,而且橐橐地逐渐临近,――但是,往往又逐渐渺茫,终于消失在别的步声的杂沓中了。我憎恶那不像子君鞋声的穿布底鞋的长班[2]的儿子,我憎恶那太像子君鞋声的常常穿着新皮鞋的邻院的搽雪花膏的小东西！

莫非她翻了车么？莫非她被电车撞伤了么？……

我便要取了帽子去看她,然而她的胞叔就曾经当面骂过我。

蓦然,她的鞋声近来了,一步响于一步,迎出去时,却已经走过紫藤棚下,脸上带着微笑的酒窝。她在她叔子的家里大约并未受气;我的心宁帖了,默默地相视片时之后,破屋里便渐渐充满了我的语声,谈家庭专制,谈打破旧习惯,谈男女平等,谈伊孛生,谈泰戈尔,谈雪莱[3]……。她总是微笑点头,两眼里弥漫着稚气的好奇的光泽。壁上就钉着一张铜板的雪莱半身像,是从杂志上裁下来的,是他的最美的一张像。当我指给她看时,她却只草草一看,便低了头,似乎不好意思了。这些地方,子君就大概还未脱尽旧思想的束缚,――我后来也想,倒不如换一张雪莱淹死在海里的记念像或是伊孛生的罢;但也终于没有换,现在是连这一张也不知那里去了。

"我是我自己的,他们谁也没有干涉我的权利!"

这是我们交际了半年,又谈起她在这里的胞叔和在家的父亲时,她默想了一会之后,分明地,坚决地,沉静地说了出来的话。其时是我已经说尽了我的意见,我的身世,我的缺点,很少隐瞒;她也完全了解的了。这几句话很震动了我的灵魂,此后许多天还在耳中发响,而且说不出的狂喜,知道中国女性,并不如厌世家所说那样的无法可施,在不远的将来,便要看见辉煌的曙色的。

送她出门,照例是相离十多步远;照例是那鲇鱼须的老东西的脸又紧帖在脏的窗玻璃上了,连鼻尖都挤成一个小平面;到外院,照例又是明晃晃的玻璃窗里的那小东西的脸,加厚的雪花膏。她目不邪视地骄傲地走了,没有看见;我骄傲地回来。

"我是我自己的,他们谁也没有干涉我的权利!"这彻底的思想就在她的脑里,比我还透彻,坚强得多。半瓶雪花膏和鼻尖的小平面,于她能算什么东西呢?

我已经记不清那时怎样地将我的纯真热烈的爱表示给她。岂但现在,那时的事后便已模糊,夜间回想,早只剩了一些断片了;同居以后一两月,便连这些断片也化作无可追踪的梦影。我只记得那时以前的十几天,曾经很仔细地研究过表示的态度,排列过措辞的先后,以及倘或遭了拒绝以后的情形。可是临时似乎都无用,在慌张中,身不由己地竟用了在电影上见过的方法了。后来一想到,就使我很愧恧,但在记忆上却偏只有这一点永远留遗,至今还如暗室的孤灯一般,照见我含泪握着她的手,一条腿跪了下去……

不但我自己的,便是子君的言语举动,我那时就没有看得分明;仅知道她已经允许我了。但也还仿佛记得她脸色变成青白,后来又渐渐转作绯红,——没有见过,也没有再见的绯红;孩子似的眼里射出悲喜,但是夹着惊疑的光,虽然力避我的视线,张皇地似乎要破窗飞去。然而我知道她已经允许我了,没有知道她怎样说或是没有说。

她却是什么都记得:我的言辞,竟至于读熟了的一般,能够滔滔背诵;我的举动,就如有一张我所看不见的影片挂在眼下,叙述得如生,很细微,自然连那使我不愿再想的浅薄的电影的一闪。夜阑人静,是相对温习的时候了,我常是被质问,被考验,并且被命复述当时的言语,然而常须由她补足,由她纠正,像一个丁等的学生。

这温习后来也渐渐稀疏起来。但我只要看见她两眼注视空中,出神似的凝想着,于是神色越加柔和,笑窝也深下去,便知道她又在自修旧课了,只是我很怕她看到我那可笑的电影的一闪。但我又知道,她一定要看见,而且也非看不可的。

然而她并不觉得可笑。即使我自己以为可笑,甚而至于可鄙的,她也毫不以为可笑。这事我知道得很清楚,因为她爱我,是这样地热烈,这样地纯真。

去年的暮春是最为幸福,也是最为忙碌的时光。我的心平静下去了,但又有别一部分和身体一同忙碌起来。我们这时才在路上同行,也到过几回公园,最多的是寻住所。我觉得在路上时时遇到探索,讥笑,猥亵和轻蔑的眼光,一不小心,便使我的全身有些瑟缩,只得即刻提起我的骄傲和反抗来支持。她却是大无畏的,对于这些全不关心,只是镇静地缓缓前行,坦然如入无人之境。

寻住所实在不是容易事,大半是被托辞拒绝,小半是我们以为不相宜。起先我们选择得很苛酷,——也非苛酷,因为看去大抵不像是我们的安身之所;后来,便只要他们能相容了。看了二十多处,这才得到可以暂且敷衍的处所,是吉兆胡同一所小屋里的两间南屋;主人是一个小官,然而倒是明白人,自住着正屋和厢房。他只有夫人和一个不到周岁的女孩子,雇一个乡下的女工,只要孩子不啼哭,是极其安闲幽静的。

我们的家具很简单,但已经用去了我的筹来的款子的大半;子君还卖掉了她唯一的金戒指和耳环。我拦阻她,还是定要卖,我也就不再坚持下去了;我知道不给她加入一点股份去,她是住不舒服的。

和她的叔子,她早经闹开,至于使他气愤到不再认她做侄女;我也陆续和几个自以为忠告,其实是替我胆怯,或者竟是嫉妒的朋友绝了交。然而这倒很清静。每日办公散后,虽然已近黄昏,车夫又一定走得这样慢,但究竟还有二人相对的时候。我们先是沉默的相视,接着是放怀而亲密的交谈,后来又是沉默。大家低头沉思着,却并未想着什么事。我也渐渐清醒地读遍了她的身体,她的灵魂,不过三星期,我似乎于她已经更加了解,揭去许多先前以为了解而现在看来却是隔膜,即所谓真的隔膜了。

子君也逐日活泼起来。但她并不爱花,我在庙会[4]时买来的两盆小草花,四天不浇,枯死在壁角了,我又没有照顾一切的闲暇。然而她爱动物,也许是从官太太那里传染的罢,不一月,我们的眷属便骤然加得很多,四只小油鸡,在小院子里和房主人的十多只在一同走。但她们却认识鸡的相貌,各知道那一只是自家的。还有一只花白的叭儿狗,从庙会买来,记得似乎原有名字,子君却给它另起了一个,叫作阿随。我就叫它阿随,但我不喜欢这名字。

这是真的,爱情必须时时更新,生长,创造。我和子君说起这,她也领会地点点头。

唉唉,那是怎样的宁静而幸福的夜呵!

安宁和幸福是要凝固的,永久是这样的安宁和幸福。我们在会馆里时,还偶有议论的冲突和意思的误会,自从到吉兆胡同以来,连这一点也没有了;我们只在灯下对坐的怀旧谭中,回味那时冲突以后的和解的重生一般的乐趣。

子君竟胖了起来,脸色也红活了;可惜的是忙。管了家务便连谈天的工夫也没有,何况读书和散步。我们常说,我们总还得雇一个女工。

这就使我也一样地不快活,傍晚回来,常见她包藏着不快活的颜色,尤其使我不乐的是她要装作勉强的笑容。幸而探听出来了,也还是和那小官太太的暗斗,导火线便是两家的小油鸡。但又何必硬不告诉我呢?人总该有一个独立的家庭。这样的处所,是不能居住的。

我的路也铸定了,每星期中的六天,是由家到局,又由局到家。在局里便坐在办公桌前钞,钞,钞些公文和信件;在家里是和她相对或帮她生白炉子,煮饭,蒸馒头。我的学会了煮饭,就在这时候。

但我的食品却比在会馆里时好得多了。做菜虽不是子君的特长,然而她于此却倾注着全力;对于她的日夜的操心,使我也不能不一同操心,来算作分甘共苦。况且她又这样地终日汗流满面,短发都粘在脑额上;两只手又只是这样地粗糙起来。

况且还要饲阿随,饲油鸡,……都是非她不可的工作。

我曾经忠告她:我不吃,倒也罢了;却万不可这样地操劳。她只看了我一眼,不开口,神色却似乎有点凄然;我也只好不开口。然而她还是这样地操劳。

我所豫期的打击果然到来。双十节的前一晚,我呆坐着,她在洗碗。听到打门声,我去开门时,是局里的信差,交给我一张油印的纸条。我就有些料到了,到灯下去一看,果然,印着的就是:

> 奉
> 局长谕史涓生着毋庸到局办事
> 　　　　　秘书处启　十月九号

这在会馆里时,我就早已料到了;那雪花膏便是局长的儿子的赌友,一定要去添些谣言,设法报告的。到现在才发生效验,已经要算是很晚的了。其实这在我不能算是一个打击,因为我早就决定,可以给别人去钞写,或者教读,或者虽然费力,也还可以译点书,况且《自由之友》的总编辑便是见过几次的熟人,两月前还通过信。但我的心却跳跃着。那么一个无畏的子君也变了色,尤其使我痛心;她近来似乎也较为怯弱了。

"那算什么。哼,我们干新的。我们……。"她说。

她的话没有说完;不知怎地,那声音在我听去却只是浮浮的;灯光也觉得格外黯淡。人们真是可笑的动物,一点极微末的小事情,便会受着很深的影响。我们先是默默地相视,逐渐商量起来,终于决定将现有的钱竭力节省,一面登"小广告"去寻求钞写和教读,一面写信给《自由之友》的总编辑,说明我目下的遭遇,请他收用我的译本,给我帮一点艰辛时候的忙。

"说做,就做罢!来开一条新的路!"

我立刻转身向了书案,推开盛香油的瓶子和醋碟,子君便送过那黯淡的灯来。我先拟广告;其次是选定可译的书,迁移以来未曾翻阅过,每本的头上都满漫着灰尘了;最后才写信。

我很费踌躇,不知道怎样措辞好,当停笔凝思的时候,转眼去一瞥她的脸,在昏暗的灯光下,又很见得凄然。我真不料这样微细的小事情,竟会给坚决的,无畏的子君以这么显著的变化。她近来实在变得很怯弱了,但也并不是今夜才开始的。我的心因此更缭乱,忽然有安宁的生活的影像——会馆里的破屋的寂静,在眼前一闪,刚刚想定睛凝视,却又看见了昏暗的灯光。

许久之后,信也写成了,是一封颇长的信;很觉得疲劳,仿佛近来自己也较为怯弱了。于是我们决定,广告和发信,就在明日一同实行。大家不约而同地伸直了腰肢,在无言中,似乎又都感到彼此的坚忍倔强的精神,还看见从新萌芽起来的将来的希望。

外来的打击其实倒是振作了我们的新精神。局里的生活,原如鸟贩子手里的禽鸟一般,仅有一点小米维系残生,决不会肥胖;日子一久,只落得麻痹了翅子,即使放出笼外,早已不能奋飞。现在总算脱出这牢笼了,我从此要在新的开阔的天空中翱翔,趁我还未忘却了我的翅子的扇动。

小广告是一时自然不会发生效力的;但译书也不是容易事,先前看过,以为已经懂得的,一动手,却疑难百出了,进行得很慢。然而我决计努力地做,一本半新的字典,不到半月,边上便有了一大片乌黑的指痕,这就证明着我的工作的切实。《自由之友》的总编辑曾经说过,他的刊物是决不会埋没好稿子的。

可惜的是我没有一间静室,子君又没有先前那么幽静,善于体帖了,屋子里总是散乱着碗碟,弥漫着煤烟,使人不能安心做事,但是这自然还只能怨我自己无力置一间书斋。然而又加以阿随,加以油鸡们。加以油鸡们又大起来了,更容易成为两家争吵的引线。

加以每日的"川流不息"的吃饭;子君的功业,仿佛就完全建立在这吃饭中。吃了筹钱,筹来吃饭,还要喂阿随,饲油鸡;她似乎将先前所知道的全都忘掉了,也不想到我的构思就常常为了这催促吃饭而打断。即使在坐中给看一点怒色,她总是不改变,仍然毫无感触似的大嚼起来。

　　使她明白了我的做工不能受规定的吃饭的束缚,就费去五星期。她明白之后,大约很不高兴罢,可是没有说。我的工作果然从此较为迅速地进行,不久就共译了五万言,只要润色一回,便可以和做好的两篇小品,一同寄给《自由之友》去。只是吃饭却依然给我苦恼。菜冷,是无妨的,然而竟不够;有时连饭也不够,虽然我因为终日坐在家里用脑,饭量已经比先前要减少得多。这是先去喂了阿随了,有时还喂那近来连自己也轻易不吃的羊肉。她说,阿随实在瘦得太可怜,房东太太还因此嗤笑我们了,她受不住这样的奚落。

　　于是吃我残饭的便只有油鸡们。这是我积久才看出来的,但同时也如赫胥黎[5]的论定"人类在宇宙间的位置"一般,自觉我在这里的位置:不过是叭儿狗和油鸡之间。

　　后来,经多次的抗争和催逼,油鸡们也逐渐成为肴馔,我们和阿随都享用了十多日的鲜肥;可是其实都很瘦,因为它们早已每日只能得到几粒高粱了。从此便清静得多。只有子君很颓唐,似乎常觉得凄苦和无聊,至于不大愿意开口。我想,人是多么容易改变呵!

　　但是阿随也将留不住了。我们已经不能再希望从什么地方会有来信,子君也早没有一点食物可以引它打拱或直立起来。冬季又逼近得这么快,火炉就要成为很大的问题;它的食量,在我们其实早是一个极易觉得的很重的负担。于是连它也留不住了。

　　倘使插了草标[6]到庙市去出卖,也许能得几文钱罢,然而我们都不能,也不愿这样做。终于是用包袱蒙着头,由我带到西郊去放掉了,还要追上来,便推在一个并不很深的土坑里。

　　我一回寓,觉得又清静得多多了;但子君的凄惨的神色,却使我很吃惊。那是没有见过的神色,自然是为阿随。但又何至于此呢?我还没有说起推在土坑里的事。

　　到夜间,在她的凄惨的神色中,加上冰冷的分子了。

　　"奇怪。——子君,你怎么今天这样儿了?"我忍不住问。

　　"什么?"她连看也不看我。

　　"你的脸色……"

　　"没有什么,——什么也没有。"

　　我终于从她言动上看出,她大概已经认定我是一个忍心的人。其实,我一个人,是容易生活的,虽然因为骄傲,向来不与世交来往,迁居以后,也疏远了所有旧识的人,然而只要能远走高飞,生路还宽广得很。现在忍受着这生活压迫的苦痛,大半倒是为她,便是放掉阿随,也何尝不如此。但子君的识见却似乎只是浅薄起来,竟至于连这一点也想不到了。

　　我拣了一个机会,将这些道理暗示她;她领会似的点头。然而看她后来的情形,她是没有懂,或者是并不相信的。

　　天气的冷和神情的冷,逼迫我不能在家庭中安身。但是,往那里去呢?大道上,公园里,虽然没有冰冷的神情,冷风究竟也刺得人皮肤欲裂。我终于在通俗图书馆里觅得了我的天堂。

　　那里无须买票;阅书室里又装着两个铁火炉。纵使不过是烧着不死不活的煤的火炉,但单是看见装着它,精神上也就总觉得有些温暖。书却无可看:旧的陈腐,新的是几乎没有的。

　　好在我到那里去也并非为看书。另外时常还有几个人,多则十余人,都是单薄衣裳,正如我,各人看各人的书,作为取暖的口实。这于我尤为合式。道路上容易遇见熟人,得到轻蔑的一瞥,但此地却决无那样的横祸,因为他们是永远围在别的铁炉旁,或者靠在自家的白炉边的。

那里虽然没有书给我看,却还有安闲容得我想。待到孤身枯坐,回忆从前,这才觉得大半年来,只为了爱,——盲目的爱,——而将别的人生的要义全盘疏忽了。第一,便是生活。人必生活着,爱才有所附丽。世界上并非没有为了奋斗者而开的活路;我也还未忘却翅子的扇动,虽然比先前已经颓唐得多……

屋子和读者渐渐消失了,我看见怒涛中的渔夫,战壕中的兵士,摩托车[7]中的贵人,洋场上的投机家,深山密林中的豪杰,讲台上的教授,昏夜的运动者和深夜的偷儿……子君,——不在近旁。她的勇气都失掉了,只为着阿随悲愤,为着做饭出神;然而奇怪的是倒也并不怎样瘦损……

冷了起来,火炉里的不死不活的几片硬煤,也终于烧尽了,已是闭馆的时候。又须回到吉兆胡同,领略冰冷的颜色去了。近来也间或遇到温暖的神情,但这却反而增加我的苦痛。记得有一夜,子君的眼里忽而又发出久已不见的稚气的光来,笑着和我谈到还在会馆时候的情形,时时又很带些恐怖的神色。我知道我近来的超过她的冷漠,已经引起她的忧疑来,只得也勉力谈笑,想给她一点慰藉。然而我的笑貌一上脸,我的话一出口,却即刻变为空虚,这空虚又即刻发生反响,回响我的耳目里,给我一个难堪的恶毒的冷嘲。

子君似乎也觉得的,从此便失掉了她往常的麻木似的镇静,虽然竭力掩饰,总还是时时露出忧疑的神色来,但对我却温和得多了。

我要明告她,但我还没有敢,当决心要说的时候,看见她孩子一般的眼色,就使我只得暂且改作勉强的欢容。但是这又即刻来冷嘲我,并使我失却那冷漠的镇静。

她从此又开始了往事的温习和新的考验,逼我做出许多虚伪的温存的答案来,将温存示给她,虚伪的草稿便写在自己的心上。我的心渐被这些草稿填满了,常觉得难于呼吸。我在苦恼中常常想,说真实自然须有极大的勇气的;假如没有这勇气,而苟安于虚伪,那也便是不能开辟新的生路的人。不独不是这个,连这人也未尝有!

子君有怨色,在早晨,极冷的早晨,这是从未见过的,但也许是从我看来的怨色。我那时冷冷地气愤和暗笑了;她所磨练的思想和豁达无畏的言论,到底也还是一个空虚,而对于这空虚却并未自觉。她早已什么书也不看,已不知道人的生活的第一着是求生,向着这求生的道路,是必须携手同行,或奋身孤往的了,倘使只知道捶着一个人的衣角,那便是虽战士也难于战斗,只得一同灭亡。

我觉得新的希望就只在我们的分离;她应该决然舍去,——我也突然想到她的死,然而立刻自责,忏悔了。幸而是早晨,时间正多,我可以说我的真实。我们的新的道路的开辟,便在这一遭。

我和她闲谈,故意地引起我们的往事,提到文艺,于是涉及外国的文人,文人的作品:《诺拉》,《海的女人》[8]。称扬诺拉的果决……。也还是去年在会馆的破屋里讲过的那些话,但现在已经变成空虚,从我的嘴传入自己的耳中,时时疑心有一个隐形的坏孩子,在背后恶意地刻毒地学舌。

她还是点头答应着倾听,后来沉默了。我也就断续地说完了我的话,连余音都消失在虚空中了。

"是的。"她又沉默了一会,说,"但是,……涓生,我觉得你近来很两样了。可是的?你,——你老实告诉我。"

我觉得这似乎给了我当头一击,但也立即定了神,说出我的意见和主张来:新的路的开辟,新的生活的再造,为的是免得一同灭亡。

临末,我用了十分的决心,加上这几句话:

"……况且你已经可以无须顾虑,勇往直前了。你要我老实说;是的,人是不该虚伪的。我老实说罢:因为,因为我已经不爱你了!但这于你倒好得多,因为你更可以毫无挂念地做事……。"

我同时豫期着大的变故的到来,然而只有沉默。她脸色陡然变成灰黄,死了似的;瞬间便又苏生,眼里也发了稚气的闪闪的光泽。这眼光射向四处,正如孩子在饥渴中寻求着慈爱的母亲,但只在空中寻求,恐怖地回避着我的眼。

我不能看下去了,幸而是早晨,我冒着寒风径奔通俗图书馆。

在那里看见《自由之友》,我的小品文都登出了。这使我一惊,仿佛得了一点生气。我想,生活的路还很多,——但是,现在这样也还是不行的。

我开始去访问久已不相闻问的熟人,但这也不过一两次;他们的屋子自然是暖和的,我在骨髓中却觉得寒冽。夜间,便蜷伏在比冰还冷的冷屋中。

冰的针刺着我的灵魂,使我永远苦于麻木的疼痛。生活的路还很多,我也还没有忘却翅子的扇动,我想。——我突然想到她的死,然而立刻自责,忏悔了。

在通俗图书馆里往往瞥见一闪的光明,新的生路横在前面。她勇猛地觉悟了,毅然走出这冰冷的家,而且,——毫无怨恨的神色。我便轻如行云,飘浮空际,上有蔚蓝的天,下是深山大海,广厦高楼,战场,摩托车,洋场,公馆,晴明的闹市,黑暗的夜……

而且,真的,我豫感得这新生面便要来到了。

我们总算度过了极难忍受的冬天,这北京的冬天;就如蜻蜓落在恶作剧的坏孩子的手里一般,被系着细线,尽情玩弄,虐待,虽然幸而没有送掉性命,结果也还是躺在地上,只争着一个迟早之间。

写给《自由之友》的总编辑已经有三封信,这才得到回信,信封里只有两张书券[9]:两角的和三角的。我却单是催,就用了九分的邮票,一天的饥饿,又都白挨给于己一无所得的空虚了。

然而觉得要来的事,却终于来到了。

这是冬春之交的事,风已没有这么冷,我也更久地在外面徘徊;待到回家,大概已经昏黑。就在这样一个昏黑的晚上,我照常没精打采地回来,一看见寓所的门,也照常更加丧气,使脚步放得更缓。但终于走进自己的屋子里了,没有灯火;摸火柴点起来时,是异样的寂寞和空虚!

正在错愕中,官太太便到窗外来叫我出去。

"今天子君的父亲来到这里,将她接回去了。"她很简单地说。

这似乎又不是意料中的事,我便如脑后受了一击,无言地站着。

"她去了么?"过了些时,我只问出这样一句话。

"她去了。"

"她,——她可说什么?"

"没说什么。单是托我见你回来时告诉你,说她去了。"

我不信;但是屋子里是异样的寂寞和空虚。我遍看各处,寻觅子君;只见几件破旧而黯淡的家具，都显得极其清疏，在证明着它们毫无隐匿一人一物的能力。我转念寻信或她留下的字迹，也没有；只是盐和干辣椒，面粉，半株白菜，却聚集在一处了，旁边还有几十枚铜元。这是我们两人生活材料的全副，现在她就郑重地将这留给我一个人，在不言中，教我借此去维持较久的生活。

我似乎被周围所排挤，奔到院子中间，有昏黑在我的周围；正屋的纸窗上映出明亮的灯光，他们正在逗着孩子玩笑。我的心也沉静下来，觉得在沉重的迫压中，渐渐隐约地现出脱走的路径：深山大泽，洋场，电灯下的盛筵；壕沟，最黑最黑的深夜，利刃的一击，毫无声响的脚步……

心地有些轻松，舒展了，想到旅费，并且嘘一口气。

躺着，在合着的眼前经过的豫想的前途，不到半夜已经现尽；暗中忽然仿佛看见一堆食物，这之后，便浮出一个子君的灰黄的脸来，睁了孩子气的眼睛，恳托似的看着我。我一定神，什么也没有了。

但我的心却又觉得沉重。我为什么偏不忍耐几天，要这样急急地告诉她真话的呢？现在她知道，她以后所有的只是她父亲——儿女的债主——的烈日一般的严威和旁人的赛过冰霜的冷眼。此外便是虚空。负着虚空的重担，在严威和冷眼中走着所谓人生的路，这是怎么可怕的事呵！而况这路的尽头，又不过是——连墓碑也没有的坟墓。

我不应该将真实说给子君，我们相爱过，我应该永久奉献她我的说谎。如果真实可以宝贵，这在子君就不该是一个沉重的空虚。谎语当然也是一个空虚，然而临末，至多也不过这样地沉重。

我以为将真实说给子君，她便可以毫无顾虑，坚决地毅然前行，一如我们将要同居时那样。但这恐怕是我错误了。她当时的勇敢和无畏是因为爱。

我没有负着虚伪的重担的勇气，却将真实的重担卸给她了。她爱我之后，就要负了这重担，在严威和冷眼中走着所谓人生的路。

我想到她的死……我看见我是一个卑怯者，应该被摈于强有力的人们，无论是真实者，虚伪者。然而她却自始至终，还希望我维持较久的生活……

我要离开吉兆胡同，在这里是异样的空虚和寂寞。我想，只要离开这里，子君便如还在我的身边；至少，也如还在城中，有一天，将要出乎意表地访我，像住在会馆时候似的。

然而一切请托和书信，都是一无反响；我不得已，只好访问一个久不问候的世交去了。他是我伯父的幼年的同窗，以正经出名的拔贡[10]，寓京很久，交游也广阔的。

大概因为衣服的破旧罢，一登门便很遭门房的白眼。好容易才相见，也还相识，但是很冷落。我们的往事，他全都知道了。

"自然，你也不能在这里了，"他听了我托他在别处觅事之后，冷冷地说，"但那里去呢？很难。——你那，什么呢，你的朋友罢，子君，你可知道，她死了。"

我惊得没有话。

"真的？"我终于不自觉地问。

"哈哈。自然真的。我家的王升的家，就和她家同村。"

"但是，——不知道是怎么死的？"

"谁知道呢。总之是死了就是了。"

我已经忘却了怎样辞别他，回到自己的寓所。我知道他是不说谎话的；子君总不会再来的了,像去年那样。她虽是想在严威和冷眼中负着虚空的重担来走所谓人生的路,也已经不能。她的命运,已经决定她在我所给与的真实——无爱的人间死灭了!

自然,我不能在这里了;但是,"那里去呢?"

四围是广大的空虚,还有死的寂静。死于无爱的人们的眼前的黑暗,我仿佛一一看见,还听得一切苦闷和绝望的挣扎的声音。

我还期待着新的东西到来,无名的,意外的。但一天一天,无非是死的寂静。

我比先前已经不大出门,只坐卧在广大的空虚里,一任这死的寂静侵蚀着我的灵魂。死的寂静有时也自己战栗,自己退藏,于是在这绝续之交,便闪出无名的,意外的,新的期待。

一天是阴沉的上午,太阳还不能从云里面挣扎出来;连空气都疲乏着。耳中听到细碎的步声和咻咻的鼻息,使我睁开眼。大致一看,屋子里还是空虚;但偶然看到地面,却盘旋着一匹小小的动物,瘦弱的,半死的,满身灰土的……

我一细看,我的心就一停,接着便直跳起来。

那是阿随。它回来了。

我的离开吉兆胡同,也不单是为了房主人们和他家女工的冷眼,大半就为着这阿随。但是,"那里去呢?"新的生路自然还很多,我约略知道,也间或依稀看见,觉得就在我面前,然而我还没有知道跨进那里去的第一步的方法。

经过许多回的思量和比较,也还只有会馆是还能相容的地方。依然是这样的破屋,这样的板床,这样的半枯的槐树和紫藤,但那时使我希望,欢欣,爱,生活的,却全都逝去了,只有一个虚空,我用真实去换来的虚空存在。

新的生路还很多,我必须跨进去,因为我还活着。但我还不知道怎样跨出那第一步。有时,仿佛看见那生路就像一条灰白的长蛇,自己蜿蜒地向我奔来,我等着,等着,看看临近,但忽然便消失在黑暗里了。

初春的夜,还是那么长。长久的枯坐中记起上午在街头所见的葬式,前面是纸人纸马,后面是唱歌一般的哭声。我现在已经知道他们的聪明了,这是多么轻松简截的事。

然而子君的葬式却又在我的眼前,是独自负着虚空的重担,在灰白的长路上前行,而又即刻消失在周围的严威和冷眼里了。

我愿意真有所谓鬼魂,真有所谓地狱,那么,即使在孽风怒吼之中,我也将寻觅子君,当面说出我的悔恨和悲哀,祈求她的饶恕;否则,地狱的毒焰将围绕我,猛烈地烧尽我的悔恨和悲哀。

我将在孽风和毒焰中拥抱子君,乞她宽容,或者使她快意……

但是,这却更虚空于新的生路;现在所有的只是初春的夜,竟还是那么长。我活着,我总得向着新的生路跨出去,那第一步,——却不过是写下我的悔恨和悲哀,为子君,为自己。

我仍然只有唱歌一般的哭声,给子君送葬,葬在遗忘中。

我要遗忘;我为自己,并且要不再想到这用了遗忘给子君送葬。

我要向着新的生路跨进第一步去,我要将真实深深地藏在心的创伤中,默默地前行,用遗忘和说谎做我的前导……

一九二五年十月二十一日毕

(录自《彷徨》,北新书局 1926 年版)

【注　释】

[1] 会馆：旧时都市中同乡会或同业公会设立的馆舍，供同乡或同业旅居、聚会之用。

[2] 长班：旧时官员的随身仆人，也用来称呼一般的"听差"。

[3] 伊孛生（H. Ibsen，1828—1906）：通译易卜生，挪威剧作家。泰戈尔（R. Tagore，1861—1941），印度诗人。1924年曾来过我国。当时他的诗作译成中文的有《新月集》《飞鸟集》等。雪莱（P. B. Shelley，1792—1822），英国诗人，曾参加爱尔兰民族独立运动，因传播革命思想和争取婚姻自由屡遭迫害，后在海里覆舟淹死。他的《西风颂》《云雀颂》等著名短诗，"五四"后被介绍到我国。

[4] 庙会：又称"庙市"，旧时在节日或规定的日子，设在寺庙或其附近的集市。

[5] 赫胥黎（T. Huxley，1825—1895），英国生物学家。他的《人类在宇宙间的位置》（今译《人类在自然界的位置》），是宣传达尔文的进化论的重要著作。

[6] 草标：旧时在被卖的人身或物品上插置的草秆，作为出卖的标志。

[7] 摩托车：当时对小汽车的称呼。

[8] 《诺拉》：通译《娜拉》（又译作《玩偶之家》）。《海的女人》：通译《海的夫人》。都是易卜生的著名剧作。

[9] 书券：购书用的代价券，可按券面金额到指定书店选购。旧时有的报刊用它代替现金支付稿酬。

[10] 拔贡：清代科举考试制度。在规定的年限（原定六年，后改为十二年）选拔"文行计优"的秀才，保送到京师，贡入国子监，称为"拔贡"。是贡生的一种。

【导　读】

创作于1925年的《伤逝》是鲁迅先生唯一一部以青年恋爱和婚姻为题材的悲情小说。作者将一对青年的爱情故事放置到"五四"退潮后依然浓重的封建、黑暗的社会背景中，通过主人公涓生与子君的悲剧命运，旨在引领青年去寻求"新的生活"，具有深刻的历史意义。

子君和涓生都是在"五四"新思潮影响下成长起来的具有资产阶级民主主义思想的小资产阶级知识分子，他们有个性解放、男女平等、恋爱和婚姻自主的新思想。为了争取恋爱和婚姻自由，敢于同旧势力进行较量，勇敢地背叛封建礼教和封建专制家庭，子君高傲地宣称："我是我自己的，他们谁也没有干涉我的权利。"这是子君反封建专制的战斗宣言。

涓生和子君爱情悲剧的原因，既是那个不合理的社会制度和黑暗势力的破坏与迫害，也与他们本身的弱点——如软弱、自私、目光短浅和狭隘自私的个人主义等有关。

作品采取"手记"的方式，用第一人称，通过男主人公的自述形式，把委婉细致地叙述故事和深入揭示人物内心世界紧密地结合起来。小说大体上是按照会馆—吉照胡同—会馆这样回顾式结构进行描述的。在具体事件回顾中，作者没有按照事件的时间顺序，而是根据主人公的情感，有详有略，跳跃式的追述。有追忆中的内心独白与倾诉，也有回想里的细节点缀与刻画，无论叙事、议论，还是写景都具有浓郁的抒情色彩与精湛的白描技法。

【思考与练习】

1. 如何理解《伤逝》的主题思想？
2. 分析子君形象的典型意义。

2. 潘先生在难中

叶圣陶

一

车站里挤满了人，各有各的心事，都现出异样的神色。脚夫的两手插在号衣的口袋里，睡着一般地站着；他们知道可以得到特别收入的时间离得还远，也犯不着老早放出精神来。空气沉闷得很，人们略微感到呼吸受压迫，大概快要下雨了。电灯亮了一会了，仿佛比平时昏黄一点，望去好像一切的人物都在雾里梦里。

揭示处的黑漆板上标明西来的快车须迟到四点钟。这个报告在几点钟以前早就教人家看熟了，现在便同风化了的戏单一样，没有一个人再望它一眼。像这种报告，在这一个礼拜里，几乎每天每趟的行车都有；大家也习以为当然了。

不知几多人心系着的来车居然到了，闷闷的一个车站就一变而为扰扰的境界。来客的安心，候客者的快意，以及脚夫的小小发财，我们且都不提。单讲一位从让里来的潘先生。他当火车没有驶进月台之先，早已安排得十分周妥：他领头，右手提着个黑漆皮包，左手牵着个七岁的孩子；七岁的孩子牵着他哥哥（今年九岁），哥哥又牵着他母亲。潘先生说人多照顾不齐，这么牵着，首尾一气，犹如一条蛇，什么地方都好钻了。他又屡次叮嘱，教大家握得紧紧，切勿放手；尚恐大家万一忘了，又屡次摇荡他的左手，意思是教把这警告打电报一般一站一站递过去。

首尾一气诚然不错，可是也不能全然没有弊病。火车将停时，所有的客人和东西都要涌向车门，潘先生一家的那条蛇就有点尾大不掉了。他用黑漆皮包做前锋，胸腹部用力向前抵，居然进展到距车门只两个窗洞的地位。但是他的七岁的孩子还在距车门四个窗洞的地方，被挤在好些客人和坐椅之间，一动不能动；两臂一前一后，伸得很长，前后的牵引力都很大，似乎快要把胳臂拉了去的样子。他急得直喊，"啊！我的胳臂！我的胳臂！"

一些客人听见了带哭的喊声，方才知道腰下挤着个孩子；留心一看，见他们四个人一串，手联手牵着。一个客人呵斥道，"赶快放手！要不然，把孩子拉做两半了！"

"怎么的，孩子不抱在手里！"又一个客人用鄙夷的声气自语，一方面他仍注意在攫得向前行进的机会。

"不，"潘先生心想他们的话不对，牵着自有牵着的妙用；再转一念，妙用岂是人人能够了解的，向他们辩白，也不过徒费唇舌，不如省些精神吧；就把以下的话咽了下去。而七岁的孩子还是"胳臂！胳臂！"喊着。潘先生前进后退都没有希望，只得自己失约，先放了手，随即惊惶地发命令道："你们看着我！你们看着我！"

车轮一顿，在轨道上站定了；车门里弹出去似地跳下了许多人。潘先生觉得前头松动了些；但是后面的力量突然增加，他的脚做不得一点主，只得向前推移；要回转头来招呼自己的队伍，也不得自由，于是对着前面的人的后脑叫喊，"你们跟着我！你们跟着我！"

他居然从车门里被弹出来了。旋转身子一看，后面没有他的儿子同夫人。心知他们还挤在车中，守住车门老等总是稳当的办法。又下来了百多人，方才看见脚踏上人丛中现出七岁的孩子的上半身，承着电灯光，面目作哭泣的形相。他走过去，几次被跳下来的客人冲回，才用左臂把孩子抱了起来。再等了一会,潘师母同九岁的孩子也下来了;她吁吁地呼着气,连喊,"哎唷,哎唷",凄然的眼光相着潘先生的脸,似乎要求抚慰的孩子。

潘先生到底镇定,看见自己的队伍全下来了,重又发命令道:"我们仍旧像刚才一样联起来。你们看月台上的人这么多,收票处又挤得厉害,要不是联着,就走散了!"

七岁的孩子觉得害怕,拦着他的膝头说,"爸爸,抱。"

"没用的东西!"潘先生颇有点愤怒,但随即耐住,蹲下身子把孩子抱了起来。同时关照大的孩子拉着他的长衫的后幅,一手要紧紧牵着母亲,因为他自己两只手都不空了。

潘师母从来不曾受过这样的困累,好容易下了车,却还有可怕的拥挤在前头,不禁发怒道:"早知道这样子,宁可死在家里,再也不要逃难了!"

"悔什么!"潘先生一半发气,一半又觉得怜惜。"到了这里,懊悔也是没用。并且,性命到底安全了。走罢,当心脚下。"于是四个一串向人丛中蹒跚地移过去。

一阵的拥挤,潘先生像在梦里似的,出了收票处的隘口。他仿佛急流里的一滴水滴,没有回旋转侧的余地,只有顺着大众的势,脚不点地地走。一会儿,已经出了车站的铁栅栏,跨过了电车轨道,来到水门汀的人行道上。慌忙地回转身来,只见数不清的给电灯光耀得发白的面孔以及数不清的提箱与包裹,一齐向自己这边涌来,忽然觉得长衫后幅上的小手没有了,不知什么时候放了的;心头怅惘到不可言说,只是无意识地把身子乱转。转了几回,一丝踪影也没有。家破人亡之感立时袭进他的心,禁不住渗出两滴眼泪来,望出去电灯人形都有点模糊了。

幸而抱着的孩子眼光敏锐,他瞥见母亲的疏疏的额发,便认识了,举起手来指点道:"妈妈,那边。"

潘先生一喜;但是还有点不大相信,眼睛凑近孩子的衣衫擦了擦,然后望去。搜寻了一会,果然看见他的夫人呆鼠一般在人丛中瞎撞,前面护着那大的孩子,他们还没跨过电车轨道呢。他便向前迎上去,连喊"阿大",把他们引到刚才站定的人行道上。于是放下手中的孩子,舒畅地吐一口气,一手抹着脸上的汗说:"现在好了!"的确好了,只要跨出那一道铁栅栏,就有了保险,什么兵火焚掠都遭逢不到;而已经散失的一妻一子,又幸运得很,一寻即着:岂不是四条性命,一个皮包,都从毁灭和危难之中拣了回来么?岂不是"现在好了"?

"黄包车[1]!"潘先生很入调地喊。

车夫们听见了,一齐拉着车围拢来,问他到什么地方。

他稍微昂起了头,似乎增加了好几分威严,伸出两个指头扬着说,"只消两辆!两辆!"他想了一想,继续说,"十个铜子,四马路,去的就去!"这分明表示他是个"老上海"。

辩论了好一会,终于讲定十二个铜子一辆。潘师母带着大的孩子坐一辆,潘先生带着小的孩子同黑漆皮包坐一辆。

车夫刚要拔脚前奔,一个背枪的印度巡捕[2]一条胳臂在前面一横,只得缩住了。小的孩子看这个人的形相可怕,不由得回过脸来,贴着父亲的胸际。

潘先生领悟了,连忙解释道,"不要害怕,那就是印度巡捕,你看他的红包头。我们因为本地没有他,所以要逃到这里来;他背着枪保护我们。他的胡子很好玩的,你可以看一看,同罗汉的胡子一个样子。"

孩子总觉得怕,便是同罗汉一样的胡子也不想看。直到听见当当的声音,才从侧边斜睨过去,只见很亮很亮的一个房间一闪就过去了;那边一家家都是花花灿灿的,灯点得亮亮的,他于是不再贴着父亲的胸际。

到了四马路,一连问了八九家旅馆,都大大地写着"客满"的牌子;而且一望而知情商也没用,因为客堂里都搭起床铺,可知确实是住满了。最后到一家也标着"客满",但是一个伙计懒懒地开口道,"找房间么?"

"是找房间,这里还有么?"一缕安慰的心直透潘先生的周身,仿佛到了家似的。

"有是有一间,客人刚刚搬走,他自己租了房子了。你先生若是迟来一刻,说不定就没有了。"

"那一间就归我们住好了。"他放了小的孩子,回身去扶下夫人同大的孩子来,说,"我们总算运气好,居然有房间住了!"随即付车钱,慷慨地照原价加上一个铜子;他相信运气好的时候多给人一些好处,以后好运气会连续而来的。但是车夫偏不知足,说跟着他们回来回去走了这多时,非加上五个铜子不可,结果旅馆里的伙计出来调停,潘先生又多破费了四个铜子。

这房间就在楼下,有一张床,一盏电灯,一张桌子,两把椅子,此外就只有烟雾一般的一房间的空气了。潘先生一家跟着茶房走进去时,立刻闻到刺鼻的油腥味,中间又混着阵阵的尿臭。潘先生不快地自语道,"讨厌的气味!"随即听见隔壁有食料投下油锅的声音,才知道那里是厨房。再一想时,气味虽讨厌,究比吃枪子睡露天好多了;也就觉得没有什么,舒舒泰泰地在一把椅子上坐下。

"用晚饭吧?"茶房放下皮包回头问。

"我要吃火腿汤淘饭,"小的孩子咬着指头说。

潘师母马上对他看个白眼,凛然说,"火腿汤淘饭!是逃难呢,有得吃就好了,还要这样那样点戏!"

大的孩子也不知道看看风色,央着潘先生说,"今天到上海了,你给我吃大菜。"

潘师母竟然发怒了,她回头呵斥道,"你们都是没有心肝的,只配什么也没得吃,活活地饿……"

潘先生有点儿窘,却作没事的样子说,"小孩子懂得什么。"便吩咐茶房道,"我们在路上吃了东西了,现在只消来两客蛋炒饭。"

茶房似答非答地一点头就走,刚出房门,潘先生又把他喊回来道,"带一斤绍兴[3],一毛钱熏鱼来。"

茶房的脚声听不见了,潘先生舒快地对潘师母道,"这一刻该得乐一乐,喝一杯了。你想,从兵祸凶险的地方,来到这绝无其事的境界,第一件可乐。刚才你们忽然离开了我,找了半天找不见,真把我急死了;倒是阿二乖觉(他说着,把阿二拖在身边,一手轻轻地拍着),他一眼便看见了你,于是我迎上来,这是第二件可乐。乐哉乐哉,陶陶酌一杯。"他作举杯就口的样子,迷迷地笑着。

潘师母不响,她正想着家里呢。细软的虽然已经带在皮包里,寄到教堂里去了,但是留下的东西究竟还不少。不知王妈到底可靠不可靠;又不知隔壁那家穷人家有没有知道他们一家都出来了,只剩个王妈在家里看守;又不知王妈睡觉时,会不会忘了关上一扇门或是一扇窗。她又想起院子里的三只母鸡,没有完工的阿二的裤子,厨房里的一碗白炖鸭……真同通了电一般,一刻之间,种种的事情都涌上心头,觉得异样地不舒服;便叹口气道:"不知弄到怎样呢!"

两个孩子都怀着失望的心情,茫昧地觉得这样的上海没有平时父母嘴里的上海来得好玩而有味。

疏疏的雨点从窗外洒进来,潘先生站起来说,"果真下雨了,幸亏在这时候下",就把窗子关上。突然看见原先给窗子掩没的旅客须知单,他便想起一件顶紧要的事情,一眼不眨地直望那单子。

"不折不扣,两块!"他惊讶地喊。回转头时,眼珠瞪视着潘师母,一段舌头从嘴里伸了出来。

二

第二天早上,走廊中茶房们正蜷在几条长凳上熟睡,狭得只有一条的天井上面很少有晨光透下来,几许房间里的电灯还是昏黄地亮着。但是潘先生夫妇两个已经在那里谈话了;两个孩子希望今天的上海或许比昨晚的好一点,也醒了一会儿,只因父母教他们再睡一会,所以还躺在床上,彼此呵痒为戏。

"我说你一定不要回去,"潘师母焦心地说。"这报上的话,知道它靠得住靠不住。既然千难万难地逃了出来,哪有立刻又回去的道理!"

"料是我早先也料到的。顾局长的脾气就是一点不肯马虎。'地方上又没有战事,学自然照常要开的,'这句话确然是他的声口。这个通信员我也认识,就是教育局里的职员,又哪里会靠不住?回去是一定要回去的。"

"你要晓得,回去危险呢!"潘师母凄然地说。"说不定三天两天他们就会打到我们那地方去,你就是回去开学,有什么学生来念书?就是不打到我们那地方,将来教育局长怪你为什么不开学时,你也有话回答。你只要问他,到底性命要紧还是学堂要紧?他也是一条性命,想来决不会对你过不去。"

"你懂得什么!"潘先生颇怀着鄙薄的意思。"这种话只配躲在家里,伏在床角里,由你这种女人去说;你道我们也说得出口么!你切不要拦阻我(这时候他已转为抚慰的声调),回去是一定要回去的;但是包你没有一点危险,我自有保全自己的法子。而且(他自喜心思灵敏,微微笑着),你不是很不放心家里的东西么?我回去了,就可以自己照看,你也能定心定意住在这里了。等到时局平定了,我马上来接你们回去。"

潘师母知道丈夫的回去是万无挽回的了。回去可以照看东西固然很好;但是风声这样紧,一去之后,犹如珠子抛在海里,谁保得定必能捞回来呢!生离死别的哀感涌上心头,她再不敢正眼看她的丈夫,眼泪早在眼角边偷偷地想跑出来了。她又立刻想起这个场面不大吉利,现在并没有什么不好的事情,怎么能凄惨地流起眼泪来。于是勉强忍住眼泪,聊作自慰的请求道,"那么你去看看情形,假使教育局长并没有照常开学这句话,要是还来得及,你就搭了今天下午的车来,不然,搭了明天的早车来。你要知道(她到底忍不住,一滴眼泪落在手背,立刻在衫子上擦去了),我不放心呢!"

潘先生心里也着实有点烦乱,局长的意思照常开学,自己万无主张暂缓开学之理,回去当然是天经地义,但是又怎么放得下这里!看他夫人这样的依依之情,断然一走,未免太没有恩义。又况一个女人两个孩子都是很懦弱的,一无依傍,寄住在外边,怎能断言决没有意外?他这样想时,不禁深深地发恨:恨这人那人调兵遣将,预备作战,恨教育局长主张照常开课,又恨自己没有个已经成年,可以帮助一臂的儿子。

但是他究竟不比女人,他更从利害远近种种方面着想,觉得回去终于是天经地义。便把恼恨搁在一旁,脸上也不露一毫形色,顺着夫人的口气点头道,"假若打听明白局长并没有这个意思,依你的话,就搭了下午的车来。"

两个孩子约略听得回去和再来的话,小的就伏在床沿作娇道,"我也要回去。"

"我同爸爸妈妈回去,剩下你独个儿住在这里,"大的孩子扮着鬼脸说。

小的听着,便迫紧喉咙叫唤,作啼哭的腔调,小手擦着眉眼的部分,但眼睛里实在没有眼泪。

"你们都跟着妈妈留在这里,"潘先生提高了声音说。"再不许胡闹了,好好儿起来等吃早饭嘛。"说罢,又嘱咐了潘师母几句,径出雇车,赶往车站。

模糊地听得行人在那里说铁路已断火车不开的话,潘先生想,"火车如果不开,倒死了我的心,就是立刻免职也只得由他了。"同时又觉得这消息很使他失望;又想他要是运气好,未必会逢到这等失望的事,那么行人的话也未必可靠。欲决此疑,只希望车夫三步并作一步跑。

他的运气果然不坏,赶到车站一看,并没有火车不开的通告;揭示处只标明夜车要迟四点钟才到,这时候还没到呢。买票处绝不拥挤,时时有一两个人前去买票。聚集在站中的人却不少,一半是候客的,一半是来看看的,也有带着照相器具的,专等夜车到时摄取车站拥挤的情形,好作"风云变幻史"的一页。行李房满满地堆着箱子铺盖,各色各样,几乎碰到铅皮的屋顶。

他心中似乎很安慰,又似乎有点儿怅惘,顿了一顿,终于前去买了一张三等票,就走入车厢里坐着。晴明的阳光照得一车通亮,可是不嫌燠热;座位很宽舒,勉强要躺躺也可以。他想,"这是难得逢到的。倘若心里没有事,真是一趟愉快的旅行呢。"

这趟车一路耽搁,听候军人的命令,等待兵车的通过。开到让里,已是下午三点过了。潘先生下了车,急忙赶到家,看见大门紧紧关着,心便一定,原来昨天再三叮嘱王妈的就是这一件。

扣了十几下,王妈方才把门开了。一见潘先生,吃惊地说,"怎么,先生回来了!不用逃难了么?"

潘先生含糊回答了她;奔进里面四周一看,便开了房门的锁,直闯进去上下左右打量着。没有变更,一点没有变更,什么都同昨天一样。于是他吊起的半个心放下来了。还有半个心没放下。便又锁上房门,回身出门;吩咐王妈道,"你照旧好好把门关上了。"

王妈摸不清头绪,关了门进去只是思索。她想主人们一定就住在本地,恐怕她也要跟去,所以骗她说逃到上海去。"不然,怎么先生又回来了?奶奶同两个孩子不同来,又躲在什么地方呢?但是,他们为什么不让我跟去?这自然嫌得人多了不好。——他们一定就住在那洋人的红房子里,那些兵都讲通的,打起仗来不打那红房子。——其实就是老实告诉我,要我跟去,我也不高兴去呢。我在这里一点也不怕;如果打仗打到这里来,反正我的老衣早就做好了。"她随即想起甥女儿送她的一双绣花鞋真好看,穿了那双鞋上西方,阎王一定另眼相看;于是她感到一种微妙的舒快,不再想主人究竟在哪里的问题。

潘先生出门,就去访那当通信员的教育局职员,问他局长究竟有没有照常开学的意思。那人回答道,"怎么没有?他还说有些教员只顾逃难,不顾职务,这就是表示教育的事业不配他们干的;乘此淘汰一下也是好处。"潘先生听了,仿佛觉得一凛;但又赞赏自己有主意,决定从上海回来到底是不错的。一口气奔到自己的学校里,提起笔来就起草送给学生家属的通告。通告中说兵乱虽然可虑,子弟的教育犹如布帛菽粟,是一天一刻不可废弃的,现在暑假期满,学校照常开学。从前欧洲大战的时候,人家天空里布着防御炸弹的网,下面学校里却依然在那里上课;这种非常的精神,我们应当不让他们专美于前。希望家长们能够体谅这一层意思,若无其事地依旧把子弟送来;这不仅是家庭和学校的益处,也是地方和国家的荣誉。

他起好草稿,往复看了三遍,觉得再没有可以增损的,局长看见了,至少也得说一声"先得我心"。便得意地誊上蜡纸,又自己动手印刷了百多张,派校役向一个个学生家里送去。公事算是完毕了,开始想到私事;既要开学,上海是去不成了,他们母子三个住在旅馆里怎么挨得下去!但也没有办法,惟有教他们一切留意,安心住着。于是蘸着刚才的残墨写寄与夫人的信。

下一天,他从茶馆里得到确实的信息,铁路真个不通了。他心头突然一沉,似乎觉得最亲热的一妻两儿忽地乘风飘去,飘得很远,几乎至于渺茫。没精没采地踱到学校里,校役回报昨天的使命道,"昨天出去送通告,有二十多家关上了大门,打也打不开,只好从门缝里塞进去。有三十多家只有佣人在家里,主人逃到上海去了,孩子当然跟了去,不一定几时才能回来念书。其余的都说知道了;有的又说性命还保不定安全,读书的事再说吧。"

"哦,知道了。"潘先生并不留心在这些上边,更深的忧虑正萦绕在他的心头。他抽完了一支烟卷以后,应走的路途决定了,便赶到红十字会分会的办事处。

他缴纳会费愿做会员;又宣称自己的学校房屋还宽敞,愿意作为妇女收容所,到万一的时候收容妇女。这是慈善的举措,当然受热诚的欢迎,更兼潘先生本来是体面的大家知道的人物。办事处就给他红十字的旗子,好在学校门前张起来;又给他红十字的徽章,标明他是红十字会的一员。

潘先生接旗子和徽章在手,像捧着救命的神符,心头起一种神秘的快慰。"现在什么都安全了!但是……"想到这里,便笑向办事处的职员道,"多给我一面旗,几个徽章罢。"他的理由是学校还有个侧门,也得张一面旗,而徽章这东西太小巧,恐怕偶尔遗失了,不如多备几个在那里。

办事员同他说笑话,这东西又不好吃的,拿着玩也没有什么意思,多拿几个也只作一个会员,不如不要多拿罢。但是终于依他的话给了他。

两面红十字旗立刻在新秋的轻风中招展,可是学校的侧门上并没有旗,原来移到潘先生家的大门上去了。一个红十字徽章早已缀上潘先生的衣襟,闪耀着慈善庄严的光,给与潘先生一种新的勇气。其余几个呢,重重包裹,藏在潘先生贴身小衫的一个口袋里。他想,"一个是她的,一个是阿大的,一个是阿二的。"虽然他们远处在那渺茫难接的上海,但是仿佛给他们加保了一重险,他们也就各各增加一种新的勇气。

三

碧庄地方两军开火了。

让里的人家很少有开门的,店铺自然更不用说,路上时时有兵士经过。他们快要开拔到前方去,觉得最高的权威附灵在自己身上,什么东西都不在眼里,只要高兴提起脚来踩,都可以踩做泥团踩做粉。这就来了拉夫的事情:恐怕被拉的人乘隙脱逃,便用长绳一个联一个拴着胳臂,几个弟兄在前,几个弟兄在后,一串一串牵着走。因此,大家对于出门这件事都觉得危惧,万不得已时,也只从小巷僻路走,甚至佩着红十字徽章如潘先生之辈,也不免怀着戒心,不敢大模大样地踱来踱去。于是让里的街道见得又清静又宽阔了。

上海的报纸好几天没来。本地的军事机关却常常有前方的战报公布出来,无非是些"敌军大败,我军进展若干里"的话。街头巷尾贴出一张新鲜的战报时,也有些人慢慢聚集拢来,注目看着。但大家看罢以后依然不能定心,好似这布告背后还有许多话没说出来,于是怅怅地各自散了,眉头照旧皱着。

这几天潘先生无聊极了。最难堪的,自然是妻儿远离,而且消息不通,而且似乎有永远难通的征兆。次之便是自身的问题,"碧庄冲过来只一百多里路,这徽章虽说有用处,可是没有人写过笔据,万一没有用,又向谁去说话?——枪子炮弹劫掠放火都是真家伙,不是耍的,到底要多打听多走门路才行。"他于是这里那里探听前方的消息,只要这消息与外间传说的不同,便觉得真实的成分越多,即根据着盘算对于自身的利害。街上如其有一个人神色仓皇急忙行走时,他便突地一惊,以为这个人一定探得确实而又可怕的消息了;只因与他不相识,"什么!"一声就在喉际咽住了。

红十字会派人在前方办理救护的事情,常有人搭着兵车回来,要打听消息自然最可靠了。潘先生虽然是个会员,却不常到办事处去探听,以为这样就是对公众表示胆怯,很不好意思。然而红十字会究竟是可以得到真消息的机关,舍此他求未免有点傻,于是每天傍晚到姓吴的办事员家里去打听。姓吴的告诉他没有什么,或者说前方抵住在那里,他才透了口气回家。

这一天傍晚,潘先生又到姓吴的家里;等了好久,姓吴的才从外面走进来。

"没有什么吧?"潘先生急切地问。"照布告上说,昨天正向对方总攻击呢。"

"不行,"姓吴的忧愁地说;但随即咽住了,捻着唇边仅有的几根二三分长的髭须。

"什么!"潘先生心头突地跳起来,周身有一种拘牵不自由的感觉。

姓吴的悄悄地回答,似乎防着人家偷听了去的样子,"确实的消息,正安(距碧庄八里的一个镇)今天早上失守了!"

"啊!"潘先生发狂似地喊出来。顿了一顿,回身就走,一壁说道,"我回去了!"

路上的电灯似乎特别昏暗,背后又仿佛有人追赶着的样子,惴惴地,歪斜的急步赶到了家,叮嘱王妈道,"你关着门安睡好了,我今夜有事,不回来住了。"他看见衣橱里有一件绉纱的旧棉袍,当时没收拾在寄出去的箱子里,丢了也可惜;又有孩子的几件布夹衫,仔细看时还可以穿穿,又有潘师母的一条旧绸裙,她不一定舍得不要它:便胡乱包在一起,提着出门。

"车!车!福星街红房子,一毛钱。"

"哪里有一毛钱的?"车夫懒懒地说。"你看这几天路上有几辆车?不是拼死寻饭吃的,早就躲起来了。随你要不要,三毛钱。"

"就是三毛钱",潘先生迎上去,跨上脚踏坐稳了,"你也得依着我,跑得快一点!"

"潘先生,你到哪里去?"一个姓黄的同业在途中瞥见了他,站定了问。

"哦,先生,到那边……"潘先生失措地回答,也不辨问他的是谁;忽然想起回答那人简直是多事——车轮滚得绝快,那人决不会赶上来再问,——便缩住了。

红房子里早已住满了人,大都是十天以前就搬来的,儿啼人语,灯火这边那边亮着,颇有点热闹的气象。主人翁见面之后说,"这里实在没有余屋了。但是先生的东西都寄在这里,也不好拒绝。刚才有几位匆忙地赶来,也因不好拒绝,权且把一间做厨房的厢房让他们安顿。现在去同他们商量,总可以多插你先生一个。"

"商量商量总可以",潘先生到了家似地安慰。"何况在这样时候。我也不预备睡觉,随便坐坐就得了。"

他提着包裹跨进厢房的当儿,以为自己受惊太厉害了,眼睛生了翳,因而引起错觉;但是闭一闭眼睛再睁开来时,所见依然如前,这靠窗坐着,在那里同对面的人谈话,上唇翘起两笔浓须的,不就是教育局长么?

他顿时踌躇起来,已跨进去的一只脚想要缩出来,又似乎不大好。那局长也望见了他,尴尬的脸上故作笑容说,"潘先生,你来了,进来坐坐。"主人翁听了,知道他们是相识的,转身自去。

"局长先在这里了。还方便吧,再容一个人?"

"我们只三个人,当然还可以容你。我们带着席子;好在天气不很凉,可以轮流躺着歇歇。"

潘先生觉得今晚上局长特别可亲,全不像平日那副庄严的神态,便忘形地直跨进去说,"那么不客气,就要陪三位先生过一夜了。"

这厢房不很宽阔。地上铺着一张席子,一个戴眼镜的中年人坐在上面,略微有疲倦的神色,但绝无欲睡的意思。锅灶等东西贴着一壁。靠窗一排摆着三只凳子,局长坐一只,头发梳得很光的二十多岁的人,局长的表弟,坐一只,一只空着。那边的墙角有一只柳条箱,三个衣包,大概就是三位先生带来的。仅仅这些,房间里已没有空地了。电灯的光本来很弱,又蒙上了一层灰尘,照得房间里的人物都昏暗模糊。

潘先生也把衣包放在那边的墙角,与三位的东西合伙。回过来谦逊地坐上那只空凳子。局长给他介绍了自己的同伴,随后说,"你也听到了正安的消息么?"

"是呀,正安。正安失守,碧庄未必靠得住呢。"

"大概这方面对于南路很疏忽,正安失守,便是明证。那方面从正安袭取碧庄是最便当的,说不定此刻已被他们得手了。要是这样,不堪设想!"

"要是这样,这里非糜烂不可!"

"但是,这方面的杜统帅不是庸碌无能的人,他是著名善于用兵的,大约见得到这一层,总有方法抵挡得住。也许就此反守为攻,势如破竹,直捣那方面的巢穴呢。"

"若能这样,战事便收场了,那就好了!——我们办学的就可以开起学来,照常进行。"

局长一听到办学,立刻感到自己的尊严,捻着浓须叹道,"别的不要讲,这一场战争,大大小小的学生吃亏不小呢!"他把坐在这间小厢房里的局促不舒的感觉忘了,仿佛堂皇地坐在教育局的办公室里。

坐在席子上的中年人仰起头来含恨似地说,"那方面的朱统帅实在可恶!这方面打过去,他抵抗些什么,——他没有不终于吃败仗的。他若肯漂亮点儿让了,战事早就没有了。"

"他是傻子,"局长的表弟顺着说,"不到尽头不肯死心的。只是连累了我们,这当儿坐在这又暗又窄的房间里。"他带着玩笑的神气。

潘先生却想念起远在上海的妻儿来了。他不知道他们可安好,不知道他们出了什么乱子没有,不知道他们此刻睡了不曾,抓既抓不到,想象也极模糊;因而想自己的被累要算最深重了,凄然望着窗外的小院子默不作声。

"不知道到底怎么样呢!"他又转而想到那个可怕的消息以及意料所及的危险,不自主地吐露了这一句。

"难说,"局长表示富有经验的样子说。"用兵全在趁一个机,机是刻刻变化的,也许竟不为我们所料,此刻已……所以我们……"他对着中年人一笑。

中年人,局长的表弟同潘先生三个已经领会局长这一笑的意味;大家想坐在这地方总不至于有什么,也各安慰地一笑。

小院子里长满了草,是蚊虫同各种小虫的安适的国土。厢房里灯光亮着,虫子齐飞了进来。四位怀着惊恐的先生就够受用了;扑头扑面的全是那些小东西,蚊虫突然一针,痛得直跳起来。又时时停语侧耳,惶惶地听外边有没有枪声或人众的喧哗。睡眠当然是无望了,只实做了局长所说的轮流躺着歇歇。

下一天清晨,潘先生的眼球上添了几缕红丝;风吹过来,觉得身上很凉。他急欲知道外面的情形,独个儿闪出红房子的大门。路上同平时的早晨一样,街犬竖起了尾巴高兴地这头那头望,偶尔走过一两个睡眼惺忪的人。他走过去,转入又一条街,也听不见什么特别的风声。回想昨夜的匆忙情形,不禁心里好笑。但是再一转念,又觉得实在并无可笑,小心一点总比冒险好。

二十余天之后,战事停止了。大众点头自慰道,"这就好了!只要不打仗,什么都平安了!"但是潘先生还不大满意,铁路还没通,不能就把避居上海的妻儿接回来。信是来过两封了,但简略得很,比不看更教他想念。他又恨自己到底没有先见之明;不然,这一笔冤枉的逃难费可以省下,又免得几十天的孤单。

他知道教育局里一定要提到开学的事情了,便前去打听。跨进招待室,看见局里的几个职员在那里裁纸磨墨,像是办喜事的样子。

一个职员喊道,"巧得很,潘先生来了!你写得一手好颜字[4],这个差使就请你当了吧。"

"这么大的字,非得潘先生写不可,"其余几个人附和着。

"写什么东西?我完全茫然。"

"我们这里正筹备欢迎杜统帅凯旋的事务。车站的两头要搭起四个彩牌坊,让统帅的花车在中间通过。现在要写的就是牌坊上的几个字。"

"我哪里配写这上边的字?"

"当仁不让,""一致推举,"几个人一哄地说;笔杆便送到潘先生手里。

潘先生觉得这当儿很有点意味,接了笔便在墨盆里蘸墨汁。凝想一下,提起笔来在蜡笺上一并排写"功高岳牧"[5]四个大字。第二张写的是"威镇东南"。又写第三张,是"德隆恩溥"[6]。——他写到"溥"字,仿佛看见许多影片,拉夫,开炮,焚烧房屋,奸淫妇人,菜色[7]的男女,腐烂的死尸,在眼前一闪。

旁边看写字的一个人赞叹说,"这一句更见恳切。字也越来越好了。"

"看他对上一句什么",又一个说。

1924年11月27日写毕

(录自1925年1月《小说月报》第16卷第一号)

【注释】

[1] 黄包车:又称人力车,中华人民共和国成立前城市中常见的一种交通工具,是一种靠单人拉的双轮车。

[2] 印度巡捕：巡捕，这里指帝国主义在旧中国上海租界内设置的警察。印度巡捕，指英帝国主义雇用的印度籍警察。

[3] 绍兴：这里指浙江省绍兴出产的黄酒，又叫绍兴酒。

[4] 颜字：也称颜体。这里指仿唐代书法家颜真卿（709—785）写的字。

[5] "功高岳牧"：岳牧是四岳十二州牧的合称。四岳旧说为尧舜时的四方诸侯之长（事实上是四方部落的首长）；十二州牧，舜时把天下分为十二州，一州之长称为牧，岳牧后来即用以指州府大吏。"功高岳牧"就是功劳高过所有行政长官的意思。这里是对军阀的谀词。

[6] "德隆恩溥"：恩德深而且广。这里是谀词。

[7] 菜色：食菜之色，亦即营养不良的脸色。语见《礼记·王制》："虽有凶旱水溢，民无菜色。"

【作者简介】

叶圣陶（1894—1988），原名绍钧，字秉承，后字圣陶。江苏省苏州市人，著名文学家、教育家、编辑出版家和社会活动家。1921年，他与沈雁冰、郑振铎等发起组织"文学研究会"，提倡"为人生"的文学主张。1923年，叶圣陶进入商务印书馆，开始从事编辑出版工作。1930年，他转入开明书店。中华人民共和国成立后，他先后担任中央人民政府出版总署副署长，教育部副部长兼人民出版社首任社长和总编辑，中央文史研究馆馆长和全国政协副主席等职。

【导　读】

《潘先生在难中》是叶圣陶短篇小说的代表作，写于1924年，发表在1925年1月《小说月报》第16卷第1号。作者打破了以往在相对平稳的环境中展示知识分子灰色心理的做法，而在一个动荡的时世中淋漓尽致地揭示知识分子的复杂心态，使他的现实主义笔触产生了新的力量。

潘先生是小镇上的一个教员，他的灵魂是灰色的。他没有锐气，没有理想，安于现状，满足于既得利益，是个苟且偷生、逆来顺受的市民式的知识分子。在军阀混战的年月，逃难是人们常遇到的事。作品截取了潘先生在逃难中的三个片断来写人物的性格特征：自私自利，个人得失高于一切；狭隘、卑琐的胸襟；随遇而安、苟且偷生的人生态度；在政治上麻木不仁，缺少民族气节等。作品通过塑造这样一个人物，批判了当时一些知识分子的处世态度和性格弱点。同时也通过潘先生在难中的经历，从一个侧面表现出军阀混战给人民带来的灾难。

作品对人物内心活动和精神状态作细致具体的描摹，使人物灵魂真实地暴露出来，是这篇小说最主要的艺术特征。

【思考与练习】

1. 简要分析潘先生的性格特征。
2. 理解作者塑造潘先生形象的现实意义。
3. 谈谈本作品在艺术上有何突破。

3. 在其香居茶馆里

沙 汀

坐在其香居茶馆里的联保主任方治国,当他看见正从东头走来,嘴里照例扰嚷不休的邢么吵吵的时候,他简直立刻冷了半截,觉得身子快要坐不稳了。

使他发生这种异状的原因是这么来的:为了种种糊涂措施,目前他正处在全镇市民的围攻当中,这是一;其次,么吵吵的第二个儿子,因为缓役了四次,又从不出半文钱壮丁费,好多人讲闲话了;加之,新县长又宣布了要整顿兵役的,于是他就赶紧上了一封密告,而在三天前被兵役科捉进城了。

但最重要的还在这里:正如全市市民批评的那样,么吵吵是个不忌生冷的人,甚么话他都嘴一张就说了,不管你受得住受不住。就是联保主任的令尊在世的时候,也经常对他那张嘴感到头痛。因为尽管他本人并不可怕,他的大哥可是全县极有威望的耆宿,他的舅子是财务委员,县政上的活跃分子,很不好沾惹的。

但么吵吵终于吵过来了。这是那种精力充足,对这世界上任何物事都抱了一种毫不在意的态度的典型男性。他常打着哈哈在茶馆里自白道,"老子这张嘴吧,就这样:说是要说的,吃也是要吃的;说够了回去两杯甜酒一喝,倒下去就睡!……"

现在,么吵吵一面跨上其香居的阶沿,拖了把圈椅坐下,一面直着嗓子,干笑着嚷叫道:"嗨,对!看阳沟里还把船翻么!……"

他所参加的桌子已经有着三个茶客,全是熟人:十年前当过视学的俞视学;前征收局的管账,现在靠着利金生活的黄光锐;会文纸店的老板汪世模汪二。

他们大家,以及旁的茶客,都向他打着招呼:"拿碗来!茶钱我给了。"

"坐上来好吧,"俞视学客气道,"这里要舒服些。"

"我要那么舒服做甚么哇?"出乎意外,么吵吵横着眼睛嚷道,"你知道么,我坐上席会头昏的,——没有那个资格!……"

本分人的视学禁不住红起脸来。但他随即猜出来么吵吵是针对着联保主任说的,因为当他嚷叫的时候,视学看见他满含恶意地瞥了一眼坐在后面首席上的方治国。

除却联保主任,那张桌子还坐得有张三监爷。人们都说他是方治国的军师,实际上,他可只能跟主任坐坐酒馆,在紧要关头进点不着边际的忠告。但这又并不特别,他原是对甚么事也关心的,而往往忽略了自己。他的老婆孩子在家里是经常饿着饭的。

同监爷对面坐着的是黄毛牛肉,正在吞服一种秘制的戒烟丸药。他是主任的重要助手;虽然并无多少才干,唯一的本领就是毫无顾忌。"现在的事你管那么多做甚么哇?"他常常这么说,"拿得到手的就拿!"

毛牛肉应付这世界上一切经常使人大惊小怪的事变,只有一种态度:装做不懂。

"你不要管他的,发神经!"他小声向主任建议。

"这回子把蜂窝戳破了。"主任发出着苦笑说。

"我看要赶紧'缝'啊!"捧着暗淡无光的黄铜烟袋,监爷皱着脸沉吟道"另外找一个人去'抵'怎样?"

"已经来不及了呀。"主任叹口气说。

"管他做甚么呵!"毛牛肉眨眼而且努嘴,"是他妈个火炮性子。"

这时候,幺吵吵已经拍着桌子,放开嗓子在叫嚷了。但是他的战术依然停留在第一阶段,即并不指出被攻击的人的姓名,只是隐射着对方,正像一通没头没脑的谩骂那样。

"搞到我名下来了!"他显得做作地打了一串哈哈,"好得很!老子今天就要看他是甚么东西做出来的:人吗?狗吗?你们见过狗起草么,嗨,那才有趣!……"

于是他又比又说地形容起来了。虽然已经蓄了十年上下的胡子,幺吵吵的粗鲁话可是越来越多。许多闲着无事的人,有时候甚至故意挑弄他说下流话。他的所谓"狗",是指他的仇人方治国说的,因为主任的外祖父曾经当过衙役,而这又正是方府上下人等最大的忌讳。

因为他形容得太恶俗了,俞视学插嘴道:

"少造点口孽呵!有道理讲得清的。"

"我有甚么道理哇!"幺吵吵忽然板起脸嚷道,"有道理,我也早当了什么主任了。两眼墨黑,见钱就拿!"

"吓,邢表叔!……"

气得脸青面黑的瘦小主任,一下子忍不住站起来了。

"吓,邢表叔!"他重复说,"你说话要负责啊!"

"甚么叫做负责哇?我就不懂!表叔!"幺吵吵模拟着主任的声调,这惹得大家忍不住笑起来,"你认错人了!认真是你表叔,你也不吃我了!"

"对,对,对,我吃你!"主任解嘲地说,一面坐了下去。

"不是吗?"幺吵吵拍了一巴掌桌子,嗓子更加高了,"兵役科的人亲自对我老大说的!你的报告真做得好呢。我今天倒要看你长的几个卵子!……"

幺吵吵一个劲说下去。而他愈来愈加觉得这不是开玩笑,也不是平日的瞎吵瞎闹,完全为了个痛快;他认真感觉到愤激了。

他十分相信,要是一年半年以前,他是用不着这么样着急的,事情好办得很。只需给他大哥一个通知,他的老二就会自自由由走回来的。因为以往抽丁,他的老二就躲掉过四次。但是现在情形已经两样,一切要照规矩办了。而最为严重的,是他的老二已经抓进城了。

他已经派了他的老大进城,而带回来的口信,更证明他的忧虑不是没有根据。因为那捎信人说,新县长是认真要整顿兵役的,好几个有钱有势的青年人都偷跑了;有的成天躲在家里。幺吵吵的大哥已经试探过两次,但他认为情形险恶。额外那捎信人又说,壮丁就快要送进省了。

凡是邢大老爷都感觉棘手的事,人还能有什么办法呢?他的老二只有作炮灰了。

"你怕我是聋子吧,"幺吵吵简直在咆哮了,"去年蒋家寡母子的儿子五百,你放了;陈二靴子两百,你也放了!你比上匪头儿肖大个子还要厉害。钱也拿了,脑袋也保住了,——老子也有钱的,你要张一张嘴呀?"

"说话要负责啊!邢幺老爷!……"

主任又出马了,而且现出假装的笑容。

主任是一个糊涂而胆怯的人。胆怯,因为他太有钱了;而在这个边野地区,他又从来没有摸过枪炮。这地区是几乎每一个人都能来两手的,还有人靠着它维持生计。好些年前,因为预征太多,许多人怕当公事,于是联保主任这个头衔忽然落在他头上了,弄得一批老实人莫名其妙。

联保主任很清楚这是实力派的阴谋,然而,一向忍气吞声的日子驱使他接受了这个挑战。他起初老是垫钱,但后来他发觉甜头了:回扣、黑粮,等等。并且,当他走进茶馆的时候,招呼茶钱的声音也来得响亮了。而在三年以前,他的大门上已经有了一道县长颁赠的匾额:

"尽瘁桑梓"。

但是,不管怎样,如他自己感觉到的一般,在这回龙镇,还是有人压住他的。他现在多少有点失悔自己做了糊涂事情;但他伴笑着,满不在意地接着说道:

"你发气做甚么啊,都不是外人。……"

"你也知道不是外人么?"幺吵吵反问,但又并不等候回答,一直嚷叫下去道,"你知道不是外人,就不该搞我了,告我的密了!"

"我只问你一句!……"

联保主任又一下站起来了,而他的笑容更加充满一种讨好的意味。

"你说一句就是了!"他接着说,"兵役科甚么人告诉你的?"

"总有那个人呀,"幺吵吵冷笑说。"像还是谣言呢!"

"不是!你要告诉我甚么人说的啦。"联保主任说,态度异常诚恳。

因为看见幺吵吵松了劲,他看觉出可以说理的机会到了。于是就势坐向俞视学侧面去,赌咒发誓地分辩起来,说他一辈子都不会做出这样胆大糊涂的事情来的!

他坐下,故意不注意幺吵吵,仿佛视学他们倒是他的对手。

"你们想吧,"他说,摊开手臂,蹙着瘦瘦的铁青的脸蛋,"我姓方的是吃饭长大的呀!并且,我一定要抓他做甚么呢?难道'委员长'会赏我个状元当么?没讲的话,这街上的事,一向糊得圆我总是糊的!"

"你才会糊!"幺吵吵叹着气抵了一句。

"那总是我吹牛啊!"联保主任无可奈何地辩解说,瞥了一眼他的对手,"别的不讲,就拿救国公债说吧,别人写的多少,你又写的多少?"

他随又把嘴凑近视学的耳朵边呻唤道:

"连丁八字都是五百元呀!"

联保主任表演得如此秘密,这不是没原因的,他想充分显示出事情的重要性和他对待幺吵吵的一片苦心。同时,他发觉看热闹的人已经越来越多,几乎街都快扎断了,漏出风声太不光彩,而且容易引起纠纷。

大约视学相信了他的话,或者被他的诚意感动了。兼之又是出名的好好先生,因此他斯斯文文地扫了扫喉咙,开始劝解起幺吵吵来。

"幺哥!我看这样啊:人不抓,已经抓了,横竖是为国家。……"

"这你才会说!"幺吵吵一下撑起来了,瞩起眼睛问视学道,"这样会说,你那么一大堆,怎么不挑一个送起去呢?"

"好!我两个讲不通。"

视学满脸通红,故意勾下脑袋喝茶去了。

"再多讲点就讲通了!"幺吵吵重又坐了下去,接着满脸怒气嚷道,"没有生过娃娃当然会说生娃娃很舒服!今天怎么把你个好好先生遇到了啊:冬瓜做不做得甑子!做得。蒸垮了呢？那是要垮呀，——你个老哥子真是！"

他的形容引来一片笑声。但他自己却并不笑，他把他那结结实实的身子移动了一下，抹抹胡子，又把袖头两挽，理直气壮地宣言道：

"闲话少讲！方大主任，说不清楚你今天走不掉的！"

"好呀！"主任漫应着，一面懒懒退还原地方去，"回龙镇只有这样大一个地方哩，往哪里跑？就要跑也跑不脱的。"

联保主任的声调和表情照例带着一种嘲笑的意味，至于是嘲笑自己，或者对方，那就要凭你猜了。他是经常凭借了这点武器来掩护自己的，而且经常弄得顽强的敌手哭笑不得。人们一般都叫他做软硬人：碰见老虎他是绵羊，如果对方是绵羊呢，他又变成了老虎了。

当他回到原位的时候，毛牛肉一面吞服着戒烟丸，生气道：

"我白还懒得答呢，你就让他吵去！"

"不行不行，"监爷意味深长地说，"事情不同了。"

监爷一直这样坚持自己的意见，是颇有理由的。因为他确信这镇上正在对准联保主任进行一种大规模的控告，而邢大老爷，那位全县知名的绅耆，可以使这控告成为事实，也可以打消它。这也就是说，现在联络邢家是个必要措施。何况谁知道新县长是怎样一副脾气的人呢！

这时候，茶堂里的来客已增多了。连平时懒于出门的陈新老爷也走来了。新老爷是前清科举时代最末一科的秀才，当过十年团总，十年哥老会的头目，八年前才退休的。他已经很少过问镇上的事情了，但是他的意见还同团总时代一样有效。

新老爷一露面，茶客们都立刻直觉到：么吵吵已经布置好一台讲茶了。茶堂里响起一片零乱的呼唤声。有照旧坐在座位上向堂倌叫喊的，有站起来叫喊的，有一面挥着钞票一面叫喊，但是都把声音提得很高很高，深恐新老爷听不见。

其间一个茶客，甚至于怒气冲冲地吼道：

"不准乱收钱啦！嗨！这个龟儿子听到没有？……"

于是立刻跑去塞一张钞票在堂倌手里。

在这种种热情的骚动中间，争执的双方，已经很平静了。联保主任知道自己会亏理的，他正在殷勤地争取着客人，希望能于自己有利。而么吵吵则一直闷着张脸，这是因为当着这许多漂亮人物面前，他忽然深切地感觉到，既然他的老二被抓，这就等于说他已经失掉了面子！

这镇上是流行着这样一种风气的，凡是照规矩行事的，那就是平常人，重要人物都是站在一切规矩之外的。比如陈新老爷，他并不是个惜疼金钱的脚色，但是就连打醮这类事情，他也没有份的；否则便会惹起人们大惊小怪，以为新老爷失了面子，和一个平常人没多少区别了。

面子在这镇上的作用就有如此厉害，所以么吵吵闷着张脸，只是懒懒地打着招呼。直到新老爷问起他是否欠安的时候，这才稍稍振作起来。

"人倒是好的，"他苦笑着说，"就是眉毛快给人剪光了！"

接着他又一连打了一串干燥无味的哈哈。

"你瞎说！"新老爷严正地切断他，"简直瞎说！"

"当真哩！不然，也不敢劳驾你老哥子动步了。"

为了表示关切,新老爷深深叹了口气。

"大哥有信来没有呢?"新老爷接着又问。

"他也没办法呀!……"

幺吵吵呻唤了。

"你想吧,"为了避免人们误会,以为他的大哥也成了没面子的脚色了,他随又解释道,"新县长的脾气又没有摸到,叫他怎么办呢? 常言说,新官上任三把火,又是闹起要整顿兵役的,谁知道他会发些什么猫儿毛病? 前天我又托蒋门神打听去了。"

"新县长怕难说话,"一个新近从城里回来的小商人插入道,"看样子就晓得了:随常一个人在街上串,戴他妈副黑眼镜子……"

严肃沉默的空气没有使小商人说下去。

接着,也没有人再敢插嘴,因为大家都不知道应该如何表示自己的感情。表示高兴吧,这是会得罪人的,因为情形的确有些严重;但说是严重吧,也不对,又会显得邢府上太无能了。所以彼此只好暧昧不明地摇头叹气,喝起茶来。

看见联保主任似乎正在考虑一种行动,毛牛肉包着丸药,小声道:

"不要管! 这么快县长就叫他们喂家了么?"

"去找找新老爷是对的!"监爷意味深长地说。

这个脸面浮肿、常以足智多谋自负的没落士绅正投了联保主任的机,方治国早就考虑到这个必要的措施了。使得他迟疑的,是他觉得,比较起来,新老爷同邢家的关系一向深厚得多,他不一定捡得到便宜。虽然在派款和收粮上面,他并没有对不住新老爷的地方;逢年过节,他也从未忘记送礼,但在几件小事情上,他是开罪过新老爷的。

比如,有一回曾布客想压制他,抬出新老爷来,说道:

"好的,我们到新老爷那里去说!"

"你把时候记错了!"主任发火道,"新老爷吓不倒我!"

后来,事情虽然照旧是在新老爷的意志下和平解决了的,但是他的话语一定已经散播开去,新老爷给他记下一笔账了。但他终于站了起来,向着新老爷走过去了。

这行动立刻使得人们振作起来了,大家全都期待着一个新的开端。有几个人在大叫拿开水来,希望缓和一下他们的紧张心情。幺吵吵自然也是注意到联保主任的攻势的,但他不当作攻势看,以为他的对手是要求新老爷调解的;但他猜不准这个调解将会采取一种什么方式。

而且,从幺吵吵看来,在目前这样一种严重问题上,一个能够叫他满意的调解办法是不容易想出来的。这不能道歉了事,也不能用金钱的赔偿弥补,那么剩下来的只有上法庭起诉了! 但一想到这个,他就立刻不安起来,因为一个决心整饬兵役的县长,难道会让他占上风?!

幺吵吵觉得苦恼,而且感觉一切都不对劲。这个坚实乐观的人,第一次遭到烦扰的袭击了,简直就同一个处在这种境况的平常人不差上下:一点抓拿没有!

他忽然在桌子上拍了一掌,苦笑着自言自语道:

"哼! 乱整吧;老子大家乱整!"

"你又来了!"俞视学说,"他总会拿话出来说啦。"

"这还有什么说的呢?"幺吵吵苦着脸反驳道:"你个老哥子怎么不想想啊:难道甚么天

王老子会有这么大的面子,能够把人给我取回来么?!"

"不是那么讲。取不出来,也有取不出的办法。"

"那我就请教你!"幺吵吵认真快发火了,但他尽力忍耐,"甚么办法呢?!——说一句对不住了事?——打死了让他赔命?……"

"也不是那样讲。……"

"那又是怎样讲呢?"幺吵吵终于大发其火,直着嗓子叫了,"老实说吧,他就没有办法!我们只有到场外前大河里去喝水了!"

这立刻引起一阵新的骚动。全都预感到精彩节目就要来了。

一个站在阶沿下人堆里的看客,大声回绝着朋友的催促道:

"你走你的嘛,我还要玩一会!"

提着茶壶穿堂走过的堂倌,也在兴高采烈叫道:

"让开一点,看把脑袋烫肿!"

在当街的最末一张茶桌上,那里离幺吵吵隔着四张桌子,一种平心静气的谈判已经快要结束。但是效果显然很少,因为长条子的陈新老爷,忽然气冲冲站起来了。

陈新老爷仰起瘦脸,颈子一扭,大叫道:

"你倒说你娃条鸟啊!……"

但他随又坐了下去,手指很响地击着桌面。

"老弟!"他一直望着联保主任,几乎一字一顿地说,"我不会害你的!一个人眼光要放远大一点,目前的事是谁也料不到的!——懂么?"

"我懂呵!难道你会害我?"

"那你就该听大家的劝呀!"

"查出来要这个啦,——我的老先人!"

联保主任苦涩地叫着,同时用手掌在后颈上一比:他怕杀头。

这的确也很可虑,因为严惩兵役舞弊的明令,已经来过三四次了。这就算不作数,我们这里隔上峰还远,但是县长对于我们就全然不相同了:他简直就在你的鼻子前面。并且,既然已经把人抓起去了,就要额外买人替换,一定也比平日困难得多。

加之,前一任县长正是为了壮丁问题被撤职的,而新县长一上任便宣称他要扫除兵役上的种种积弊。谁知道他是不是也如一般新县长那样,上任时候的官腔总特别打得响,结果说过算事,或者他硬要认真地干一下?他的脾气又是怎样的呢?……

此外,联保主任还有一个不能冒这危险的重大理由。他已经四十岁了,但他还没有取得父亲的资格。他的两个太太都不中用,虽然一般人把责任归在这作丈夫的先天不足上面;好像就是再活下去,他也永远无济于事,作不成父亲。

然而,不管如何,看光景他是决不会冒险了。所以停停,他又解嘲地继续道:"我的老先人!这个险我不敢冒。认真是我告了他的密都说得过去!……"

他佯笑着,而且装做得很安静。同幺吵吵一样,他也看出了事情的诸般困难,而他首先应该矢口否认那个密告的责任。但他没有料到,他把新老爷激恼了。

新老爷没有让他说完,便很生气地反驳道:

"你这才会装呢!可惜是大老爷亲自听兵役科说的!"

"方大主任!"幺吵吵忽然直接地插进来了,"是人做出来的就撑住啦!我告诉你:赖,你今天无论如何赖不脱的！"

"嘴巴不要伤人啊！"联保主任忍不住发起火来，他严正地警告着对方。那么吵吵的口气可更硬了。

"是的，老子说了，是人做出来的你就撑住！"

"好嘛，你多凶啊。"

"老子就是这样！"

"对对对，你是老子！哈哈！……"

联保主任干笑着，一面退回自己原先的座位上去。他觉得他在全镇的市民面前受了侮辱，他决心要同他的敌人斗到底了。仿佛就是拼掉老命他都决不低头。

联保主任的幕僚们依旧各有各的主见。毛牛肉说：

"你愈让他愈来了，是吧！"

"不行不行，事情不同了。"监爷叹着气说。

许多人都感到事情已经闹成僵局，接着来的一定会是谩骂，是散场了。因为情形明显得很，争吵的双方都是不会动拳头的。那些站在大街上的，已经在准备回家吃午饭了。

但是，茶客们却谁也不能轻易动身，担心有失体统。并且新老爷已经请了幺吵吵过去，正在进行一种新的商量，希望能有一个顾全体面的办法。虽然按照常识，一个二十岁的青年人的生命不能和体面相提并论，而关于体面的解释也很不一致。

然而，不管怎样，由于一种不得已的苦衷，幺吵吵终于是让步了。

"好好，"他带着决然忍受一切的神情说，"就照你哥子说的做吧！"

"那么方主任，"新老爷紧接着站起来宣布说，"这一下就看你怎样，一切用费幺老爷出，人由你找，事情也由你进城去办：办不通还有他们大老爷，——"

"就请大老爷办不更方便些么？"主任嘴快地插入说。

"是呀！也请他们大老爷，不过你负责就是了。"

"我负不了这个责。"

"甚么呀？！"

"你想，我怎么能负这个责呢？"

"好！"

新老爷简捷地说，闷着脸坐下去了。他显然是被对方弄得不快意了；但是，沉默一会，他又耐着性子重新劝说起来。

"你是怕用的钱会推在你身上么？"新老爷笑笑说。

"笑话！"联保主任毫不在意地答道，"我怕什么？又不是我的事。"

"那又是甚么人的事呢？"

"我晓得的呀！"

联保主任回答这句话的时候，带着一种做作的安闲态度，而且嘲弄似地笑着，好像他是甚么都不懂得，因此甚么也不觉得可怕；但他没有料到幺吵吵冲过来了。而且，那个气得胡子发抖的汉子，一把扭牢他的领口就朝街面上拖。

"我晓得你是个软硬人！——老子今天跟你拼了！……"

"大家都是面子上的人，有话好好说呵！"茶客们劝解着。

然而，一面劝解，一面偷偷溜走的也就不少。堂倌已经在忙着收茶碗了。监爷在四处向人求援,昏头昏脑地胡乱打着漩子,而这也正证明着联保主任并没有白费自己的酒肉。

"这太不成话了!"他摇头叹气说,"大家把他们分开吧!"

"我管不了!"视学边往街上溜去边说,"看血喷在我身上。"

毛牛肉在收捡着戒烟丸药,一面叽叽咕咕嚷道:

"这样就好!哪个没有生得有手么?好得很!"

但当丸药收捡停当的时候,他的上司已经吃了亏了。联保主任不断淌着鼻血,左眼睛已经青肿起来。他是新老爷解救出来的,而他现在已经被安顿在茶堂门口一张白木圈椅上面。

"你姓邢的是对的!"他摸摸自己的肿眼睛说,"你打得好!⋯⋯"

"你嘴硬吧!"幺吵吵气喘吁吁地唾着牙血,"你嘴硬吧!"

毛牛肉悄悄向联保主任建议,说他应该马上找医生诊治一下,取个伤单;但是他的上司拒绝了他,反而要他赶快去雇滑竿。因为联保主任已经决定立刻进城控告去了。

联保主任的眷属,特别是他的母亲,那个以悭吝出名的小老太婆,早已经赶来了。

"咦,兴这样打么?"她连连叫道,"这样眼睛不认人么?!"

邢幺太太则在丈夫耳朵边报告着联保主任的伤势。

"眼睛都肿来像毛桃子了!⋯⋯"

"老子还没有打够!"吐着牙血,幺吵吵吸口气说。

别的来看热闹的妇女也很不少,整个市镇几乎全给翻了转来。吵架打架本来就值得看,一对有面子的人物弄来动手动脚,自然也就更可观了!因而大家的情绪比看把戏还要热烈。

但正当这人心沸腾的时候,一个左腿微跛,满脸胡须的矮汉子忽然从人丛中挤了进来。这正是蒋米贩子,因为神情呆板,大家又叫他蒋门神。前天进城赶场,幺吵吵就托过他捎信的,因此他立刻把大家的注意一下子集中了。那首先抓住他的是邢幺太太。

这是个顶着假发的肥胖妇人,爱做作,爱谈话,诨名九娘子。她颤声颤气问那米贩子道:

"托你打听的事情呢?⋯⋯坐下来说吧!"

"打听的事情?"米贩子显得见怪似地答道,"人已经出来啦。"

"当真的呀!"许多人吃惊了,一齐叫了出来。

"那还是假的么?我走的时候,还在十字口牌桌子上呢。昨天夜里点名,他报数报错了,队长说他没资格打国仗,就开革了;打了一百军棍。"

"一百军棍?!"又是许多声音。

"不是大老爷面子大,你就再挨几个一百也出来不了呢。起初都讲新县长厉害,其实很好说话。前天大老爷请客,一个人老早就跑去了:戴他妈副黑眼镜子⋯⋯"

米贩子叙说着,而他忽然一眼注意到了幺吵吵和联保主任。纵然是一个那么迟钝的人,他们的形状,也立刻就叫他吃惊了。

"你们是怎样搞的?你牙齿痛吗?你的眼睛怎么肿啦?⋯⋯"

(原载 1940 年 12 月 1 日《抗战文艺》第六卷第四期)

【作者简介】

沙汀(1904—1992),现代小说家,中共党员,四川省安县人。原名杨朝熙,后改名杨子青,主要笔名有沙汀、尹光。1932 年参加左翼作家联盟。以现实手法写了以四川乡镇社会为背景的《丁跛公》《在祠堂里》《代理县长》等作品。1937年抗日战争爆发后回到四川。1938年与何其芳、卞之琳等人奔赴延安,任鲁迅艺术学院文学系代主任。1940年回到重庆,这时期他的文学创作达到了高潮。此时的作品主要反映抗战时期的四川农村生活,从不同侧面揭露抗战时弊和新旧痼疾。

1949年中华人民共和国成立,沙汀担任全国和四川省文学界的领导工作。暮年回到四川成都,于1992年12月14日病逝。

沙汀的著作丰富,主要有短篇小说集《航线》《土饼》《苦难》《播种者》等,中篇小说《木鱼山》《红石滩》及《沙汀选集》等,长篇小说《奇异的旅程》《淘金记》《还乡记》《困兽记》《青枫坡》等。

【导　读】

《在其香居茶馆里》写于1940年,是沙汀最著名、最有影响的短篇小说。它通过联保主任方治国和土豪恶霸邢幺吵吵在茶馆里的一场争吵打闹,生动地反映出地主阶级统治集团内部互相倾轧的丑恶行径,表现出他们营私舞弊的无耻罪行,深刻地揭露了国民党兵役制度的欺骗性和反动实质。小说的线索有两条:一条是邢幺吵吵与方治国在茶馆中的争吵,是明线;一条是邢幺吵吵的大哥与新县长的勾结,是暗线。两条线索一虚一实,相辅相成,有力地表达了主题。

沙汀继承了"五四"时期鲁迅等人的乡土讽刺艺术,发展成为真正的喜剧型讽刺小说家。他的讽刺带有农民的幽默和聪慧,浓厚的生活趣味,而又常常不露声色,虽然笔锋直指官官相护权钱交易的社会痼疾,却把嫌恶与憎恨的主观情绪都隐藏在客观冷静的叙述之中,虽把可恶写成可笑,但幽默和讽刺无处不在,甚至连标题也蕴涵着讽刺。故事发生在"其香居茶馆",演出的却是一出奇臭无比的丑剧。

【思考与练习】

1. 如何理解作品的主题思想?
2. 比较分析方治国和邢幺吵吵的形象。
3. 简析小说的讽刺艺术特色。

4. 小巷深处

陆文夫

一

苏州,这古老的城市,现在是熟睡了。她安静地躺在运河的怀抱里,像银色河床中的一朵睡莲。那不太明亮的街灯,照着秋风中的白杨,婆娑的树影在石子马路上舞动,使街道也布满了朦胧的睡意。

城市的东北角,在深邃而铺着石板的小巷里,有间屋子里的灯还亮着。灯光下有个姑娘坐在书桌旁,手托着下巴在凝思。她的鼻梁高高的,眼睛乌黑发光,长睫毛,两条发辫,从太阳穴上面垂下来,拢到后颈处又并为一条,直拖到腰际,在两条辫子合并的地方,随便结着一条花手帕。

在这条巷子里,很少有人知道这姑娘是做什么的,邻居们只知道她每天读书到深夜。只有邮递员知道她叫徐文霞,是某纱厂的工人,因为邮递员常送些写得漂亮的信件给她,而她每接到这种信件时便要皱起眉毛,甚至当着邮递员的面便撕得粉碎。

徐文霞看着桌上的小代数,怎样也看不下去,感到一阵阵的烦恼。这些日子,心中常常涌起少女特有的烦恼,每当这种烦恼泛起时,便带来了恐惧和怨恨,那一段使她羞耻、屈辱和流泪的回忆就在眼前升起。

是秋雨连绵的黄昏,是寒风凛冽的冬夜吧,阊门外那些旅馆旁的马路上、屋角边、阴暗的弄堂口,闲荡着一些打扮得十分妖艳的姑娘。她们有的蜷缩着坐在石头上,有的依在墙壁上,两手交叉在胸前,故意把那假乳房压得高高的,嘴角上随便叼着烟卷,眯着眼睛看着旅馆的大门和路上的行人。每当一个人走过时,她们便娇声娇气地喊起来:

"去吧,屋里去吧。"

"不要脸,婊子,臭货!"传来了行人的漫骂。

这骂声立即引起她们一阵哄笑,于是回敬对方一连串下流的咒骂:

"寿头,猪猡,赤佬……"

在这一群姑娘中,也混杂着徐文霞,那时她被老鸨叫做阿四妹。她还是十六岁的孩子,瘦削而敷满白粉的脸,映着灯光更显得惨白。这些都是七八年前的事了,徐文霞一想起心就颤抖。

一九五二年,政府把所有的妓女都收进了妇女生产教养院。徐文霞度过了终身难忘的一年,治病、诉苦、学习生产技能。她记不清母亲是什么样子,也不知道母爱的滋味,人间的幸福就莫过如此吧,最大的幸福就是在阳光下抬着头做个正直的人!

那一年以后,徐文霞便进了勤大纱厂。厂长见她年轻,又生着一副伶俐相,说:"别织布吧,学电气去,那里需要灵巧的手。"

生活在徐文霞面前放出绮丽的光彩。尊敬、荣誉、爱抚的眼光,一齐向她投过来。她什么时候体验过做人的尊严呢!她深藏着自己的经历,好在几次调动工作之后,已无人知道这点了,党总支书记虽然知道的,也不愿提起这些,使她感到屈辱。没人提,那就让它过去吧,像噩梦般地消逝吧。

爱情呢,家庭的幸福呢?徐文霞不敢想。她也怕人夸耀自己的爱人,怕人提起从前的苦难,更怕小姐妹翻准备出嫁的衣箱。她渐渐地孤独起来,在寂静无声的夜晚,常蒙着被头流泪,无事时不愿有人在身边。于是,她便在这条古老的巷子里住下来,这里没人打扰她,只是偶然门外有鞋敲打着石板,发出空洞的回响。她拼命地读书,伴着书度过长夜,忘掉一切。只是那些曾玩弄过她的臭男人不肯放松她,常写信来求婚,徐文霞接到这些信时便引起一阵怅惘,后来索性不看便撕掉:"谁能和做过妓女的人有真正的爱情,别尝这杯苦酒吧!"

徐文霞站起来,在房间里走动,把所有的杂念都赶掉,翻开小代数,叹了口气,自语道:
"把工作让给我,把爱情让给别人吧!"

徐文霞重新埋进书本,努力探索难解的方程式。一会儿,字母便在眼前舞动,扭曲着,糊成一片黑。她拉拉眼皮,想唤回注意力。可能是天气燥热吧,她伸手推开玻璃窗。窗外起着小风,树叶儿沙沙地响着,夜气和秋声那样催人入眠,徐文霞更加烦躁了。

徐文霞为啥烦躁,只有她自己知道,那个大学毕业的技术员张俊的影子,如今还在眼前晃动。他年轻,方方的脸放着红光,老是带着笑容和她谈话,跑到她身边来找点什么,却又涨红着脸无声地走开了。徐文霞知道为着这件事烦恼,却故意不肯承认,用这种办法,她击退过好几次爱情的干扰。今天怎么搞的呢,说不想又偏去想:"他今天为什么到我这里来呢?光是轻轻地敲了一下门,隔半天又敲了一次,想进来,又不想进来的样子。他的脸那么红干吗,别这样红吧,同志!难道我这个人还能讥讽人吗?唉,他为什么不讲话,他挺会说话的,今天倒结结巴巴的,尽翻我的书看,还看得很有趣呢!这些书他不是都读过吗?他要帮我补习代数,还要教我物理。昏啦,我竟答应了他,要是他怀着什么心思,我可怎得了啊!"徐文霞平静的心被搅乱了,全部"防线"都崩溃了,她不理睬那许多对她含着深情的眼光,撕掉好些向她吐露爱情的信件,却无法逃避张俊那纯真的孩子般的眼睛。她收不住奔驰起来的思想,一会儿充满了幸福,幸福得心向外膨胀,一会儿充满了恐惧,感到这事是那么可怕。各种矛盾的心情,痛苦地绞缢着她,悲惨的往事又显明起来,她伏在桌上抽泣着,肩膀在柔和的灯光下抖动。

窗外下起雨来,檐漏水滴在石板上,像倾叙着说不完的闲话。

二

时间从秋天到了冬天,徐文霞心里却像开满了春花。

一下班,张俊便到徐文霞的房间里来了。他坐在徐文霞的对面,眼不转睛地看着她。看得徐文霞脸红心跳起来,忙说:

"来吧,抓紧时间。"

张俊笑着,打开课本。他不仅讲,还表演,不知又从哪里找来许多生动的譬喻。这一点,张俊自己也不明白,在徐文霞面前,他的智慧像流不完的河水。

徐文霞开始做习题时,张俊便坐到另一张桌上做自己的功课。这时候,房间里静极了,只有笔在纸上唰唰地响。张俊一伏到书桌上,就两三小时不动身。徐文霞生怕他过度疲劳,便走过去拉拉他的耳朵,摇摇他的后脑。张俊嚷起来:

"好,你又破坏学习。"

徐文霞咯咯地笑着,便坐下来。不一会,她又向张俊手里塞进一只苹果。张俊把苹果放在桌子上,先不去动,过了一会,拿起来看看,然后便到徐文霞的口袋里摸小刀。

"好,这次是你破坏学习。"

"苹果是你送给我的!"

这一骚动,两个人都学不下去了,便收起书本,海阔天空地谈起来。张俊老是爱谈将来,一开口便是"五年以后"的理想:

"到那时候我是工程师,你是技术员……"

"我也能做技术员吗?"

"只要你学习时不调皮。"张俊调皮的眼光望着她:"那时我们还在一起工作,机器出了毛病,我和你一起修,我满脸都是机器油,嘿,你会不认识我哩!"

"你掉在染缸里我也认识。"

"要是世界上有这么一对,他们一起工作,一道回家,星期天一起上街买东西,该多好啊!"

徐文霞被说得心直跳,脸上绯红,故意装作不明白地说:"那是人家的事情,你谈它做啥。"

徐文霞好像浸在一缸温水里,她第一次感到爱情给人的幸福和激动。

实在没话谈了,他们便挽着手到街头散步。苏州街上的夜晚,空气是很清新的,行人又那么稀少。他们尽拣没人的地方走,踩着法国梧桐的落叶,沙沙的怪舒服。徐文霞老爱把那些枯叶踢得四处飞扬。到底走多少路,他们并不计较,总是看到北寺塔,看到那高大巍峨的黑影时便回头。

张俊每天到徐文霞这里来,实在忙了,睡觉之前也一定来说一声:"睡吧!文霞,明天见。"

徐文霞也习惯了,等到十点半张俊还不来,她便睡下等他。果然听着门上的锁匙响,张俊走进来,用手在她被头上拍两下:"睡吧,文霞……"然后她才能真的安详地熟睡了。

在爱情的海洋里,徐文霞本来已经绝望了,却忽然碰着救命圈,她拼命抓着,生怕滑掉。夜里,她常常梦见张俊铁青着脸,指着她的鼻子骂:"我把你当块白璧,原来你做过妓女,不要脸的东西,从此一刀两断!"徐文霞哭着,拉着张俊:"不能怪我呀,旧社会逼的……"张俊理也不理,手一摔,走出门去。徐文霞猛扑过去,扑了个空。醒来却睡在床上,浑身出着冷汗,索性痛哭起来,泪水湿了枕头,人还在抽泣。

徐文霞再也睡不着了,多少苦痛都来折磨她,寻思道:"怎么办哩,老是这样下去吗?万一我的过去给张俊知道呢!告诉他吧。不,他不会原谅我,像他这样的人,多少纯洁的姑娘会爱上他,怎能要做过妓女的人呢?不能讲,千万不能讲啊!"徐文霞用力绞着胸前的衬衣,打开床头的电灯,她恐惧,她怕。她不能失去张俊,不能没有张俊的爱情。

三

初冬晴朗的早晨,天暖和得出奇。苏州人都留进了那些古老的花园去度过他们的假日。

徐文霞穿着鹅黄色闪着白花的绸棉袄,这棉袄似乎有点短窄,可是却把她束得更苗条而伶俐。辫子好像更长了,齐到棉袄的下摆,给人一种修长而又秀丽的感觉。她左手拎一只黄草提包,和张俊慢慢地走进了留园,在幽静曲折的小道上,徐文霞的硬底皮鞋,咯咯地叩打着鹅卵石。小道的两旁,是堆得奇巧的假山石,瘦削的太湖石到处耸立着,安排得均匀适中。晚开的菊花还是那么挺秀,不时从太湖石的洞眼中冒出一枝来。徐文霞的眼睛像清水里的一点黑油,滴溜溜地转动着,心旷神怡。

他们在清澈的小石潭中看了金鱼,又转过耸峙的石峰,前面出现了一座小楼。

"上楼去吧。"徐文霞眼睛柔和发亮地望着他。

张俊拉着她的手却向假山上爬。

"咦,上楼多好!"徐文霞跌跌跄跄地,爬到山顶直喘气:"我叫你上楼,你偏要上山!"

"已经上楼啦,还怪人。"

徐文霞向前一看,真的上了楼,原来假山又当楼梯,使人在欣赏山景中不知不觉地登上楼,免去爬楼梯那枯燥的步行。徐文霞忍不住笑起来,停会儿又叹气说:

"俊,你看造花园的人多灵巧啊,人总是费尽心机,想把生活弄得美好一些。"

"走吧,说这些空话做啥。"

他们穿着曲折的回廊,徐文霞心中有些忧伤,说:"唉,空话,要是明白了造园人的苦心,你就会同情他,同情他那美好的愿望。"

张俊心一悸动,看着徐文霞忧伤的眼色,忙说:

"你怎么啦,文霞,想起什么了吧?"

"不,没有什么。"

"那你为什么不高兴呢?"

"高兴哩,能和你在一起,总是高兴的。"徐文霞强笑了一下:"走吧,你看前面又是什么地方?"

他们走进了一个满月形的洞门,眼前出现了一片乡村景色,豆棚瓜架竖立着,翻开的黑土散发着芬芳。他们在牵满了葫芦藤的花架下散步,看那繁星一样缀在枯藤上的小葫芦。

张俊沉默着,忽然一副庄重的神色说:

"文霞,你说心里话,你觉得我这个人怎样。"

"怎么说呢,我这一世,要找第二个人,恐怕……再也……"

张俊兴奋极了,满脸着光彩,快活地说:

"这么说,文霞,我们结婚……"

徐文霞陡然一震动,喜悦夹杂着恐怖向她奔袭过来。她脸色有些苍白,嘴唇边微微抖动,半晌才说:

"走吧,我们向前。"

张俊兴奋的话说个不完:

"文霞,人生的道路是漫长的,在这条路上,两个人携着手,齐奔自己的理想;一个疲乏,另一个扶着她;一个胜利,另一个祝贺他。你说,还有爬不过的高山,渡不过的大河吗!"

徐文霞感动得几乎掉下眼泪来,有这样的一个人,伴着一生,不正是自己的梦想吗!可是,她却怀疑地望着张俊,想道:"要是你知道我的过去,你还能说这些话吗?"她痛苦地低下头,忙说:"走吧。"

在那边,出现了一座土山,山上长满了枫树,早霜把枫叶染红了,红得像清晨的朝霞。在半山腰的石凳上,坐着个人。这人背朝着徐文霞,拉起大衣领子晒太阳。徐文霞咯咯的皮鞋声,引起了他的注意,便回过头来,露出一张扁平的脸,像一张绷紧了的鼓皮,在鼓皮的两条裂缝中间,滴溜溜的眼睛盯着徐文霞。等徐文霞发现这人时,已到了跟前,这人也跟着站起来,恭恭敬敬地说:

"你好呀四妹,你还在苏州吗?"

"你!你……也在这里玩吗。再见!俊,到山顶上去看看。"徐文霞拉着张俊的手,一溜烟奔上了山峰。她神色慌乱,喘着气,腿肚在抖,眼皮跳动,浑身直打寒噤。

张俊望着那个人,见他已懒洋洋地下山了,就说:

"那人是谁,怎么叫你四妹?"

徐文霞哆嗦着:"没有什么,一个熟人,四妹是我小名。"她呆了一下:"回去吧,这里很冷,没啥玩头。"

张俊看徐文霞奇怪的神色,心里疑惑着,忐忑不安地走出了园门。

四

门上,轻轻敲了一下。半晌,又轻轻地敲了一下。

徐文霞的脸色从惊疑变成喜悦,她敏捷地从床上跳起来:"冒失鬼,又忘了带钥匙呢!"

徐文霞慢慢地拉开门,想猛地冲出去吓张俊一下。忽然,有个扁平的脸在眼前出现了。徐文霞一惊,一阵凉气从脚下传遍全身,暗自吃惊道:"朱国魂!就是那天在留园碰到的朱国魂。"徐文霞愣住了,不知道把门关上呢还是放他进来。

朱国魂微笑着,向巷子的两端看了一眼,不等什么邀请,很快地折进门来,跟着把门关上,恭恭敬敬地叫了声徐小姐。

听到喊徐小姐,徐文霞更加惊惶地想:"都知道啦,这个鬼。"她强力使自己镇静,不露出一点张皇的神色,冷冷地问:

"这几年在哪里得意呀,朱经理?"

"嘿嘿,没有什么。前几年政府说我破坏了市场,把我劳动改造了两年。徐小姐,听说你这两年很抖呀。"朱国魂努力想说点儿新腔,不小心又露出了这句老话。

"现在谈不到抖不抖。"徐文霞感到一阵恶心。

朱国魂向房间里打量着,一时不讲话。徐文霞也戒备着,不知道他下一步会耍出什么花腔。她看着这张扁平脸,眼睛里藏着屈辱和愤怒。就是这个投机商,解放前她还是一个十六岁纯洁的少女的时候,他是第一次曾那样残酷地侮辱过她,把她的身子尽力地摧残。现在他想干什么呢?他不讲话,伸长着脖子挨过来,咧着那个圆圈圈似的嘴直喘气。徐文霞向后让着,真想伸手给这张扁平脸一记耳光,可是她忍耐着。从碰到他的那天起,她就怕这个人,总觉得有把柄落在这人手里。

朱国魂突然用解放前的那副流氓腔调说:

"嘻嘻,阿四妹,你真有两手,竟给你搭上张俊那小子,一表人才呀!咳,有苗头。不过当心噢,过去的那段事得瞒得紧点,露了风可就炸啦!"朱国魂睒着他那小眼睛,又意味深长地说:"你放心,我不会公开我们解放前那段交情,你的好事我总得要成全,对不对?"

徐文霞手足发凉,极力保持着的镇静消失了。脱口说出心里话:

"你怎么晓得这样清楚!"

"唉,买卖人嘛,打探消息的本事还有点哩!"

徐文霞满脸煞白,一瞬转了很多念头:痛骂他一顿,轰他出去,拉他到派出所。这些都容易办到,可是要给张俊知道呢,要是这恶棍加油添醋地告诉张俊呢……她不敢想,头昏旋起来。她狠狠地望着对方,那张扁平脸在眼前无限制地伸长、扩大,成了极其可怕的怪相。

"你要怎么样呢,朱经理,大家都是明白人,有什么里子翻出来看看。"

"咳,谈不上怎么样,这又不是解放前。不过,我现在摆的个小摊,短点本。想问你借一点,大家心里有数嘛,互相帮忙。"

徐文霞下意识地伸出微抖的手,摸出一叠钞票放在桌子上。

朱国魂站起来,一迭声地说谢谢。他把大拇指放在唇边上擦了点唾沫,熟练地一数,又笑嘻嘻地放在桌子上,说:

"徐小姐,这二十块钱不能派什么用场。要是你身边不便,我改日再来拜访。"

徐文霞紧咬着牙,脸胀得发紫。她把半个月的工资狠命地摔在地板上,转身扑到枕头上,哽咽不成声地哭着。

五

冬天渐渐摆出冷酷的面貌,连日刮着西北风,雪花飞飞扬扬地飘落下来。

徐文霞呆坐着,面容消瘦了,眼睛也无光了。她看雪花扑打到玻璃窗上,化成水珠,像眼泪似地流下来。透过这挂满眼泪的玻璃窗,看到外面大团的雪花飞舞着,使天空变成白蒙蒙的一片。

床头闹钟嘀嗒嘀嗒地响,永远那样平稳。徐文霞又向钟看了一眼:

"咦,他怎么还不来!"

"朱国魂大概把我的一切告诉他啦!"徐文霞的心像悬在蛛丝上,快掉下来,却又悬荡着:他爱的人原来做过妓女啊!他还有脸见人吗?他哪里还能来呢。

"滴铃铃铃!"闹钟突然响起来。徐文霞一惊,以为是门铃响,她手捺着那跳得别别的胸脯。她怕朱国魂又来纠缠,又怕张俊来撞上朱国魂。她想:"朱国魂不会轻易地放我,这条毒蛇,不把血吸干了是不会吃肉的。"

张俊进来了,跺着脚,抖掉雨衣上的雪,脸冻得通红,嘴里喷出白气。他满脸是笑地说:

"文霞,多大的雪,你出去看看,嘿,好几年不下这样大的雪啦!"

徐文霞飞奔过去吻着他:"怎么现在才来,最近怎么常来得这样迟呀?"

"是你心理作用,我还不是和过去一样,下班就来看你!文霞,别乱猜,无论怎样,我总不会离开你。"

徐文霞紧紧地搂着他:"别离开我,俊,别丢掉我呀!不,就是丢掉我,我也不会怨你。"

张俊扬起了眉毛,不明白地望着徐文霞,心想道:"她近来消瘦了,眼眶里含着泪水,心中埋藏着什么痛苦呢,不肯说,又不准问。唉,亲爱的姑娘!"他的唇边动了两下,想问什么又忍住了,只说:"结婚吧!文霞,结了婚我们会天天在一起的。"

徐文霞低头沉默着。突然,她又无声地哭了起来,伏在张俊的怀里揩泪。张俊抚摸着她的头发,又怜惜又着急:"别难过,文霞,我是用真诚的心待你的,为什么你对我忽然又不信任了呢?"张俊拍拍徐文霞,安慰她一会儿,才说:"还有个会等我去,你先看看复习题,晚上我再来讲新课。"

徐文霞恍恍惚惚地想:"走啦,又走啦!最近他总是这样匆匆忙忙的,好吧,结局快到了,到了,总有一天会到的,不如早些吧!"她哪有心思复习小代数呀,不知不觉又去打开箱子,把新大衣穿起来,新皮鞋穿上,围好那红色的围巾,对着镜子旋转了几下,然后叹了口气,又一件件脱下来。她自己也不相信,这些东西竟是他买来的,准备结婚的。她幻想着这一天,却又不相信会有这一天。近几天张俊不在时,她便独自翻弄这些衣服,玩赏着,作出各种美妙的想象,交织成光彩夺目的生活图画。越是痛苦失望的时候,她越是爱想这些。

蓦地,朱国魂撞了进来,皮笑肉不笑地说:"你好呀,徐小姐,准备结婚啦,我讨杯喜酒吃。"

徐文霞一看见他,所有的幻想都破灭了,她发怒地把衣裳都塞进箱子里。全是这个人,一切幸福与欢笑都被这个人砸得粉碎,她怒睁着眼睛问:"你又来做什么?"

"上次承你借了点小本钱,可是……又光啦。"

"怎么,我是你的债户?"徐文霞立起来,眼睛都气红了,恨不得燃起一场大火,把这个人烧成灰烬。

"何必这样动火呢,徐小姐,有美酒大家尝尝,一个人吃光了是要醉的。"

徐文霞所有的怒火都升起了:"跟这个畜生拼了吧。"可是回头看看那乱七八糟的衣箱,心又软下来,手颤抖地摸出二十块钱。

朱国魂没料到第二次勒索竟这么容易,不禁向她看了一眼,发现她近几年竟长得如此苗条而又多姿,高高的胸脯,滚圆的肩膀,浑身发散着青春诱人的气息。他的心动起来了,升起一种邪恶的念头,扁平的脸上充满了血,打个哈哈说:

"今晚我睡在这里。"

"叭叭!"两下清脆的耳光声。

朱国魂猛地向后一跳,手捂着面颊,他仍微笑着说:"咳,装什么正经呀,你和我又不是第一次!"

徐文霞猛扑过去,像一头发怒了的狮子。所有的痛苦、屈辱和愤怒一齐迸发出来了,她用力捶打着朱国魂。朱国魂还是嘻嘻地笑着说:"看哪,欺侮人呀,但是我原谅你,打是亲来骂是爱!"徐文霞更气得脸都白了,什么也不顾,一口咬住朱国魂的膀子。朱国魂真的痛得跳起来了,随手拎起一张方凳子,想了一下,又轻轻地放下来,放下脸来说:

"别这么神气,我只要写封信给张俊,告诉他你是干什么的,过去和我曾有过那么……"

徐文霞夺过方凳猛力掷过去。朱国魂知道再闹下去不好,转身溜出门去。方凳子"轰隆"一声撞在板壁上,把四邻都惊动了。

六

徐文霞站在张俊的宿舍门口,头发蓬乱着,脸色发青,眼睛里充满绝望的光芒:"去,告诉他,出丑让我一个人,痛苦由我承当。"心里虽这么想,脚下却不肯移动,仿佛门槛里有条深渊,跨进一步就无法挽救。

张俊洗完脸,端了满满的一盆肥皂水,正要用力向门外泼,忽见门外有人,连忙收住,水在地板上泼了一大摊。

"是你!文霞。"张俊惊叫起来,看见徐文霞这副样子,更是惊慌。他忙拉着她的手坐到床上:"发生什么事啦文霞,快告诉我,快!"

徐文霞痴呆着,眼睛直愣愣地看着张俊,眼泪一滴追一滴地落在地上。

"什么事,文霞?"张俊摇着她的肩膀:"快说吧!看你气成这个样子,咳,急死人啦!"

徐文霞还是僵坐着,突然一转身,扑到张俊床上,只是泣不成声地哭着。张俊心乱极了"别哭,有话说呀,别哭啦,给人家听见了笑话。"

徐文霞不停地哭着,让眼泪来诉说她的身世,痛苦和屈辱。一直哭了十多分钟,才觉得塞在心头的东西疏通了,慢慢地平静下来,深深地吸了口气,坦率地诉说着自身的遭遇。曾经有多少个夜晚啊,她把这些话在胸中深深地埋藏着,让自己独自忍受着这痛苦。

张俊开始被徐文霞的叙述弄得不知所措,只吃惊地张着眼睛,但是后来他像听到一个不平的故事一样,怒不可遏地从床上跳起来:"那个坏蛋在哪里,岂有此理,现在竟敢做这种事,我去找他!"

"别去吧,俊,派出所会找他的,不要为我的事情再闹得你也没脸见人。我对不起你,你一片真心待我,我却把我的身世对你瞒了这么长时间。别骂我,俊,我是怕你……"

"别哭吧,文霞。"

"我知道你不会再爱一个曾经做过妓女的女孩子,我为什么要拖住你呢,拖住你来分担我的羞耻和痛苦!我要离开苏州,请求组织调我到上海去工作。今后希望你和我仍做个知己的朋友吧……"徐文霞说不下去了。又伏倒在床上哭起来。

张俊沉默着,混乱得说不出一句话来。心里打翻了五味瓶,说不出是什么滋味。

徐文霞揩干了眼泪,渐渐平静下来,想站起来走了,却没有一点力气。又过了一会儿,她像一个出征的战士,一切想好之后,带着一副毅然的神色离开了张俊的屋子,走上了她的征途。

张俊仍一人在屋子里呆立着,不知怎样处理这件事才好,脑膜什么也不能思索。……

夜深了,冷得要命,大半个月亮架在屋檐上,像冰做的,露水在寂静中凝成了浓霜。

在那条深邃而铺着石板的小巷里,张俊在徘徊。他远远望着徐文霞那个亮着灯的窗户,每次要到窗户跟前又退回来,"怎么说呢,向她说些什么呢?"他想得出,那盏灯下坐着个少女,这少女是善良的化身,她无论怎样也不能和妓女这名词联系起来。他知道她在痛苦中:由于她屈辱的过去而无法生活下去,他的心又软下来,"不能怪她呀,在那个黑暗的时代里,一个软弱的孤儿,能作得了什么主呢!"

要是作为一个普通女孩的不幸,毫无疑问,张俊是会同情的,而且马上就能谅解。可是,这是徐文霞,是个要伴着自己一生的姑娘。他踌躇着,在巷子里一趟又一趟地走着,似乎下决心要数出地上的石头。许多事情在眼前起伏,他想起和徐文霞相处的那些充满了幸福和幻想的日子,在这些日子里,人就变得聪明,而且对一切事情充满了信心。这些都是一个姑娘带来的,这姑娘挣扎出了苦海,向自己献出了一颗纯洁的心。她忍受着那许多痛苦来爱自己,又那么向往着美好的未来而不断地努力。张俊突然一转,奔跑到徐文霞的门前,一摸口袋,又忘了带钥匙,便提起拳头拼命地敲门。

那性急的擂门声,在空寂的小巷子里,引起了不平凡的回响。

1956年10月30日改完
(《萌芽》一九五六年十月号)

【作者简介】

陆文夫(1928—2005),当代作家,江苏泰兴人。从小喜爱文学。曾任新华社苏州支社采访员、《新苏州报》新闻记者。1953年开始文学创作,他的早期作品带有新闻通讯的痕迹。1956年发表成名作短篇小说《小巷深处》。1957年因涉及江苏"探索者"文学团体事件,被下放到工厂、农村劳动。这期间,他用更深邃的目光盯着生活的深处,小说的风格有了明显的变化,在塑造人物和开拓生活的深度上做了新的探求。粉碎"四人帮"后被平反。1978年返苏州从事专业创作。后任苏州文联副主席、中国作家协会副主席。

在50年文学生涯中,陆文夫在小说、散文、文艺评论等方面都取得了卓越的成就。其作品大都描写江南闾巷中的凡人小事,深蕴着时代和历史的内涵。内容含蓄幽深,诙谐幽默,使人在笑中感到一种苦涩和深沉,令人深思;语言清隽秀逸,淳朴自然,展现了浓郁的姑苏地方色彩,从而建立起了独具苏州风味的"小巷文学"。

【导　读】

短篇小说《小巷深处》是陆文夫的成名作,原载于1956年10月的《萌芽》杂志。作品描写在旧社会当过妓女的徐文霞对真正爱情的追求。她经过痛苦的感情历程,终于获得对人的尊严的自我意识,显示了新时代革命人道主义的力量。小说风格清新,是他创作上有新突破的标志,发表后引起了文坛的轰动。

作品的成功之处首先体现在思想上的"新"与"真"。即题材之新、立意之新、情感之真。一是题材之新:在那个"禁欲"的年代,在文学作品题材一边倒地倾向于农村合作化,路线斗争的背景下,描写都市生活题材,尤其是冲破了人情、人性、人道主义禁区的爱情题材的作品,就显得弥足珍贵。二是立意之新:作品描写日常生活中的人和事,不回避矛盾,承认"爱"的存在与合理性,反对根据"血统出身"评价人物,从一个被损害、被忽略的小人物身上,开掘出一个向上的、为人的尊严而拼搏的灵魂,揭示了封建道德观念遗毒之深,有力地突出了歌颂新时代,歌颂社会主义道德的主题思想。三是情感之真:作品大胆干预生活,细致地描写了人物的内心情感世界,揭示了人性的复杂,更注重战后和平年代人物曾受的精神创伤的修复。作者通过徐文霞的坎坷人生经历,细致入微地展示了她的爱与恨、甜蜜与痛苦、尊严与屈辱、忍让与愤怒的情感冲突和心理变化,既真实又感人。

其次,作品的成功还体现在某些细节的安排之上。这些安排,与作者自身不无关系。例如从空间角度讲,"巷子"这一意象的安排是突出的,既与苏州这一园林特色背景相关,又使作品带上了浓厚的乡土气息,形成作家自己的写作特色;再之,这一"巷子"意象很好地承载起文霞的感情挣扎,使读者不自觉地产生怜悯之心。

《小巷深处》是一曲美好心灵的赞歌,是新时代、新风尚的赞歌。

【思考与练习】

1. 简析徐文霞形象的意义。
2. 小说的成功之处体现在哪里?

第三章 外国文学

概 述

外国文学是指除中国文学以外的世界各国从古至今的文学。

按照地域和文化整体形态的特点,外国文学可分为西方文学和东方文学两个部分;按照发展的时代和文学思潮的更迭、流变,西方文学可分为古希腊罗马文学、中世纪文学、文艺复兴时期人文主义文学、19世纪浪漫主义文学、现实主义文学和自然主义文学、20世纪现实主义文学、现代主义文学和后现代主义文学;而东方文学则分为上古、中古、近现代三期。

从世界文学整体的角度看,外国文学与中国文学的哲学思维方式不同,各具特色,然而中国文学自汉以来,与国外文化不断发生碰撞,融通发展。印度佛教文化的引入,引发了中国诗歌的长足发展;近代中国文学深受西方文学的影响;考察中国现当代文学史,我们发现外国文学蕴涵的人文主义思想、现实主义和现代主义技法,深深地影响我国现当代小说、诗歌、散文的发展,在鲁迅、曹禺、艾青等著名作家的作品中都能找到外国文学技法的印记。因而站在世界文学的高度,学习外国文学,寻找文学中蕴蓄的人类文化本源,探究世界文学的传统和特色,繁荣和发展中国的社会主义文学,建设社会主义精神文明,具有十分重要的意义。

在阅读外国文学作品的同时,读者必须要有一种清醒的意识,即这些作品在大多数情况下实际上指的是翻译文学。在今天的中国,能够直接阅读原著的读者为数依然不多,更多的读者不得不依赖于翻译文学,而翻译文学实在地说并不等同于外国文学,并非是对外国文学在语言层面的纯技术性的文字符码的转换。翻译文学充其量只能最大限度地接近原作,而不可能真正成为原作的替代品。因此,外国文学实际上只是存在于翻译文学之中的一个虚幻的概念。

然而,这并不是要抹杀翻译文学的功绩,翻译文学虽然不可能是原来意义上的外国文学作品,但是它们毕竟是我们通往外国文学花园的重要津梁。

如果你想成为一名优秀的读者,不妨听一听纳博科夫的意见:第一,必须有想象力;第二,必须有记性;第三,手头应有一本字典;第四,必须有一定的艺术感。字典也许不止一部,比如神话词典、宗教词典、历史词典等,案头总要备一些,以供不时之需。而想象力、记忆力、艺术感受力却需要长时间的熏陶培养和潜移默化。纳博科夫还有一句至理名言,即聪明的读者在欣赏一部天才之作的时候,为了领略其中的艺术魅力,他不只是用心灵,也不全是用脑筋,而是用脊椎骨去读的。怪不得有一位中国学者回忆他在哈佛读书期间奉师之命阅读《卡拉马佐夫兄弟》时说他一边读一边背后透凉气,看来他是深得读书三昧的,确实把书读到了一定境界。

我们是提倡以一种痴迷的心态去阅读外国文学作品的,这与崇洋媚外毫无关系。在消费主义与快餐文化大行其道的时代,让人们花费大量的时间去沉湎于外国文学作品的阅读也许有些逆潮流而动的意味,但有必要提醒的是,阅读经典是我们每个人教养的一部分,它有助于避免和削弱大众传媒对我们的同化,有助于保持我们最本真的品质。

第一节　外国诗歌、散文

1. 假如生活欺骗了你

普希金

假如生活欺骗了你，
不要悲伤，不要烦闷，
沮丧的日子暂且克制，
要相信快乐的时刻会来临。

我们的心灵憧憬未来，
眼前的时光却令人伤感，
万物短暂，转瞬即逝，
而逝去的岁月又叫你留恋。

（谷羽译）选自《普希金诗选》

【作者简介】

亚历山大·谢尔盖耶维奇·普希金(1799—1837)，19世纪俄罗斯杰出的民族诗人，俄罗斯浪漫主义文学的主要代表和现实主义文学的奠基人。高尔基誉之为"俄国文学之始祖"和"伟大的俄国人民诗人"。他的文学创作种类繁多，数量丰富，充满爱国主义色彩和反抗封建暴政的斗争激情。

【导　读】

《假如生活欺骗了你》写于普希金被沙皇流放的日子里。那时俄国革命如火如荼，诗人却被迫与世隔绝。在这样的处境下，诗人仍没有丧失希望与斗志，他热爱生活，执著地追求理想，相信光明必来，正义必胜。这首诗是以赠诗的形式写在他的邻居女儿的纪念册上的。

本诗分两节，第一节，作者以诚挚的态度告诉我们：在逆境中应该持有的正确态度和信念。感情上不要悲伤，情绪上不要急躁，要有乐观的态度，相信"快乐的日子"将会来临。第二节，引导我们从另外一个角度认识所处的逆境。首先，他肯定即使有了正确的态度和信念，忧郁也是难免的，但"不经风雨，哪能见彩虹"，今天的磨难将是宝贵的财富，将成为今后的美好的回忆。这首诗不仅是对邻居小姑娘的叮嘱，也是诗人在被流放期间坚定信念的最好佐证。

【思考与练习】

1. 从诗中你能看出作者告诉我们如何对待生活中的过去、现在、未来吗？
2. 学完此诗后，你有什么感悟？

2. 秋　日

里尔克

主啊！是时候了。夏日曾经很盛大。
把你的阴影落在日规上，
让秋风刮过田野。

让最后的果实长得丰满，
再给它们两天南方的气候，
迫使它们成熟，
把最后的甘甜酿入浓酒。

谁这时没有房屋，就不必建筑，
谁这时孤独，就永远孤独，
就醒着，读着，写着长信，
在林荫道上来回
不安地游荡，当着落叶纷飞。

（冯　至译）

【作者简介】

莱纳·玛利亚·里尔克(1875—1926)，出生于布拉格，是一位著名的德语诗人，除了创作德语诗歌外还撰写小说、剧本以及一些杂文和法语诗歌等。

里尔克的诗表现了对资本主义"文明"和大城市生活的厌恶，充满了对大自然的向往以及世纪之交西欧知识分子所有的那种迷惘、彷徨、焦虑、感伤和孤独的情绪。他的诗歌早期富于波希米亚民歌风和音乐性，后期更添加了"雕塑美"。善用巧妙新奇的比喻和象征，作品的色调往往显得朦胧、晦涩，是西方现代派后期象征主义的重要代表。

其代表作有《新诗集》《致奥尔甫斯的十四行诗》等。

【导　读】

1902年，里尔克为一家出版社写关于罗丹的传记去了巴黎，一个月后写下了这首诗，该诗共三段，每段递增一句，刻意用推进式的阶梯结构逐步推向最后的高潮。诗中展现了沉淀于诗人心中对漂泊生活的忠诚和对绝对孤独的一种彻悟。读者基于诗中意象的可感性，可以完整体验到一位漂泊者内心的激情。

【思考与练习】

谈谈你对"谁这时没有房屋，就不必建筑，谁这时孤独，就永远孤独"这两句诗的理解。

3. 热爱生命

蒙 田

我对某些词语赋予特殊的含义。拿"度日"来说吧,天色不佳,令人不快的时候,我将"度日"看做是"消磨光阴";而风和日丽的时候,我却不愿意去"度",这时我是在慢慢赏玩,领略美好的时光。坏日子,要飞快去"度",好日子,要停下来细细品尝。"度日""消磨时光"的常用语令人想起那些"哲人"的习气。他们以为生命的利用不外乎在于将它打发、消磨,并且尽量回避它,无视它的存在,仿佛这是一件苦事、一件贱物似的。至于我,我却认为生命不是这个样的,我觉得它值得称颂,富有乐趣,即便我自己到了垂暮之年也还是如此。我们的生命受到自然的厚赐,它是优越无比的,如果我们觉得不堪生之重压或是白白虚度此生,那也只能怪我们自己。

"糊涂人的一生枯燥无味,躁动不安,却将全部希望寄托于来世。"

不过,我却随时准备告别人生,毫不惋惜。这倒不是因生之艰辛或苦恼所致,而是由于生之本质在于死。因此只有乐于生的人才能真正不感到死之苦恼。享受生活要讲究方法。我比别人多享受到一倍的生活,因为生活乐趣的大小是随我们对生活的关心程度而定的。尤其在此刻,我眼看生命的时光无多,我就愈想增加生命的分量。我想靠迅速抓紧时间,去留住稍纵即逝的日子;我想凭时间的有效利用去弥补匆匆流逝的光阴。剩下的生命愈是短暂,我愈要使之过得丰盈饱满。

【作者简介】

蒙田(1533—1592),文艺复兴时期法国著名的思想家、散文家。他从个性自由的原则出发,反对当时的经院哲学,强调吾研究的就是吾自己,主张道德行为上的自然依旧以及人的善良天性。他的随笔内容广泛,说理明畅生动,有"蒙田式散文"之美称。他的作品对培根、莎士比亚等后世的先进思想家、文学家影响很大,并仍然为今天的人们看做是可敬的向导和朋友。

【导 读】

本文阐发的是一种乐生而不畏死的处世态度:生活不是消磨光阴,打发日子,也不是为来世或某一个未来目标作准备,生活是当下即得的对各种人生乐趣的品味。一方面是乐生,另一方面"我却随时准备告别人生,毫不惋惜"。因为,"我比别人多享受到一倍的生活",所以死而无憾;而且"生之本质在于死",死是每个人都不能逃避的最终归宿,聪明的态度就应该是安之若素,恐惧焦虑反倒伤生害身。对生对死,作者都表现出一种健全澄明的智慧和安详的自尊。

【思考与练习】

联系对生命、生活的认识,谈谈这篇文章对你的启示。

4. 我为什么活着

罗 素

有三种简单却铺天盖地般强烈的激情,支配了我的整整一生:对爱的渴望、对知识的追求以及对人类苦难的难以承受的怜悯。这些激情如同狂风将我吹到此,吹到彼,沿着扑朔迷离的路径,越过痛苦的汪洋,抵达极度绝望的边缘。

我寻求爱,首先,是因为它带来狂喜——这狂喜如此巨大,以致使我常常宁愿牺牲余生所有的一切来换取几小时这样的快乐。我寻求爱,其次,是因为爱可以减轻孤独——在那可怕的孤独中,人们颤抖的清醒的眼神掠过世界的边缘进入到深不可测的没有生气的冰冷深渊。我寻求爱,最后,是因为在爱的结合中,我看见了,在神秘的缩影里,圣徒和诗人们构想的天堂的象征图景。这就是我的追求,尽管它对于人类生活来说似乎可能过于美好,这却是那些——我——终于找到了的目标。

以同样的激情,我追寻着知识。我希望理解人类的心灵。我希望了解星星闪闪发光的原因。我试图理解毕达哥拉斯的威力,它让数字支配潮涨。一点点,但不是很多地,我达到了这个目的。

爱和知识,只要它们存在,总是将我提升到天堂,而怜悯,却总是将我拽回地球。我的心汹涌着痛苦呼喊的回音。饥饿的孩子、受压迫者折磨的人儿、成为儿子包袱的无助的老人,以及满世界的孤独、贫困和痛苦。嘲弄着人类生活应有的面目。我渴望减少这种邪恶,但我不能,于是我也深受煎熬。

这就是我的一生。我觉得它值得体验,并且,如果有机会,我会很高兴再体验一次。

【作者简介】

伯特兰·罗素(1872—1970),20世纪著名的哲学家、数学家、社会活动家和政论家。罗素先后四次结婚,却三度不幸离异。由于政治原因,也曾两次被监禁。他在将近一百年的漫长生活历程中,在许多领域获得了巨大的成就,他在哲学、数学、教育、伦理、宗教和社会学等诸多方面都有卓越的建树,尤以哲学和数学为最,被西方称为"百科全书式的作家"。

罗素是一位具有强烈社会关怀的人道主义者、和平主义者,他终其一生热衷于政治活动和社会事务,并且撰写了大量关于政治和社会方面的著作。他的胸怀充满正义、良知、睿智、温情,多姿多彩,博大精深。他的作品,值得每一位善良、正义、向往美好人生的青年去阅读、品味。特别要提到的是他曾于1920年至1921年任北京大学客座教授。他的代表作有《婚姻与道德》《西方哲学史》等。

【导 读】

本文是当代西方最著名、最有影响的哲学家之一——伯特兰·罗素为其自传作的前言,读来令人感奋不已。"我为什么活着?"古往今来,人类何止千百次地这样追问过自己。我们究竟为什么而活着,这个问题既简单又复杂。有人碌碌一生,未及思考就已经成为人间的匆匆过客;有人皓首穷经,苦思冥想,终其一生也未能参透其中玄机。而罗素却能以其独特的感悟,通俗而生动地表明了自己的观点:"对爱情的渴望,对知识的追求,对人类苦难不可遏制的同情,是支配我一生的单纯而强烈的三种感情。"

【思考与练习】
1. 罗素为什么说"人是值得活的"?
2. 试分析作者追求知识的内涵。

5. 谈 读 书

弗朗西斯·培根

读书足以怡情[1],足以博采[2],足以长才。其怡情也,最见于独处幽居之时;其博采也,最见于高谈阔论之中;其长才也,最见于处世判事之际。练达之士虽能分别处理细事或一一判别枝节,然纵观统筹、全局策划,则舍好学深思者莫属。

读书费时过多易惰,文采藻饰太盛则矫,全凭条文断事乃学究故态[3]。读书补天然之不足,经验又补读书之不足,盖天生才干犹如自然花草,读书然后知如何修剪移接;而书中所示,如不以经验范之,则又大而无当[4]。狡黠者鄙读书,无知者羡读书,唯明智之士用读书,然书并不以用处告人,用书之智不在书中,而在书外,全凭观察得之。

读书时不可存心诘难[5]作者,不可尽信书上所言,亦不可只为寻章摘句,而应推敲细思。书有可浅尝者,有可吞食者,少数则须咀嚼消化。换言之,有只须读其部分者,有只须大体涉猎者,少数则须全读,读时须全神贯注,孜孜不倦。书亦可请人代读,取其所作摘要,但仅限题材较次或价值不高者,否则书经提炼犹如水经蒸馏,味同嚼蜡矣。

读书使人充实,讨论使人机智,作文使人准确。因此,不常作文者须记忆特强,不常讨论者须天生聪颖,不常读书者须欺世有术,始能无知而显有知。读史使人明智,读诗使人灵秀,数学使人周密,科学使人深刻,伦理学使人庄重,逻辑修辞之学使人善辩;凡有所学,皆成性格。人之才智但有滞碍,无不可读适当之书使之顺畅,一如身体百病,皆可借相宜之运动除之。滚球利睾肾,射箭利胸肺,慢步利肠胃,骑术利头脑,诸如此类。如智力不集中,可令读数学,盖演题须全神贯注,稍有分散即须重演;如不能辨异,可令读经院哲学,盖是辈皆吹毛求疵之人;如不善求同,不善以一物阐证另一物,可令读律师之案卷。如此头脑中凡有缺陷,皆有特药可医。

(选自培根《人生随笔》)

【注 释】

[1] 怡情:愉悦情怀。
[2] 博采:广泛地采集。
[3] 学究故态:书呆子气。
[4] 大而无当:虽然大但不合适,指其不切实际、无用。
[5] 诘难:责难,挑剔。

【作者简介】

弗朗西斯·培根(1561—1626),文艺复兴时期英国著名的哲学家、科学家、思想家,近代英国思想史上重要的代表人物之一,也是近代人类思想史上具有里程碑意义的杰出人物之一。历任律师、下院议员、掌玺大臣、大法官,受子爵。培根的主要成就在哲学方面,他在实验科学的基础上发展了唯物主义。马克思、恩格斯称他为"英国唯物主义和整个现代实验科学的真正始祖"。他的名言——"知识就是力量"一直流传到今天,影响广远。培根的主要著作有《论科学的价值和发展》《新工具》《新大西岛》等。培根同时又是文艺复兴时期英国著名的散文家,诗人雪莱曾称赞培根的随笔:"他的文字有一种优美而庄严的韵律,给感情以动人的美感,他的论述中有超人智慧和哲学,给理智以深刻的启迪。"《谈读书》便体现了这样的特点。

【导　读】

　　这是一篇议论式随笔,所议论的题目虽然不新鲜,但意转笔随的精当与深刻却是引人入胜的。

　　文章开篇以警句入题,点出了题旨、定下了纲目、营造了全文框架。全文以体验人生、提炼人生为基础,凝聚了培根多方面的深刻的人生感悟,给我们以启迪和智慧。文章还围绕一个中心点,从不同的角度去思考,依靠活跃、流畅、缜密、敏锐的思维,经过充分的发散与收束思维,完成了对问题全面、明晰而深刻的阐述。语言的简明,比喻的稳妥、贴切,也使本文独具魅力。并且给我们道出了读书的要义:"读书足以怡情,足以博采,足以长才。"能从书中怡情之人,必是高雅之人,是能真正感受到自然之美、生活之美的人;能从书中怡情之人,必是乐观豁达、勤奋上进之人。

【思考与练习】

　　1. 结合自己阅读实践,谈谈阅读本文的体会。
　　2. 读书为学的最主要目的是什么?

第二节　外国小说、戏剧

1. 舞会以后

列夫·托尔斯泰

"你们说,一个人本身不可能了解什么是好,什么是坏,问题全在环境,是环境坑害人。我却认为问题全在偶然事件。拿我自己来说吧……"

我们谈到,为了使个人变得完善,首先必须改变人们的生活条件,接着,人人尊敬的伊凡·瓦西里耶维奇就这样说起来了。其实,谁也没有说过自身不可能了解什么是好,什么是坏,只是伊凡·瓦西里耶维奇有个习惯,总爱解释他自己在谈话中产生的想法,然后为了证实这些想法,讲起他生活里的插曲来。他时常把促使他讲述的原因忘得一干二净,只管全神贯注地讲下去,而且讲得很诚恳、很真实。

现在他也是这样做的。

"拿我自己来说吧。我的整个生活成为这样而不是那样,并不是由于环境,完全是由于别的原因。"

"到底由于什么呢?"我们问道。

"这可说来话长了。要讲老半天,你们才会明白。"

"您就讲一讲吧。"

伊凡·瓦西里耶维奇沉思了一下,又摇摇头。

"是啊",他说,"我的整个生活在一个夜晚,或者不如说,在一个早晨,就起了变化。"

"到底是怎么回事啊?"

"是这么回事:当时我正在热烈地恋爱。我恋爱过多次,可是这一次我爱得最热烈。事情早过去了;她的女儿们都已经出嫁了。她叫 B——,是的,瓦莲卡·B——"伊凡·瓦西里耶维奇说出她的姓氏,"她到了50岁还是一位出色的美人。在年轻的时候,18岁的时候,她简直能叫人入迷:修长、苗条、优雅、庄严——正是庄严。她总是把身子挺得笔直,仿佛她非这样不可似的,同时又微微仰起她的头,这配上她的美丽的容貌和修长的身材——虽然她并不丰满,甚至可以说是清瘦,就使她显出一种威仪万千的气概,要不是她的嘴边、她的迷人的明亮的眼睛里,以及她那可爱的年轻的全身有那么一抹亲切的、永远愉快的微笑,人家便不敢接近她了。"

"伊凡·瓦西里耶维奇多么会渲染!"

"但是无论怎么渲染,也没法渲染得使你们能够明白她是怎样一个女人。不过问题不在这里。我要讲的事情出在 40 年代。那时候我是一所外省大学的学生。我不知道这是好事还是坏事:那时我们大学里没有任何小组,也不谈任何理论,我们只是年轻,照青年时代特有的方式过生活,除了学习,就是玩乐。我是一个很愉快活泼的小伙子,而且家境又富裕。我有一匹剽悍的溜蹄马,我常常陪小姐们上山去滑雪(溜冰还没有流行),跟同学们饮酒作乐

（当时我们只喝香槟,没有钱就什么也不喝,可不像现在这样改喝伏特加）。但是我的主要乐趣在参加晚会和舞会。我跳舞跳得很好,人也不算丑陋。"

"得啦,不必太谦虚",一位交谈的女伴插嘴道,"我们不是见过您一张旧式的银板照片吗,您不但不算丑陋,还是一个美男子哩。"

"美男子就美男子吧,反正问题不在这里。问题是,正当我狂热地爱恋她的期间,我在谢肉节的最后一天参加了本省贵族长家的舞会,他是一位忠厚长者,豪富好客的侍从官。他的太太接待了我,她也像他一样忠厚,穿一件深咖啡色的丝绒长衫,戴一条钻石头饰,她袒露着衰老可是丰腴白皙的肩膀和胸脯,好像伊丽莎白·彼得罗夫娜[1]的画像上画的那样。这次舞会好极了：设有乐队楼厢的富丽的舞厅,属于爱好音乐的地主之家的、当时有名的农奴乐师,丰美菜肴,喝不尽的香槟。我虽然也喜欢香槟,但是并没有喝,因为不用喝酒我就醉了,陶醉在爱情中了。不过我跳舞却跳得精疲力竭——又跳卡德里尔舞,又跳华尔兹舞,又跳波尔卡舞,自然是尽可能跟瓦莲卡跳。她身穿白衣,束着粉红腰带,一双白羊皮手套差点儿齐到她的纤瘦的、尖尖的肘部,脚上是白净的缎鞋。玛祖卡舞开始的时候,有人抢掉了我的机会：她刚一进门,讨厌透顶的工程师阿尼西莫夫——我直到现在还不能原谅他——就邀请了她,我因为上理发店去买手套,来晚了一步。所以我跳玛祖卡舞的女伴不是瓦莲卡,而是一位德国小姐,从前我也曾稍稍向她献过殷勤。可是这天晚上我对她恐怕很不礼貌,既没有跟她说话,也没有望她一眼,我只看见那个穿白衣服、束粉红腰带的修长苗条的身影,只看见她的晖朗、红润、有酒窝的面孔和亲切可爱的眼睛。不光是我,大家都望着她,欣赏她,男人欣赏她,女人也欣赏她,显然她盖过了她们所有的人。不能不欣赏她啊。"

"照规矩可以说,我并不是她跳玛祖卡舞的舞伴,而实际上,我几乎一直都在跟她跳。她大大方方地穿过整个舞厅,径直向我走来,我不待邀请,就连忙站了起来,她微微一笑,酬答我的机灵。当我们被领到她的跟前而她没有猜出我的代号[2]时,她只好把手伸给别人,耸耸她的纤瘦的肩膀,向我微笑,表示惋惜和安慰。当大家在玛祖卡舞中变出花样,插进华尔兹的时候,我跟她跳了很久的华尔兹,她尽管不断地喘息,还是微笑着对我说：'再来一次。'于是我再一次又一次地跳着华尔兹,甚至感觉不到自己还有一个重甸甸的肉体。"

"咦,怎么会感觉不到呢？我想,您搂着她的腰部的时候,不但能够清楚地感觉到自己的肉体,还能感觉到她的哩。"一个男客人说。

伊凡·瓦西里耶维奇突然涨红了脸,几乎是气冲冲地叫喊道："是的,你们现代的青年就是这样。你们眼里只有肉体。在我们那个时代可不同。我爱得越强烈,就越是不注意她的肉体。你们现在只看到腿子、脚踝和别的什么,你们恨不得把所爱的女人脱个精光；而在我看来,正像阿尔封斯·卡尔[3]——他是一位好作家——说的：我的恋爱对象永远穿着一身铜打的衣服。我们不是把人脱个精光,而是要设法遮盖他的赤裸的身体,像挪亚的好儿子[4]一样。得了吧,反正你们不会了解……"

"不要听他的。后来呢？"我们中间的一个问道。

"好吧。我就这样跟她跳,简直没有注意时光是怎么过去的。乐师们早已累得要命——你们知道,舞会快结束时总是这样——翻来覆去地演奏玛祖卡舞曲,老先生和老太太们已经从客厅里的牌桌旁边站起来,等待吃晚饭,仆人拿着东西,更频繁地来回奔走着。这时是两点多钟。必须利用最后几分钟。我再次选定了她,我们已经沿着舞厅跳到一百次了。"

"'晚饭以后还跟我跳卡德里尔舞吗？'我领着她入席的时候问她。"

"'当然,只要家里人不把我带走。'她微笑着说。"

"'我不让带走。'我说。"

"'扇子可要还给我。'她说。"

"'舍不得还。'我说,同时递给她那把不大值钱的白扇子。"

"'那就送您这个吧,您不必舍不得了。'说着,她从扇子上撕下一小片羽毛给我。"

"我接过羽毛,只能用眼光表示我的全部喜悦和感激。我不但愉快和满意,甚至感到幸福、陶然,我善良,我不是原来的我,而是一个不知有恶、只能行善的超凡脱俗的人了。我把那片羽毛藏进手套中,呆呆地站在那里,再也离不开她。"

"'您看,他们在请爸爸跳舞。'她对我说道,一面指着她的身材魁梧端正、戴着银色肩章的上校父亲,他正跟女主人和其他的太太们站在门口。"

"'瓦莲卡,过来。'我们听见戴钻石头饰、生有伊丽莎白式肩膀的女主人的响亮的声音。"

"瓦莲卡往门口走去,我跟在她后边。"

"'我亲爱的,劝您父亲跟您跳一跳吧。喂,彼得·符拉季斯拉维奇,请。'女主人转向上校说。"

"瓦莲卡的父亲是一个很漂亮的老人,长得端正、魁梧,神采奕奕。他的脸色红润,留着两撇雪白的尼古拉一世式的卷曲的唇髭和同样雪白的、跟唇髭连成一片的络腮胡子,两鬓的头发向前梳着,他那明亮的眼睛里和嘴唇上,也像他女儿一样,露出亲切快乐的微笑。他生成一副堂堂的仪表,宽阔的胸脯照军人的派头高挺着,胸前挂了几枚勋章,此外他还有一副健壮的肩膀和两条匀称的长腿。他是一位具有尼古拉一世风采的宿将型的军事长官。"

"我们走近门口的时候,上校推辞说,他对于跳舞早已荒疏,不过他还是笑眯眯地把手伸到左边,从刀剑带上取下佩剑,交给一个殷勤的青年,右手戴鹿皮手套,'一切都要合乎规矩。'他含笑说,然后抓住女儿的一只手,微微转过身来,等待着拍子。"

"等到玛祖卡舞曲开始的时候,他灵敏地踏着一只脚,伸出另一只脚,于是他的魁梧肥硕的身体就一会儿文静从容地,一会儿带着靴底踏地声和两脚相碰声,啪哒啪哒地、猛烈地沿着舞厅转动起来了。瓦莲卡的优美的身子在他的左右翩然飘舞,她及时地缩短或者放长她那穿白缎鞋的小脚的步子,灵巧得叫人难以察觉。全厅都在注视这对舞伴的每个动作。我却不仅欣赏他们,而且受了深深的感动。格外使我感动的是他那被裤脚带箍得紧紧的靴子,那是一双上好的小牛皮靴,但不是时兴的尖头靴,而是老式的、没有后跟的方头靴。这双靴子分明是部队里的靴匠做的。'为了把他的爱女带进社交界和给她穿戴打扮,他不买时兴的靴子,只穿自制的靴子。'我想。所以这双方头靴格外使我感动。显然有过舞艺精湛的时候,可是现在发胖了,要跳出他竭力想跳的那一切优美快速的步法,腿部的弹力已经不够。不过他仍然巧妙地跳了两圈。他迅速地叉开两腿,重又合拢来,虽说不太灵活,他还能跪下一条腿,她微笑着理了理被他挂住的裙子,从容地绕着他跳了一遍,这时候,所有的人都热烈鼓掌了。他有点吃力地站立起来,温柔、亲热地抱住女儿的后脑,吻吻她的额头,随后把她领到我的身边,他以为我要跟她跳舞。我说,我不是她的舞伴。"

"'呃,反正一样,您现在跟她跳吧。'他说,一面亲切地微笑着,把佩剑插进刀剑带里。"

"瓶子里的水只要倒出一滴,其余的便常常会大股大股地跟着倾泻出来,同样,我心中对瓦莲卡的爱,也放发了蕴藏在我内心的全部爱的力量。那时我真是用我的爱拥抱了全世界。我爱那戴着头饰、生有伊丽莎白式的胸部的女主人,也爱她的丈夫、她的客人、她的仆役,甚至也爱那个对我板着脸的工程师阿尼西莫夫。至于对她的父亲,连同他的自制皮靴和像她一样的亲切的微笑,当时我更是体验到一种深厚的温柔的感情。

"玛祖卡舞结束之后,主人夫妇请客人去用晚饭,但是B上校谢绝了邀请,他说他明天必须早起,就向主人告辞了。我唯恐连她也给带走,幸好她跟她母亲留下了。"

"晚饭以后,我跟她跳了她事先应许的卡德里尔舞,虽然我似乎已经无限地幸福,而我的幸福还是有增无减。我们完全没有谈起爱情。我甚至没有问问她,也没有问问我自己,她是否爱我。只要我爱她,在我就尽够了。我只担心一点——担心有什么东西破坏我的幸福。"

"等我回到家中,脱下衣服,想要睡觉的时候,我才看出那是绝不可能的事。我手里有一片从她的扇子上撕下的羽毛和她的一只手套,这只手套是她离开之前,我先后扶着她母亲和她上车时,她送给我的。我望着这两件东西,不用闭上眼睛,就能清清楚楚地回想起她来:或者是当她为了从两个男舞伴中挑选一个而猜测我的代号,用可爱的声音说出'骄傲?是吗?'并且快活地伸手给我的时候,或者是当她在晚餐席上一点一点地呷着香槟,皱起眉头,用亲热的眼光望着我的时候;不过我多半是回想她怎样跟她父亲跳舞,她怎样在他身边从容地转动,露出为自己和为他感到骄傲与喜悦的神情,瞧着啧啧赞赏的观众。我不禁对他和她同样生出柔和温婉的感情来了。"

"当时我和我已故的兄弟单独住在一起。我的兄弟向来不喜欢上流社会,不参加舞会,这时候又在准备学士考试,过着极有规律的生活。他已经睡了。我看了看他那埋在枕头里面、叫法兰绒被子遮住一半的脑袋,不觉对他动了怜爱的心,我怜悯他,因为他不知道也不能分享我所体验到的幸福。服侍我们的农奴彼得鲁沙拿着蜡烛来迎接我,他想帮我脱下外衣,可是我遣开了他。我觉得他的睡眼惺忪的面貌和蓬乱的头发使人非常感动。我极力不发出声响,踮起脚尖走进自己房里,在床上坐下。不行,我太幸福了,我没法睡。而且我在炉火熊熊的房间里感到太热,我就不脱制服,轻轻地走入前厅,穿上大衣,打开通向外面的门,走到街上去了。"

"我离开舞会是四点多钟,等我到家,在家里坐了一坐,又过了两个来钟头,所以,我出门的时候,天已经亮了。那正是谢肉节的天气,饱含水分的积雪在路上融化,所有的屋檐都在滴水。当时B家住在城市的尽头,靠近一片广大的田野,田野的一头是人们游息的场所,另一头是女子中学。我走过我们的冷僻的胡同,来到大街上,这才开始碰见行人和运送柴火的雪橇,雪橇的滑木触到了路面。马匹在光滑的木轭下有节奏地摆动着漉漉的脑袋,车夫们身披蓑衣,穿着肥大的皮靴,跟在货车旁边噗嚓噗嚓行走,沿街的房屋在雾中显得分外高大,——这一切都使我觉得特别可爱和有意思。"

"我走到B宅附近的田野,看见靠游息场所的一头有一团巨大的、黑糊糊的东西,而且听到从那里传来笛声和鼓声。我的心情一直很畅快,玛祖卡舞曲还不时在我耳边萦绕。而这一次却是另一种音乐,一种生硬的、不悦耳的音乐。"

"'这是怎么回事?'我想,于是沿着田野当中一条由车马辗踏出来的溜滑的道路,朝着发出声音的方向走去。走了一百来步,我才从雾霭中看出那里有许多黑色的人影。'这显然是一群士兵。大概在上操。'我想,就跟一个身穿油迹斑斑的短皮袄的围裙、手上拿着东西、走在我前头的铁匠一起,更往前走近些。士兵们穿着黑军服,面对面地分两行持枪立定,一动也不动。鼓手和吹笛子的站在他们背后,不停地重复那支令人不快的、刺耳的老调子。"

"'他们这是干什么?'我问那个站在我身边的铁匠。"

"'对一个鞑靼逃兵用夹鞭刑。'铁匠望着远处的行列尽头,愤愤地说。"

"我也朝那边望去,看见两个行列中间有个可怕的东西正在向我逼近。向我逼近来的是一个光着上身的人,他的双手被捆在枪杆上面,两名军士用这枪牵着他,他的身旁有个穿大衣、戴制帽的魁梧的军官,我仿佛觉得很面熟。罪犯浑身痉挛着,两只脚噗嚓噗嚓地踏着融化中的积雪,向我走来,棍子从两边往他身上纷纷打,他一会儿朝后倒,于是两名用枪牵着他的军士便把他往前一拉,一会儿他又向前栽,于是军士便把他往后一推,不让他栽倒。那魁梧的军官迈着坚定的步子,大摇大摆地,始终跟他并行着。这就是她的脸色红润、留着雪白的唇髭和络腮胡子的父亲。"

"罪犯每挨一棍子,总是像吃了一惊似的,把他的痛苦得皱了起来的脸转向棍子落下的一边,露出一口雪白的牙齿,重复着两句同样的话。直到他离我很近的时候,我才听清这两句话。他不是说话,而是呜咽道:'好兄弟,发发慈悲吧。好兄弟,发发慈悲吧。'但是他的好兄弟不发慈悲,当这一行人走到我的紧跟前时,我看见站在我对面的一名士兵坚决地向前跨出一步,呼呼地挥动着棍子,使劲朝鞑靼人背上噼啪一声打下去。鞑靼人往前扑去,可是军士挡住了他,接着,同样的一棍子又从另一边落在他的身上,又是这边一下,那边一下。上校在旁边走着,一会儿瞧瞧自己脚下,一会儿瞧瞧罪犯,他吸进一口气,鼓起腮帮,然后噘着嘴唇,慢慢地吐出来。这一行人经过我站立的地方的时候,我向夹在两个行列中间的罪犯的背脊瞥了一眼。这是一个斑斑驳驳的、湿淋淋的、紫红的、奇形怪状的东西,我简直不相信这是人的躯体。"

"'天啊。'铁匠在我身边说道。"

"这一行人慢慢离远了,棍子仍然从两边落在那跟跟跄跄、浑身抽搐的人背上,鼓声和笛声仍然鸣响着,身材魁梧端正的上校也仍然迈着坚定的步子,在罪犯身边走动。突然间,上校停了一停,随后快步走到一名士兵跟前。"

"'我要让你知道厉害,'我听见他的气呼呼的声音,'你还敢敷衍吗?还敢吗?'"

"我看见他举起戴鹿皮手套的有力的手,给了那惊慌失措、没有多大气力的矮个子士兵一记耳光,只因为这个士兵没有使劲儿往鞑靼人的紫红的背部打下棍子。"

"'来几条新的军棍!'他一面吼叫,一面环顾左右,终于看见了我。他假装不认识我,可怕地、恶狠狠地皱起眉头,连忙转过脸去。我觉得那样羞耻,不知道往哪里看才好,仿佛我有一桩最可耻的行为被人揭发了似的,我埋下眼睛,匆匆回家去了。一路上我的耳边时而响起鼓声和笛声,时而传来'好兄弟,发发慈悲吧'这两句话,时而又听见上校的充满自信的、气呼呼的吼叫声:'你还敢敷衍吗?还敢吗?'同时我感到一种近似恶心的、几乎是生理上的痛苦,我好几次停下脚步,我觉得我马上要把这幅景象在我内心引起的恐怖统统呕出来了,我不记得我是怎样到家和躺下的。可是我刚刚入睡,就又听见和看到那一切,我索性一骨碌爬起来了。"

"'他显然知道一件我所不知道的事情,'我想起上校,'如果我知道他所知道的那件事,我也就会了解我看到的一切,不致苦恼了。'可是无论我怎样反复思索,还是无法了解上校所知道的那件事,我直到傍晚才睡着,而且是上一位朋友家里去,跟他一起喝得烂醉以后才睡着的。"

"嗯,你们以为我当时就断定了我看到的是一件坏事吗?决不。'既然这是带着那样大的信心干下的,并且人人都承认它是必要的,那么可见他们一定知道一件我所不知道的事情。'我想,于是努力去探究这一点。但是无论我多么努力,始终探究不出来。探究不出,我就不能像原先希望的那样去服军役,我不但没有担任军职,也没有在任何地方供职,所以正像你们看到的,我成了一个废物。"

"得啦,我们知道您成了什么'废物',"我们中间的一个说,"您还不如说:要是没有您,有多少人会变成废物。"

"得了吧,这完全是扯淡。"伊凡·瓦西里耶维奇真正懊恼地说。

"好,那么,爱情呢?"我们问。

"爱情吗?爱情从这一天起衰退了。当她像平常那样面带笑容在沉思的时候,我立刻想起广场上的上校,总觉得有点别扭和不快,于是我跟她见面的次数渐渐减少了。结果爱情也消失了。世界上就常有这样的事情,使得人的整个生活发生变化,走上新的方向。你们却说……"他结束道。

作于雅斯纳雅·波梁纳
1903年8月20日

【注释】

[1] 指1741—1761年的俄国女皇。
[2] 男舞伴必须给自己选一个代号,跳舞以前两个男舞伴由第三者领到女舞伴面前,请她猜测代号,被猜中者可以跟她跳舞。
[3] 阿尔封斯·卡尔(1808—1890):法国作家。
[4] 见《旧约·创世纪》第9章。有一次挪亚喝醉了酒,赤着身子睡着了,他的儿子闪和雅弗便用衣服给他盖上。

【作者简介】

列夫·托尔斯泰(1828—1910),俄国伟大的批判现实主义作家。他出生在一个庄园地主的家庭,父母都是有名望的大贵族。求学期间接受过卢梭、孟德斯鸠的影响。由于对学校教育不满退学,回家管理农庄,实行了一些自由主义改革。曾到高加索服军役,目睹了沙皇军事机构的残暴和腐败。退役后两次赴欧洲游历,探索俄国社会问题,主要是探索专制农奴制问题的答案。他于19世纪50年代开始文学活动,在六十多年的文学生涯中,创作了大量作品,长篇小说《战争与和平》是一部卷帙浩繁的史诗性巨著,是作家前期的代表作。《安娜·卡列尼娜》对贵族资产阶级的俄国现实进行了无情的揭露与批判。《复活》是作家一生思想、艺术探索的总结,是作家对沙俄地主资产阶级社会揭露、批判最有力的长篇巨著,是他后期的又一座创作高峰。《舞会之后》创作于1903年,是托尔斯泰晚期的作品,是依据作者及其兄长的亲身体验而创作的。

【导　读】

托尔斯泰理想主义的核心就是平等博爱精神,具体表现为"不以暴力抗恶"和"全人类普遍的爱",是善良、爱和自我牺牲。它是评价生活的道德标准和生命的意义所在。而该篇小说则更是体现了托尔斯泰对"人"的深切关怀。

这篇小说写于1905年俄国资产阶级民主革命前夕，作家的世界观正处于由贵族地主阶级向宗法制农民立场的转变阶段。作家以犀利的笔锋，对沙俄贵族社会作了深刻的揭露与无情的批判，鞭挞了裹着正人君子的华丽外衣的上校残忍、丑恶的灵魂。小说极成功地运用了对比的手法，通过两个典型场面及其上校前后判若两人的对比，鲜明地突现了作品的主题。小说通过舞会上和舞会后两个截然不同的场面的描写，塑造了上校这一虚伪残暴的艺术形象，无情地撕下了上流社会文明的假面具，并曲折地表达了作家毕生宣扬的"勿以暴力抗恶"的政治主张。小说前半部的舞会场面盛大、热烈，此时的上校温文尔雅、风度翩翩、雍容华贵。过了几个时辰，一幅残酷地毒打士兵的场面出现了，而那个惨无人道的凶手竟是"舞会"上的上校。情境之悲惨、血腥，与舞会形成强烈反差。两个场面构成了"美"与"丑"、"善"与"恶"的鲜明对比，而上校的两副嘴脸、伪善也被揭露得淋漓尽致。

小说成功地运用了第一人称的手法，通过"我"对两个场面的两种感受与体验，增强了作品的真实性，使小说具有极强的艺术感染力。

【思考与练习】

1. 主人公为什么称自己是"废物"？为什么结束了他的"爱情"？
2. 分析作品中对比手法的运用。
3. 简述本文的艺术特色。

2. 玩偶之家(节选)

易卜生

海尔茂　你这坏东西——干得好事情!
娜　拉　让我走——你别拦着我!我做的坏事不用你担当!
海尔茂　不用装腔作势给我看。(把出去的门锁上)我要你老老实实把事情招出来,不许走。你知道不知道自己干的什么事?快说!你知道吗?
娜　拉　(眼睛盯着他,态度越来越冷静)嗯,现在我才完全明白了。
海尔茂　(走来走去)嘿!好像做了一场噩梦醒过来!这八年工夫——我最得意、最喜欢的女人——没想到是个伪君子,是个撒谎的人——比这还坏——是个犯罪的人。真是可恶极了!哼!哼!(娜拉不作声,只用眼睛盯着他)其实我早就该知道。我早该料到这一步。你父亲的坏德性——(娜拉正要说话)少说话!你父亲的坏德性你全都沾上了——不信宗教,不讲道德,没有责任心。当初我给他遮盖,如今遭了这么个报应!我帮你父亲都是为了你,没想到现在你这么报答我!
娜　拉　不错,这么报答你。
海尔茂　你把我一生幸福全都葬送了。我的前途也让你断送了。喔,想起来真可怕!现在我让一个坏蛋抓在手心里。他要我怎么样我就得怎么样,他要我干什么我就得干什么。他可以随便摆布我,我不能不依他。我这场大祸都是一个下贱女人惹出来的!
娜　拉　我死了你就没事了。
海尔茂　哼,少说骗人的话。你父亲以前也老有那么一大套。照你说,就是你死了,我有什么好处?一点儿好处都没有。他还是可以把事情宣布出去,人家甚至还会疑惑我是跟你串通一气,疑惑是我出主意撺掇你干的。这些事情我都得谢谢你——结婚以来我疼了你这些年,想不到你这么报答我。现在你明白你给我惹的是什么祸吗?
娜　拉　(冷静安详)我明白。
海尔茂　这件事真是想不到,我简直摸不着头脑。可是咱们好歹得商量个办法。把披肩摘下来。摘下来,听见没有!我先得想个办法稳住他,这件事无论如何不能让人家知道。咱们俩表面上照样过日子——不要改样子,你明白不明白我的话?当然你还得在这儿住下去。可是孩子不能再交在你手里。我不敢再把他们交给你——唉,我对你说这么一句话心里真难受,因为你是我一向最心爱并且现在还——可是现在情形已经改变了。从今以后再说不上什么幸福不幸福,只有想法子怎么挽救、怎么遮盖、怎么维持这个残破的局面——(门铃响起来,海尔茂吓了一跳)什么事?三更半夜的!难道事情发作了?难道他——娜拉,你快藏起来,只推托有病。(娜拉站着不动。海尔茂走过去开门。)

爱　伦　(披着衣服在门厅里)太太,您有封信。

海尔茂　给我。(把信抢过来,关上门)果然是他的。你别看。我念给你听。

娜　拉　快念!

海尔茂　(凑着灯光)我几乎不敢看这封信。说不定咱们俩都会完蛋。也罢,反正总得看。(慌忙拆信,看了几行之后发现信里夹着一张纸,马上快活得叫起来)娜拉!(娜拉莫名其妙地看着他。)

海尔茂　娜拉!喔,别忙!让我再看一遍!不错,不错!我没事了!娜拉,我没事了!

娜　拉　我呢?

海尔茂　自然你也没事了,咱们俩都没事了。你看,他把借据还你了。他在信里说,这件事非常抱歉,要请你原谅,他又说他现在交了运——喔,管他还写些什么。娜拉,咱们没事了!现在没人能害你了。喔,娜拉,娜拉——咱们先把这害人的东西消灭了再说。让我再看看(朝着借据瞟了一眼)喔,我不想再看它,只当是做了一场梦。(把借据和柯洛克斯泰的两封信一齐都撕掉,扔在火炉里,看它们烧)好!烧掉了!他说自从24号起——喔,娜拉,这三天你一定很难过。

娜　拉　这三天我真不好过。

海尔茂　你心里难过,想不出好办法,只能——喔,现在别再想那可怕的事情了。我们只应该高高兴兴多说几遍"现在没事了,现在没事了!"听见没有,娜拉!你好像不明白。我告诉你,现在没事了。你为什么绷着脸不说话?喔,我的可怜的娜拉,我明白了,你以为我还没饶恕你。娜拉,我赌咒,我已经饶恕你了,我知道你干那件事都是因为爱我。

娜　拉　这倒是实话。

海尔茂　你正像做老婆的应该爱丈夫那样地爱我。只是你没有经验,用错了方法。可是难道因为你自己没主意,我就不爱你吗?我决不会。你只要一心一意依赖我,我会指点你,教导你。正因为你自己没办法,所以我格外爱你,要不然我还算什么男子汉大丈夫?刚才我觉得好像天要塌下来,心里一害怕,就说了几句不好听的话,你千万别放在心上。娜拉,我已经饶恕你了。我赌咒不再埋怨你。

娜　拉　谢谢你宽恕我。(从右边走出去。)

海尔茂　别走!(向门洞里张望)你要干什么?

娜　拉　(在里屋)我去脱掉跳舞的服装。

海尔茂　(在门洞里)好,去吧。受惊的小鸟儿,别害怕,定定神,把心静下来。你放心,一切事情都有我。我的翅膀宽,可以保护你。(在门口走来走去)喔,娜拉,咱们的家多可爱,多舒服!你在这儿很安全,我可以保护你,像保护一只从鹰爪子底下救出来的小鸽子一样。我不久就能让你那颗扑扑跳的心定下来,娜拉,你放心,到了明天,事情就不一样了,一切都会恢复老样子。我不用再说我已经饶恕你了,你心里自然会明白我不是说假话。难道我舍得把你撵出去?别说撑出去,就说是责备,难道我舍得责备你?娜拉,你不懂得男子汉的好心肠。要是男人饶恕了他老婆——真正饶恕了她,从心坎儿里饶恕了她——他心里会有一股没法子形容的好滋味。从此以后他老婆越发是他私有的财产。做老婆的就像重新投了胎,不但是她丈夫的老婆,并且还是她丈夫的孩子。从今以后,你就是我的孩子,我的吓坏了的可怜的小宝贝。别着急,娜拉,只要你老老实实对待我,你的事情都有我做主,都有我指点,(娜拉换了家常衣服走进来)怎么,你还不睡觉?又换衣服干什么?

娜　　拉　　不错,我把衣服换掉了。
海尔茂　　这么晚还换衣服干什么?
娜　　拉　　今晚我不睡觉。
海尔茂　　可是,娜拉——
娜　　拉　　(看自己的表)时候还不算晚。托伐,坐下,咱们有好些话要谈一谈。(她在桌子一头坐下)
海尔茂　　娜拉,这是什么意思?你的脸色冰冷铁板似的——
娜　　拉　　坐下。一下子说不完。我有好些话跟你谈。
海尔茂　　(在桌子那一头坐下)娜拉,你把我吓了一大跳。我不了解你。
娜　　拉　　这话说得对,你不了解我,我也到今天晚上才了解你。别打岔。听我说下去。托伐,咱们必须把总账算一算。
海尔茂　　这话怎么讲?
娜　　拉　　(顿了一顿)现在咱们面对面坐着,你心里有什么感想?
海尔茂　　我有什么感想?
娜　　拉　　咱们结婚已经八年了,你觉得不觉得,这是头一次咱们夫妻正正经经谈谈话?
海尔茂　　正正经经!这四个字怎么讲?
娜　　拉　　这整整的八年——要是从咱们认识的时候算起,其实还不止八年——咱们从来没在正经事情上谈过一句正经话。
海尔茂　　难道要我经常把你不能帮我解决的事情麻烦你?
娜　　拉　　我不是指着你的业务说。我说的是,咱们从来没坐下来正正经经细谈过一件事。
海尔茂　　我的好娜拉,正经事跟你有什么相干?
娜　　拉　　咱们的问题就在这儿!你从来就没了解过我。我受尽了委屈,先在我父亲手里,后来又在你手里。
海尔茂　　这是什么话!你父亲和我这么爱你,你还说受了我们的委屈!
娜　　拉　　(摇头)你们何尝真爱过我,你们爱我只是拿我当消遣。
海尔茂　　娜拉,这是什么话!
娜　　拉　　托伐,这是老实话。我在家跟父亲过日子的时候,他把他的意见告诉我,我就跟着他的意见走,要是我的意见跟他不一样,我也不让他知道,因为他知道了会不高兴。他叫我"泥娃娃孩子",把我当做一件玩意儿,就像我小时候玩儿我的泥娃娃一样。后来我到你家来住着——

海尔茂　用这种字眼形容咱们的夫妻生活简直不像话!

娜　拉　(满不在乎)我是说,我从父亲手里转移到了你手里。跟你在一块儿,事情都由你安排。你爱什么我也爱什么,或者假装爱什么——我不知道是真还是假——也许有时候真,有时候假。现在我回头想一想,这些年我在这儿简直像个要饭的叫花子,要一日,吃一日。托伐,我靠着给你耍把戏过日子。可是你喜欢我这么做。你和我父亲把我害苦了。我现在这么没出息都要怪你们。

海尔茂　娜拉,你真不讲理,真不知好歹!你在这儿过的日子难道不快活?

娜　拉　不快活。过去我以为快活,其实不快活。

海尔茂　什么!不快活!

娜　拉　说不上快活,不过说说笑笑凑个热闹罢了。你一向待我很好。可是咱们的家只是一个玩儿的地方,从来不谈正经事。在这儿我是你的"泥娃娃老婆",正像我在家里是我父亲的"泥娃娃女儿"一样。我的孩子又是我的泥娃娃。你逗着我玩儿,我觉得有意思,正像我逗孩子们,孩子们也觉得有意思。托伐,这就是咱们的夫妻生活。

海尔茂　你这段话虽然说得太过火,倒也有点儿道理。可是以后的情形就不一样了。玩儿的时候过去了,现在是受教育的时候了。

娜　拉　谁的教育?我的教育还是孩子们的教育?

海尔茂　两方面的,我的好娜拉。

娜　拉　托伐,你不配教育我怎样做个好老婆。

海尔茂　你怎么说这句话?

娜　拉　我配教育我的孩子吗?

海尔茂　娜拉!

娜　拉　刚才你不是说不敢再把孩子交给我吗?

海尔茂　那是气头儿上的话,你老提它干什么!

娜　拉　其实你的话没说错。我不配教育孩子。要想教育孩子,先得教育我自己。你没资格帮我的忙。我一定得自己干。所以现在我要离开你。

海尔茂　(跳起来)你说什么?

娜　拉　要想了解我自己和我的环境,我得一个人过日子,所以我不能再跟你待下去。

海尔茂　娜拉!娜拉!

娜　拉　我马上就走。克立斯替纳一定会留我过夜。

海尔茂　你疯了!我不让你走!你不许走!

娜　拉　你不许我走也没用。我只带自己的东西。你的东西我一件都不要,现在不要,以后也不要。

海尔茂　你怎么疯到这步田地!

娜　拉　明天我要回家去——回到从前的老家去。在那儿找点事情做也许不太难。

海尔茂　喔,像你这么没经验——

娜　　拉　　我会努力去吸取。

海尔茂　　丢了你的家,丢了你丈夫,丢了你儿女!不怕人家说什么话!

娜　　拉　　人家说什么不在我心上。我只知道我应该这么做。

海尔茂　　这话真荒唐!你就这么把你最神圣的责任扔下不管了?

娜　　拉　　你说什么是我最神圣的责任?

海尔茂　　那还用我说?你最神圣的责任是你对丈夫和儿女的责任。

娜　　拉　　我还有别的同样神圣的责任。

海尔茂　　没有的事!你说的是什么责任?

娜　　拉　　我说的是我对自己的责任。

海尔茂　　别的不用说,首先你是一个老婆,一个母亲。

娜　　拉　　这些话现在我都不信了。现在我只信,首先我是一个人,跟你一样的一个人——至少我要学做一个人;托伐,我知道大多数人赞成你的话,并且书本里也是这么说。可是从今以后我不能一味相信大多数人说的话,也不能一味相信书本里说的话。什么事情我都要用自己脑子想一想,把事情的道理弄明白。

海尔茂　　难道你不明白你在自己家庭的地位?难道在这些问题上没有颠扑不破的道理指导你?难道你不信仰宗教?

娜　　拉　　托伐,不瞒你说,我真不知道宗教是什么。

海尔茂　　你这话怎么讲?

娜　　拉　　除了行坚信礼的时候牧师对我说的那套话,我什么都不知道。牧师告诉过我,宗教是这个,宗教是那个。等我离开这儿一个人过日子的时候我也要把宗教问题仔细想一想。我要仔细想一想牧师告诉我的话究竟对不对,对我合用不合用。

海尔茂　　喔,从来没听说过这种话!并且还是从这么个年轻女人嘴里说出来的!要是宗教不能带你走正路,让我唤醒你的良心来帮助你——你大概还有点道德观念吧?要是没有,你就干脆说没有。

娜　　拉　　托伐,这小问题不容易回答。我实在不明白。这些事情我摸不清。我只知道我的想法跟你的想法完全不一样。我也听说,国家的法律跟我心里想的不一样,可是我不信那些法律是正确的。父亲病得快死了,法律不许女儿给他省烦恼,丈夫病得快死了,法律不许老婆想法子救他的性命!我不信世界上有这种不讲理的法律。

海尔茂　　你说这些话像个小孩子。你不了解咱们的社会。

娜　　拉　　我真不了解。现在我要去学习。我一定要弄清楚,究竟是社会正确,还是我正确。

海尔茂　　娜拉,你病了,你在发烧说胡话。我看你像精神错乱了。

娜　　拉　　我的脑子从来没像今天晚上这么清醒、这么有把握。

海尔茂　　你清醒得、有把握得要丢掉丈夫和儿女?

娜　　拉　　一点不错。

海尔茂　这么说，只有一句话讲得通。
娜　拉　什么话？
海尔茂　那就是你不爱我了。
娜　拉　不错，我不爱你了。
海尔茂　娜拉！你忍心说这话！
娜　拉　托伐，我说这话心里也难受，因为你一向待我很不错。可是我不能不说这句话。现在我不爱你了。
海尔茂　（勉强管住自己）这也是你清醒的有把握的话？
娜　拉　一点不错。所以我不能再在这儿待下去。
海尔茂　你能不能说明白我究竟做了什么事使你不爱我？
娜　拉　能，就因为今天晚上奇迹没出现，我才知道你不是我理想中的那等人。
海尔茂　这话我不懂，你再说清楚点。
娜　拉　我耐着性子整整等了八年，我当然知道奇迹不会天天有，后来大祸临头的时候，我曾经满怀信心地跟自己说："奇迹来了！"柯洛克斯泰把信扔在信箱里以后，我绝没想到你会接受他的条件。我满心以为你一定会对他说"尽管宣布吧"，而且你说了这句话之后，还一定会……
海尔茂　一定会怎么样？叫我自己的老婆出丑丢脸，让人家笑骂？
娜　拉　我满心以为你说了那句话之后，还一定会挺身出来，把全部责任担在自己肩膀上，对大家说，"事情都是我干的。"
海尔茂　娜拉……
娜　拉　你以为我会让你替我担当罪名吗？不，当然不会。可是我的话怎么比得上你的话那么容易叫人家信？这正是我盼望它发生又怕它发生的奇迹。为了不让奇迹发生，我已经准备自杀。
海尔茂　娜拉，我愿意为你日夜工作，我愿意为你受穷受苦。可是男人不能为他爱的女人牺牲自己的名誉。
娜　拉　千千万万的女人都为男人牺牲过名誉。
海尔茂　喔，你心里想的嘴里说的都像个傻孩子。
娜　拉　也许是吧。可是你想的和说的也不像我可以跟他过日子的男人。后来危险过去了——你不是怕我有危险，是怕你自己有危险——不用害怕了，你又装作没事人儿了。你又叫我跟从前一样乖乖地做你的小鸟儿，做你的泥娃娃，说什么以后要格外小心保护我，因为我那么脆弱不中用。（站起来）托伐，就在那当口我好像忽然从梦中醒过来，我简直跟一个生人同居了八年，给他生了三个孩子。喔，想起来真难受！我恨透了自己没出息！
海尔茂　（伤心）我明白了，我明白了，在咱们中间出现了一道深沟。可是，娜拉，难道咱们不能把它填平吗？
娜　拉　照我现在这样子，我不能跟你做夫妻。
海尔茂　我有勇气重新再做人。

娜　拉　在你的泥娃娃离开你之后——也许有。
海尔茂　要我跟你分手！不，娜拉，不行！这是不能设想的事情。
娜　拉　（走进右边屋子）要是你不能设想，咱们更应该分开。（拿着外套、帽子和旅行小提包又走出来，把东西搁在桌子旁边椅子上。）
海尔茂　娜拉，娜拉，现在别走。明天再走。
娜　拉　（穿外套）我不能在生人家里过夜。
海尔茂　难道咱们不能像哥哥妹妹那么过日子？
娜　拉　（戴帽子）你知道那种日子长不了。（围披肩）托伐，再见。我不去看孩子了。我知道现在照管他们的人比我强得多。照我现在这样子，我对他们一点儿用处都没有。
海尔茂　可是，娜拉，将来总有一天——
娜　拉　那就难说了。我不知道我以后会怎么样。
海尔茂　无论怎么样。你还是我的老婆。
娜　拉　托伐，我告诉你。我听人说，要是一个女人像我这样从她丈夫家里走出去，按法律说，她就解除了丈夫对她的一切义务。不管法律是不是这样，我现在把你对我的义务全部解除。你不受我拘束，我也不受你拘束。双方都有绝对的自由。拿去，这是你的戒指。把我的也还我。
海尔茂　连戒指也要还？
娜　拉　要还。
海尔茂　拿去。
娜　拉　好。现在事情完了。我把钥匙都搁这儿。家里的事佣人都知道——她们比我更熟悉。明天我动身之后，克立斯替纳会来给我收拾我从家里带来的东西。我会叫她把东西寄给我。
海尔茂　完了！完了！娜拉，你永远不会再想我了吧？
娜　拉　喔，我会时常想到你，想到孩子们，想到这个家。
海尔茂　我可以给你写信吗？
娜　拉　不，千万别写信。
海尔茂　可是我总得给你寄点儿……
娜　拉　什么都不用寄。
海尔茂　你手头不方便的时候我得帮点忙。
娜　拉　不必，我不接受生人的帮助。
海尔茂　娜拉，难道我永远只是个生人？
娜　拉　（拿起手提包）托伐，那就要等奇迹中的奇迹发生了。
海尔茂　什么叫奇迹中的奇迹？
娜　拉　那就是说，咱们俩都得改变到——喔，托伐，我现在不信世界上有奇迹了。
海尔茂　可是我信。你说下去！咱们俩都得改变到什么样子——？
娜　拉　改变到咱们在一块儿过日子真正像夫妻。再见。（她从门厅走出去。）

海尔茂 （倒在靠门的一张椅子里，双手蒙着脸）娜拉！娜拉！（四面望望，站起身来）屋子空了。她走了。（心里闪出一个新希望）啊！奇迹中的奇迹——楼下砰的一响传来关大门的声音。

【作者简介】

亨利克·易卜生(1828—1906)，挪威戏剧家、诗人。他出生于挪威南部海滨小城斯基恩一个富裕的木材商人家庭，8岁时父亲破产，使他过早感受生活艰苦和世态炎凉。16岁时在造船业中心格里姆斯塔一家药店当学徒，工作之余开始写诗歌。1848年革命的浪潮席卷欧洲，激发了他的民族觉悟、政治热情和创作欲望，写出了第一部戏剧《凯提林》(1849)。1868年移居德国后，他写了9部现实主义戏剧，其中一类是关于社会政治问题的，如《青年同盟》《社会支柱》和《人民公敌》；另一类是关于婚姻家庭问题的，如《玩偶之家》《群鬼》《野鸭》《罗斯默庄》《海上夫人》和《海达·加布勒》等。这些剧作标志着易卜生思想和艺术上的成熟，为他赢得了世界声誉。19世纪中叶以后，欧洲舞台上充斥着虚假造作的"巧凑剧"，易卜生的"社会问题剧"以丰富的社会内容和高度的艺术技巧震动了西方剧坛，把19世纪末的欧洲戏剧从形式主义的泥坑拉回到现实主义的道路上来，进而引起了一场戏剧革命，为欧美戏剧的繁荣作出了贡献。他的剧作题材广泛，思想深刻，艺术技巧精湛，对世界各国戏剧都产生了深刻的影响，被誉为"现代戏剧之父"。他的作品以《社会支柱》《玩偶之家》《群鬼》《人民公敌》等社会问题剧最为出色，他的社会问题剧是欧洲戏剧的新发展。

1892年，易卜生载誉归国，定居首都奥斯陆。受欧洲知识界世纪末情绪的影响，易卜生的戏剧创作从讨论社会政治问题转为描写知识分子的心理活动，剧本的悲观主义和神秘主义色彩加重，早年创作中表现出来的象征主义倾向日渐突出。1906年5月23日，易卜生的心脏停止了跳动，终年78岁。为感谢易卜生对挪威文化，也是对世界文化所作的贡献，挪威为易卜生举行了国葬。

【导　读】

《玩偶之家》（又译作《傀儡之家》或《娜拉》）是易卜生有关妇女问题的杰作，也是代表了他最高思想和艺术成就的作品。剧本描写女主人公娜拉为了替丈夫治病，伪造父亲的签名向人借钱。8年后，刚当上银行经理的丈夫海尔茂决定解雇银行职员柯洛克斯泰，而柯洛克斯泰正是当年的债主，债主写信给海尔茂发出威胁。海尔茂知道后，生怕此事影响其前程和名誉，怒斥娜拉是"撒谎的下贱女人"，坏了他"一生的幸福"。当债主在娜拉的女友林丹太太（柯洛克斯泰的旧情人）的感化下主动退回借据后，海尔茂又对妻子装出一副笑脸，称她是自己的"小鸟儿""小宝贝"，宣称自己已经"宽恕"了妻子。但娜拉已看透了海尔茂的极端自私和虚伪，认识到自己只不过是他的玩偶，不再信任他，果断勇敢地离开了这个"玩偶之家"。

易卜生通过女主人公娜拉与丈夫海尔茂之间由相亲相爱转为决裂的过程，探讨了资产阶级的婚姻问题，暴露男权社会与妇女解放之间的矛盾冲突，进而向资产阶级社会的宗教、法律、道德提出了挑战，激励人们尤其是妇女为挣脱传统观念的束缚、为争取自由平等而斗争。该剧女主人公娜拉是一个温柔善良的女子,为了不让父亲和丈夫担心,伪造父亲的签名借钱为丈夫治病,多年以来默默地忍受困苦,以丈夫的爱好为爱好,以丈夫的欢乐为欢乐,自以为丈夫是爱她的,自以为是幸福的,满足于当丈夫的"小宝贝"。海尔茂在家中是一个大男子主义者,在社会上是资产阶级道德、法律和宗教的维护者。从表面上看,海尔茂是个"正人君子""模范丈夫",似乎很爱妻子,实际上他只是把娜拉当做一件装饰品,一件私有财产,真正重要的是他的名誉地位。剧作揭露了资产阶级婚姻的虚伪性,肯定了娜拉的出走,具有进步的社会意义。事实上,在当时的历史条件下,娜拉在出走之后,完全能够像林丹太太那样靠自己的工作养活自己。但怎样才能使妇女获得真正的解放,易卜生并不清楚。他在剧中只是提出了问题,并没有指出解决问题的道路。

该剧主题突出、结构严密、人物鲜明、情节集中,矛盾的发展既合情合理又有条不紊。作者把剧情安排在圣诞节前后三天之内,借以突出节日的欢乐气氛和家庭悲剧之间的对比;以银行职员柯洛克斯泰因被海尔茂辞退,便利用借据来要挟娜拉为他保住职位为主线,引出人物之间各种矛盾的交错展开,让女主人公在短短三天中,经历了一场激烈而复杂的内心斗争:从幻想到破裂,从平静到混乱,最后完成自我觉醒,从而取得了极为强烈的戏剧效果。

【思考与练习】
1. 从女性解放的角度分析娜拉这一形象的意义。
2.《玩偶之家》所反映的社会问题是什么?

第四章 实用写作

概 述

　　实用写作与人们的学习、生活、工作关系极为密切。1981年8月,叶圣陶先生同《写作》杂志编辑人员谈话时就指出:"写作的范围很宽广,写调查报告、写工作计划、写经验总结、写信、写通知等都包括在内,当然也包括文学创作。""大学毕业生不一定要能写小说、诗歌,但是一定要能写工作和生活中实用的文章,而且非写得既通顺又扎实不可。"

　　21世纪是知识经济的时代,是高科技迅速发展的时代,社会的进步与发展要求大学生高度重视实用写作能力的培养。对于大学生而言,实用写作是迫切需要掌握的一门技能,实用文的写作水平是衡量个人能力的标准之一,必须认真学习实用文写作的理论,自觉地进行写作训练。只有这样,才能不断适应现代社会高速发展的需要。

　　本单元精选了一些与大学生的学习、就业密切相关的实用文体,介绍了基本的理论知识和写作方法,并通过典型案例巩固、运用。

　　有扎实的实用写作基本知识,有专业特长,大学毕业生在工作中一定能得心应手,游刃有余。

第一节 常用公务文书写作

一、通告

(一) 通告的含义

通告是常用的公务文书。通告是行政机关或企事业单位在一定范围内向人民群众或机关团体公布应当遵守或周知的事项时使用的规范性公文,它有较强的专业性,多在特定范围内使用。

通告是属于法规性、政策性、知照性的公布性下行文种。通告的内容可以是某些政策法令方面的事项,也可以是一些十分具体的事务性事项。各级国家行政机关、团体、企事业单位都可发布通告。在实际工作中,一般是省级以下县级以上国家行政机关用得较多,使用通告的情况主要有两种:一是公布政策法令时使用,二是向社会公众公布应遵守事项的具体事务时使用。

(二) 通告的特点

通告是使用频率较高的文种,它具有以下几个特点。

1. 广泛性

所谓广泛性,一是指它的内容的广泛性,大到国家的政策法规,小到具体的换发牌照,都可以使用通告。二是指它使用对象的广泛性,从国家领导机关到基层地方政府都可以使用通告。三是受文对象的不特定性,通告通常不是以文件形式下发到各有关机关和领导人,而是通过张贴、广播、电视、报纸、网络等大众传播媒介,直接与广大人民群众接触,传播范围十分广泛。

2. 行业性

通告多在特定的范围内使用,具有鲜明的行业性特点,如税务局关于征税的通告,机动车管理部门关于机动车辆年度检验的通告,银行关于发行新版人民币的通告,房产管理局关于对商品房销售面积进行检查的通告,等等,都是针对其所负责的那一部分的业务或技术事务发出的通告。因此,通告行文中要时常引用本行业的法规、规章,也常常涉及专业知识和专业术语。

3. 强制性

有些通告涉及的事项要求普遍遵守,如法规政策的通告就具有强制性和约束性,一旦违反,将受到处罚。

(三) 通告的格式

1. 标题

通告的标题有四种格式:

(1) 由"发文机关＋事由＋文种"组成。如《民政部关于全国性社会团体年检的通告》《××大学关于实行"两长一短"三学期制的通告》《河南省地方税务局关于认真落实〈事业单位、社会团体、民办非企业单位企业所得税征收管理办法〉的通告》《广西工商行政管理局广西国有资产管理局关于办理××××年度企业法人年检及国有资产产权登记的通告》等。

(2) 由"发文机关＋文种"组成。如《××市中级人民法院通告》《中国银行××分行通告》《中华人民共和国公安部通告》《××市房地产管理局通告》等。

(3) 由"事由+文种"组成。如《关于税收财务大检查实行持证检查的通告》等。

(4) 只写文种。如《通告》。

2. 通告的正文

正文采用公文通用结构模式撰写,包括开头、主体、结尾三大部分。

(1) 开头。

开头也称缘由,主要用来表达发布通告的背景、根据、目的、意义。写通告要开门见山、简单明了,有的只有一句话。应该注意的是法规性通告必须写清法律法规依据,所列依据必须紧扣通告内容,不能牵强附会,否则通告就没有说服力。

缘由的后面常用"通告如下""特此通告如下"等。

(2) 主体。

这是通告的具体事项或规定。要求写明通告事项的内容。内容较多的,应采用分条列项的写法,以做到条理分明,层次清晰;内容比较单一的可采用贯通式写法。总的要求就是要便于有关单位或个人了解和遵守。

(3) 结尾。

也称结语,写法比较简单,多采用"本通告自发布之日起实施"或"特此通告"的模式化结语。有的通告干脆不用结语,干净利落。

3. 通告的落款

落款包括署名和日期。

标题已有发文机关并在标题下署上了日期的可不用落款。

(四) 通告的分类

根据内容和作用的不同,通告有以下两类。

1. 政策法规性通告

在一定范围内,针对某一方面问题公布政策法规性或规范性意见,并提出相应要求,使行政机关、单位和个人广为周知并强制遵守。

2. 周知性通告

周知性通告只在向一定范围内的群众公布应遵守事项的具体事务时使用,它仅要求有关行政机关、单位和个人广为周知和遵照执行,多是一些一般性的事务性事项。

(五) 通告写作的基本要求

通告庄重严肃,应用广泛,写好通告要注意以下几点。

1. 熟悉有关政策法规

通告虽是任何单位在自己职权范围内发布,但不能任意发布。撰写者要熟悉有关政策和法规,把有关政策和法规作为行文依据,才能使通告具有行政约束力。

2. 语言要简明准确

通告的事项要写得简明准确,不能含糊不清,否则就难以使一定范围内的有关单位和个人遵守或周知。

3. 内容要通俗易懂

由于通告行业性较强,可以适当运用专业性的名词术语,但要通俗易懂,让人们容易理解。此外,通告包含有请求理解、配合和支持的意思,因此措辞口气要较为和缓。

【例　文】

××市工商行政管理局

关于对利用电子邮件发送商业信息的行为进行规范的通告

为促进我市网络经济健康发展,保障电子邮件收件人的合法权益,创造公平的市场竞争环境,××市工商行政管理局决定依法对利用电子邮件发送商业信息的行为进行规范。特通告如下:

一、因特网使用者利用电子邮件发送商业信息应本着诚实、信用的原则,不得违反有关法律法规,不得侵害消费者和其他经营者的合法权益。

二、因特网使用者利用电子邮件发送商业信息,应遵守以下规范:

(一)未经收件人同意不得擅自发送;

(二)不得利用电子邮件进行虚假宣传;

(三)不得利用电子邮件诋毁他人商业信誉;

(四)利用电子邮件发送商业广告的,广告内容不得违反《广告法》的有关规定。

三、对违反上述规定的因特网使用者,工商行政管理部门将作如下处罚:

(一)对违反本通告第二条第一项的,工商行政管理部门将责令其停止发送该商业信息;对后果严重或屡教不改的,工商行政管理部门将支持被侵权的收件人诉诸法律的请求,并依据有关法律法规对违规责任人予以处罚。

(二)对违反本通告第二条第二项、第三项的,工商行政管理部门将依据《中华人民共和国反不正当竞争法》的有关规定予以查处。

(三)对违反本通告第二条第四项的当事人,工商行政管理部门将依据《中华人民共和国广告法》的有关规定予以查处。

四、在消费者权益受到损害并向工商行政管理部门提出申诉后,工商行政管理部门将依据《中华人民共和国消费者权益保护法》及《××市实施〈中华人民共和国消费者权益保护法〉办法》对违法者予以查处。

五、本通告自公布之日起实施。

××××年×月×日

【例　文】

××铁路新客站工程指挥部通告

(××××年×月×日)

因××铁路新客站工程建设需要,大统路人行旱桥接长工程于××××年×月×日至××××年×月施工。经市公安局批准,上述时间内,老旱桥临时封闭,请过往行人绕道行走。

特此通告。

二、通知

(一)通知的含义

通知是运用最为广泛的文种。通知是批转下级机关的公文,是转发上级机关和不相隶属机关的公文,是传达要求下级机关办理和需要有关单位周知或者执行的事项,以及任免人员时使用的一种公文。

通知具有传达、指示、部署、知照、转发、批转公文等多方面的作用,通常是下行文或平行文。

两个以上机关就同一事项发出的通知称为联合通知。需要上级单位了解通知内容时,可用抄报的形式告知。通知对受文者有较强的约束力和强制性,因此政策性要强,规定的事项要写得明确、具体,应采取的办法、措施也要切实可行,以便下级单位贯彻执行。

(二)通知的特点

1. 指导性

通知这一文体名称,从字面上看不显示指导的姿态,但事实上,多数通知都具有明显的指导性。用通知来发布规章、布置工作、传达指示、转发文件,都在实现着通知的指导功能,受文单位对通知的内容要认真学习,并在规定时间内完成通知布置的任务。

2. 广泛性

通知的使用范围十分广泛。内容方面,大到全国性的重大活动安排部署,小到机关内部的日常事务,都可使用通知。发文机关方面,通知几乎不受级别的限制,上至国家级的党政机关,下至基层的企事业单位,都可以发布通知。

通知的受文对象也比较广泛。在基层工作岗位上的干部和职工,接触最多的上级公文就是通知。而且通知虽然从整体上看是下行文,但部分通知也可以发往不相隶属机关。

3. 时效性

通知是一种制发比较快捷、运用比较灵便的公文文种,它所办理的事项,都有比较明确的时间限制,受文机关要在规定的时间内办理完成,不得拖延。

4. 周知性

通知属于发布性公文,用于传达信息、告知事项,或要求办理、遵照执行,具有周知性。但它针对的对象是有特定范围的,一般限于有关单位有关人员,所以又称它"限知性"公文。

5. 不确定性

通知在行文方向上具有不确定性。通知多为上级机关向下级机关的行文,属于下行文。但在平级单位和不相隶属单位之间,必要时也可用通知行文,此时通知具有平行性。具有平行性的通知是不带指导性的,只表述告知性内容。

(三)通知的分类

从性质和内容上划分,通知大体可以分为发布性通知、转发性通知、批转性通知、指示性通知、知照性通知、会议通知、任免通知和一般性通知等。

1. 发布性通知

这类通知在国家机关发布或废止有关法规、条例、规定、办法、实施细则等规章,以及发布有关重要文件时使用。正文一般比较简短精练,由制定原因、被发布或废止文件的名称、执行要求三部分组成。被发布或废止的文件以通知附件的形式一并下达给有关单位执行。

2. 转发性通知

这类通知一般是对上级机关、同级机关或不相隶属机关发来的公文,需要下属单位知晓或执行时使用。转发性通知的正文通常由转发公文的名称、转发要求两部分组成,有时还有对被转发公文的评议和转发的目的,甚至还可以根据实际情况制定一些贯彻措施和补充规定。被转发文件一定要作为通知的附件发给受文者。这类通知的受文单位一般是下属单位,所以往往不用受文机关名称。

3. 批转性通知

批转性通知与转发性通知一样,是将公文传达有关单位贯彻执行的一种通知。与转发性通知不同的是,批转性通知是批准下级机关的公文,再转发给下级机关或有关单位贯彻执行时使用。所以"批转"和"转发"是两个不同的概念,不能混用。批转性通知的正文一般由批准转发公文的内容和执行要求两部分组成。未经"同意"或"批准"的公文不能批转。如公文在"批转"时有增加的内容,就用较具体的"批准通知"发布,批转的文件随"批准通知"附送。

4. 指示性通知

通常是上级机关对下级布置任务、指示和安排时使用。这类通知的内容一般比较具体,不宜用"命令"或"指示"等文种发布,其篇幅一般较长,且有较详细的条文。指示性通知有较强的约束力,其正文通常由通知缘由、通知内容和执行要求三部分组成。

5. 知照性通知

向有关单位告知某个事件,交代有关事项,不需要办理或执行时使用知照性通知。这类通知一般在公布机构成立(或撤销)启用印章或重申机关的职权范围时使用,行政约束力较弱。

6. 会议通知

这是常见的通知类型,以召开某次会议的有关事项为内容,一般包括会议名称、主持单位、会议内容、起止时间、参加人员、会议地点、报到事宜及有关要求等。具有保密性质的会议,其通知的内容可作部分省略。会议通知必须提前发布,发布的形式视受文范围而定,可通过报纸等发布,也可通过函发,甚至直接在黑板上发布。这类通知的时效性最强,函送时一般要注明"会议通知,即到即送""紧急"等字样。

7. 任免通知

任免通知是上级机关任免下级机关的领导人或上级机关的有关任免事项需要下达、而不宜用任免命令时使用的一种公文文种。写法比较简单,正文一般由任免事由和任免内容两部分组成。任免内容要简明具体,任免人员的姓名和具体职务要写清楚,如是上级机关或党政会议做出的任免决定,通知时应写明文件依据。

8. 一般性通知

除上述各类通知外,还有关于一般事项的通知,叫做一般性通知。这类通知用途较广,一般由基层单位发布,通知内容比较单一、具体。

(四)通知的格式

通知的格式一般由标题、主送机关、正文和落款四部分组成。

1. 标题

通知的标题有三种形式:

(1) 由"发文机关＋介词(可省略)＋事由＋文种"组成。如《国务院关于发布〈国家行政机关公文处理办法〉的通知》《国家教委关于成人高等专科教育学制问题的紧急通知》等。

(2) 由"事由＋文种"组成。如《关于召开全市森林防火工作会议的通知》《关于县级市经济管理权限的通知》《关于召开有关高等学校秘书学教学经验交流会议的通知》等。

(3) 仅写文种,如《通知》。

根据特殊情况和具体需要,在文种"通知"前,加程度词,如"联合通知""紧急通知""补充通知"等。

如是印发、批转、转发性通知,则应在标题中标明是"印发"或"批转"或"转发"。

在拟制转发性通知的标题时,要注意标题过长过繁的问题,如《××市人民政府办公室转发〈××省人民政府办公厅转发〈国务院办公厅关于贯彻执行国务院"关于解决企业社会负担过重的若干规定"中有关问题的通知〉的通知〉的通知》,这个标题有三个层次,用了两个"转发",三个"的通知",是形式主义的表现,要注意克服。克服的方法有两种:一是在"转发"二字后面,直接采用第一发文机关的标题名称,如《转发国务院〈关于解决企业社会负担过重问题的若干规定〉的通知》;二是不采用"关于……关于"和"通知……通知"的句式,而在标题中直接概括文件的基本观点,如《转发国务院"关于解决企业社会负担过重问题"文件的通知》。

2. 主送机关

主送机关即受文对象,它可以是一个,也可以是多个,还可以是所有下属单位。通知的主送机关一般有两种写法:一种是主送单位有一个或两三个,可将其名称全部写上;另一种是主送机关很多,属于普发文件,这种情况采用概括的写法,如"各市、地人民政府,省直各厅局"等。

3. 正文

通知的正文,因种类不同,在格式和写法上有所差别。一般由通知缘由、通知事项、执行要求三个部分组成。

(1) 通知缘由。

说明发通知的原因、目的或根据。一般以简明扼要的文字写明发该通知的原因、必要性。然后用承启用语"特作如下通知""现将有关事项通知如下""特紧急通知如下"等转入通知事项部分。

(2) 通知事项。

主要部署工作任务,阐述工作意见、措施、办法以及需要注意的问题。一般以分段式或分条列项写,要求写得具体明确,条理清楚,以便下级贯彻执行。

(3) 执行要求。

一般以"以上通知,望认真执行""特此通知,请认真贯彻执行""本通知自发布之日起实行"等惯用语结尾。

4. 落款

包括发文行政机关(印章)和成文日期。一般应标注发文机关名称,并在下一行写上发文日期。也有的通知在标题中标注了发文机关,落款可只标注日期。

(五) 通知写作的基本要求

1. 讲求实效,切忌滥发

通知使用频率较高,滥发现象也经常出现,表现在:超越职权范围,给不相隶属的机关发文;混淆公文与事务文书的界限;不分上下左右随意发文;将通知与通告混淆。

由于发布通知是要求所属机关单位贯彻执行或周知的,其目的在于指导和推动工作深入开展,因此要特别注意发布的必要性,讲求实效,严禁随意滥发,严格控制发文的数量,做到量度适中。

2. 具体明确,避免含混

发布通知是为了解决实际问题并且需要贯彻执行的,因此在写作时必须做到主旨明确,要求具体,结构严谨,用语通畅,令人一目了然。同时,在内容上还必须符合党和国家的方针政策以及上级机关的文件指示精神,合乎本地区、本部门的实际情况。

3. 表述准确,突出中心

通知的内容要表述准确,突出中心,以便遵照执行或周知。表述准确,首先是受文单位的名称要书写规范,或全称,或采用规范性的简称,不得乱造名称或使用不规范的简称。其次要详细说明通知的有关情况,应该执行的具体事项,以及有关的时间、地点、条件等,要做到周密、准确,以便受文单位遵照执行。突出中心,就是要抓住主要内容,做到重点突出,详略得当,条理清晰,逻辑严密。

4. 及时行文,切勿延误

通知行文一定要迅速及时,以便下级单位抓紧安排,必要时可用"紧急通知"。对重要事项的通知,不仅要及时,而且要用"重要通知"的文体样式,以达到行文的目的。

【例 文】

××县人民政府办公室关于加强机关值班、加强机关安全保卫工作的通知

办发〔2015〕××号

各乡镇党委、政府,县直各部、委、局、办、中心:

时至年底,全县各种不稳定因素增加,治安形势比较严峻。加强值班工作,加强安全保卫工作显得尤为重要。然而,近一段时间以来,我县一些单位和乡镇在机关值班和安全保卫方面存在一些问题。有的单位平时不安排值班,公休日、节假日期间更是无人在岗,值班制度形同虚设;有的单位领导不带班,只有一般工作人员守摊子;还有的单位连值班室、值班电话都没有设立;有些单位和乡镇安全保卫工作制度不落实,管理松懈,导致发生入室盗窃等问题。针对这些情况,现就进一步加强值班、做好机关安全保卫工作提出如下要求:

一、提高思想认识,加强组织领导。机关值班和安全保卫工作是各级机关搞好自身管理的重要组成部分,是维护机关工作秩序、保持上下联系畅通的必要保证,也关系到整体工作的大局。各级各部门一定要站在讲政治、讲大局、讲稳定的高度,充分认识加强机关值班和安全保卫工作的重要性,真正摆上重要位置,认真研究和及时解决工作中存在的问题。各级党政主要领导要高度重视,加强领导,督促检查。该投资的要舍得投资,经费缺乏的要增加经费,人员不足的要配齐配强。特别是对全体机关干部,要切实加强机关安全教育,牢固树立维护稳定意识和安全防范意识,坚决克服各种麻痹松懈倾向,坚定维护机关良好秩序和稳定局面。

二、采取有效措施,落实完善制度。做好机关值班和安全保卫工作,必须配备好值班和安全保卫人员,认真完善和落实各项规章制度,加强管理和检查,形成制度化、经常化的防范机制。结合当前实际,全县各级机关必须做到以下两点:一是认真落实机关值班制度。县直机关和各乡镇机关要坚持实行常年值班制度,确保每天24小时不间断有人值班,并要由一名班子成员带班。没有值班室、值班电话的要抓紧设立。对值班期间发生的重要情况和重大事件,要按照有关规定迅速上报,及时采取应对措施。二是加强安全保卫工作。各乡镇和县直各部门要建立健全机关安全保卫工作制度。凡是有机关大院的单位,都要确定专门的安全保卫人员,配齐配好必需的工作生活设施,加强巡逻,严明责任。特别是重点部门、要害部位要严防死守,确保万无一失。

三、强化监督检查,严肃追究责任。从现在起,无论是上班期间,还是公休日、节假日,县委、县政府将对值班和安全保卫工作采取电话检查、现场检查等方式进行定期不定期地督查。电话查岗时无人接听,一律视为无人值班;现场检查时要求值班人员在岗,各项制度健全。对措施落实不到位、不按时值班的单位要进行通报批评。对因误岗、漏岗、工作失误导致出现失盗失火、财物损坏、人身伤害事件的,将按照规定严肃追究有关人员与主要领导的责任。

中共××县委办公室
××县人民政府办公室
××××年×月×日

【例　文】

××市环保局
关于转发《××县环保局关于开展环保自检互检工作的总结报告》的通知

各县(区)环保局,各直属单位:

××县环保局是我省环保工作的先进单位,积累了丰富的工作经验。近年来,他们通过开展环保自检和互检,有效地推动了环保工作的深入开展,并取得了良好效果。他们的经验基本也适于我市。现将《××县环保局关于开展环保自检互检工作的总结报告》转发给你们,望参照执行,以推动我市环保工作的深入开展。

××市环保局
××××年×月×日

三、请示

(一) 请示的含义

请示是下级机关或个人请求上级给予指示、批准、答复、帮助、解决、审核事项或问题时使用的请求性公文。适用于向上级机关请求指示、批准。

(二) 请示的特点

1. 目的性

请示专门用于向上级反映困难、提出要求。把本机关权限范围内无法解决或无力解决的,请求上级机关给予支持、帮助和明确批示的请示,只能发往固定的上级机关,使其批复。

2. 单一性

请示必须坚持"一事一请示"的原则,不能越级请示,也不要多方请示,即使受双重领导的机关,也只能确定一个主送机关,另一个采用抄送的形式。

3. 时效性

有了疑难问题和本级机关不能解决的困难,需要上级及时答复和帮助解决,才写作请示。这就要讲究时效性。行文不及时势必贻误工作,造成损失。

4. 前置性

请示所反映的内容、涉及的事项一般来说都是即将发生或将要遇到的,行文一般在事前进行。下级机关只有得到上级批复后才能处理有关事项,不能一边报送请示,一边自作主张处理,更不能先斩后奏。

5. 限制性

请示内容必须是属于机关范围内无权或难以处理的问题与事项,不能请示不属于机关审批权限的事项,也不要请示本机关经过努力可以解决、有条件解决的问题。

(三) 请示的格式

请示由标题、主送机关、正文、落款和附注五个部分组成。

1. 标题

请示的标题有两种形式:

(1) 由"发文机关＋事由＋文种"组成。如《××省人民政府关于将××市升为地级市的请示》《××市第二教育局关于社会力量举办非学历高等教育机构有关名称问题的请示》等。

(2) 由"事由＋文种"组成。如《关于要求追加我省自然灾害救济款的请示》《关于开办乡镇企业管理大专班的请示》等。

请示的标题、事由不能含糊其辞或笼统抽象,而要明确标明请求批示(批准)的问题是什么。

2. 主送机关

指请示报送的主管机关,放在标题之下,正文之前,顶格书写,要写机关全称或者规范化简称。

3. 正文

请示的正文包括请示的事由、请示的事项、请示的要求。

(1) 请示的事由。

这是请示正文的重要组成部分。因为所请示的事项能否得到上级单位的指示批准、同意或解决,关键在于理由是否充分,是否言之有据。在撰写请示时,要力求写好请示的原因,要抓住实质、切中要害。如果事由比较复杂,则必须讲清情况,举出必要的事实、数据,实事求是。

(2) 请示的事项。

请示的事项是指请求上级机关批准、帮助、解答的具体事项,是正文的关键部分。请示的事项要符合国家法律、法规,符合实际,具有可行性和可操作性,要写得具体、明确。如果请示的事项比较复杂,则要分清主次,分条分项撰写。

(3) 请示的要求。

为使请示的事项得到答复,发文机关一定要提出要求。请示的要求一般是固定格式的请求语,如"当否？请批示""以上意见是否妥当,请指示""以上意见如无不妥,请批转有关单位执行""以上请示,请批复"等。

4. 落款

落款包括发文机关和成文时间。发文机关要加盖公章。

5. 附注

为了方便联系,及时解决问题,写作请示时应在附注处注明联系人和联系电话。

(四) 请示的分类

根据请示的性质和内容,可将请示分为事项性请示、请求性请示和建议性请示三类。

1. 事项性请示

一般是请求指示的请示,在向上级机关询问有关事项和陈述问题并要求上级机关答复时使用。具体地说,事项性请示一般在处理下列事项时使用:

(1) 对国家的法律法令、党和政府的方针政策,以及上级机关发送过来的一切公文内容不甚了解或有疑问,需要上级机关或拥有公文解释权的机关的明确答复才能办理的事项。

(2) 工作中发生或发现的新的重大问题,本机关单位权限内没法处理或处理时无章可循或根据有关规定难以处理的事项。

(3) 某些工作涉及其他有关单位和部门,而且同有关单位反复协商仍有意见分歧,无法统一,需要上级机关裁决后才能办理的事项。

(4) 受上级机关委托,处理非本机关或部门职权范围内的事项。

(5) 其他需要向上级机关陈述并需要具体答复的事项。

2. 请求性请示

一般是请求批准的请示,在向上级机关请求给予批准某一事项时使用。这类请示通常内容单一、篇幅较短,只要写清请示的原因和事由即可。对于这类请示,上级机关的答复通常也很简单,只要明确表示同意或不同意即可,不用再作其他指示和解释。具体说来,请求性请示通常在处理下列事项时使用:

(1) 上级机关明确规定必须经其批准后才能办理的事项。

(2) 因特殊情况,难以执行现有规定,需要变通处理,有待上级机关批准的事项。

(3) 在自己的工作权限内拟采取新的重大措施,或拟对原来的工作措施办法作较大变动,希望得到上级机关同意或认可的事项。

(4) 其他需要向上级机关请求批准同意的事项。

3. 建议性请示

建议性请示在向上级机关要求批转、转发本单位关于某项工作的系统设想、安排或处理意见时使用。这种请示具有请求答复的要求,上级机关无论批准与否,都应该给予明确的答复。写这类请示时应特别注意建议的内容确系工作中亟待解决的问题、亟待答复的意见。

(五) 请示写作的基本要求

1. 一事一请示

一个请示中只能提出一件请求批准的事项或一个请求解决的问题。

2. 一个主送机关

请示只能主送一个上级领导机关或主管部门。如果需要,可以抄送有关机关。

3. 不越级请示

行政机关都有一定的权限,上下级行政机关之间也有一定的分工和职责范围,请示时,一般要逐级向上请示。如果因特殊情况或紧急事项必须越级请示时,要同时抄送越过的直接上级机关。除个别领导直接交办的事项外,请示一般不直接送领导个人。

4. 不抄送下级

请示中的意见在未被批准之前并不生效,所请示的事项也常有不予以批准的。如果同时抄送下级行政机关,会造成不应有的混乱,甚至造成工作上的被动。

5. 理由充分、事项明确

请示首先要说明请示的理由,陈述其必要性。同时,还要陈述解决请示事项所具备的有利条件及实现的可能性,为领导机关批准提供有说服力的事实与根据。

【例　文】

×××化工厂关于贯彻按劳分配政策两个具体问题的请示

省劳动厅:

按劳分配,是社会主义分配的基本原则,也是社会主义优越性之一。几年来,我厂由于认真贯彻了按劳分配政策,极大地激发了广大职工的社会主义劳动积极性,使得生产率成倍地增长,乃至几倍地增长。

为全面贯彻按劳分配原则,进一步调动职工的劳动积极性,现就两项劳资政策问题请示如下:

一、拟用2015年全厂超额利润的10%为全厂职工晋升工资。其中,2015年4月30日在册职工每人晋升一级,凡班(组)长和车间先进生产(工作)者及其以上领导和先进人物再依次晋升一级;全厂技术突击组成员每人浮动一级工资,组长每人浮动两级工资。

二、拟用2015年全厂超额利润的10%一次性为全厂职工每人增发奖金平均500元,具体金额按劳动出勤率和完成定额计算。

以上请示,妥否,请批示。

×××化工厂
二〇一五年十一月十日

四、报告

(一)报告的含义

报告是向上级机关汇报工作、反映情况、提出建议、答复上级机关的询问或要求时使用的一种陈述性文种。

报告是使用频率较高的文种,使用范围广,是上下级之间沟通情况、协调工作的重要行政公文。它使上级行政机关能够及时了解下情,掌握下级行政机关的工作情况,听取下级行政机关对某方面工作的意见或者建议,从而更好地指导下级行政机关正确贯彻执行党的路线、方针、政策,避免被动,争取主动,减少工作失误。

(二)报告的特点

1. 内容的综合性

报告是公文中综合性最强的,内容可以是一文一事,也可以是一文多事,涉及面较广,篇幅也相对较长。

2. 时间的灵活性

报告的制发不受时间的限制,事前可以报告计划和设想,事中可以报告进展情况,事后可以报告已完结的事项,行文可根据实际情况随时进行。

3. 行文的单向性

报告的目的是向上级机关提供信息、反映情况,一般不需要上级机关的答复。

4. 写法的陈述性

报告一般不作理论的阐述和重要性的议论。报告的主要手段就是陈述,要求把内容叙述清楚。

5. 沟通性

报告对于下级机关来说,是"下情上传"的主要手段,以此取得上级领导的理解、支持、指导,减少和避免工作中的失误。对上级机关来说,通过报告获得信息,了解下情,成为决策、指导和协调工作的重要依据。尤其是报告中向上级机关"提出意见和建议",对于调动下级机关出主意、想办法的工作积极性,推行上级机关决策的科学化和民主化,具有重要意义。

(三)报告的分类

1. 按内容分类

(1)工作报告。

工作报告用于向上级机关汇报工作情况或上级交办的任务完成的情况。其目的是为了让上级了解下级的工作情况和动向,以掌握全局、指导工作,建立上下级之间的正常工作关系。工作报告又可分为例行工作报告和专题工作报告。

(2)情况报告。

情况报告用于向上级反映客观存在的情况和问题,也可答复上级的询问和要求。其目的是为了让上级机关了解和掌握有关情况和动向。不同的是,情况报告的内容比工作报告更具体。情况报告往往是就某一突发情况、某一问题或某一项工作、某一次会议的一部分事项向上级提出报告,突出工作中的"情况",工作报告则注重工作的"全过程"。

情况报告可分为综合性情况报告和专题性情况报告。前者对某一情况的各方面进行报告,后者对某一情况的单方面进行报告。

(3)建议报告。

建议性报告在下级机关就工作中的重大问题和事项,专门向上级机关提出建议时使用。其侧重点是今后工作的意见和建议。

2. 按性质分类

(1)综合报告。

用于全面反映一个地区或一个单位的工作情况,要全面汇报工作的过程、做法、成绩和经验、缺点或体会等,它的最大特点是具有综合性。

(2)专题报告。

用于汇报某一工作、某一件事、某一方面内容,它的最大特点是内容专一而集中。

3. 按要求分类

(1)呈报报告。

呈报报告是向上级机关直接汇报工作、反映情况的报告,不要求上级机关批转。呈报报告主要是汇报性报告。

（2）呈转报告。

呈转报告是向上级机关呈送、建议批准并转发有关地区或有关部门执行或参照执行的报告。

(四) 报告的格式

报告由标题、主送机关、正文和落款四个部分组成。

1. 标题

报告的标题主要有两种形式：

（1）由"发文单位＋事由＋文种"组成，这是标准式的标题。如《财政部关于2015年中央和地方预算执行情况及2016年中央和地方预算草案的报告》《××市税务局关于××年上半年工作情况的报告》等。

（2）由"事由＋文种"组成。如《关于国民经济和社会发展第十个五年计划纲要的报告》。

2. 主送机关

主送机关即发文机关的直属上级领导机关。

3. 正文

（1）开头。

开头要先交代发文的原因和目的，概述主要内容和结果，然后用过渡词语"现将有关情况报告如下""为此，提出以下意见"等来承上启下。

（2）主体。

主体部分要叙述报告的具体内容。如果内容单一，可分自然段叙述；如果内容较多，可分条列项，逐条叙述并考虑加小标题。对于工作报告，应写明做了哪些工作，取得了哪些成果，然后概括出基本经验，再写明存在的主要问题和下一步的工作意见。对于问题报告，侧重写明问题状况及来龙去脉，分析问题产生的原因，说明其后果，并提出解决问题的方法和措施。对于答复报告，则应强调针对性，紧紧围绕上级机关的询问和要求，写清问题，表明态度，提出意见。

（3）结尾。

结尾一般使用专用语"请审阅""特此报告"等，建议性报告可用"以上报告如无不妥，请批转××执行"。

4. 落款

落款应标注发文机关印章和成文时间。

(五) 报告写作的基本要求

1. 事项要客观真实

报告中所反映的问题、汇报的情况，必须实事求是，尤其是典型事例与统计数字要十分准确，不能欺瞒上级领导。因为报告是上级机关了解情况，制定政策，处理问题的依据，情况不确凿，就会给工作带来失误甚是重大损失。

2. 内容要重点突出

各类报告的内容都要突出重点。专题性报告，一事一报，始终围绕一项工作、一个问题陈述，中心明确。即使是综合性报告，也要求主次分明，繁简有度，有点有面，重点突出，不能事无巨细、主次，盲目地堆砌材料。

3. 报告要积极及时

报告的主要任务是供上级了解有关情况,所以向上级汇报工作、反映情况、提出意见或建议、答复询问等,一定要及时,否则报告就失去意义了。

4. 叙述要严密有序

报告一般用陈述的方法来写,写作时一要据实直陈,直截了当,不讲空话套话;二要先后有序,注意表达的条理性和逻辑性。

5. 不得夹带请示事项

报告不要求上级回复,以免报告与请示两种公文混淆。报告的主送机关是有隶属关系的直接上级,一般不允许越级上报,在紧急情况下越级上报时,事后也要向直接上级报告。

【例 文】

司法局关于全市公证质量检查工作的报告

××省司法厅:

为了切实提高和保障公证质量,规范公证业务,根据《××省司法厅关于开展全省公证质量检查工作的通知》精神,市司法局于11月1日起组织对××市公证处和××县公证处2012年以来的公证质量进行了一次全面检查。本次检查依据《公证程序规则》及相关法律法规,对照中国公证员协会的公证质量标准,紧紧围绕真实性、合法性、程序化、规范化四个主要方面展开,重点集中在证据保全、不动产事务、遗嘱继承赠与等民事、强制执行、涉外涉港澳台等五类公证事项。检查分两个阶段进行,11月1日到15日是各公证处自查阶段,采取承办公证员自查、各公证员交替互查、全处集中评查等方式,在此基础上公证处得出综合检查结论并上报市司法局公证律师管理科;11月16日、17日是各地区检查阶段,由主管副局长带队,在市、县公证处之间组织两次互查。

一、基本情况

××市公证处2012年以来共办理各类公证6349件,其中证据保全、不动产事务、遗嘱继承赠与等民事、强制执行、涉外涉港澳台等五类公证1561件。在本次公证质量检查中,重点检查民事经济类公证共526件,其中民事公证425件,经济公证101件,经统计:合格证为521件,占总数的95.3%;基本合格证25件,占总数的4.7%;未发现不合格证。重点检查涉外涉港澳台公证共262件,合格证257件,占总数的98.1%;基本合格证5件,占总数的1.9%;未发现不合格证。另外,该处还在全处集中评查中通过民主评议评出优秀卷4件,对承办公证员给予了奖励。

××县公证处2012年以来共办理各类公证373件,其中民事类117件,经济类256件。本次公证质量检查全面检查了所有办结案卷。经统计,合格证为373件,占总数的100%;未发现不合格证。

在检查中,市司法局和两级公证处采取承办公证员汇报自查结果、填写"质量检查阅卷笔录"、座谈检查体会等多种方式,找出实践工作中存在的问题,大家帮助提出改进意见。公证员们还利用这次检查提供的交流机会,研究和探讨了一些公证理论热点和实践难点,如能否提供刑事诉讼证据保全公证、遗嘱公证如何达到保密要求等等,从而提高了自身的业务水平。

综上,本次公证质量检查通过全面自查和地区互查,重点检查了市、县两级公证处各类公证事项办结案卷1161件,合格与基本合格率达到100%。我市公证人员确能坚持真实、合法、程序、规范的公证原则,办理公证时严格审查、认真把关,保证了公证质量。

二、存在的问题

(1) 存在轻视实体与程序其中一方的工作误区。一些公证员在办证时,或因事项简单而不仔细询问、理顺法律关系,或一味追求事实准确无误而忽视公证程序要求。

(2) 谈话笔录制作水平有待进一步提高。如谈话不能紧扣主题、切准要害,谈话内容缺乏"告知义务"内容,谈话针对性不强,谈话文字书写不规范等。

(3) 个别公证卷宗制作有瑕疵,如缺乏次要证据、《受理通知书》,公证书无页码,公证书出证日期与审批日期不一致等。

(4) 具体办证中把关不严的问题时有出现,特别是现场监督类公证,由于申请单位的原因,往往导致先公证后补相关材料。

(5) 档案管理方面存在安全隐患,没有专用保险柜,遗嘱等保密卷宗存放不安全,安全措施不完备。

(6) 限于实践操作困难,大部分案卷无法做到收费凭证入卷,公证处一般采用变通办法,仅将发票号码抄录在案卷中。

三、改进措施

针对检查中发现的问题和不足,我们争取能纠正的,及时纠正;对目前无法补救的,如大量案卷缺少受理通知书等,将之纳入公证处内部制度建设解决,在今后工作中注意改进。同时,还提出一些具体的改进措施:

(1) 进一步加强政治理论和业务知识的学习,充分认识公证工作的重要作用,提高公证人员的素质。

(2) 坚持高标准、严要求,严格执行公证质量标准,落实各项规章制度,及时查漏补缺,力争今后公证质量实现新的突破。

(3) 完善工作制度、健全工作程序,要抓紧制定档案管理等业务制度。

(4) 改善办公条件,增加防盗、防火等安全设施和保密设施。

(5) 树立市场意识,宣传公证业务,拓宽服务领域。

二〇一四年十一月十八日

五、会议纪要

(一) 会议纪要的含义

会议纪要是记载、传达会议情况和议定事项的行政公文。

会议纪要在各级机关中使用频繁。平行机关或不相隶属机关遇到共同需要解决的问题时,往往举行一个联席会议,找到解决的办法,把会议议定的办法、规定等写成会议纪要,要求与会各单位共同遵守执行,会议纪要作为日后检查、督促和约束各与会单位的法规性公文,具有规范性意义。有时上级机关召集所属下级单位共同就某项事情进行商谈,会议结束后,将会议决定整理成会议纪要,以公文的形式肯定会议议定的内容,赋予其权威性和约束力,以便于下级单位贯彻执行,同时也作为日后遇到有关问题、纠纷时的处理依据。

会议纪要的发布者一般是会议的召集单位,有时也用所有或几个主要参加会议单位的名义联合发布。

(二) 会议纪要的特点

会议纪要在会议过程中产生,具有与其他公文不同的特点。

1. 纪实性

会议纪要是根据会议的宗旨、议程、决议等会议材料整理出来的,是会议基本情况的纪实,即便会议存在分歧意见,也要真实地反映,不能擅自增减有关内容,更不能随意改动会议上达成的共识和形成的决定。

2. 纪要性

纪要性具体表现为选择性、提要性和显要性。选择性是指会议纪要只选择重要会议撰写,一般会议是不需要写会议纪要的。提要性是指会议纪要是在会议记录的基础上,通过分析综合,按一定逻辑顺序整理而成,不是事无大小,有闻必录。显要性是指会议纪要对会议内容的表述,要突出一个"要"字,以显现会议的主要精神和重点内容。

3. 指导性

会议纪要集中反映了会议的精神实质,是与会者的看法和意见,对工作具有一定的指导作用,要求与会单位和相关部门以此为依据开展工作。

4. 周知性

会议纪要有的要求传达并贯彻执行,有的虽不要求贯彻执行,但也要求将会议情况、决议事项和主要精神作为信息,传达或通报给有关领导、人员,具有明显的周知性。

(三) 会议纪要的分类

1. 从形式上分

(1) 例行会议纪要。主要是为了加强集体领导,各级各部门领导班子通常召开的一些例行会议,对不宜由个人决定的事项进行集体讨论研究,如校长办公会、市政府常务会议等。对会上商讨的问题和决定的事项形成会议纪要,以利于有关部门贯彻执行和检查督办。

(2) 工作会议纪要。各级行政机关及其业务部门,为了总结工作、沟通情况、交流经验、分析问题、明确下一步工作的任务、研究确保各项工作任务完成的措施,往往要专门召开一些工作会议,并整理出会议纪要。

(3) 协调会议纪要。两个或两个以上不相隶属的行政机关单位,为协调工作、磋商意见,常常召开一些协调工作会议,会后也要形成会议纪要备考,并按照协调意见统一思想认识,协调工作进度。

2. 从性质上分

(1) 决议型会议纪要。即以会议的决定和决议为重点,只反映与会者经过讨论或协商而形成的一致意见,作为有关部门、单位或个人在会后遵照执行和贯彻实施的依据。

(2) 情况型会议纪要。即将会议的主要议题、各项内容、讨论情况和结果介绍给大家,起到传递信息、交流情况的作用,一般多用于谈论会或座谈会。

(3) 消息型会议纪要。这类会议纪要带有新闻指导性质,多用于学术性、研讨性会议。目的是让人们知道,最近开了什么会,商讨了什么问题,提出了哪些意见。

3. 从内容上分

(1) 综合性会议纪要。这种会议纪要要求全面概括会议的议程、议题、讨论情况、讨论结果及基本精神。

(2) 专题性会议纪要。这是专门为研究、解决某一项或某一方面工作、内容比较集中、议程比较单一的工作会议纪要,一般只会把会议概况、会议宗旨、讨论和决议事项加以概括和说明。

(四)会议纪要的格式

1. 标题

会议纪要的标题有以下三种:

(1)由"机关名称+会议名称+文种"组成。如《××市人民政府第×次办公会议纪要》,这种标题的写法多为例行会议纪要常用的标题形式。

(2)由"会议名称+文种"组成。如《全国卫生工作会议纪要》。

(3)新闻式标题。分为正、副标题,正标题反映会议的主要精神和内容,副标题反映会议的名称和文种。如《探讨新时期文学的发展——中国当代文学研究会第二次学术讨论会议纪要》《直面危机、重在防范——海内外专家企业家防范化解金融风险座谈会会议纪要》等。

2. 时间

成文时间一般标注在标题的下方,居中,用圆括号括住。

3. 正文

(1)前言。

前言也称导语,用于概述会议的基本情况,主要交代会议的召开单位、时间、地点、参加人员及主要议程。有的还交代召开会议的动因与目的,主要领导同志的活动情况及会议的意义等。

(2)主体。

主体部分讲述会议的主要内容,是会议纪要的核心,要求准确简明地写出会议讨论的问题及结果、会议决议的事项、今后工作的指导思想、工作步骤、采取的措施等。常用的写作方式有以下三种。

概述式:把会议的内容、发言的情况综合到一起,概括地叙述出来。一般日常行政工作会议,讨论的问题比较集中,意见较为一致,概括地把会议的主要内容叙述出来即可。

归纳式:有些会议比较重要,规模比较大,讨论的问题比较多,需要把会议讨论的许多问题和建议,按内在逻辑顺序归纳为几个方面或者几个问题,比较完整系统地写出来,以突出会议的中心和主旨。

发言摘要式:即按会议发言的顺序,将每个人发言的主要意见归纳整理出来,以反映会议讨论的过程和会议结论的产生过程。这种写法能如实反映各人的不同看法。

(3)结尾。

结尾处有的提出要求和希望,发出号召,要求有关单位认真贯彻会议精神,努力完成会议提出的各项任务。有的则不写结尾,会议的主要内容分述完了,全文也就自然结束了。

(五)会议纪要的写作要求

1. 实事求是、如实反映

会议纪要的内容要真实准确,在对与会代表发言与议定事项进行归纳、概括、提炼时,既不能断章取义,也不能随便删减,更不能歪曲会议精神。

2. 突出重点、简明概括

会议纪要应突出反映会议的主要精神和议定的事项,不能事无巨细都写入纪要之中,对于会议的各种情况,应认真分析,从中提炼出最典型的事例与数据并进行概括说明。

3. 层次分明、条理清楚

在写法上,会议纪要各层次除了可以用小标题、序数表示之外,还可用"会议指出""会议认为""会议强调""会议决定""会议要求""会议号召"等习惯语,分别冠以一个段落之前,使文章体现出层次。

【例　文】

关于对××地区放宽政策
发展第三产业现场办公会纪要

20××年×月×日,区委副书记××、副区长×××,在××地区××镇主持召开了对××地区放宽政策和发展第三产业的现场办公会议。

会议决定事项如下。

一、关于放宽政策问题

(一)为了贯彻××地区工作会议精神,对××退耕还林地区所造成的农民口粮减少问题,区委决定保证该地区每人每年×××斤口粮,由粮食部门调给议价粮,按平价销售。价差由乡、镇财政部门根据不同情况予以补贴。由农林部门与乡、镇政府作出年度计划,经农林、粮食、财政部门认定后,报农林部门核批。

(二)贷款问题。支持××地区的经济发展,大力发展企业和广开多种经营门路,为此农业银行在贷款上给予支持。

(三)兴办企业,办理工商营业执照问题。区政府确定一位副区长,定期召开区有关部门负责同志参加的现场办公会,现场审查核批。

二、关于发展第三产业问题

(一)会议原则同意在××公路××地段东侧建设商业街,要按有关规定让开地下线,建设临时性商业设施。

(二)会议同意在××乡政府办公大院门前的公路东侧扩建整流器厂,有关占地和基建问题与各公司建设项目均应按基建程序由区规划办和计划部门协助办理。在设计施工中,要注意安全问题。

(三)关于筹建货场问题。可向区政府写书面请示,由××同志牵头,召集区计委、农办、规建办等有关部门负责同志研究,提出筹建办法,然后报市政府审批。

(四)关于发展畜牧业问题。由区畜牧局向××地区提供××××××只种鸡,该地区如购买奶牛,还可免费协助做好鉴定和检疫工作。饲料问题,对××地区已开办的饲料加工厂提供原料粮和关于购买议价饲料,供饲料,以奶换料等问题,由区粮食局研究解决。

会议最后,区委书记××同志讲话强调指出:区委、区政府对××地区予以放宽政策,各有关部门要在政策允许的前提下,予以积极支持。××地区的乡、镇领导要发动群众,认真讨论如何致富问题。我们大家要齐心协力,使××地区早日富裕起来。

××地区人民政府
20××年×月×日

抄报:省人民政府

抄送:本区财政局、农业局、林业局、粮食局、农行;本区乡、镇人民政府

【思考与练习】

1. 通告的含义与特点是什么?
2. 请说明通知的分类与格式。
3. 请说明请示与报告的区别。
4. 请说明会议纪要的特点与格式。
5. 请根据下面材料,拟写一份会议通知:

全国市场营销协会定于××××年7月10日至16日在广西壮族自治区南宁市召开一年一度的营销协会年会,于6月28日发出会议通知。会议的内容是研究和探讨当前营销学的有关学术问题和热点问题,全国市场营销协会的会员均可参加。会期为7天,7月10日报到,7月11日8:30开会。会务费500元,食宿自理。报到和开会的地点是:南宁军区空军招待所。要求:每位与会者于会前半个月交来相关学术论文一篇。

第二节 事务文书写作

一、计划

(一)计划的含义

计划是指为了实现一定事情的目标而制定的总体和阶段的任务及其实施方法、步骤和措施的事务文书。

计划是一个统称,常见的规划、纲要、安排、设想、打算、方案、要点等,都是计划。

计划适用于党政机关、群众团体和企事业单位,任何单位有了计划,就有了明确的奋斗目标,有了具体的工作、活动程序,也有了检查的依据;可使各项工作有所遵循,减少盲目性,增加自觉性,从而合理地安排人力、物力、财力、时间,使工作有条不紊地进行。因此,为了卓有成效地工作,制订计划是必不可少的程序和措施。

(二)计划的特点

1. 指导性

计划一般是根据党和国家的路线方针政策、上级的指示精神及本单位的实际情况制订的,因此计划对本机关、本部门工作的开展、问题的解决、政策的执行等都具有鲜明的指导作用,是行动的方向和工作的依据,有关方面都应严格遵照执行。

2. 预见性

计划是对未来一段时间工作的设想和安排,具有很强的预见性。它不仅要对将来一段时间内所要达到的目标作出预测,还要对实现这一目标所要做的工作、方法、步骤作出详尽的安排与部署。由于计划都是在事前制订的,因此在写作之前要进行正确的评估、分析和论证,充分考虑到可能发生或出现的问题,对事物的规律性应有清楚的认识与准确的判断。

3. 可行性

一个好的计划应该是目标具体明确、方法与步骤切实可行。目标定得过高,无法实现,会影响工作积极性的发挥;目标定得过低,无法达到计划的激励效果。因此,计划的步骤、措施、方法与要求都要经过科学的预测与论证,尽量做到切实可行。

4. 可变性

由于预测的局限性,计划在实施过程中,有时会遇到不可预料的事情,影响目标的实现。这是就要考虑对计划进行部分或局部的变通、调整和修改。但这种变通、调整和修改依赖于对事物发展规律的正确认识,并且要经过一定的手续审批。

(三)计划的分类

(1) 按内容,可分为工作计划、生产计划、军事计划、教学计划、科研计划、学习计划等。

(2) 按时间,可分成月计划、季度计划、年计划、跨年度计划等;也可分成短期计划、中期计划、长期计划等。

(3) 按性质,可分为综合计划、单项计划、专题计划等。

(4) 按效力,可分成指令性计划、指导性计划等。

(5) 按范围,可分成国家计划、省(市)计划、部门计划、单位计划等。

(6) 按形式,可分为文件式计划、表格式计划、文件与表格相结合的计划等。

有的计划有多重属性,如《××市税务局20××年度二季度税收检查工作计划》,根据以上不同标准可兼属专题计划、工作计划、单位计划、季度计划。

(四)计划的格式

1. 标题

计划的标题有三种格式:

(1)由"机关名称+时间+事由+文种"组成。如《××省外贸厅20××年关于招商引资的工作计划》。

(2)由"时间+事由+文种"组成。如《20××年扶贫攻坚计划》。

(3)由"时间+文种"组成。如《20××年工作计划》

2. 正文

(1)前言。

前言是计划的纲领性内容,主要是用来说明制订计划的指导思想、依据等。

(2)主体。

主体是计划的基本内容,包括三个要素。

任务目标:即完成的任务和应达到的具体目标,应分清任务的主次和目标的远近,确定任务的数量以及要达到的目标。

办法措施:即为了完成任务和达到目标所要采取的具体办法,这是完成任务的保证,一般包括组织领导、任务分工、物质条件、政策保障、相应的举措等内容。这部分越具体,越有利于计划的执行。

步骤:即完成任务和达到目标的程序安排。这些程序安排要合理、可行,使有关人员知道在一定的时间内,一定的条件下,把工作做到什么程度,以便争取主动、协调进行。

(3)结尾。

一份计划是否要结尾,要根据实际情况灵活掌握。

3. 落款

包括计划制订单位的名称和制订日期。如果标题中出现了制订机关名称,则只写制订日期。

有的落款后面还要写出报送的单位及有关人员。

(五)计划的写作要求

计划在制订的过程中要遵循以下几个结合的原则。

1. 指导方针与实际情况相结合

制订计划时,一方面要处理好国家长远利益与集体的、个人的短期利益之间的关系,另一方面,要处理好整体与局部的关系。要重视调查研究,从本单位的实际情况出发,把党和国家的政策、上级的精神和本单位的实际情况结合起来。

2. 领导意图与群众意见相结合

工作计划是领导班子的意图,同时又要注意虚心倾听群众的意见,注意调查研究,走群众路线,集思广益。

3. 开拓创新与留有余地相结合

计划的任务目标要与时俱进,计划的办法措施和步骤要从实际出发,脚踏实地,时时考虑它的可能性和可行性,只有这样才能发挥计划的指导作用。

4. 明确性与灵活性相结合

计划的任务目标、办法措施和步骤要明确具体,要用简明实用、通俗易懂的语言,有条理地、清楚地表述出来。同时,计划又不应死板拘泥,在具体问题上规定得过细过死,以致束缚了人们的手脚,应该在具体做法上留下余地,使下属部门和人员有所创新,创造性地执行计划并突破计划。

5. 准确性与可读性相结合

计划以说明为主,用词要准确,要有条理。计划应该尽量写得通俗易懂、鲜明生动,具有可读性,具有感召力。

【例　文】

中国档案学会三年学术活动计划
（××××年××月××日）

根据《中国档案学会章程》规定的学术宗旨和任务,从当前全国档案事业的现状出发,特制订近三年内学会的学术活动计划,要点如下:

一、鼓励会员积极进行档案学术研究,组织学术交流活动,逐步提高档案学术水平。

1. 每年举行一次档案学术讨论会。讨论的题目可包括:30年来我国档案工作的经验教训问题,档案和档案工作的性质及发展规律问题,档案的科学管理问题,档案工作的现代化的方法步骤问题,档案的保护技术问题等等。

2. 配合一定的纪念活动,组织学术报告会。

3. 推广档案学术研究的经验。

二、办好学会的会刊,编辑出版档案学书籍,发表会员的研究成果。

1. 继续与中国人民大学档案系共同出版《档案学通讯》（双月刊）,从××××年起改为国内公开发行,并加强编辑力量。

2. 编辑出版档案学论文集,选载学术讨论会、报告会提供的优秀论文和其他具有较高学术水平的文章。

3. ××××年起编辑《档案学参考》,主要刊载具有一定参考价值但不宜公开发表的文章,反映档案工作的内部情况和问题,介绍国内外档案工作动态的文章和有关资料,不定期地在学会和档案部门内部发行。

4. 组织人员编纂档案学的工具书,首先编辑《中国大百科全书》的《档案学》分卷。力争在××××年内完成全书的初稿。

5. 促进档案学专著和教材的编写工作,争取在××××年内出版一本《档案学概论》,作为档案专业的入门读物和高等学校历史专业或其他专业的选修课教材。

三、加强档案学的宣传、普及工作,扩大社会影响。

1. 协助有关部门举办档案专业函授教育或业余教育。

2. 每年组织写作或推荐若干篇介绍档案学、档案事业的文章,提供给有关新闻单位,向社会广大公众进行宣传。

四、积极开展国际间的档案学术联络工作。

1. 与外国档案工作者团体和档案学术性团体建立联系,进行学术和资料交流。

2. 编印《外国档案工作情况报道》,供学会和档案部门内部参考。

五、为了保证学会的学术活动顺利开展,必须抓紧建立健全学会的工作机构,配备相应的工作人员,积极地、扎实地执行会章规定的各项任务;同时,努力发展新会员,在三年内分批吸收会员五千名左右,不断扩大学会组织,使它真正成为团结广大档案工作者的群众性的学术团体。

二、总结

(一)总结的含义

总结是对一定时期内的工作进行回顾、分析、研究后,从中找出经验教训,引出规律性认识,明确今后工作方向的事务性公文。

日常工作中常用的小结、体会、回顾等,也属于总结的范畴,只不过反映的内容较为单纯或经验不成熟、时间较短、范围较小。

总结是机关、部门或个人改进工作方法的重要途径。通过总结,从以往的工作中寻找成功的经验,把握事物发生、发展的规律,使有益的东西得到推广;通过总结,查找以往工作中的失误,分析产生失误的原因,摸清它的危害程度,寻找"治病"的良方。总结有利于培养人们认识问题和分析问题的能力,帮助人们掌握工作的主动权,提高工作效率和水平。

(二)总结的特点

1. 客观性

总结是人们自身实践活动的真实反映,应当完全忠实于客观事实。总结中的材料必须是实际情况,总结的内容要有一说一,不能添枝加叶,不能报喜不报忧,更不能无中生有。总结观点必须是从自身实践中抽象、概括出来的认识和规律,不允许有任何主观臆断。

2. 理论性

总结要写事实,但不是把已经发生过的事实简单地罗列在一起。它必须对搜集来的事实、数据、材料等进行认真的归类、整理、分析和研究,从感性认识上升到理性认识,找出规律性的东西。

3. 时效性

总结是对一定时期的工作完成情况进行分析和评价的一个工作环节。"一定时期"即某项工作的时间周期。做总结时,必须对这个周期内的工作情况进行全面回顾,进行分析和评价,而不能超出或缩短这个时间周期。

4. 本体性

总结是对本地区、本部门、本单位的工作情况进行回顾,因此总结中都用第一人称。总结的本体性使总结能够真实反映自身工作的独特性和独创性。

5. 群众性

总结应该反映群众的实际工作、分析并研究群众在实践中创造出来的成绩和经验。只有这样,才不会使总结成为标榜领导或个人"先进事迹"的材料,才能更好地团结群众开展今后的工作。

(三)总结的分类

(1) 按内容分,有工作总结、学习总结、生产总结、活动总结、思想总结等。

(2) 按时间分,有月份总结、季度总结、年度总结、阶段总结等。

(3) 按范围分,有个人总结、科室总结、单位总结、部门总结、地区总结、全国总结等。

(4) 按性质分,有全面总结和专题总结。

以上总结都是实际工作中常见的。全面总结又称综合总结,是比较全面地总结一个单位、一个部门的各方面的工作情况,包括情况介绍、成绩和经验、缺点和教训、表扬和批评等。专题总结又叫经验总结,是对某一方面的工作经验进行的单项总结,内容比较集中、单一、针对性较强。个人总结是对个人在工作、学习和思想方面的情况进行分析,突出经验、教训和收获体会。

(四) 总结的格式

1. 标题

(1) 公文式标题。

由"机关名称+时间+事由+文种"组成,如《××市2015年下岗工人再就业工作总结》《××市财政局2014年财政税收工作总结》等;也可省略机关名称或机关名称和时间,由"时间+事由+文种"或"事由+文种"组成,如《××××年第一季度生产总结》《学习总结》等。

(2) 新闻式标题。

新闻式标题突出重点、侧重经验总结,可分为单式和双式两种标题格式。

单式标题,即用一句话或一两个短语概括总结的主题或提出总结要回答的问题。如《践行"三个代表"重要思想,机关共产党员先进性教育显实效》《苦练内功求实效 创建特色上台阶》。

双式标题,即主标题加副标题。主标题概括总结的主题或要回答的问题,副标题表明机关名称、时间、事由和文种,如《社会主义新农村建设带给农(村)民新希望——××市2015年"三农"工作总结》《拿出管理新招——中国进出口商品基地建设上海公司企业管理实践》。

2. 正文

(1) 前言。

前言是总结的开头部分,又称导言、导语。它概括地交代总结的基本内容,如时间、地点、背景、事件经过等,有的还对主要成绩和经验进行概括。

前言要求紧扣中心、简洁精练、有吸引力,这样才能让读者对总结的全貌有一个大致的了解,才能统领全篇,激发阅读的兴趣。

它的格式主要有下列几种。

概述式:概括介绍基本情况,简要地交代工作的背景、时间、地点、条件等。

结论式:先明确提出结论,使人了解经验教训的核心所在。

提示式:以工作的主要内容作提示性、概括性的介绍。

提问式:先提出问题,点明总结的重点,以引起人们的注意。

对比式:采用比较法,将有关情况进行对比,显示优劣,说明成绩。

(2) 主体。

主体是总结的主要内容,一般要写明以下几个方面的内容:工作情况、经验和体会、问题和教训、今后的打算和努力方向等,主要有以下格式:

顺序式:按"情况—成绩—经验—问题—意见"的顺序安排结构,这是常用的程式化写法。为了使眉目清楚,每部分还可以加用小标题、序号等,分若干问题、若干条。这种结构方式适用于大型的综合性总结。

阶段式:把工作或过程分成几个阶段,分别说明每个阶段的成绩、经验和教训。采用这种方法,全文层次清楚、脉络分明,便于看出每个阶段工作发展进程和每个阶段的特点。这种结构方式适用于周期较长、阶段性又很明显的工作总结。

条列式:这种方法将总结的内容按性质和主次,逐条排列为几个部分,每一部分既有相对的独立性,又有密切的联系。分别使用序号一、二、三……在同一条里,又把成绩经验、方法措施、问题教训、意见办法等结合在一起进行阐述。采用这种结构方式,各条之间逻辑关系比较清楚,适用于专题性的经验总结。

标题式:这种方式按材料之间的逻辑关系,把正文分成若干大段,分别列出小标题。每个小标题都是对感性材料的归纳总结。各部分共同说出一个主题。这种结构,提纲挈领,中心明确,适合于经验性的总结或内容较多的综合性总结。

比较式:这种方式有两种,一是先定标准后进行比较,二是纵横式比较(前后比较、历史与现状比较和同行业比较)。

总分式:先概括总的情况,然后按照逻辑关系,把要总结的内容分为若干个小问题,逐次进行总结。这种结构方式层次分明,重点突出。

贯通式:这种方式主要考虑时间和空间的逻辑顺序,紧扣主题,抓住主线,文字前后贯通,一气呵成。采用这种结构方式,不分条款,不用小标题,不分章节,适用于内容比较单一的总结。

(3)结尾。

结尾有两种格式:一是总结式,对正文的内容用几句概括性的话来做结束;二是展望式,用简短的语言对未来的工作做一个展望,展示美好的前景。

有的总结没有结尾,写完主体部分便结束。

3. 落款

落款包括署名和日期。如果标题中已标明了总结的机关名称,落款中的署名便可省略。

(五) 总结写作的基本要求

1. 提高认识,端正态度

要认识总结的重要性,坚持以党的路线、方针为指导。思想上重视了,才会认真进行总结;有了正确的指导思想,才能保证总结不会出现认识上的问题,不会出现方针政策上的问题。

2. 找出规律,揭示本质

总结的目的是面向未来,避免今后工作的盲目性。为此,就必须总结出规律性的东西,这样的总结才具有指导今后工作的实际意义。

3. 主次分明,重点突出

进行总结时,要把主要工作或工作中做得比较出色、确有体会的工作,以及具有典型意义的经验教训凸显出来,选用适当的材料,使观点与材料相统一。

4. 有理有据,实事求是

总结要求内容真实,如实反映实际情况,既不能以偏概全、夸大其词,也不能先入为主、主观臆断。

【例　文】

创建区文明单位工作总结

精神文明建设在高度发展的经济社会中是一项十分重要的工作。文幼教工始终以邓小平理论"三个代表"重要思想为指导,在争创文明单位活动中,注重教职工的思想道德建设,开展群众性的创建活动,将精神文明创建工作和提高学校办学水平相结合,与班组文明竞赛活动相结合,与教师师德考核相结合,努力形成健康向上的舆论环境,文明和谐的校园氛围,丰富多彩的活动形式,使精神文明之花在校园常开不谢。

由于精神文明工作的有力开展,我园近年来取得了一定的成绩,曾获市、区体育先进单位称号,连续两次获区先进集体,多年来获得区文明班组、巾帼示范岗等。曾有多名教职工获市区园丁奖、托幼先进个人、社区五好文明家庭、敬老爱老好领导、好教师等。还有多人获得教科研论文评选的各种奖项。今年的教师节我园又一名教师被黄浦区评为好教师的光荣称号,两名教职工被评为园先进,这一件件先进事迹标志着文幼教职工整体向上的良好氛围。

一、坚持理论指导实践,努力学习邓小平理论,深刻领会"三个代表"重要思想,开展丰富多彩的群众精神文明创建活动……

二、关爱学校,服务他人,奉献社会……

三、积极参与社区活动,为建设学习型社区,提高社区文明水准做出我们的努力……

四、围绕创建目标,不断创新,逐步形成办园特色……

精神文明建设是一项长期而艰巨的工作,需要我们持之以恒,常抓不懈。我们要以邓小平的理论指导我们的工作,努力实践,不断探索,善于总结经验,努力提高教职工的政治素养,不断提升学校的办学水平,扎扎实实地争创文明单位,以优异的成绩向党的"十六"大献礼。

三、调查报告

(一) 调查报告的含义

调查报告是根据某种特定的需要,有计划地对典型事物、社会问题或工作情况等,进行认真调查研究后形成的书面报告形式的事务性文书。它的应用范围广泛,凡制定方针政策,解决实际问题,弄清事实真相,扶植新生事物,推广典型经验,都离不开调查报告。

调查研究是调查报告的基础,调查报告是调查研究结果的书面形式。所以,调查报告兼有调查和报告两种性质,调查是前提和基础,报告是调查的目的和归宿。

(二) 调查报告的特点

1. 针对性

调查报告是为了解决工作中亟待解决的某些问题而写作的,因此必须深入地了解、系统地剖析,根据国家的法律法规和方针政策,有针对性地进行调查和整理信息,及时反映情况,揭露存在的问题,提出迫切需要解决的问题,做到有的放矢,可以说,针对性是调查报告的灵魂。

2. 客观性

调查报告无论是研究新事物、总结新经验,还是揭示问题的真相,都必须反映事物的本质特征和客观规律。这些需要通过具体的情况、数字、经验和问题来说明,客观事实是调查报告存在的基础,真实性是调查报告的生命。

3. 指导性

调查报告就是要通过对调查材料的分析和研究,发现问题,找出对策。调查报告还是下级机关向上级机关及有关部门反映新情况、新问题,以取得上级机关的指导的一种工作方法,是上级机关向下级机关布置工作、传达精神的工作方式,具有较强的指导意义。

(三)调查报告的分类

1. 按调查的范围、内容分

(1)综合调查报告,即围绕一个中心问题,从多方面进行普遍调查,对取得的材料进行分析研究,综合整理而写出的关于这一问题的总体情况的调查报告。

(2)专题调查报告,即对某项工作、某个典型事件、某项业务或某个问题进行系统调查和分析研究后而写出的调查报告,内容单一,范围较小。

2. 按作用分

(1)反映基本情况的调查报告。这类调查报告在深入、系统地研究某一方面基本情况的基础上而写成,内容较全面,篇幅较长。

(2)介绍新思想、新作风、新事物的调查报告。这类报告要求比较具体而完整地反映新生事物产生的时代背景和自身发生、发展过程及所遇到的各种问题,要阐明它在整个现实生活中的意义与作用,揭示它的成长规律与发展方向。

(3)典型经验调查报告。这类报告要求把一个地区、一个部门、一个单位、一个方面的成功经验全面地总结、介绍出来,找出规律性的东西,供有关方面学习借鉴。

(4)揭露问题的调查报告。这类报告针对暴露出来的问题,进行深入、细致、全面的调查,弄清问题发生的原因,分析问题的实质、危害,并提出今后如何避免同类问题的发生。

(5)考查历史事实调查报告。这类报告在对某一历史事件进行周密调查后,用确凿的事实反映历史真相。

(四)调查报告的格式

1. 标题

(1)公文式标题。

由"事由+文种"组成,如《关于××市低保收入消费情况的调查报告》;也可由"时间+事由+文种"或"机关名称+事由"组成,如《××市农民工适龄儿童上学问题》《独生子女大学生发展状况调查分析》。

(2)新闻式标题。

单式标题:即用一句话或一两个短语概括调查报告的主题或要回答的问题,如《一场触目惊心的"发票游戏"》《浦东农村加快城市化步伐,农民生活方式发生新变化》等。

双式标题:即正标题加副标题。正标题写明调查的主题或中心,副标题揭示调查的范围、对象及文种,如《社区盛开科普花——上海市群众性精神文明创建活动调查》。

2. 正文

(1)前言。

前言没有固定的格式,可根据主题采用多种开头方法,常见的有以下几种:

说明调查法:即重点说明调查的方法,以显示调查成果的权威性、科学性,使读者信服调查报告的内容。

介绍对象法：即重点介绍调查对象的基本情况，为读者了解调查报告的主体内容打下基础。

概括主题法：即重点概括调查报告的主题，包括主要经验、主张或结论。

提出问题法：即提出调查报告要回答的问题，吸引读者看下文。

突出成绩或问题法：即对推广先进经验的调查报告，前言中应介绍调查对象取得的巨大成绩；对揭露社会问题的调查报告，重点说明问题的严重性，这样的开头能引人注目。

（2）主体。

主体的行文方法因调查报告种类的不同而不同，主要有以下格式。

横式结构：紧紧围绕主题，把调查的内容加以综合分析，按照不同的类别分别归纳成几个问题来写，每个问题可以加上小标题，每个问题里往往还包含着若干个小问题。典型经验性质的调查报告一般采用这样的结构。

纵式结构：其一是按调查研究事件的起因、发展和结局进行叙述与议论，一般情况调查报告和揭露问题的调查报告多采用这种写法；其二是按成绩、原因、结论层层递进的方式安排结构，一般综合分析性质的调查报告多采用这种形式。

纵横式结构：采用这种方式，一般是在叙述和议论发展过程时用纵式结构，写收获、认识和经验教训时采用横式结构。

对比式结构：通过两种不同事物的对比，来揭示问题的本质。这种对比的方法可以更深刻地让读者辨别某种现象的问题所在，也便于突现调查报告的中心旨意。

（3）结尾。

结尾是调查报告分析问题、得出结论、解决问题的必然结果，结尾通常有三种格式。

总结式：对调查报告进行归纳说明，总结主要观点，深化主题，以提高人们的认识。

展望式：对事物做出展望，提出努力的方向，启发人们进一步去探索。

补充式：补充交代正文中没有涉及而又值得重视的情况或问题。

问题式：指出尚存在的问题或不足，说明有待今后研究解决。

3. 落款

落款应署上调查者和调查报告完成的日期。有的公开发表的调查报告把调查者署在标题之下。

（五）调查报告写作的基本要求

1. 深入实际，详尽占有材料

调查报告必须在充分调查的基础上，认真进行科学研究，实现观点与材料的统一才有说服力。因此，必须全面调查，详尽地占有材料，才能形成正确的概念，写出有说服力的调查报告。

2. 实事求是，如实反映情况

在详尽地占有材料之后，要对材料进行认真的分析研究，从而分析其内容联系，形成对事物的正确判断。

3. 夹叙夹议，叙议结合

调查报告的行文多采用夹叙夹议、叙议结合的表达方式，对材料要有所取舍，议论时言简意赅，文字上力求通俗形象。

【例　文】

关于重庆市巫山县部分乡镇
铲苗种烟违法伤农事件的调查报告

赴重庆市巫山县调查组

(二○○○年六月二日)

　　根据国务院领导同志的指示精神,由国务院办公厅牵头,中央农村工作领导小组办公室、国务院研究室、农业部、国家税务总局和中央电视台参加组成的调查组,于5月28日至6月2日,赴重庆市巫山县就中央电视台"焦点访谈"节目反映的铲苗种烟、违法伤农事件进行了调查。调查组深入3个区5个乡镇,广泛听取农民群众和基层干部的意见。现将有关情况报告如下。

　　一、基本情况

　　巫山县是省定贫困县,1999年全县农民人均纯收入只有1242元。……

　　全县烤烟种植主要集中在河梁、官阳和骡坪3个区所属的15个乡镇。……

　　巫山县今年下达给官阳区的烤烟生产考核基数为4.1万担,目标任务为5.4万担,需种植烤烟1.3万~1.8万亩。该区适宜种烤烟的有36个村,耕地面积只有2.2万亩,人均仅1亩。……

　　官阳区适宜种植烤烟,种烤烟的收益高于种粮食(一般亩均收入800元以上,高于粮食3倍),但农民不愿意多种烤烟,尤其不赞成不留口粮田、强行烤烟净作的做法。……(总理批示:烟草公司这种做法是违法的,是变相摊派)

　　面对农民不愿多种烤烟的局面,官阳区及其所属4乡镇领导决定强行铲除农民多育的玉米苗和栽种的其他作物。据初步统计,4月上旬,全区铲苗行为涉及27个村1616户,共铲苗(包括折合可栽面积)1289.9亩。这次铲苗行为是官阳区党委和区公所统一部署,由区、乡镇党政主要领导带领包括武装部干部、治安人员在内的工作组突击进行的。在强行铲苗过程中,区、乡镇干部对阻止铲苗的农民进行殴打和体罚,甚至拘留农民,先后有人被打,其中2人致伤。

　　二、原因分析

　　巫山县官阳区发生的铲苗种烟事件,是一起违反党在农村的基本政策、侵犯农民合法权益、危害农民人身安全的严重事件。产生这一问题,既有客观因素,更有主观原因。主要表现在四个方面:

　　(一)地方财源严重不足,收不抵支。……

　　(二)县委、县政府对农业和农村经济结构调整的思路不够清楚,指导思想和工作方法有偏差。……

　　(三)严格的烤烟生产考核制度对事件的发生起了推波助澜的作用。……

　　(四)基层组织和基层民主政治建设薄弱,有些干部素质极差,作风粗暴。……

　　三、采取的措施

　　5月24日晚中央电视台"焦点访谈"节目播出了巫山县官阳区铲苗种烟、违法伤农事件后,市委、市政府主要领导同志高度重视,当晚,市委书记贺国强对这一事件的处理作出了明确批示。……

　　调查组一到巫山县,上访的农民群众络绎不绝,特别是到了事件发生地的官阳区,成百上千的农民群众自发地从周围各乡村赶来,纷纷要求向调查组反映情况。

巫山县委、县政府对处理这一事件采取了一些措施,但存在三个方面的问题:一是县区乡各级领导对这一事件的性质认识不到位,工作没有深入下去,面上情况不掌握;二是补偿不到位,目前只是对重点受害农户进行了补偿,面上绝大多数农民并没有得到补偿;三是处理不到位,目前只是对直接责任人员进行了处理,对这一事件负有直接责任的区、乡主要负责人没有处理。农民反映说,处理了小的(干部),保护了大的(干部)。

针对这些问题,调查组对县委、县政府下一步的工作提出了建议:第一,县委、县政府要把妥善处理这一事件作为当前的中心工作,并要统一思想,提高认识;第二,组织强有力的工作班子,迅速开展工作,全面查清情况,抓紧研究补偿方案;第三,本着从实、从优、从快的原则,帮助农民按其意愿尽快恢复生产。(总理批示:没有重庆市委、市政府领导的亲自过问,问题是解决不了的)

调查组回到重庆后,与市委、市政府的领导及有关部门的同志交换了意见,市委、市政府对下一步的工作作出了具体安排,并将就处理情况正式向国务院报告。

四、述职报告

(一)述职报告的含义

述职报告是领导干部向选举或任命机构、上级领导机关、主管部门及本单位的群众汇报自己在一定时期内履行职务责任的书面报告,是干部管理考核专用的一种事务性文种。

(二)述职报告的特点

1. 内容的规定性

根据有关规定,述职报告要从担任某一职务以来或某一段时间以来本人的德、能、勤、绩四方面进行陈述。述职者要根据自己所在岗位的职责和目标,说明做了什么、取得了哪些成绩、工作效率如何、还有哪些地方存在不足、工作上是否存在失误、工作作风如何等,不能离开自己的工作范围。

2. 自我评价性

述职报告不仅反映所在单位工作的情况,还要侧重陈述自己在任职中做了哪些工作,取得了哪些成绩和经验,这些具有自我评价性的特点,要用第一人称来写。对于考核者来说,仅仅根据述职者对工作的陈述,还不足以对述职者的成绩做出客观的考核,因此由述职者进行自评,可以为考核者提供参考依据。

3. 公务性

述职是一种十分严肃的公务活动,述职报告是干部考核、评优、晋升的一个重要依据,要求述职者客观地陈述自己履行岗位职责的情形,不允许随意夸大事实,甚至是虚构事实,更不允许掩盖工作中的失误。

(三)述职报告的分类

1. 从时间的角度分

有任期述职报告、年度述职报告、临时性述职报告、阶段性述职报告等。

2. 从表达方式分

有口头述职报告、书面述职报告等。

(四)述职报告的格式

1. 标题

述职报告的标题一般有三种格式。

(1) 只写"述职报告",即文种名。
(2) 写明任职时间、职务和文种名称。
(3) 正标题概述报告的主要内容,副标题写明职务和姓名。

2. 称谓

述职报告的称谓一般有"××领导""××考证组"等,一般口头述职报告可以用"各位领导""各位同志",向人大常委会述职的,要按照人大的惯例来写。

3. 正文

(1) 前言。

概括述职报告人的基本情况,并用"现将本人任职期内的情况报告如下"等引出主体部分。

(2) 主体。

主体大致有三种格式。

工作项目归类法:将自己所做的工作按性质加以分类,如思想方面、工作方面等,每一类作为一个层次依次进行阐述。

时间发展顺序式:将任期内的时间按先后顺序分成几个阶段来写,这种格式在任期述职报告中经常采用。

内容分类集中式:一般分为主要工作、突出成绩、经验教训、存在的问题和对策措施等,这种形式是最常用的。

(3) 结尾。

可以对自己做一个基本的评价,也可以简明扼要地写今后的打算。如果之前已经说过这些内容,也可以不写结尾部分。

4. 落款

常用"以上述职,请予审查""述职完毕,请批评""以上是我的述职报告,请指正"等作为结束语。

署上姓名和日期。如果姓名已出现在标题下则只需要署上日期。

(五) 述职报告写作的基本要求

1. 实事求是

述职报告的目的是让别人知道你在任职期间做了什么、效果怎样,所以要用真实而具体的材料来反映工作实绩,实事求是,不夸大事实,不无中生有。

2. 突出重点

述职报告一般要求全面具体,但也不能不分主次地"记流水账",要突出重点,分清主次。

3. 个性鲜明

述职报告要突出个性特征,切忌用套话、空话、大话,只有这样才能给听众留下深刻的印象。

【例 文】

述 职 报 告
××储备局副局长 ×××

我××××年协助局长分管劳动人事处、监察审计处、机关党委和离退休人员管理处等四个部门的工作。一年来在自治区党委和国家局的领导下,在分管部门的共同努力下,我局的党建工作、思想政治工作、劳动人员管理工作和监察审计工作以及离退休管理人员的管理等工作得到了加强,我的自身素质得到了提高,主要工作如下:

一、认真学习马列主义、毛泽东思想和邓小平理论,坚持党的"一个中心,两个基本点"的基本路线,坚持民主集中制原则和全心全意为人民服务的宗旨,自觉遵守中纪委有关领导干部廉洁自律的政策和规定,处理问题大事讲原则,办事公道正派,工作认真负责,注意搞好局领导之间的团结与协作。通过"三讲"教育,受到了一次较为深刻的马克思主义党性教育,提高了自身素质,增强了党性修养,思想上、政治上、作风上、纪律上都有明显进步。

二、我局的党建工作和思想政治工作,我在思想上和行动上是重视的,按照自治区党委和区直工委的部署和要求,紧紧围绕以经济建设为中心和做好储备部门的各项工作来开展,坚持对学员和干部职工进行政治理论、党的路线方针政策、形势任务、爱国主义、集体主义和社会主义教育,宣传先进典型,引导党员和干部职工树立正确的世界观、人生观、价值观,调动党员和干部职工的积极性、创造性,培养有理想、有道德、有文化、有纪律的职工队伍。一年来,采取不同形式组织党员和干部职工学习邓小平理论和党的"十五大"精神;开展学习抗洪英雄李向群和优秀共产党员王任光先进事迹的活动;开展揭批"法轮功"邪教组织的活动;参加自治区"三五"普法学习和考试;声讨以美国为首的北约轰炸我驻南使馆的暴行。除抓学习和教育外,还同机关党委经常分析研究我局党员和干部职工的思想动态、情绪要求,发现问题及时找其谈话,做好思想政治工作。我局的干部职工队伍是稳定的,精神状态是比较好的,干群关系、党政工青妇之间的关系是融洽的。通过抓思想政治工作,发挥了党组织的战斗堡垒作用,提高了党员干部职工的思想觉悟,调动了大家的工作热情,增强了责任心,确保了各项工作的完成。

三、劳动人事管理工作着重抓好以下三方面的工作:

(一)把握好政策。如工资政策、招工和安置政策、社会保障政策以及其他有关劳动人事方面的政策。特别是一些政策强而且又涉及职工切身利益的政策,做到严格把关,按政策规定办理,能够公开的政策就不搞神秘化。让职工懂得政策,有利于相互监督,执行好政策。在执行政策中发现办错后及时纠正。

(二)抓好各基层单位班子的建设。平时重视对局中层干部的管理、考察和考核。尽可能参加基层单位的党委民主生活会,及时掌握和了解班子的情况。对中层干部的任用,严格执行《党政领导干部选拔任用工作暂行条例》的规定。坚持德才兼备,任人唯贤,反对任人唯亲。考核干部坚持客观公正的原则,坚持按照考核程序和规定,听取有关层次人员的意见,在局党组没有研究决定任用前不许愿,不承诺。

(三)抓×××处"三项制度"的改革试点。×××处从××××年1月开始进行机构、劳动人事、分配制度改革。在改革中,通过会议形式和个别谈话,听取×××处干部职工的意见,并做好改革动员工作。改革后,机构设置合理,管理工作进一步理顺,劳动用工实行双向选择,分配上与单位效益挂钩,乱发钱物问题基本得以纠正,逐步改变了干部职工旧的计划经济传统观念,为今后进一步深化改革打下基础。

四、监察审计工作方面,按照中纪委和上级纪检监察部门的要求,把继续抓好领导干部廉政建设、抓大案要案和纠正行业不正之风等作为纪检监察部门的主要任务。一年来我局没有发生违法违纪案件,没有发现行业不正之风和乱收费现象,没有收到群众举报的信件。

我局在执行中共中央国务院关于党政机关厉行节约、制止奢侈浪费行为的八项规定方面是好的,如我局的各种会议做到了控制会议人员、控制会议时间,吃住基本是安排在内招。总之储备系统艰苦奋斗、勤俭节约的老传统还没有丢。

五、对离退休人员管理方面,主要是落实好他们的政治、生活待遇政策,组织他们学习,安排一些集体活动等。凡是政策规定的待遇都得到落实,我局对他们的生活是关心的,如一些文件要求给他们传达的,都能及时传达;过年过节除慰问外,还就近安排一些活动;有病住院的,组织有关部门去看望问候等。

在过去的一年里,自己做了一些工作,但大量具体的工作是同志们做的。自己在工作中也存在一些不足,主要是工作不够大胆,业务不够熟悉,思想政治工作有做不到家的地方,如机关个别同志纪律性不强等。在新的一年里,我将通过"三讲"教育,加强学习,克服不足,大胆管理,协助局长做好分管部门的工作,努力提高理论水平、业务水平和领导水平。

五、毕业论文

(一)毕业论文的含义

毕业论文是毕业生总结性的独立作业,是学生运用在校学习的基本知识和基础理论,去分析、解决一两个实际问题的实践锻炼过程,也是学生在校学习期间学习成果的综合性总结,是整个教学活动中不可缺少的重要环节。撰写毕业论文对于培养学生初步的科学研究能力,提高其综合运用所学知识分析问题、解决问题能力有着重要意义,它既是教学科研过程的一个环节,也是学业成绩考核和评定的一种重要方式。

(二)毕业论文的特点

1. 科学性

毕业论文的内容要真实可靠、使用的数据要准确有效。

2. 创造性

毕业论文可以改进,但不能照抄,要有独创性。

3. 逻辑性

毕业论文要求思路清晰、结构严谨。

4. 有效性

毕业论文必须公开发布或经同行答辩。

5. 学术性

毕业论文不同于科技报道和科普文章,它要求对事物进行抽象概括和论证,描述事物的本质,表现内容的专业性和系统性。

(三)毕业论文的分类

1. 按性质分类

按性质分,有专题型毕业论文、论辩型毕业论文、综述型毕业论文、综合型毕业论文。

2. 按规格分类

按规格分,有学年论文、毕业论文、硕士论文、博士论文。

(四)毕业论文的格式

1. 标题

标题是文章的眉目。毕业论文的标题一般分为总标题、副标题、分标题几种。

(1) 总标题。

总标题是文章总体内容的体现。常见的写法有：

揭示课题的实质。这种形式的标题,高度概括全文内容,往往就是文章的中心论点。它具有高度的明确性,便于读者把握全文内容的核心。诸如此类的标题很多,也很普遍。如《关于经济体制的模式问题》《经济中心论》《县级行政机构改革之我见》等。

提问式。这类标题用设问句的方式,隐去要回答的内容,实际上作者的观点是十分明确的,只不过语意婉转,需要读者加以思考罢了。这种形式的标题因其观点含蓄,易引起读者的注意。如《家庭联产承包制就是单干吗?》《商品经济等同于资本主义经济吗?》等。

交代内容范围。这种形式的标题,从其本身的角度看,看不出作者所指的观点,只是对文章内容的范围做出限定。拟定这种标题,一方面是文章的主要论点难以用一句简短的话加以归纳;另一方面,交代文章内容的范围,可引起同仁读者的注重,以求引起共鸣。这种形式的标题也较普遍。如《试论我国农村的双层经营体制》《正确处理中心和地方、条条与块块的关系》《战后西方贸易自由化剖析》等。

用判定句式。这种形式的标题给予全文内容的限定,可伸可缩,具有很大的灵活性。文章研究对象是具体的,面较小,但引申的思想又须有很强的概括性,面较宽。这种从小处着眼、大处着手的标题,有利于科学思维和科学研究的拓展。如《从乡镇企业的兴起看中国农村的希望之光》《科技进步与农业经济》《从"劳动创造了美"看美的本质》等。

用形象化的语句。如《激励人心的治理体制》《科技史上的曙光》《普照之光的理论》等。

(2) 副标题和分标题。

为了点明论文的研究对象、研究内容、研究目的,对总标题加以补充、解说,有的论文还可以加副标题。另外,为了强调论文所研究的某个侧重面,也可以加副标题。如《如何看待现阶段劳动报酬的差别——也谈按劳分配中的资产阶级权利》《开发蛋白质资源,提高蛋白质利用效率——探讨解决吃饭问题的一种发展战略》等。

设置分标题的主要目的是为了清楚地显示文章的层次。有的用文字,一般都把本层次的中心内容昭然其上;也有的用数码,仅标明"一、二、三"等顺序,起承上启下的作用。需要注重的是：无论采用哪种形式,都要紧扣所属层次的内容,以及上文与下文的联系紧密性。

2. 摘要

摘要是全文内容的缩影。在这里,作者以极经济的笔墨,勾画出全文的整体面目;提出主要论点、揭示论文的研究成果、简要叙述全文的框架结构。

摘要是正文的附属部分,一般放置在论文的篇首。

写作摘要的目的在于：

(1) 为了使指导老师在未审阅论文全文时,先对文章的主要内容有个大体上的了解,知道研究所取得的主要成果,研究的主要逻辑顺序。

(2) 为了使其他读者通过阅读摘要,就能大略了解作者所研究的问题,假如产生共鸣,则再进一步阅读全文。在这里,摘要成了把论文推荐给众多读者的"广告"。

因此,摘要应把论文的主要观点提示出来,便于读者一看就能了解论文内容的要点。论文摘要要求写得简明而又全面,不要啰哩啰唆抓不住要点或者只是干巴巴的几条筋,缺乏说明观点的材料。

摘要可分为报道性摘要和指示性摘要。

报道性摘要,主要介绍研究的主要方法与成果以及成果分析等,对文章内容的提示较全面。指示性摘要,只简要地叙述研究的成果(数据、看法、意见、结论等),对研究手段、方法、过程等均不涉及。毕业论文一般使用指示性摘要。

3. 关键词

关键词是标示文献关键主题内容,但未经规范处理的主题词。它是为了文献标引工作,从论文中选取出来,用以表示全文主要内容信息款目的单词或术语。一篇论文可选取 3~8 个词作为关键词。

4. 目录

一般说来,篇幅较长的毕业论文,都没有分标题。设置分标题的论文,因其内容的层次较多,整个理论体系较庞大、复杂,故通常设目录。

设置目录的目的主要是:

(1)使读者能够在阅读该论文之前对全文的内容、结构有一个大致的了解,以便读者决定是读还是不读,是精读还是略读等。

(2)为读者选读论文中的某个分论点时提供方便。长篇论文,除中心论点外,还有许多分论点。当读者需要进一步了解某个分论点时,就可以依靠目录而节省时间。

目录一般放置在论文正文的前面,因而是论文的导读图。要使目录真正起到导读图的作用,必须注重:

准确。目录必须与全文的纲目相一致。也就是说,本文的标题、分标题与目录存在着一一对应的关系。

清楚无误。目录应逐一标注该行目录在正文中的页码。标注页码必须清楚无误。

完整。目录既然是论文的导读图,因而必然要求具有完整性。也就是要求文章的各项内容,都应在目录中反映出来,不得遗漏。

目录有两种基本类型:

(1)用文字表示的目录。

(2)用数码表示的目录。这种目录较少见。但长篇大论,便于读者阅读,也有采用这种方式的。目录按章、节、条三级标题编写,要求标题层次清晰。目录中的标题要与正文中标题一致。目录中应包括绪论、论文主体、结论、致谢、参考文献、附录等。

5. 正文

一般来说,学术论文主题的内容应包括以下三个方面:

(1)事实根据(通过本人实际考察所得到的语言、文化、文学、教育、社会、思想等事例或现象)。提出的事实根据要客观、真实,必要时要注明出处。

(2)前人的相关论述(包括前人的考察方法、考察过程、所得结论等)。理论分析中,应将他人的意见、观点与本人的意见、观点明确区分。无论是直接引用还是间接引用他人的成果,都应该注明出处。

(3)本人的分析、论述和结论等。做到使事实根据、前人的成果和本人的分析论述有机地结合,注意其间的逻辑关系。

6. 结论

结论应是毕业论文的最终的、总体的结论,换句话说,结论应是整篇论文的结局、是整篇论文的归宿,而不是某一局部问题或某一分支问题的结论,也不是正文中各段的小结的简单重复。结论是该论文结论应当体现作者更深层的认识,且是从全篇论文的全部材料出发,经过推理、判断、归纳等逻辑分析过程而得到的新的学术总观念、总见解。结论可采"结论"等字样,要求精练、准确地阐述自己的创造性工作或新的见解及其意义和作用,还可提出需要进一步讨论的问题和建议。结论应该准确、完整、明确、精练。

该部分的写作内容一般应包括以下几个方面:
(1) 本文研究结果说明了什么问题;
(2) 对前人有关的看法做了哪些修正、补充、发展、证实或否定;
(3) 本文研究的不足之处或遗留未予解决的问题,以及对解决这些问题的可能的关键点和方向。

7. 致谢

按照 GB7713—87 的规定,致谢语句可以放在正文后,体现对下列方面致谢:国家科学基金、资助研究工作的奖学金基金、合同单位、资助和支持的企业、组织或个人;协助完成研究工作和提供便利条件的组织或个人;在研究工作中提出建议和提供帮助的人;给予转载和引用权的资料、图片、文献、研究思想和设想的所有者;其他应感谢的组织和人。在我们的毕业论文中的致谢里主要感谢导师和对论文工作有直接贡献及帮助的人士和单位。

8. 参考文献

在学术论文后一般应列出参考文献(表),其目的有三个:
(1) 为了能反映出真实的科学依据;
(2) 为了体现严肃的科学态度,分清是自己的观点或成果还是别人的观点或成果;
(3) 为了对前人的科学成果表示尊重,同时也是为了指明引用资料出处,便于检索。毕业论文的撰写应本着严谨、求实的科学态度,凡有引用他人成果之处,均应按论文中所出现的先后次序列于参考文献中,并且只列出正文中以标注形式引用或参考的有关著作和论文,参考文献应按正文中出现的顺序列出直接引用的主要参考文献。

9. 附录

对于一些不宜放入正文中、但作为毕业论文又是不可缺少的部分,或有重要参考价值的内容,可编入毕业论文附录中。例如问卷调查原件、数据、图表及其说明等。

(五) 毕业论文写作的基本要求

通常来说,客观公正、论证翔实、严密等是毕业论文写作中的基本原则。具体来说,毕业论文写作的基本要求主要包括:

1. 理论客观,具有独创性

文章的基本观点必须来自具体材料的分析和研究中,所提出的问题在本专业学科领域内有一定的理论意义或实际意义,并通过独立研究,提出自己一定的认知和看法。

2. 论据翔实,富有确证性

毕业论文要做到旁征博引,多方佐证,论文中所用的材料应做到言必有据,准确可靠,精确无误。

3. 论证严密,富有逻辑性

提出问题、分析问题和解决问题,要符合客观事物的发展规律,全篇论文形成一个有机的整体,使判断与推理言之有序,天衣无缝。

4. 体式明确,标注规范

论文必须以论点的形成构成全文的结构格局,以多方论证的内容组成文章丰满的整体,以较深的理论分析辉映全篇。此外,论文的整体结构和标注要求规范得体。

5. 语言准确、表达简明

论文最基本的要求是读者能看懂。因此,要求文章想得清,说得明,想得深,说得透,做到深入浅出,言简意赅。

【例 文】

浅析会计电算化

【摘要】会计电算化是审计变革的催化剂,它将大大加快利用现代信息技术,按照审计环境要求进行审计变革的进程。会计电算化的普及对传统的会计理论和实务都提出了新的问题和要求,必然对以会计为基础的审计产生重大影响,需要我们根据这些影响研究和采取相应的对策,以达到审计的目的,切实有效地防范审计风险。

【关键词】会计电算化;审计

中图分类号:F22 文献标示码:A 文章编号:1002-6809(2007)0710061-02

一、会计电算化对审计工作的影响

世界经济的快速发展,计算机技术的广泛应用,使会计电算化已成为现实并广泛应用。在我国,目前虽然没有完成普及会计电算化,但是,由于计算机可以大量存储信息并容易调用,不仅可以提高会计信息处理的及时性和准确性,而且从广度上还大大扩展了会计数据的领域。所以,会计电算化取代手工会计是不可逆转的历史潮流。以会计为基础的审计必然发生相应的变化,会计电算化必然对以会计为基础的审计在审计线索的获取、审计的内容、审计程序和方法及审计风险等多方面产生重大的影响。

二、开展计算机审计技术的必要性

由于会计电算化的推行,审计人员开展审计工作时的审计风险不断增大。因而,不论对手工系统还是对电算化系统进行审计,进行风险的重新评估是必不可少的。同时由于计算机的应用,使计算机作弊不留痕迹,更具有隐蔽性。因而,在美国有58%的内部审计部门参与了系统检测,而35%则被要求在系统运行前,对新系统签字批准,19%有权参与修改程序的审批,64%检查了程序编码,73%参与了系统研制阶段的审核,虽然采取了各种措施防止使用计算机作弊,但是,全世界每年通过计算机被盗走的资金高达数百亿美元。这无疑给审计增加了查处的难度和风险,正如国际会计联合会会长曾指出的:"会计师将不得不对实际上通过计算机报告的财务信息承担责任。"

在电算化系统下,数据由计算机集中处理,其发生错误的可能性比较小。目前,不少软件都有取消审计、反记账、反结账的功能,可以对会计记录进行不留痕迹的修改,特别是当有关人员故意篡改程序时,在电算化系统下就更不易被察觉,而程序一旦被篡改,就会导致连锁性、重复性错误。内存资料可以毫不留痕迹地被消除篡改,若没有相关内部控制制度,其对于会计报表的影响是无法估量的。从总体上看,在电算化系统下,固有风险更大一些,多数情况下,审计人员可以把它设定为100%。

电算化系统下,数据处理的环节减少,并且数据处理过程都是不可见的,手工系统下一些原有的控制便不复存在。一般来说电算化系统下的控制风险和手工系统下的相比更高一些。因而对电算化系统应采取更广泛的符合性测试。由于固有风险和控制风险都有上升的趋势,若要把审计风险维持在一个可以接受的水平上,就必须把检查风险降低到一个较低的水平上。这就要求审计人员必须相应扩大实质性测试的内容及范围。

三、会计电算化的转变

电算化软件开发要从以会计准则、会计制度为准型,向以会计准则、会计制度和计算机核算特点相结合型转变。

1. 会计平衡验证方面的转变。……
2. 日记账和明细账功用的转变。……
3. 会计信息传输形式的转变。……

四、会计电算化对会计方法的影响

五、改造会计方法

会计电算化在过去的发展历程中,基本上是按传统的会计方法来处理会计事务,会计软件除了作些小的改造,无法取得突破性的进展。例如:

(一) 会计科目级别的命名。……
(二) 会计科目代码的统一。……
(三) 记账凭证种类的统一。……
(四) 三大会计报表的统一。……
(五) 账簿形式的改造。……
(六) 取消中间过程表式的输出。……
(七) 强化内部控制制度。……

参考资料:

[1] 邓钠.商业银行会计信息失真原因分析及防治[J].安阳师范学院学报,2004,(05).

[2] 张文祥.信息系统环境下审计风险的特征与控制对策研究[J].财会通讯(学术版),2005,(11).

[3] 陈辉军.会计电算化对会计工作的影响[J].当代经理人(中旬刊),2006,(21).

[4] 韩光强,张永.现代审计发展的新阶段——网络审计[J].企业经济,2004,(11).

[5] 郑娟.会计电算化对会计工作的影响[J].科技资讯,2005,(27).

【思考与练习】

1. 计划的含义与特点是什么?
2. 请说明总结的格式。
3. 请说明调查报告的分类与写作格式。
4. 请说明述职报告的格式与写作要求。
5. 请说明毕业论文的格式。
6. 请根据以下情况,为××厂拟订一份工作方案。

××厂为了调动职工的积极性,保证完成和超额完成生产任务,决定在全厂内推行××岗位责任制先进经验,要求开好三个会(动员会、经验交流会、总结表彰会),搞好试点工作,组织职工讨论,充分发扬民主,各方面配合,从7月份上旬开始,利用一个半月至两个月的时间完成这项任务。

第三节　专用文书写作

一、劳动合同

（一）劳动合同的含义

劳动合同，是劳动者与用工单位之间确立劳动关系，明确双方权利和义务的协议。

劳动合同是劳动者实现劳动权的重要保障，是用人单位合理使用劳动力、巩固劳动纪律、提高劳动生产率的重要手段，是减少和防止发生劳动争议的重要措施。

（二）劳动合同的特点

1. 主体的特定性

劳动合同的主体由特定的用人单位和劳动者双方构成：劳动合同当事人的一方必须是国家机关、企业事业单位、社会团体和私人雇主等，另一方是劳动者本人。

2. 标的的特殊性

劳动合同的标的是劳动者的劳动行为：以劳动行为作为劳动合同标的，要求劳动者按照用人单位的指示提供劳动，劳动者提供劳动本身便是劳动合同的目的。

3. 内容的广泛性

劳动合同的内容涉及劳动者完成再生产的过程：劳动力有自然老化的过程，劳动力还有本身再生产的特征。劳动者自身老化的需求和劳动力再生产的需求都需要以劳动者的劳动来满足，因而成为劳动合同不可缺少的内容。

4. 目的的特殊性

劳动合同的目的在于劳动过程的实现，而不是劳动成果的给付；劳动合同的目的在于确立劳动关系，使劳动过程得以实现。

5. 履行中的从属性和非强制性

劳动者实施劳动行为时，必须服从用人单位的时间安排，必须按照用人单位的要求完成其劳动过程，必须接受用人单位的指示。但需强调的是，劳动者的人身不能强制。

6. 权利义务的延续性

劳动合同权利义务的延续性渊源于劳动者劳动力再生产的自然属性。这种延续性表现在两个方面：

（1）在劳动合同的有效期内，劳动者即使未向用人单位提供劳动，在一定条件下对用人单位仍有劳动报酬的请求权，用人单位仍有支付劳动报酬的义务；

（2）在劳动合同终止或解除后，用人单位仍对劳动者负有相应的责任。

7. 内容的法定性

合同的基本要义在于当事人双方的合意，这在劳动合同中也是一样的。有所不同的是，劳动合同的内容具有更多的法定性。如劳动合同一般有试用期限的规定：我国《劳动法》第21条和《劳动合同法》第17条、第19条的规定，劳动合同可以约定试用期，但试用期最长不得超过6个月。

（三）劳动合同的分类

1. 按合同的内容，分为劳动合同制范围以内的劳动合同和劳动合同制范围以外的劳动合同。

2. 按合同的形式,分为要式劳动合同和非要式劳动合同。

3. 按合同的期限,分为有固定期限的劳动合同、无固定期限的劳动合同和以完成一定工作为期限的劳动合同。

(四) 劳动合同订立的原则

1. 平等自愿原则

合同当事人的地位是平等的,一方不得把自己的意志强加于另一方。双方的权利和义务也是对等公平的。

2. 协商一致原则

合同当事人依法享有自愿订立合同的权利,任何单位或个人不得非法干预、强迫签订或强迫不许签订、强迫接受某条款或强迫放弃某条款。

3. 诚实信用原则

双方在订立合同前,应坦诚地向对方讲明有关情况,不得故意隐瞒或有意夸大,更不能搞欺诈,订立合同应以诚为本。

4. 遵纪守法原则

签订合同是一种法律行为,当事人订立、履行合同,应当遵守法律法规、尊重社会公德,不得扰乱社会经济秩序,不得损害社会公共利益。

依法订立的合同,受法律保护,对当事人具有法律约束力,当事人应当按照合同的约定履行自己的义务。

(五) 劳动合同的格式

1. 首部

首部有标题和当事人。劳动合同的标题是合同性质和内容的标志,当事人是指当事人所在单位名称或当事人姓名,并写明双方在合同中的关系,多用"甲方""乙方"代指。

2. 正文

合同的正文是合同的主体,是合同实质性内容的部分,是合同的关键。正文多采用条款式,主要条款有:

(1) 劳动合同期限;

(2) 工作内容和工作地点;

(3) 工作时间和休息休假;

(4) 劳动报酬;

(5) 社会保险;

(6) 劳动保护、劳动条件和职业危害防护;

(7) 法律、法规规定应当纳入劳动合同的其他事项。

此外,用人单位与劳动者可以约定试用期、培训、保守秘密、补充保险和福利待遇等其他事项。

3. 尾部

合同尾部有当事人情况,即当事人或委托代理人所在单位、姓名、签字、盖章等。

(六) 劳动合同写作的基本要求

1. 签订要谨慎

签订劳动合同是一种法律行为,一旦签订,就要负法律责任。为此,签订之前要认真确认有关信息,签订合同时要逐字推敲,绝不能马虎大意。

2. 条款要齐备

劳动合同的条款不能缺,如果缺少,履行合同就会有困难,双方就会有纠纷。

3. 内容要具体

合同的每一条款,内容越具体越好。考虑周全、设想全面、防止疏漏,这样签订的合同就能达到内容具体的要求。

4. 用词要准确

合同用词要确切,忌笼统、含糊。

【例　文】

劳 动 合 同

甲方:

乙方:

根据《中华人民共和国劳动法》的有关规定,甲乙双方经平等协商一致,自愿签订本标准劳动合同,共同遵守本合同所列条款。

一、劳动合同期限

第一条　本合同劳动期限××××年×月×日至××××年×月×日。

二、工作内容

第二条　甲方同意根据乙方工作需要,派遣人员×名担任××工作。

第三条　甲方所派遣人员应遵守乙方依法制定的规章制度,服从乙方管理。

三、劳动保护和劳动条件

第四条　乙方负责对甲方进行职业道德、业务技术、劳动安全、劳动纪律和甲方规章制度的教育。

第五条　乙方承担甲方派遣人员(本市外)入店车费,负责工作期间住宿。

四、劳动报酬

第六条　乙方每月×日以人民币形式支付甲方所派遣人员工资,月×元。

第七条　有下列情形之一的,甲乙双方应变更劳动合同并及时办理变更合同手续。

1. 甲乙双方协商一致的;

2. 立本合同所依据的客观情况发生重大变化,致使本合同无法履行的。

五、当事人约定的其他内容

第八条　乙方同意付甲方准备金(月总工资的20%)×元,准备金由乙方提供派遣计划的同时交付,准备金计入首月工资内。

第九条　甲方所派遣人员有下列情形之一,乙方可以解除本合同:

1. 在试用期间被证明不符合录用条件的;

2. 严重违反劳动纪律和规章制度的;

3. 严重失职、营私舞弊,对乙方利益造成重大损害的;

4. 被依法追究刑事责任的。

第十条　双方解除合同应提前30天通知对方、双方当事人在合同期满30日内可向对方续订合同。

六、违约责任

第十一条 甲乙双方必须严格履行劳动合同,除遇有特殊情况,经双方协商一致不能履行劳动合同的有关内容外,任何一方违反合同给对方造成经济损失的,应根据其后果和责任大小,给对方赔偿经济损失。赔偿金额按有关规定或实际情况确定。

七、劳动争议处理及其他

第十二条 双方因履行本合同发生争议,当事人应当自劳动争议发生之日起,60日内向劳动争议仲裁委员会申请仲裁。当事人一方也可以直接向劳动争议仲裁委员会申请仲裁。

第十三条 本合同未尽事宜或与今后国家、市人民政府有关规定相悖的,按有关规定执行。

第十四条 本合同一式两份,甲乙双方各执一份。

甲方(盖章): 　　　　　　　　　　　乙方(盖章):
日期: 　　年　　月　　日 　　　　　日期: 　　年　　月　　日

二、借款合同

(一) 借款合同的含义

借款合同,是当事人约定一方将一定种类和数额的货币所有权移转给他方,他方于一定期限内返还同种类同数额货币的合同。其中,提供货币的一方称贷款人,受领货币的一方称借款人。

(二) 借款合同的特征

1. 以金钱为标的

借款合同的标的物是一种作为特殊种类物的金钱,当贷款人将借款即货币交给借款人后,货币的所有权移转给了借款人,借款人可以处分所得的货币。这是借款合同的目的决定的,也是货币这种特殊种类物作为其标的物的必然结果。

2. 形式的灵活性

借款合同一般为要式合同,应当采用书面形式。自然人之间的借款合同的形式可以由当事人约定。借款合同一般为有偿合同(有息借款),也可以是无偿合同(无息借款)。

(三) 借款合同的格式

1. 首部

首部有标题和当事人。其中的当事人有贷款方、借款方、保证方。

2. 正文

合同的正文是合同的主体,是合同的关键。正文多采用条款式,主要条款有:贷款种类、借款用途、借款金额人民币(大写)元整、借款利率、借款和还款期限、还款资金来源及还款方式、保证条款、违约责任等。

3. 尾部

合同尾部有当事人情况,即当事人双方及保证方姓名、签字、盖章等。

【例　文】

借款合同

贷款方：
借款方：
保证方：

借款方为进行生产(或经营活动),向贷款方申请借款,并聘请××作为保证人,贷款方也已审查批准,经三方(或双方)协商,特订立本合同,以便共同遵守。

第一条　贷款种类……
第二条　借款用途……
第三条　借款金额人民币××××(大写)元整
第四条　借款利率借款利息为千分之×,利随本清,如遇国家调整利率,按新规定计算
第五条　借款和还款期限……
第六条　还款资金来源及还款方式

1. 还款资金来源：……
2. 还款方式：……

第七条　保证条款

1. 借款方用做抵押,到期不能归还贷款方的贷款,贷款方有权处理抵押品。借款方到期如数归还贷款的,抵押品由贷款方退还给借款方。

2. 借款方必须按照借款合同规定的用途使用借款,不得挪作他用,不得用借款进行违法活动。

3. 借款方必须按照合同规定的期限还本付息。

4. 借款方有义务接受贷款方的检查,监督贷款的使用情况,了解借款方的计划执行、经营管理、财务活动、物资库存等情况。借款方应提供有关的计划、统计、财务会计报表及资料。

5. 需要有保证人担保时,保证人履行连带责任后,有向借贷方追偿的权利,借贷方有义务对保证人进行偿还。

第八条　违约责任

一、借款方的违约责任

1. 借款方不按合同规定的用途使用借款,贷款方有权收回部分或全部贷款,对违约使用的部分,按银行规定的利率加收罚息。情节严重的,在一定时期内,银行可以停止发放新贷款。

2. 借款方如逾期不还借款,贷款方有权追回借款,并按银行规定加收罚息。借款方提前还款的,应按规定加(减)收利息。

3. 借款方使用借款造成损失浪费或利用借款合同进行违法活动的,贷款方应追回贷款本息,有关单位对直接责任人应追究行政和经济责任。情节严重的,由司法机关追究刑事责任。

二、贷款方的违约责任

1. 贷款方未按期提供贷款,应按违约数额和延期天数,付给借款方违约金。违约金数

额的计算应与加收借款方的罚息计算相同。

2. 银行、信用合作社的工作人员,因失职行为造成贷款损失浪费或利用借款合同进行违法活动的,应追究行政和经济责任。情节严重的,应由司法机关追究刑事责任。

第九条　解决合同纠纷的方式

执行本合同发生争议,由当事人双方协商解决。协商不成,双方同意由仲裁委员会仲裁或向人民法院起诉。

第十条　其他

本合同非因《借款合同条例》规定允许变更或解除合同的情况发生,任何一方当事人不得擅自变更或解除合同。当事人一方依照《借款合同条例》要求变更或解除本借款合同时,应及时采用书面形式通知其他当事人,并达成书面协议。本合同变更或解除之后,借款方已占用的借款和应付的利息,仍应按本合同的规定偿付。

本合同如有未尽事宜,须经合同双方当事人共同协商,作出补充规定,补充规定与本合同具有同等效力。

本合同正本一式三份,贷款方,借款方,保证方各执一份;合同副本一式,报送等有关单位(如经公证或鉴证,应送公证或鉴证机关)各留存一份。

贷款方:(签字)

地址:　　　　　　　　　　　　电话号码:

借款方:(签字)

地址:　　　　　　　　　　　　电话号码:

保证方:(签字)

地址:　　　　　　　　　　　　电话号码:

【思考与练习】

1. 劳动合同的含义与特点是什么?
2. 请说明借款合同的格式与写作要求。

第四节　日常应用文写作

一、求职信

（一）求职信的含义

求职信是谋求职位的人向有关单位举荐自己并希望得到任用的专用书信，它是一种私人对公并有求于公的信函。

（二）求职信的特点

1. 针对性

为了达到求职的目的，要研究自荐过程中可能遇到的情况、问题，从用人单位和自身条件入手，认真、客观分析自己的优势与劣势。

2. 自荐性

要实事求是地自我推荐，把自己的长处和优势客观地、充分地表达出来，让用人单位受到你的自信的感染，获得一个良好的印象。

3. 竞争性

为了在激烈的竞争中取胜，要对用人单位的特点、求职岗位的要求、自身的条件进行具体的分析和归纳。要勇于挑战，竭尽全力去竞争。

（三）求职信的分类

（1）从成文的角度看，有自写的求职信、他人推荐而写的求职信等。

（2）从内容或行业看，有技术性求职信、销售型求职信、生产性求职信、演艺性求职信、医疗性求职信等。

（3）从求职的时间看，有短期性求职信、中期性求职信、长期性求职信等。

（4）从求职的要求看，有基本要求的求职信、有具体要求的求职信等。

（四）求职信的格式

求职信的格式主要有称谓、问候语、正文、结尾、署名、成文时间、附件几部分。

1. 称谓

称谓写在第一行，要顶格写受信者单位名称或个人姓名。单位名称后可加"负责同志"；个人姓名后可加"先生""女士""同志"等。在称谓后写冒号。

求职信不同于一般私人书信，受信人未曾见过面，所以称谓要恰当，郑重其事。

2. 问候语

一般不用亲切的问候语，通常用"您好""打扰了"等。

3. 正文

正文要另起一行，空两格开始写求职信的内容。这是求职信的重点，要写得合理、紧凑，重点介绍自己求职的各种有利条件，以引起对方的注意和兴趣。

第一，写求职的原因。首先简要介绍求职者的自然情况，如姓名、年龄、性别等。接着要直截了当地说明从何渠道得到有关信息以及写此信的目的。这段是正文的开端，也是求职的开始，介绍有关情况要简明扼要，对所求的职务，态度要明朗。要吸引受信者有兴趣将你的信读下去，因此开头要有吸引力。

第二,写对所谋求的职务的看法以及对自己的能力要作出客观公允的评价,这是求职的关键。写这段内容,语言要中肯,恰到好处;态度要谦虚诚恳,不卑不亢。达到见字如见其人的效果。要给受信者留下深刻印象,进而相信求职者有能力胜任此项工作。这段文字要有说服力。

第三,提出希望和要求,向受信者提出希望和要求。如"希望您能为我安排一个与您见面的机会"或"盼望您的答复"或"敬候佳音"之类的语言。这段属于信的内容的收尾阶段,要适可而止,不要啰唆,不要苛求对方。

4. 结尾

另起一行,空两格,写表示敬祝的话。如"此致"之类的词,然后换行顶格写"敬礼"或祝"工作顺利""事业发达"等相应词语。这两行均不点标点符号,不必过多寒暄。

5. 署名和日期

写信人的姓名和成文日期写在信的右下方。姓名写在上面,成文日期写在姓名下面。

6. 附件

有说服力的附件是对求职者的鉴定的凭证。所以求职信的附件是不可忽视的组成部分。

附件可在信的结尾处注明。然后将附件的复印件单独订在一起随信寄出。附件不需太多,但必须有分量,足以证明你的才华和能力。

(五) 求职信写作的基本要求

1. 语气自然

语言和句子要简单明了。写信就像说话一样,语气可以正式但不能僵硬,语言要直截了当。

2. 通俗易懂

写作要考虑读者对象的知识背景,不要使用生僻词语、专业术语。

3. 言简意赅

在重点突出、内容完整的前提下,尽可能简明扼要,切忌面面俱到。

4. 具体明确

不使用模糊、笼统的字眼;多使用实例、数字等具体的说明。

【例 文】

求 职 信

尊敬的学校领导:

您好!

诚挚地感谢您在百忙之中抽出宝贵的时间来翻阅我的求职书。我叫×××,是××××职业学院2012届的毕业生。很荣幸有机会向您呈上我的个人资料。在投身社会之际,为了找到适合自己且有兴趣的工作,更好地发挥自己的才能,实现自己的人生价值,谨向各位领导作一自我推荐。现将自己的情况简要介绍如下:作为一名学前教育专业的大学生,我热爱我的专业并为其投入了巨大的热情和精力。在几年的学习生活中,本人系统学习了教育学、心理学、普通心理学、声乐、舞蹈、美术、学前教育学、幼儿教育心理学、卫生学、幼儿教育研究方法等课程。我正处于人生中精力充沛的时期,我渴望在更广阔的天地里展露自己的才能,我不满足于现有的知识水平,期望在实践中得到锻炼和提高,因此我希望能够加入你们的单位。我会踏踏实实地做好属于自己的一份工作,竭尽全力地在工作中取得好的成绩。我相信经过自己的勤奋和努力,一定会做出应有的贡献。感谢您在百忙之中所给予我的关注,愿贵单位事业蒸蒸日上,屡创佳绩;祝您的事业百尺竿头,更进一步!我相信领导一定会是伯乐,能在人才之海中用自己不同寻常的眼光找到自己需要的千里之马!

此致
敬礼

求职人:×××
××××年×月×日

【例 文】

求 职 信

尊敬的领导:

您好!

我是××大学×××系的一名学生,即将面临毕业。

××大学是我国××人才的重点培养基地,具有悠久的历史和优良的传统,并且素以治学严谨、育人有方而著称;××大学××系则是全国×××学科基地之一。在这样的学习环境下,无论是在知识能力,还是在个人素质修养方面,我都受益匪浅。

四年来,在师友的严格教益及个人的努力下,我具备了扎实的专业基础知识,系统地掌握了××××、××××等有关理论;熟悉涉外工作常用礼仪;具备较好的英语听、说、读、写、译等能力;能熟练操作计算机办公。同时,我利用课余时间广泛地涉猎了大量书籍,不但充实了自己,也培养了自己多方面的技能。更重要的是,严谨的学风和端正的学习态度塑造了我朴实、稳重、创新的性格特点。

此外,我还积极地参加各种社会活动,抓住每一个机会锻炼自己。大学四年,我深深地感受到,与优秀学生共事,使我在竞争中获益;向实际困难挑战,让我在挫折中成长。祖辈们教我勤奋、尽责、善良、正直;××大学培养了我实事求是、开拓进取的作风。我热爱贵单位所从事的事业,殷切地期望能够在您的领导下,为这一光荣的事业添砖加瓦,并且在实践中不断学习、进步。

收笔之际,郑重地提一个小小的要求:无论您是否选择我,尊敬的领导,希望您能够接受我诚恳的谢意!

祝愿贵单位事业蒸蒸日上!

×××
××××年×月×日

二、申论

(一) 申论的含义

申论,是中国内地国家公务员进行资格考试的其中一个科目。在公务员考试中,通过对设定资料的阅读,回答有关问题,考查应试者七种能力(阅读理解能力、分析判断能力、提出和解决问题的能力、语言表达能力、文体写作能力、时事政治运用能力、行政管理能力)的一种考试形式。

(二) 申论考试的特点

1. 测试形式灵活多样

申论测试除了所给出的材料部分外,其答卷一般由三部分组成:一是概括部分,二是方案部分,三是议论部分。就文体而言,概括部分可能是记叙文、说明文、议论文、应用文中的某一种形式,也可能综合了多种文体形式;方案部分,则是应用文写作;第三部分自然是议论文写作了。从这个意义上来说,申论测试既考查了普通文体的写作能力,也考查了公文写作能力,测试形式非常灵活、实用。

2. 测试背景资料涉及面广

申论测试的目的是为了选拔国家公务员,因此十分注重对考生的分析、判断、解决问题的能力等综合素质的测试。为反映这一要求,申论所给定背景资料涵盖了政治、经济、法律、教育等诸多方面的内容,涉及范围极其广泛,且表述比较准确,一般不会出现偏差。

申论的背景资料所反映的问题大部分已有定论,也有一些问题尚无定论或存在争议,需要考生自己去理解、分析和判断,并做出结论。至于一些难以定论的问题,特别是一些争议激烈的前沿问题,一般不会成为背景材料。

3. 测试目的针对性强

申论测试考查的目的明确,针对性很强,即主要考查考生阅读、分析、概括、解决问题的能力。这些能力主要通过对背景材料的分析、概括、论述体现出来,从所提出的方案对策是否具有针对性和可行性体现出来。从这一角度看,考查的目的与测试的命题是密切相关的有机整体:目的具有针对性,试题也具有针对性;试题为测试的目的服务,目的则是试题设计的指导思想。

4. 测试标准具有先进性和国际性

选拔公务员的申论测试,一开始就借鉴了一些发达国家的先进经验,不仅注重对应试人员能力和素质的考查,而且也注重对应试人员将要从事行政机关工作和岗位职责所需要的能力素质的考查。在科目设置、考试形式上都是按国际标准设计的,在内容上体现了中国特色。

西方一些实行公务员制度时间比较长的国家的公务员考试,是分类分等、定时定期进行的,人员的选拔录用与职位紧密结合,采用不同的试卷,以满足不同岗位、不同职位对人员的不同需求。我国也将逐步在公共科目试卷中,体现中央国家机关和垂直管理系统在用人上的不同要求,逐步做到分类、分等、定期考试。

5. 没有确定的标准答案

申论测试没有也不可能有一个确切、固定、唯一的标准答案。从资料背景来看,都是有关当前政治、经济、法律、教育等社会问题,有的已定论,有的尚未定论,完全要考生自己来解决。从这个角度来看,无论是提出对策或是对对策进行论证,都不会有一个确切、固定、唯一的标准答案。

以对策部分为例,这部分是要提出解决问题的办法,这个办法要具有针对性和可行性。但是针对性和可行性是相对的,在不同地区以及发展中的不同阶段,解决问题的办法就不可能一样,更何况有的目前还没有一个确切的合理的方案,因此哪一种更为合理,针对性与可行性更强,要对若干方案比较论证后方能确定。又比如论证部分,抓住什么问题、从什么角度论证、采取什么方法与结构,要适合自己的特长,因而也决不会有一个具体唯一的标准。

因此论证(作文)部分的评定,也只能是综合的、全面的、等级式的,不可能有确切的唯一的标准。

正因为申论测试没有确定的答案,这给了考生发挥的空间,不同的考生完全可以较充分地展示各自不同的能力和水平。同时也有利于选拔者挑选到满意的人才。

6. 测试具有前瞻性

申论测试注重考查考生综合运用所掌握的知识解决实际问题的能力。整个社会在不断地发展变化,公务员考试命题不仅会与这种发展趋势相适应,而且还会体现出一定的前瞻性。

(三)申论的写作要求

(1) 对给定材料进行理解、分析、整理、归纳、概括、综合,并用限定的篇幅概括出所给背景材料的主题。

(2) 用限定的篇幅对主要问题提出见解,提出具有可操作性的解决方案,要体现针对性和可行性。

(3) 用限定的篇幅对见解、方案进行论证。要求:自拟标题,中心明确,内容充实,论述深刻,有说服力。

【例 文】

【背景材料】

非物质文化遗产是民族文化的精华、民族智慧的结晶。我国有56个民族,各民族在长期的历史发展进程中创造了丰富多彩的非物质文化遗产。改革开放以来,由于工业化和城市化的加速发展,人们的生产生活方式发生了重大变化,也使非物质文化遗产赖以生存的环境不同程度地遭到破坏。一些传统习俗发生改变,许多文化记忆渐趋淡化,一些文化艺术种类在人们的漠视中面临消亡的危险,一些掌握绝活的艺人年龄老化,后继乏人,一些依靠口传心授的非物质文化遗产正在不断消失。

作为一种鲜活的文化,非物质文化遗产是民众生活的重要组成部分,在当代仍然散发着独特的光彩和魅力,仍然是传承文化、推动社会发展的不竭动力,是文化创新的基础和源泉。因此,保护非物质文化遗产是每一个中华儿女的历史使命与责任。

【题 目】

请联系给定材料,围绕"非物质文化遗产继承和保护"这一主题,自拟题目,写一篇文章。

要求:(1)观点明确,内容充实,结构完整,语言生动流畅。(2)字数在1000~1200字。

【范 文】

加强非物质文化遗产保护 让传统文化星耀历史长河

我国是一个历史悠久的文明古国,不仅有大量的物质文化遗产,而且有丰富的非物质文化遗产。它们是先人创造的沉积与结晶,镌刻着一个民族国家文化生命的密码,蕴涵着民族特有的精神机制、思维方式、想象力和文化意识,是维护文化身份和文化主权的基本依据。非物质文化遗产是人类活动的信息资料库,是展示人类文明的卷轴。

具有悠久历史的中国拥有丰富的非物质文化遗产,然而随着经济全球化的发展,在盲目追求经济发展的影响下,中国的非物质文化遗产也遭到了众多的破坏。自然灾害、人为原因等都造成了非物质文化遗产的不完整和残缺,严重影响了其文化价值和影响意义。而一些地方政府单纯为了经济的发展,大肆开发利用非物质文化遗产,却对其不加以保护和维护,造成了众多非物质文化遗产濒临危险,即将失去其拥有的价值和作用,这一切都应当引起政府和社会的关注。而如何采取措施来保护非物质文化遗产也成为政府的一个重要目标,那么对于非物质文化遗产应该采取哪些保护措施呢?

首先,要发挥政府的主导作用,建立协调有效的保护工作领导机制。针对我国当前在非物质文化遗产保护中出现的问题制定相关的法律法规,将非物质文化遗产保护纳入法律的范围之内,对于破坏或损毁非物质文化遗产的行为,依法进行严厉的制裁措施。各级地方政府应将非物质文化遗产保护工作列入重要工作议程,纳入国民经济和社会发展整体规划,纳入文化发展纲要。加强非物质文化遗产保护的法律法规建设,及时研究制定有关政策措施。要制定非物质文化遗产保护规划,明确保护范围、保护措施和目标。

其次,各级政府要不断加大对非物质文化遗产保护工作的经费投入。通过政策引导等措施,鼓励个人、企业和社会团体对非物质文化遗产保护工作进行资助。要加强非物质文化遗产保护工作队伍建设。通过有计划的教育培训,提高现有人员的工作能力和业务水平;充分利用科研院所、高等院校的人才优势和科研优势,大力培养专门人才,进一步实现对非物质文化遗产的保护工作。

最后,要在全社会范围内加强对非物质文化遗产保护的宣传教育力度,特别是加强对青少年的思想教育工作,将非物质文化遗产保护教育带进校园和课堂,使其在思想上形成保护非物质文化遗产的意识。同时要充分利用民间保护组织的作用,推广非物质文化遗产保护的教育工作,在全社会范围内形成重视和保护非物质文化遗产的良好氛围。充分发动全社会各个方面的力量来进行非物质文化遗产的保护工作。

非物质文化遗产承载着人类社会的文明,是世界文化多样性的体现。我国非物质文化遗产所蕴涵的中华民族特有的精神价值、思维方式、想象力和文化意识,是维护我国文化身份和文化主权的基本依据。加强非物质文化遗产保护,不仅是国家和民族发展的需要,也是国际社会文明对话和人类社会可持续发展的必然要求。因此,全社会都应该充分发挥自己的力量,保护我国共同的非物质文化遗产。

三、演讲稿

(一) 演讲稿的含义

演讲稿是演讲的依据、规范和提示,是演讲者所用的文字底稿,是应用文章中一种独立的文体。

演讲稿有广义和狭义之分。广义上的演讲稿包括一切为准备在听众面前发表意见、抒发情感而写成的文稿,而狭义上的演讲稿则专指各种主题演讲稿。

演讲稿是人们在工作和社会生活中经常使用的一种文体。它可以用来交流思想、感情,表达主张、见解;也可以用来介绍自己的学习、工作情况和经验等。演讲稿具有宣传、鼓动、教育和欣赏等作用,它可以把演讲者的观点、主张与思想感情传达给听众以及读者,使他们信服并在思想感情上产生共鸣。

（二）演讲稿的特点

1. 针对性

演讲是一种社会活动，是用于公众场合的宣传形式。它为了以思想、感情、事例和理论来晓谕听众，打动听众，"征服"听众，必须要有现实的针对性。所谓针对性，首先是作者提出的问题是听众所关心的问题，评论和论辩要有雄辩的逻辑力量，要能为听众所接受并心悦诚服，这样才能起到应有的社会效果；其次是要懂得听众有不同的对象和不同的层次，而"公众场合"也有不同的类型，如党团集会、专业性会议、服务性俱乐部、学校、社会团体、宗教团体、各类竞赛场合，写作时要根据不同场合和不同对象，为听众设计不同的演讲内容。

2. 可讲性

演讲的本质在于"讲"，而不在于"演"，它以"讲"为主、以"演"为辅。由于演讲要诉诸口头，拟稿时必须以易说能讲为前提。如果说，有些文章和作品主要通过阅读欣赏，领略其中意义和情味，那么，演讲稿的要求则是"上口入耳"。一篇好的演讲稿对演讲者来说要可讲；对听讲者来说应好听。因此，演讲稿写成之后，作者最好能通过试讲或默念加以检查，凡是讲不顺口或听不清楚之处，均应修改与调整。

3. 鼓动性

演讲是一门艺术，好的演讲自有一种激发听众情绪、赢得好感的鼓动性。要做到这一点，首先要依靠演讲稿思想内容的丰富、深刻，见解精辟，有独到之处，发人深思，语言表达要形象、生动，富有感染力。如果演讲稿写得平淡无味，毫无新意，即使在现场"演"得再卖力，效果也不会好，甚至会相反。

（三）演讲稿的分类

1. 按照体裁分

（1）叙述式演讲稿：向听众陈述自己的思想、经历、事迹，转述自己看到、听到的他人的事迹或事件时使用。叙述当中，也可夹用议论和抒情。

（2）议论式演讲稿：摆事实、讲道理，既有事实材料，又有逻辑推断，立场坚定，旗帜鲜明。

（3）说明式演讲稿：对听众说明事理，通过解说某个道理或某一问题来达到树立观点的目的。

2. 按照内容分

（1）政治演讲稿：针对国内外现实生活中的政治问题，阐明自己的政治观点。

（2）学术演讲稿：就某一学科领域中的课题进行研究、探讨，向听众表述新的科学研究成果，传播科学知识的演讲文稿。

（3）社会生活演讲稿：以社会存在的某一方面的问题为对象来表达自己的思想、情绪、愿望、要求的演讲文稿。

（4）课堂演讲稿

可分为两种：一是教师在传授知识时使用的，一是学生为培养自己演讲能力写的。

（四）演讲稿的格式

1. 标题

演讲稿的标题非常重要，好的标题不但能引起听众的注意、吸引听众听讲，而且能传达、反映出整篇演讲稿的主题精神。因此，演讲稿的标题要简洁、贴切、醒目悦耳、鲜明生动、富有吸引力和启发性。

2. 正文

(1) 开头。

演讲的开头,也叫开场白,是演讲者留给听众的第一印象。好的演讲稿应该用最简明的语言,讲出全部讲话的要领,调动听众的兴奋点,使听众的思路随演讲者的思路而展开。

演讲稿的开头可以不拘一格,通常使用的方式有以下几种。

开门见山,揭示主题:运用这种方法,必须先明确把握演讲的中心,把要向听众揭示的论点摆出来,使听众一听就知道讲的中心是什么,注意力马上集中起来。但这种方法容易显得过于平淡、冷静,很难吸引人。

说明情况,介绍背景:开头对事情发生的时间地点人物作出了必要的说明,为进一步向听众揭示论题做准备。运用这种方法开头,一定要从演讲的中心论点出发,不能信口开河,离题万里,更要防止套话、空话败坏听者的胃口。

提出问题,引起关注:写演讲稿的开头,可根据听众的特点和演讲的内容,提出一些激发听众思考的问题,以引起听众的兴趣。这种问题应该新颖、独特,确实能促使听众去思考。

(2) 主体。

演讲稿在开头后要迅速转入主体,这是演讲的核心部分,也是演讲稿的高潮所在,能否写好,直接关系到演讲的质量和效果,在这部分的写作上要求条理清楚、意思明白、合乎情理,既有严密的逻辑性,又变化有序、生动感人。在内容的安排上,应注意以下几个问题。

确定结构形式。演讲稿的形式比较活泼,或旁征博引、剖析事理,或引经据典、挥洒自如,或层层深入、就事论事。结构形式不管怎么样变化,都要求内容突出、问题说透、推理严密、层次清晰、情理交融。

认真组织好材料。演讲稿的理论依据和事实论据的组织安排要适当。首先必须保证例证的真实性、典型性。演讲稿不能太长,内容要求言简意赅、起到画龙点睛的作用。

构筑演讲高潮。一个成功的演讲,不可能没有高潮。要体现三个特点:一是思想深刻、态度明确,最集中体现演讲者的思想观点;二是感情强烈,演讲者的爱恶、喜怒在这里得到尽情宣泄;三是语句精练。

(3) 结尾。

结尾是演讲内容的自然结尾,是演讲稿的有机组成部分。结尾给听众的印象,往往将代表整个演讲给听众的印象。言简意赅、余音绕梁、能够使听众精神振奋,并促使听众不断思考和回味。

写结尾时常犯的毛病就是要么草草收兵,要么画蛇添足,要么就是套用陈词滥调,更有些人在本来已经讲完后,又唠叨几句"我讲得不好,请大家批评指正"之类的话,势必让人反感。

演讲稿的结尾没有固定的格式,常见的主要有以下几种。

总结式:以简明有力的语言概述演讲的主要内容或点明演讲主题,使听众得其要而悟其旨。

号召式:以激情的语言发出号召或希望,使听众受到鼓舞。

警策式:引用哲理性的语言和名言作结,以引起听众的思考和回味。

（五）演讲稿的写作要求

1. 要有的放矢

要了解听众，注意听众的组成，了解他们的性格、年龄、受教育程度、出生地，分析他们的观点、态度、希望和要求。掌握这些以后，就可以决定采取什么方式来吸引听众，说服听众，取得好的效果。

2. 要有明确的中心思想

无中心、无主次、杂乱无章的演讲是没有人愿听的。一篇演讲稿只能有一个中心，全篇内容都必须紧紧围绕着这个中心去铺陈，这样才能使听众得到深刻的印象。

3. 要有强烈的感情色彩

演讲不仅要有冷静的分析，更需要诚挚热烈的感情。情理结合，才能既有说服力，又富有鼓动性。

4. 语言要简洁明快、通俗易懂

演讲稿的语言要求做到准确、精练、生动形象、通俗易懂，不能讲假话、大话、空话，也不能讲过于抽象的话。要多用比喻，多用口语化的语言，深入浅出，把抽象的道理具体化，把概念的东西形象化，让听众听得入耳、听得明白。

【例　文】

中国人能够创造奇迹

〔埃及〕侯赛因·伊斯梅尔·侯赛因

亲爱的朋友们：

我想，在座的各位一定与我有着共同的感觉：在短短的几分钟里，表达我对中国的感情确是一个艰难的任务。

之所以说其艰难，是因为中国具有五千年的文明史，她的天空下生活着世界上 1/5 的人口，她是绘制 21 世纪世界蓝图的最大参与者；我说艰难，是因为中华人民共和国的诞生是 20 世纪后半叶世界上最重要的事件之一；是因为中国在最近 20 年中取得的成就，是许多国家和民族在这样短的时间内难以实现的；是因为这个世界应该授予中国最伟大的人权勋章。请问有比把占世界 1/5 的人口从穷困和死亡中拯救出来，使其过上体面的生活更伟大的成就吗？

我真要嫉妒自己，嫉妒任何一位生活在中国，特别是在这一时刻生活在中国的外国人了。因为，我们亲眼目睹了这里目不暇接的发展，亲身感受到这里惊天动地的变化。如果说我对中国成就的一切惊叹不已，那并不意味着我诧异不已。因为建筑了万里长城的人们是能够创造奇迹的！拥有如此深厚文明遗产的人们，决不会因一次跌倒、一次失足而放弃伟大的征程。

亲爱的朋友们，我的出生地——埃及的金字塔与你们的长城相距万里，但是，我从未觉得自己是中国土地上的陌生客，是中国人中的外国人。每当我离开北京时，心中总怀有深情的眷恋和强烈的回返之感。在我与中国的一切之间、与中国有关的一切之间，出现了一种奇怪的关系，使我于 1997 年 7 月 1 日之前背上行囊，前往香港，以把它的回归深深地镌刻在我的记忆之中；也是这种关系，使我非常珍重在 1999 年 10 月 1 日与你们同在，置身于你们中间；还是这种关系，会在今年的 12 月把我带向澳门，目睹其投向中国怀抱的回归。我真诚地希望能在不远的将来,与你们同庆台湾问题的解决,使中国大家庭得以团圆。就是这种关系,使我在谈起中国时,如我们的一些朋友们所说的那样,感情同中国人一样深厚。

亲爱的朋友们,50年前,中国的伟大领袖毛泽东在天安门上庄严宣告:中国人民站起来了!1982年,邓小平在中国共产党第十二次全国代表大会的开幕式上果断地宣布:我们坚定不移地实行对外开放政策,在平等互利的基础上积极扩大对外交流。到1997年中国共产党召开第十五次全国代表大会时,江泽民主席又郑重宣布:中国决不放弃改革开放政策。此时此刻,我想起了中国伟大的思想家和哲人孔子曾经说过:"吾少也贱,故多能鄙事。""吾十有五而志于学,三十而立,四十而不惑,五十而知天命。"今天,中国确确实实地知道上天所欲。

亲爱的朋友们,在中华人民共和国欢庆成立50周年之际,授予我"友谊奖",是一件意义深远的大事,因为它正式地表明了12亿中国人民的友谊。生活在中国人民中间的人们,都了解中国人民对友谊的崇尚和珍视,他们把友谊视为一种生命的价值。作为一个国家,中国将其体现在对和平与发展的呼唤、提倡及其坚持不懈地与其他国家人民建立友好关系上。

再一次在新中国成立50周年之际向你们表示祝贺。我要对你们说,是你们伟大的人民使我热恋这个国家,成为她忠诚的情人。在这个国家里,我感受着中国的温暖,享受着朋友的挚爱。最后,我要对你们说:我爱你们,中国人民!

【思考与练习】

1. 求职信的含义与特点是什么?
2. 申论考试的特点与要求是什么?
3. 请说明演讲稿写作的格式与要求。

第五节　司法文书写作

一、起诉状

(一) 起诉状的含义

案件的当事人或其法定代理人，在自己的或依法由自己保护的合法权益受到侵害，或与当事人的另一方对有关权利和义务问题发生争议而未能协商解决时，可以依法向人民法院提出诉讼，请求人民法院通过裁判给予法律的保护。

当事人或其法定代理人在向人民法院提出诉讼时用以表明自己的诉讼请求，并说明请求的理由与依据，从而引起诉讼程序发生的书面材料，就是起诉状。

起诉状的当事人，起诉的一方称为原告或原告人，被起诉的一方称为被告或被告人。

(二) 起诉状的种类

(1) 刑事起诉状：是法律规定的刑事自诉案件的受害人或其法定代理人依法直接向人民法院控告被告人的犯罪行为，要求追究被告人刑事责任或附带民事责任的诉讼文书。

(2) 民事起诉状：是民事原告或其法定代理人在自身的权益受到侵害或与他人发生争执时，为维护自己的合法权益，依据事实和法律，向人民法院提起诉讼，请求依法保护的诉讼文书。

(3) 行政起诉状：是指公民、法人或其他组织认为行政机关或行政机关的工作人员所实施的具体行政行为侵犯了其合法权益，请求人民法院依照法定诉讼程序审理和裁判，以维护其合法权益而使用的诉讼文书。

(三) 起诉状的格式

1. 首部

(1) 标题。

根据具体案件的性质和类别确定标题的写法，如"刑事起诉状""民事起诉状""行政起诉状""刑事附带民事自诉状"等。

(2) 当事人的基本情况。

先写原告方的基本情况。原告为公民的，依次写明原告的姓名、性别、年龄、民族、籍贯、职业或工作单位和职务、住址等。如果原告无诉讼行为能力，则在原告的下一行写明其法定代理人的姓名、性别等个人基本情况，并注明与原告的关系。原告为法人或其他组织的，依次写明其名称、所在地址、法定代表人或代表人的姓名、职务、电话、企业性质、工商登记核准号、经营范围和方式、开户银行、账号。原告有诉讼代理人的，则在原告的下方另起一行说明诉讼代理人的姓名、性别等基本情况及与原告的关系，由律师担任代理人的，只写律师的姓名、所在律师事务所名称和职务。原告不止一人的，按其在案件中的地位与作用、享受权利的大小依次列写，各原告的代理人要分别写在各原告的后面。

再写被告方的基本情况。被告为公民的，其基本情况的写法与原告相同。被告是法人或其他组织，只需写明被告名称、所在地址和电话，还可写明其法定代表人的姓名、职务。被告不止一人的，按照他们在案件中的地位与作用、责任的轻重逐次排列介绍。

2. 正文

（1）请求事项：这是原告为达到自己起诉的目的而向人民法院所做的请求，是当事人的目的和意图的集中体现。

（2）事实和理由：这是起诉状的核心，要求摆事实、讲道理，写明足以支持诉讼请求的事实、理由和证据材料，以证明其诉讼主张的合法性和合理性，同时便于人民法院调查核实，依法处理。

（3）证据和证据来源，证人姓名和住址。

3. 尾部

（1）起诉状所递交的法院名称。

（2）附项，包括起诉状副本的份数、书证与物证等的名称与数量。

（3）起诉人签名或盖章。起诉人如果是法人或其他组织，要写明全称，并加盖公章。

（4）起诉日期。

起诉状由律师或委托别人代书的，在日期下一行写明代书人的姓名、工作单位。

（四）起诉状的写作要求

（1）合理合法。请求事项要明确具体，陈述案情要实事求是，分析要有理有据，举证要确凿可靠。

（2）书写规范。书写时尽量按规范的格式安排内容结构，特定的项目要齐全，前后不能倒置或残缺不全。

（3）逻辑严密。起诉状不仅要表意准确严谨、表述简洁明了，还要恰当运用规范的法律专用术语，切忌拖泥带水、卖弄辞藻。

【例　文】

民事起诉状

原告名称　××市太阳锅炉厂

所在地址　××市××区甲1号（邮政编码××××××）

法定代表人　×××

职务　厂长（电话××××××）

企业性质　全民所有制

经营范围和方式　压力锅炉制造安装、批发兼零售

开户银行　中国工商银行××分行××区办事处××分理处　账号××××××

被告名称　××市××县大英锅炉水电安装队

所在地址　××市××县××镇××号（邮政编码××××××）

法定代表人　×××

职务　队长（电话××××××）

诉讼请求

1. 给付货款81 015元。

2. 支付违约金17 073.62元。

事实及理由

2012年6月26日，我厂与被告××市××县大英锅炉水电安装队签订了一份锅炉购销

合同。合同规定,被告向我厂订购××型号锅炉一台及附属配件,价款总计96 015元,款到发货。同年8月16日,被告将所订锅炉主体及附属配件全部提走,但未付款。经催要,被告于2013年5月26日将一张××县五中的15 000元转账支票交给我厂,尚欠的81 015元,被告以锅炉是××县五中委托代购、××县五中尚未付款为由拒不偿还。被告作为购货方,在我方按时提供锅炉后应履行合同规定的付款义务,其拒绝付款的行为是违法行为。《经济合同法》第32条规定:"由于当事人一方的过错,造成经济合同不能履行或者不能完全履行,由有过错的一方承担违约责任。"《工矿产品购销合同条例》第36条第(四)项规定:"逾期付款的,应按照中国人民银行有关逾期付款的规定向供方偿付逾期付款的违约金。"据此,被告除应支付尚欠的货款81 015元外,还应向我厂支付逾期付款违约金17 073.62元。请人民法院依法作出判决。

证据和证据来源,证人姓名和地址

1. ××市太阳锅炉厂产品订货合同1份。
2. 大英锅炉水电安装队还款计划1份。
3. ××市太阳锅炉厂产品发货清单2份。

此致
××市××区人民法院

附:本诉状副本壹份

起诉人:××市太阳锅炉厂(盖章)
二〇一四年四月二十二日

二、上诉状

(一) 上诉状的含义

上诉状是案件的当事人或其法定代理人,不服地方各级人民法院的一审判决或裁定,按照法定的诉讼程序,在法定的期限内,向上一级人民法院提出上诉,请求撤销、变更原审裁判或重新审理的诉讼文书。

(二) 上诉状的格式

1. 首部

(1) 标题。

根据案件的性质确定标题的写法,如"刑事上诉状""民事上诉状""行政上诉状""刑事附带民事上诉状"等。

(2) 当事人的基本情况。

与起诉状基本相同,只要将原告、被告相应的改成上诉人、被上诉人,并在各自的后面用括号注明在原审中所处的诉讼地位。

上诉人有法定代理人的,还要写明法定代理人的基本情况及其与上诉人的关系。

2. 正文

(1) 案由:写明上诉人不服原审判决或裁定的事由,具体包括原审人民法院的名称、处理时间、文书编号、文书名称和上诉表示等内容。

(2) 上诉请求:上诉人针对一审人民法院裁判的不当之处,向二审人民法院表明自己的上诉目的和要求,明确提出自己的诉讼主张,要求上一级人民法院撤销或部分撤销或变更原审判决,或要求重新审理案件。

(3) 上诉理由:依据事实和法律,针对原审裁判的错误所在,进行辩驳,以阐明纠正或否定原审裁判的事实与法律依据。

可以从以下几个方面考虑:原审裁判在事实的认定上是否有错;案件的定性和处分尺度上是否有误;适用法律上是否恰当;在诉讼程序上是否存在问题。

3. 尾部

(1) 上诉状所递交的法院名称。

(2) 附项,包括上诉状副本的份数、书证与物证等的名称与数量。

(3) 上诉人签名或盖章。起诉人如果是法人或其他组织,要写明全称,并加盖公章。

(4) 上诉日期。

(三) 上诉状的写作要求

(1) 符合上诉条件。上诉人必须符合法定的上诉条件方可上诉。

(2) 遵循法定期限。不服刑事判决的上诉期限为 10 天,不服刑事裁定的上诉期限为 5 天,不服民事判决与行政判决的上诉期限为 15 天,不服民事或行政裁定的上诉期限为 10 天。逾期上诉无效。

(3) 突出针对性。上诉请求和理由的提出要紧扣原审判决的不当之处,紧紧围绕导致原审裁判错误的具体原因,陈述事实和真相,列举可靠证据,并援引法律条文,依法进行有理有据、实事求是地分析,不能含糊其辞、牵强附会。

【例 文】

民事上诉状

上诉人:×××,男,19××年×月×日出生,汉族,无业,住××市西山路××号。

被上诉人:×××,男,19××年×月×日出生,汉族,无业,住××市西山路××号。

被上诉人:×××,男,19××年×月×日出生,汉族,兵团十二师××团建筑公司职工,住××市西山。

上诉人因人身损害赔偿一案不服××市××区人民法院(20××)×民一初字第 2738 号民事判决书,现依法提起上诉。

上诉事实与理由如下:

一审法院在认定事实和适用法律上有误。

1. 上诉人对损害结果的发生没有过错。第一,上诉人所建房屋属农民自建低层住宅。而一审法院在认定时认定为是建厂房,这与事实是不相符的。上诉人所建房是在自家的院子中,房屋也是一般的平房。根据《建筑法》第八十三条第三款的规定,农民自建低层住宅是不适用《建筑法》的规定,结合本案具体情况也就是说不适用承包方必须具备相应建筑资质的规定。而一审法院在认定事实与适用法律时显然是根据《建筑法》的相关规定来认定上诉人将房屋发包给了不据有相应资质的被上诉人×××,这样的法律适用显然是错误的。上诉人将自用住宅承包给被上诉人×××应是合法的。第二,上诉人对被上诉人×××的损害结果的发生尽到了应尽的注意义务。在事故发生前,上诉人还询问过被上诉人×××房梁有没有问题,两被上诉人均未在意。上诉人认为自己已经尽到了责任。基于以上的理由上诉人认为房屋是合法承包,在施工过程中上诉人没有过错。因此不应该承担赔偿责任。而且一审法院让上诉人承担连带责任既没有事实根据也没有法律根据。不知一审法院是依据哪条法律规定让上诉人承担连带赔偿责任的。

2. 在残疾赔偿金的适用标准上一审法院适用法律有误。在一审中上诉人×××的户籍是农业户口三方都没有争议,一审法院在认定时也是如此。但在适用赔偿标准时一审法院却适用了城镇的标准进行赔偿,这显然与现行法律的规定相背。现行法律规定户籍是进行赔偿的标准,在我国的司法中法官只能适用法律是不能创造法律的。一审法院以公平和符合立法原意为由曲解法律,上诉人认为是不合法的,所以只能严格以法适用农村标准进行计算赔偿。

3. 在误工费的标准上有误。基于被上诉人×××的户籍与所从事的工作,被上诉人×××的误工标准应当按照农民的收入标准来进行计算。另外一审法院在计算误工费的天数上也有误。根据最高人民法院关于审理人身损害赔偿案件适用法律若干问题的解释第二十条的规定,被上诉人×××的误工费只能计算到定残前一天,也就是20××年的6月26日。而损害的发生是在20××年4月21日,如何计算出了135天的误工呢。

4. 一审法院在认定上诉人所垫付费用的数额上有误。在一审庭审中上诉人已经向法庭提交了垫付的票据,被上诉人也认可了,数额应为2831.76元。其中1000元是上诉人垫付的医药费,但一审法院的判决中却没有提及此事,应属不当。

综合上述理由,上诉人认为一审法院的判决存在错误,为此上诉人依据《民事诉讼法》第147条之规定依法提起上诉,望二审法院依法公正裁判。

此致
××市中级人民法院
附:此诉状一式三份

上诉人:×××
二〇××年十一月二十六日

三、答辩状

(一) 答辩状的含义

答辩状也叫答辩书,是司法诉讼活动中,被告人或被上诉人针对原告、上诉人的起诉或上诉状中提出的诉讼内容进行答复和辩解的一种法律文书。

答辩状中,提出答辩的一方称为答辩人,另一方称为被答辩人。

(二) 答辩状的分类

(1) 按案件性质分,有刑事答辩状、民事答辩状和行政答辩状。
(2) 按诉讼程度分,有一审答辩状、二审答辩状等。

(三) 答辩状的格式

1. 首部
(1) 标题。
根据案件的性质确定标题的写法,如"刑事答辩状""民事答辩状""行政答辩状"等。
(2) 答辩人的基本情况。
答辩人的基本情况的写法与起诉状、上诉状基本相同,有法定代理人或诉讼代理人的,还要写明其基本情况。

被答辩人的情况一般不做介绍,但刑事案件的二审答辩状一般要同时写明答辩人和被答辩人的个人基本情况。

2. 正文

(1) 案由:写明针对何人起诉或上诉的何案进行答辩。

(2) 答辩理由:根据起诉状或上诉状的内容来决定,要对原告或上诉人的诉讼请求作出明确的答复。

在原告或上诉人所提出的诉讼请求不合理时,答辩人要予以驳斥和争辩,具体的驳斥方法有:

针对对方所控事实不符或证据不足之处,陈述事实真相,并列举充分证据,以证明自己行为的合法性,从而否定其诉讼请求。

针对原告或上诉人在适用法律上的错误,据法论理,指出对方引用法律失当,并列举有关法律规定进行充分论证,以揭示其诉讼理由与诉讼请求的不合法之处。

从诉讼程序上反驳,以诉讼程序立法的规定为依据,论证原告或上诉人没有具备或已经失去引起诉讼发生和进行的条件,从而使其诉讼请求不能成立。

列举充分的事实与证据,证明答辩人对原告的义务已经履行或消失,从而否决对方的诉讼请求。

(3) 答辩意见:具体提出答辩人对本案处理的主张和请求。

3. 尾部

与起诉状基本相同,只要把"起诉人"改成"答辩人",附项中的"起诉状副本"改为"答辩状副本"即可。

(四) 答辩状的写作要求

(1) 实事求是。答辩时要真实反映所争执事实的固有面貌和实质,客观罗列自己所持有的反驳理由和各种证据,如实、客观、全面地答复起诉状或上诉状中所提出的诉讼请求。

(2) 用词准确。要善于用犀利泼辣、尖锐有力的语言,找出对方的矛盾与破绽,击中其要害,驳倒其谬误。同时要注意,语言尖锐不等于意气用事,答辩要心平气和、以理服人。

(3) 遵循期限。提出答辩状必须在法定期限之内,其中民事答辩状必须在收到起诉状或者上诉状副本后的十五天内提出,行政答辩状必须在收到诉状副本后的十天提出。

【例 文】

民事答辩状

答辩人:××市××××房地产开发总公司代表何××,公关部经理。

案由:上诉人张××因房屋拆迁一案,不服××市××区〔20××〕民字第19号的判决,提出上诉。现答辩如下:

答辩理由:为了适应本市商业发展的需要,我公司于20××年12月向市城建规划局提出申请报告,要求拓宽新建丝绸百货大楼前面场地150平方米。市城建局于12月25日以市城建字〔20××〕71号批文同意该项工程。同年在拓宽场地过程中,需要拆迁租住户张××一户约18平方米的住房,但张××提出的要求过于苛刻。几经协商,不能解决。答辩人不得已于20××年1月××日投诉于××市××区人民法院。××市××区人民法院于

20××年2月以〔20××〕民字第19号判决书判处张××必须于20××年3月底前搬迁该屋,并由市房地产开发总公司提供不少于原居住面积的房屋租给张××居住,但张××仍无理取闹。据此,答辩人认为张××的上诉理由是不能成立的。

一、张××说我们拓宽新建丝绸百货大楼前面的场地是未经批准的。这是没有根据的。一审法庭曾审查过房地产开发总公司要求拓宽新建丝绸百货大楼前面场地的报告和市城建局城建字〔××××〕71号的批文,并当庭概述了房地产开发总公司的报告内容,还全文宣读了市城建局的批文。这些均有案可查。张××不能因为要求查阅市城建局的批文,未获准许,而否认拓宽工程的合法性。

二、张××说我们未征得她本人同意,与房主×××订立房屋拆迁协议是非法的。这更无道理。张××租住此屋,只有租住权,并无房屋所有权。所有权理当归属房主×××。我们拓宽场地,拆毁有碍交通和营业的房屋,理当找产权人处理,张××无权干涉和过问。

应当指出,对于张××搬迁房屋一事,我们已作了很大的让步和照顾。我们答应她在搬迁房屋时提供离现居住房屋500米的××新建宿舍大楼底层朝南房间一间,计20平方米,租给她居住。而张××还纠缠不清,漫天要价。扬言不达目的,决不搬迁。

综上所述,答辩人认为××市××区人民法院的原判决是正确的,合法而又合情合理,应予维持。

此致
××市中级人民法院

答辩人:××市房地产开发总公司代表何××
××××年×月×日

【思考与练习】

1. 请说明起诉状的分类与特点。
2. 请说明上诉状的格式与写作要求。
3. 请说明答辩状的格式与写作要求。

附录　课外阅读书目推荐

朱熹：《四书集注》
司马迁：《史记》
司马光：《资治通鉴》
鲁迅编录：《唐宋传奇集》
林语堂：《林语堂文集》
鲁迅：《鲁迅文集》
沈从文：《沈从文文集》
罗贯中：《三国演义》
施耐庵、罗贯中：《水浒传》
吴承恩：《西游记》
曹雪芹：《红楼梦》
刘义庆：《世说新语》
吴敬梓：《儒林外史》
蒲松龄：《聊斋志异》
刘鹗：《老残游记》
张爱玲：《张爱玲典藏全集》
巴金：《巴金选集》
沈从文：《沈从文散文集》《沈从文短篇小说集》
汪曾祺：《汪曾祺散文集》《汪曾祺短篇小说集》
阿城：《棋王》
张承志：《黑骏马》
史铁生：《命若琴弦》
陈寅恪：《柳如是别传》
钱理群：《与鲁迅相遇》
林海音：《城南旧事》
冰心：《冰心作品集》
徐志摩：《徐志摩文集》
阎月君：《朦胧诗选》
余华：《活着》
古斯塔夫·施瓦布：《希腊古典神话》
荷马：《伊利亚特》《奥德赛》
埃斯库罗斯：《被缚的普罗米修斯》
索福克勒斯：《俄狄浦斯王》
但丁：《神曲》

莎士比亚：《哈姆雷特》《罗密欧与朱丽叶》
拉伯雷：《巨人传》
塞万提斯：《堂·吉诃德》
弥尔顿：《失乐园》
莫里哀：《伪君子》
菲尔丁：《汤姆·琼斯》
斯威夫特：《格列佛游记》
简·奥斯汀：《傲慢与偏见》
夏洛蒂·勃朗特：《简·爱》
伏契尼：《牛虻》
雨果：《巴黎圣母院》《悲惨世界》
司汤达：《红与黑》
福楼拜：《包法利夫人》
莫泊桑：《漂亮朋友》
左拉：《萌芽》
陀思妥耶夫斯基：《罪与罚》《卡拉玛佐夫兄弟》
列夫·托尔斯泰：《复活》《安娜·卡列尼娜》《战争与和平》
罗曼·罗兰：《约翰·克利斯朵夫》
霍桑：《红字》
斯托夫人：《汤姆叔叔的小屋》
马克·吐温：《哈克贝利·费恩历险记》
福克纳：《喧哗与骚动》
卡夫卡：《变形记》《城堡》《审判》
玛格丽特·米切尔：《飘》
加缪：《局外人》
茨威格：《一个女人一生中的二十四小时》《一个陌生女人的来信》
海明威：《丧钟为谁而鸣》《永别了，武器》
菲茨杰拉德：《了不起的盖茨比》
乔伊斯：《尤利西斯》
马尔克斯：《百年孤独》
约瑟夫·赫勒：《第二十二条军规》
普鲁斯特：《追忆似水年华》
川端康成：《伊豆的舞女》《雪国》
哈谢克：《好兵帅克》
米兰·昆德拉：《生命不能承受之轻》
杜拉斯：《情人》
穆齐尔：《没有个性的人》
康拉德：《吉姆老爷》
梭罗：《瓦尔登湖》

福斯特:《印度之行》
萨特:《恶心》
凯鲁亚特:《在路上》
村上春树:《挪威的森林》
大江健三郎:《空翻》
沃克:《紫色》
克尔凯郭尔:《或此或彼》
薄伽丘:《十日谈》
歌德:《少年维特之烦恼》